D1734767

Stumme Schreie –
Hilferufe eines Kindes

Sabine Saint-Clair

novum pro

Dieses Buch ist auch als
e-book
erhältlich.

w w w . n o v u m v e r l a g . c o m

Bibliografische Information
der Deutschen Nationalbibliothek:

Die Deutsche Nationalbibliothek
verzeichnet diese Publikation in
der Deutschen Nationalbibliografie.
Detaillierte bibliografische Daten
sind im Internet über
http://www.d-nb.de abrufbar.

© 2016 novum Verlag

ISBN 978-3-99048-522-4
Lektorat: Dr. Annette Debold
Umschlaggestaltung:
Grafikstudio Andrea Reynolds,
www.andreareynolds.at
Umschlagfoto:
istockphoto.com | imgorthand
Layout & Satz: novum Verlag

Gedruckt in der Europäischen Union
auf umweltfreundlichem, chlor- und
säurefrei gebleichtem Papier.

www.novumverlag.com

Inhaltsverzeichnis

Odyssee der Angst . . . .　9

Geradewegs in den Abgrund der Hölle . . . .　35

Das „friedliche" Zeichen des Himmels . . . .　58

Ich mal dir einen Regenbogen . . . .　80

Als der Hass zu lieben begann . . . .　92

Leben in einer anderen Welt . . . .　106

Vom Bettnässer zum Schachspieler . . . .　116

Gelegenheit macht Kinder . . . .　153

Der grüne Funken Hoffnung . . . .　190

Der plötzliche Tod des Vaters . . . .　218

Der unbekannte Onkel . . . .　260

Heimatlose Vagabunden . . . .　276

Die Rebellion des Andersdenkens . . . .　317

Freundschaft via Autobus . . . .　350

Abschied . . . .　367

Fliegen müsste man können . . . .　377

Raus hier! Aber schnell! . . . .　424

Willkommen im Leben . . . .　449

Um- und Aufbruch in eine neue Zeit . . . .　476

Ohne Wendehälse keine Wende . . . .　516

Wien ist anders . . . .　535

Dank an das Unerklärliche . . . .　565

„Dass es mir schlecht ging, heißt nicht, dass ich schlecht bin.
Dass ich Hilfe suche, heißt nicht, dass ich schwach bin.
Dass ich Fehler mache, heißt nicht, dass ich dumm bin.
Dass ich Liebe fühle, heißt nicht, dass ich krank bin.
ICH BIN!
Was immer das heißt.“

✥

Herzlich für meine liebe
Chrisi,

Sabine Saint-Clair

Wien, 25. 11. 2018

Odyssee der Angst

‚MAMA! Wo bist du? Hilf mir! Wohin bringen die mich? Ich werde sterben! Ich hab so große Angst!'

Das Jahr 1971 zählte erst wenige Monate. Lea, ein zartes, verängstigtes Kind von fünf Jahren, befand sich im Kindergarten, als es geschah. Sie stammte aus verwahrlostem Hause und war Kummer gewöhnt. Doch was heute passieren sollte, übertraf alle ihre Befürchtungen.

Die friedliche Ruhe der Mittagspause täuschte. Alle Kinder hatten bereits gegessen, ruhten auf den ungemütlich harten Liegen im gemeinschaftlichen Schlafraum. Keiner gab einen Laut von sich. Durch die geschlossenen Fenster, welche in Richtung Spielgelände des Kindergartens zeigten, vernahmen sie das zarte Frühlingslied der ersten Singvögel. Es schien überall im Geäst der noch kahlen Bäume zu stecken, um diese aus ihrem Winterschlaf zu wecken. Wie sehr es sich doch von dem ganzjährigen, frechen Zwitschern der Spatzen unterschied.

Etwas war heute anders als sonst. Lea spürte eine innere Unruhe, die sie sich aber nicht erklären konnte. Nebenan, im Büro der Leiterin, wurde leise, aber aufgeregt diskutiert. Irgendwelche Fremden mussten gekommen sein. Manche Stimmen kannte das Mädchen nicht. Zu Hause waren auch oft Fremde, vor denen sie Angst hatte. Es wurde gefeiert, getrunken, geraucht und laut über Witze gelacht, die das Kind abscheulich fand. Sooft sie an solche Szenen dachte, schmeckte sie auch den abscheulichen Gestank nach Bier und Zigaretten in ihrer Nase. Mutter hatte immer einen Grund zum Feiern. Für ihre abartigen Freunde kam sie auf die irrsinnigsten Ideen und ließ die Puppen tanzen – ihre eigenen Töchter! Aber dazu später mehr.

Im Kindergarten war Lea sicher und fühlte sich geborgen. Alles war sauber, es gab immer eine Mahlzeit, sie konnte malen, spielen, träumen. Alle waren so nett zu ihr! Hier war sie wirklich gern.

Tante Hilde – eine zierliche Frau mittleren Alters und Leas Lieblingserzieherin – schien das Kind besonders zu mögen. Lag das vielleicht an ihren äußeren Ähnlichkeiten? Beide hatten braunes, glattes Haar. Die Frau trug es kurz, das Mädchen etwa schulterlang. Sie waren von kleiner, schlanker, ja fast zerbrechlicher Gestalt, liebten ähnliche Düfte und fanden sich auch in ihrem warmherzig-mitfühlenden, höflichen und sehr hilfsbereiten Wesen. Auf der geistigen Ebene wurden mit der Zeit viele Parallelen erkennbar. Lea blühte auf, wenn Tante Hilde Geschichten erzählte. Sie lachten, sangen, tanzten ungezwungen frei und ergänzten sich wie in einem geheimnisvollen Selbstlauf.

Auffallend bei Lea war ihre angeborene Linkshändigkeit, ihre zurückhaltende Stille, eine ausgeprägte Geruchsempfindlichkeit sowie hartnäckige Beständigkeit in ihrem Tun. Was sie einmal begonnen hatte, wollte sie unbedingt zu Ende bringen! Sonst wurde sie unzufrieden, ärgerte sich, wagte es aber nicht, über ihren Unmut zu sprechen. Zu groß war die Angst vor Strafe oder Ablehnung.

An besagtem schicksalhaften Tag kam diese Erzieherin in den Schlafraum, direkt zu ihr und flüsterte, sie möge sich anziehen und mit hinauskommen. Sie brauche keine Angst zu haben. Ein Polizist sei da und hätte nur ein paar Fragen an sie. „Tante Hilde?", stammelte die erschrockene Kleine, der die Angst natürlich bis in den Nacken fuhr, was sie frösteln ließ. „Liest du uns nachher wieder eine Geschichte vor? Das ist immer so schön. Ich kann mir alles wünschen, was ich will, Und wenn ich die Augen schließe, dann kann ich es sehen."

Lea liebte es, in die fantastische Welt der Vorstellung zu reisen und für diesen Moment den Kummer in ihrer wahren Umgebung zu vergessen. Heute jedoch wusste sie instinktiv, dass es keine Geschichte mehr für sie geben würde. Panik machte sich breit.

Sie überlegte krampfhaft, was sie ausgefressen haben könnte, befolgte aber verängstigt die Anweisungen der Erzieherin.

„Nein, Lea", sagte Tante Hilde. „Nicht die Hausschuhe! Zieh bitte deine Straßenschuhe an! Du musst auch nach draußen gehen."

Nun war es mit Leas zwanghafter Ruhe endgültig vorbei! Verzweifelte Tränen quollen aus den erschrockenen Kinderaugen. „Ich muss mal!", rief sie leise und rannte aufs WC. In ihrem kindlich unbeholfenen Denken war das sicher der einzige Ort, von dem man sie nicht holen würde. Wenn sie sich dort ganz still verhielt, vergaßen die Fremden vielleicht, weshalb sie gekommen waren.

,Wenn ich doch nur wüsste, warum die da sind und was sie ausgerechnet von mir wollen. Ich hab doch nichts gemacht!', dachte das Kind, während es in der Hocke auf dem WC-Sitz kauerte, damit man von außen ja ihre Füße nicht sah. Fieberhaft dachte sie über die Geschehnisse nach.

,Tante Hilde hat auch so komisch geschaut. Ob sie sie beleidigt haben, als vorhin gesprochen wurde? Ich glaube, sie hat geweint.'

Lea wurde jäh aus dem Grübeln gerissen, als jede WC-Tür sanft geöffnet wurde. Sie wehrte sich nicht. Tante Hilde nahm sie in die Arme, trug die Kleine in den Garderobenraum und half ihr beim Ankleiden.

„Du, Tante Hilde? Warum muss ich eigentlich immer ,Tante' zu dir sagen? Mama hat gesagt, ich hab gar keine Tante. Nur einen blöden Onkel. Sie kann ihn nicht leiden. Der wohnt aber so weit weg, dass wir ihn nicht besuchen können. Ich habe ihn noch nie gesehen. Das finde ich schade. Weißt du, wann meine Mama heute kommt, um mich abzuholen?"

Lea versuchte, die Erzieherin in die verschiedensten Gespräche zu verwickeln, um ja so lange wie möglich bei ihr bleiben zu können. Die starke Verunsicherung des Kindes äußerte sich im weinerlichen Ton ihrer Stimme. Sie erhielt keine Antwort und wusste auf einmal, dass sie heute auch nicht nach Hause kam! Zitternd vor Angst klammerte sie sich an die Frau, die das Kind hinaustrug. Zwei Beamte warteten an einem Auto der Volkspolizei auf den kleinen Passagier und einen Kollegen, der drinnen alle Formalitäten erledigte. Frau Hilde musste ihnen die Kleine übergeben, die sich nur schwer von ihr löste. Letztendlich wurde Lea in das Dienstfahrzeug gedrängt, rechts und links stiegen die Polizisten zu. Eine Fahrt nach nirgendwo begann.

Tausend Gedanken gingen dem Mädchen durch den Kopf. Um sich besser zu fühlen und die Angst nicht so mächtig werden zu lassen, machte sie in ihrer Vorstellung aus den anwesenden Beamten lustige Witzfiguren, die sie aus dem Fernsehen oder aus Bilderbüchern kannte. Doch das gelang ihr nur für kurze Augenblicke. Zu groß war das Entsetzen über die Geschehnisse.

‚Die zwei hier schauen aus wie Roboter. Wenn ich denen auf den Bauch klopfe, klingt das bestimmt wie eine leere Blechdose. Ob ich die auch etwas fragen kann? Lieber nicht. Das sind bestimmt keine echten Polizisten, sondern Verbrecher, die mich jetzt irgendwo umbringen werden! Ich hab ja nichts gemacht, also kann die Polizei auch nichts von mir wollen!‘

Noch nie war Lea bisher aus dem Ort gekommen, doch es interessierte sie nicht, wohin man mit ihr fuhr. Wie versteinert saß sie da, sprach kein Wort und hatte mit ihrem Leben abgeschlossen! Innerlich aber überschlugen sich die Gedanken. Ihr schien, als seien sie seit Stunden unterwegs. Das Auto wollte einfach nicht mehr anhalten. Sicher waren sie schon Hunderte Kilometer weit weg von zu Hause! Ein Gefühl für Entfernungen hatte Lea nicht. Ein Auto besaßen die wenigsten. Wer etwas in der Stadt zu erledigen hatte, fuhr mit dem Bus. Nur Lea nicht! Wahrscheinlich war sie für die große, weite Welt noch viel zu klein. In dem Dorf, wo jeder jeden kannte, drohte sie zu ersticken. Doch heute wünschte sie sich, nur geträumt zu haben, gleich aufzuwachen, und alles war wie immer.

‚Ob ich heute Nacht zum Schlafen in ein Bett gelegt werde? Wo wird das sein? Vielleicht bin ich ja dann schon tot und brauche keines mehr. Was wird Mama sagen, wenn sie mich abholen will und ich bin nicht mehr da?‘

Lea Müller liebte ihre Mutter Gerlinde Müller bedingungslos. Man konnte nicht sagen, warum, denn ihr junges Leben bestand aus einem Martyrium von Schmutz, Gewalt, Hunger, Angst und immer wiederkehrender Demütigung, die ihre Mutter als „Gegenliebe" für das Kind hatte. Das „dirnenhafte" Erscheinungsbild von Gerlinde ließ auf schlechte Körperpflege schließen. Die etwas mollige Figur steckte oft in viel zu enger Kleidung. Hervorquellende Rundungen, einschneidender Stoff an den deutlich erkennbaren Speckringen einer Frau, die im Grunde nicht übermäßig dick war, gaben ihr das Antlitz der Zügellosen auf Freiersuche.

Ihre Haut wirkte gelblich grau und war meist überzogen von einem fettigen, unsauber glänzenden Talgfilm. Manchmal, wenn sie in die Stadt musste, schminkte sie sich auffällig. Dennoch blieb ihr Gesicht ausdruckslos kalt und zeigte keinerlei Freude, Mitgefühl oder gar Begeisterung für das Leben, das sie umgab. Im Bewegungsablauf wirkte sie oft fahrig, unterstrich ihre tief verwurzelte Unruhe mit dem nervösen, energisch-zornigen Griff nach der Zigarette. Gierig schnell sog sie an dem stinkenden Giftgemisch, während der eisige, feindselige Blick ihrer graublauen, halb zugekniffenen Augen unaufhörlich die Umgebung zu durchsuchen schien, welche sie meist überhastet eilig durchrannte. Ihr kurzes, dauergewelltes Haar kämmte sie streng nach hinten. Es war strähnig, ungepflegt und roch schlecht. Die ganze Frau roch schlecht!

Lea kannte ihre Mutter nur mit stinkender Zigarette zwischen den Zähnen. Diese waren schon ganz gelb und faulig davon. Auch zwischen Zeige- und Mittelfinger ihrer rechten Hand waren deutliche, gelbe Druckstellen sichtbar, die jedermann erzählten, was sich dort am häufigsten befand. Das Kind war angewidert von der eigenen Mutter und manchmal sogar dafür dankbar, von ihr nicht geliebt zu werden! Womöglich hätte diese sie dann öfter geküsst, als sie es (gewöhnlich nie!) tat! Aus purem Ekel zog das Mädchen es vor, lieber von der Mutter geschlagen zu werden! Manchmal prügelte die Frau ohne erkennbaren Grund auf das Kind ein, beschimpfte es ohne Unterlass, bis sie einen Augenblick später unvermittelt verschwand. Ihre Tochter ließ sie dann einfach liegen, wo sie lag.

Dennoch liebte Lea ihre Mutter. Tief in ihrem Inneren war sie überzeugt, kein Mensch auf dieser Welt wurde mit Hass geboren! Es musste Schlimmes mit ihr geschehen sein, dass sie nicht lieben konnte.

Lea hatte oft große Angst davor, eines Morgens aufzuwachen und Mutter war nicht mehr da! Wie würde es dann nur weitergehen? Es gab schon einige Abende, an denen sie vergeblich darauf wartete, dass Mutter von der „Arbeit" nach Hause kam. Mitunter wurde es dabei so spät, dass Lea es nicht mehr bemerken konnte und voller Ungewissheit in angstvolle Träume versank.

Jetzt aber sah es genau umgekehrt aus! Die Mutter würde kommen, um ihr Kind abzuholen, und es war nicht mehr da!

Tief gedankenverloren vor sich hin starrend, waren Lea die vielen Häuser gar nicht aufgefallen, die da überall standen, als der Pkw hielt und sie an fremde Menschen in weißer Kleidung übergeben wurde. Das Auto fuhr ohne sie weiter. Was für eine Erleichterung!

‚Puh, geschafft! Ich lebe noch, aber was ist los? Wo bin ich? …'

„Ist das ein Krankenhaus? Bin ich krank?", fragte Lea den lustigen jungen Doktor, der dauernd scherzte und lachte. „Nein, Mädchen, wir wollen dich nur mal wieder waschen!", lachte er laut, erntete aber sehr tadelnde Blicke seiner Kollegin, die dem Kind pausenlos den Kopf streichelte und mit Leas Haar zu spielen schien.

„Du bist nur zur Sicherheit da", fuhr der Mann nun mit ernsterer Miene fort. „Wir werden dich gründlich untersuchen, und wenn du gesund bist, ist alles in Ordnung."

„Darf ich dann nach Hause? Weiß meine Mama, dass ich hier bin? Wann kommt sie mich abholen?"

„Keine Ahnung", sagte der Doktor und nahm Hilfe suchend Blickkontakt zu seiner Kollegin auf.

„Das wirst du sicher morgen erfahren", erklärte diese dem zutiefst verunsicherten Kind.

„Schauen wir uns doch erst einmal dein Zimmer an, wo schon andere Kinder und ein Bett auf dich warten."

‚Ich werde heute Nacht also doch in einem Bett schlafen …', dachte Lea schwer traumatisiert von den Erlebnissen des Tages.

Inzwischen standen sie in einem hellen Zimmer, in dem es drei nebeneinanderstehende Betten gab, die jeweils am Kopf- und Fußende ein nicht sehr hohes, weißes Metallgitter hatten. Das Bett in der Mitte war leer. In den anderen beiden saßen zwei Kinder, von denen eines dem Neuankömmling zur Begrüßung lächelnd zuwinkte. Neben den Betten stand je ein kleiner Container aus Blech mit zwei schmalen Schubladen. Schränke schien es keine zu geben. Die Wände waren circa bis zur Hälfte mit einer hässlich glänzenden, hellgrünen Farbe versehen. Eigentlich mochte Lea die Farbe Grün. Aber hier sah es fast aus wie in einem Waschraum. Das riesige Fenster hatte keine Vorhänge, sondern nur ein Rollo, das schief am oberen Rahmen hing. Die Fensterscheiben waren – wiederum bis zur Hälfte – milchig weiß bestrichen, damit man nicht durchschauen konnte. Direkt davor stand ein kleiner, quadratischer Tisch mit drei winzigen bunten Holzstühlen.

‚Wo haben die nur ihre Sachen? Nirgendwo sind Schränke. Vielleicht waren die ja so wie ich hierhergekommen. Ich habe ja jetzt auch keine Sachen mehr‘, überlegte Lea, als sie unschlüssig vor ihrem vermeintlichen Bett stand. Die beiden anderen Mädchen standen auf, setzten sich zum Tisch und unterhielten sich. Die eine hatte eine wunderschöne Puppe mit seidigem langen Haar und zeigte der anderen daran, wie man einen Zopf flocht. Lea hätte jetzt auch gern eine Puppe oder ein Schmusetier gehabt. Bis jetzt war sie immer wenig begeistert von Puppenkram, Puppenwagen, Puppenstuben und den komisch übertriebenen Mama-Kind-Spielen im Kindergarten. Meist sonderte sie sich dann von den anderen ab, blätterte lieber endlos lange in Bilderbüchern oder lauschte verträumt den Geschichten, die ihre Tante Hilde manchmal vorlas.

Aber jetzt sehnte sie sich nach alldem. Nach jemandem, der ihr Freund sein wollte. An den sie sich kuscheln und dem sie ihre Ängste anvertrauen konnte. Sie fühlte sich schrecklich allein und wünschte sich so sehr nur ein kleines bisschen vertraute Nähe, Sicherheit, Geborgenheit.

Eine Krankenschwester kam herein. Sie erzählte, dass sie beide jetzt gemeinsam einen kleinen Rundgang machen würden, damit Lea wusste, wie es auf der Station aussah. „Frau Doktor, sag mir doch bitte, wie lange soll ich denn hierbleiben? Was habe ich denn, dass ich nicht nach Hause darf? Ich verstehe das alles nicht!"

„Das werden wir schon herausfinden, Lea. Deshalb bist du ja hier. Schau dich einfach um, und fühl dich wohl. Du bist hier vollkommen sicher und nichts wird dir geschehen!" Jetzt bekam die kleine Patientin auch ein Nachthemd. Ein komisches Ding, das ihr viel zu groß war, aber egal. Hauptsache, sie durfte endlich in ihr Bett und sich verkriechen. Lea hatte keine Lust darauf, sich die Station anzusehen. Sie wollte endlich in Ruhe gelassen werden und die furchtbaren Eindrücke des Tages zu verstehen versuchen. Sie schien, ohne schützenden Halt, von einem riesigen Meer aus Angst verschlungen zu werden. Voll mit verwirrter Traurigkeit, stieg sie in ihr Bett, verkroch sich unter der Decke und versuchte krampfhaft herauszubekommen, warum das heute eigentlich geschehen war. Natürlich fand die Fünfjährige keinerlei Erklärung. Alles, was sie wahrnahm, war völlige Verzweiflung. Plötzlich überfielen sie heftige Weinkrämpfe. Die Erde war ein schwarzes Ungeheuer und verschluckte sie mit Haut und Haar, ohne dass sie sich wehren konnte.

‚Keiner sucht oder fragt nach mir! Alle hier sind fremd! Ich will nach Hause! Mir ist doch egal, ob Mama wieder wütend auf mich ist, weil ich die ganze Zeit weg war!', schluchzte sie leise vor sich hin.

Jemand zog an der Decke! Das Mädchen mit der Puppe war herübergekommen und schaute Lea mitleidig an. „Warum weinst du, und wie ist dein Name?" Sie hatte warme, braune Augen und war – wie Lea – von kleiner, zarter Statur, mit mittelbraunem, halblangem Haar. Um die Nase herum sah man winzige Sommersprossen, die ihr einen aufgeweckt-fröhlichen Ausdruck ins Gesicht zauberten.

„Meine Puppe heißt Clara. Sie kann dich sehen! Du hast so schönes Haar wie sie. Ich bin Susanne!"

„Hallo Susanne. Hallo Clara. Deine Haare sind viel schöner als meine", begann Lea mit der Puppe zu plaudern, und Susanne hörte aufmerksam zu. „Dein Haar ist so schön lang und glänzend wie das meiner Schwester."

„Du hast eine Schwester? Ich auch!", strahlte Susanne. „Sie ist um ein Jahr älter als ich."

Leas Gesicht hellte sich plötzlich auf: „Was für ein Zufall! Meine Schwester ist auch ein Jahr älter als ich. Aber sie mag mich nicht! Sie ist auch viel hübscher und braver. Sie macht immer das, was Mama gefällt, und deshalb hat sie die Hanna viel lieber als mich. Bestimmt bin ich hierhergekommen, weil ich immer so schlimm war."

„Aber wie kommst du denn auf so was? Das hier ist ein Krankenhaus, und alle sind nett! Also wie heißt du nun? Susanne vielleicht? Weil, das wär das Lustigste überhaupt! Meine Schwester heißt nämlich Hanna! Genauso wie deine Schwester."

„Nein, ich bin die Lea! Du bist sehr lieb! Das ist schön." Leise flüsternd fügte sie hinzu: „Mir hat auch noch keiner gesagt, dass ich schönes Haar habe. Danke!"

Susanne ließ ihr hübsches Spielzeug noch eine Weile bei Lea, damit die beiden sich noch ein wenig ungestört unterhalten konnten. Diese kleine Episode zwischen den Kindern mag unwichtig und nebensächlich erscheinen. Für das eben noch extrem leidende Mädchen jedoch schien urplötzlich die Sonne. Es fühlte sich für diesen Moment nicht „unsichtbar", wertlos. So eine liebe Person hatte Lea zuvor nie kennengelernt und freute sich darüber.

Susanne wurde abends immer mit einer grasgrünen Salbe eingerieben. Die Kinder wussten nicht, warum, aber es schaute lustig aus, und sie kicherten viel miteinander. Die beiden mochten sich auf Anhieb, und Lea wünschte sich insgeheim, eine solche Freundin zu haben.

An den Folgetagen wurde ihr Blut abgenommen, Haut, Haar, Körpergewicht untersucht. Man stellte Mangelerscheinungen fest, die aber unauffällig seien. Medikamente mussten nicht verabreicht werden. Nachdem man sie eingewiesen hatte, durfte sich Lea die frei zugänglichen Stellen der Station ansehen, denn sie war kerngesund. Alle waren überaus freundlich. Es ging der Kleinen noch nie so gut! Eigentlich gefiel es ihr hier. Aber wie war es zu verstehen, dass ihre Mutter nicht nach ihr suchte? Vielleicht hatte sie ihre Tochter längst vergessen. Doch es war wohl wahrscheinlicher, dass sie schon furchtbar böse auf die Unauffindbare sein musste.

Lea wusste nicht, wie lange sie nun schon da war. Eine Woche? Oder länger? Eines Tages erhielt sie Besuch von ihrer Mutter, die dafür sogar ein ordentlich passendes Kleid trug.

„Mama? Wie hast du mich gefunden? Bitte sei nicht wütend auf mich! Ich kann nichts dafür. Wirklich! Sie haben mich einfach mitgenommen!"

„Ist schon gut, Kind", flüsterte die Frau dem Mädchen zu. Dabei beugte sie sich nah zu ihr hin. Der bekannte Geruch nach altem Körperschweiß und ungewaschenem Haar wurde von dem einer Deomarke begleitet, die Lea noch nicht kannte. „Hör mir jetzt genau zu!", krochen zäh und widerlich stinkend einzelne Satzbrocken aus der nikotinvergifteten Mundhöhle in die Nase des geruchsempfindlichen Kindes.

„Morgen komme ich dich abholen. Aber ich warne dich! Sprich mit keinem darüber, sonst kommst du nie mehr nach Hause! Hast du mich verstanden? Auch nicht mit anderen Kindern, hörst du?"

Lea nickte nur stumm. Ihr war so übel! Panisch nahm sie wahr, wie übermäßig warm sich ihr Speichel im Mund anfühlte. Ein untrügliches Zeichen dafür, dass sie sich bald übergeben musste! Wie schaffte sie es bloß, sich davon abzulenken?

‚Warum diese Geheimnistuerei? Wer kann mir nur sagen, was hier eigentlich los ist?'

Leas Gedanken gerieten völlig durcheinander. Sie hatte sich so nach ihr gesehnt, aber jetzt, als Mutter bei ihr war, hätte sie am liebsten gewünscht, sie wäre nicht gekommen. Während der Zeit im Krankenhaus genoss Lea Ordnung und Sauberkeit von Mensch und Umgebung so sehr, dass die Erinnerungen an den ekelerregenden Schmutz zu Hause schnell verblasst waren. Umso mehr fiel er ihr jetzt an ihrer Mutter auf! Das Kind schämte sich dafür.

Erstaunlich, dass es die Frau schaffte, einmal nicht zu rauchen, denn auf der Station durfte sie das ja nicht. Doch vielleicht war das der Grund für ihre altgewohnt-übertriebene Eile.

Alle schlechten Gerüche von zu Hause waren wieder da!

Die Sterilität des Krankenhauses hatte den Schmutz vergessen gemacht, Leas tiefe Sehnsucht nach Sauberkeit gestillt, und sie fühlte sich hier wohl. Nun war sie total verwirrt über ihre schlechten Gedanken.

‚Mama! Bitte umarme mich nicht! Mich ekelt vor dir! Aber wie kann ich so denken? Ich hab dich doch so lieb, Mama! Was ist bloß los mit mir?‘

In der Nacht hatte das Kind dann einen schlimmen Albtraum und wachte schreiend auf. Diesen Traum kannte Lea schon. Er war immer wieder gleich. Hanna und sie spielten vor der Haustür des Nachbarn, bei einem marmorfarbenen Treppenaufgang. Unterhalb war ein schön gestrichener, weißer Metallzaun, der den gepflegten Vorgarten vom Grau der Straße trennte. Die reichlich blühenden Blumen und das satte Grün der schmalen Wiese bildeten einen starken Kontrast zur Umgebung. Selbst die spitzen Enden des Zaunes wirkten nicht bedrohlich. Lieblicher Duft üppiger Blütenpracht hing in der Luft. Vergnügt rutschten die Kinder am hölzernen Handlauf der Treppe hinunter, durften sich dabei aber nicht erwischen lassen. Man hatte es ihnen verboten. Vermutlich war es zu gefährlich. Wenn man nicht rechtzeitig absprang, landete man direkt auf dem spitzen Eisenzaun! Die Mädchen kümmerte das Verbot nicht. Die glatte Fläche aus Holz glänzte in der Sonne. Sie wurden immer übermütiger! Der Nervenkitzel, jeden Folgesprung minimal hinauszuzögern, war zu verlockend! Wer würde heute die Mutigere sein?

Hanna war wieder einmal besser als Lea, die sich sehr darüber ärgerte. Als die ältere Schwester gerade wieder zum Rutschen ansetzte, schrie ihr Lea ein böses Wort nach. Hanna schien zu überlegen, was sie entgegnen würde, und achtete eine Sekunde nicht auf ihren Absprung. Sie fiel mit dem Bauch auf die weißen Eisenstäbe, die sich durch ihren Körper hindurchbohrten und am Rücken blutrot wieder austraten. Hanna war tot!

An dieser Stelle des furchtbaren Traumes wachte Lea auf, weinte und schrie wie betäubt! Sofort kam das Stationspersonal, um nachzusehen, was los sei. Aus dem Schlaf gerissen, erzählte Susanne ihnen, was sie verstanden hatte. Lea erhielt ein Getränk und beruhigte sich bemerkenswert rasch. Die große Erleichterung, dass ja gar nichts passiert war, brachte eine so starke Müdigkeit zurück, dass Lea nicht einmal Angst vor dem Weiterschlafen und einer Fortsetzung dieses Traumes hatte. Das Getränk enthielt ein Beruhigungsmittel. Susanne erzählte es ihr später noch ausführlicher, denn die Kinder sollten sich in diesem Leben erneut begegnen. Damals hätte sie das Personal belauscht, das angeblich sehr beunruhigt über diesen Vorfall diskutierte. Die Begebenheit sei auf der Station noch eine Zeit im Gespräch geblieben, als Lea längst weg war.

Am Morgen nämlich wurde sie gleich nach dem Frühstück in ihre inzwischen gereinigte Straßenkleidung gesteckt. Sie würde heute aus dem Spital entlassen.

„Aber meine Mama ist doch noch gar nicht da! Es ist doch noch so früh!"

Sogleich klatschte sich Lea auf den Mund! ‚Mama hatte doch gesagt, dass ich nichts sagen darf …'.

Wie sich rasch herausstellte, sollte das Kind auch nicht nach Hause kommen. Wieder waren da unbekannte Leute, die mit Papieren hantierten, den Arzt über sie ausfragten und sie dann mitnahmen. Alles wiederholte sich. Die Reise ging weiter, und Lea wusste noch immer nicht, wohin eigentlich. Keiner sprach mit ihr auch nur ein Wort! Warum auch? Sie verstand ja sowieso nicht, was hier passierte. Nicht einmal von Susanne hatte sie sich verabschieden können. So schnell musste alles gehen. Wo würde wohl die nächste Station sein?

Diesmal wurde sie in einem großen, schönen, alten Haus abgegeben. Eine freundliche Dame mittleren Alters nahm sich ihrer an, und die Polizisten verschwanden wieder. Rein äußerlich hatte sie große Ähnlichkeit mit Tante Hilde. Das erschien der Kleinen vertraut. Ihr graues, kurzes Haar wirkte zerzaust, als wäre sie gerade von einer Kissenschlacht gekommen. Auch sie war klein und schlank. Nur die Stimme war tiefer. Ihr Geruch war fremd. Dies sorgte bei dem Kind sofort wieder für Vorsicht und Distanz.

Doch die lustigen, braunen Augen der unbekannten Frau hießen das Kind herzlich willkommen.

„Hallo Lea", lächelte sie. Ich bin Frau Niemann. Gibst du mir zur Begrüßung die Hand?"

Ihre Hand fühlte sich hart und knöchern an. Gar nicht so weich wie bei Tante Hilde.

„Wenn du möchtest, gehen wir ein Stück zusammen. Dann kann ich dir in Ruhe erklären, wo du jetzt bist. Ich kann gut verstehen, wie verwirrt du sein musst, nach all dem, was du in der kurzen Zeit erlebt hast. Doch du wirst sehen, hier bei uns ist alles ruhig. Du musst keine Angst haben!"

Diese wildfremde Frau, die Lea noch nie gesehen hatte, nahm das Kind mit und erzählte pausenlos.

„Du bist jetzt in deinem neuen Zuhause angekommen, wirst dich sicher bald wohlfühlen und viele Freunde finden."

„Frau Niemand ... was für ein komischer Name", flüsterte Lea und musste leise kichern. „Weißt du etwa, was ich erlebt habe? Ich kenn dich doch gar nicht! Und was mache ich jetzt – HIER BEI EUCH –, Frau Niemand? Warum bin ich hier? Ich habe doch schon ein Zuhause.

Das sieht aber ganz anders aus! Und eine Mama habe ich auch, die mich sucht."

Völlig verstört und willenlos ließ sich Lea von der fremden Person irgendwo hinziehen. Sie träumte das doch alles, oder? Wann würde sie endlich aufwachen und war an der gewohnten Stelle, die sie bisher für ihr Zuhause gehalten hatte?

‚Mama! Du wolltest mich nach Hause holen und bist wieder nicht gekommen! Frau Niemand sagt mir, dass das jetzt mein neues Zuhause sein soll. Ich habe Angst, Mama! Komm mich doch endlich abholen!'

Das Haus war ein Kinderheim für noch nicht schulpflichtige Kleinkinder. Die Gruppenzimmer waren schön, mit Stockbetten und viel Platz zum Spielen. Im hellen und sehr sauberen Waschraum gab es mehrere nebeneinander angeordnete, kleine Waschbecken und richtige Duschen. Die hellblauen Fliesen an der Wand waren mit lustigen, bunten Bildchen versehen. An jedem Waschbecken sah man ein anderes Motiv. Das gefiel Lea sehr. „Schau mal, Lea", zeigte Frau Niemann auf ein Bild, das eine lachende Ameise zeigte, die eine majestätische Krone auf dem Kopf trug und ihnen mit einem vierblättrigen Kleeblatt in der Hand zuwinkte.

„Unsere Ameisenkönigin hat nur auf dich gewartet. Sie möchte deine Freundin sein, den Tag mit dir beginnen und enden lassen. Möchtest du auch ihre Freundin sein?", wandte sich die freundliche Frau dem Mädchen zu, das ihrer Geschichte aufmerksam folgte.

„Frau Niemand, weißt du, was? Du kannst ja genauso schön Geschichten erzählen wie meine Tante Hilde. Das mag ich." Das Kind strahlte ihr entgegen und schien für den Moment den gegenwärtigen Kummer zu vergessen.

„Darf ich sie Luise nennen? Den Namen finde ich so lustig." Augenblicklich drehte sich Lea dem Bild zu, strich mit dem Finger zart darüber und plauderte es an.

„Hallo Luise. Gefällt dir der Name? Möchtest du meine Freundin sein? Ich weiß schon, dass Ameisen sehr nützlich, klug und fleißig sind. Das finde ich gut." Lea winkte zurück, Frau Niemann nickte lächelnd und schrieb etwas in ihr Notizbuch.

Praktisch fand Lea auch die separaten WC-Räumlichkeiten.

Doch am besten gefielen ihr die Beschäftigungsräume. Dort konnte man zeichnen, basteln, Spiele spielen, was man sich eben gerade wünschte. Noch viel schöner als in ihrem Kindergarten.

‚Tante Hilde ist sicher sehr traurig, dass ich nicht mehr da bin. Ich will nicht, dass sie traurig ist! Ach, könnte ich ihr doch nur sagen, wie schön es hier ist.'

Frau Niemann sollte recht behalten. Lea fand bald andere Kinder, mit denen sie sich gut verstand. Es machte Spaß, lustige Geschichten zu erfinden, die alle fröhlich stimmten. Sie freute sich so sehr, wenn andere Menschen mit ihr lachten. Die Kinder konnten ja noch nicht lesen und schreiben, also spielten sie alles, so als sei das Heim ein großes Theater und sie die Schauspieler. Es war herrlich, Sachen einfach darzustellen, von denen man gerade sprach oder die in den Gedanken saßen.

Dort, in diesem Heim, konnte Lea zum ersten Mal intensiv spüren, wie gut es tat, von Herzen zu lachen. Dieses großartige Lachen mit anderen Kindern ließ sie nicht einsam sein. Ja, sie schien glücklich. Ihr fehlte nicht die Geborgenheit von Familie und mütterlicher Sorgfalt.

Kannte sie diese denn? Vielleicht hatte sie es auch völlig vergessen, denn Besuch erhielt sie nicht. Oder kamen diese wichtigen Schätze des Lebens von anderen Menschen zu ihr? Die, welche sie hier kennenlernte, waren Sonne für ihr kleines Herz, in dem sich tiefe Dankbarkeit für dieses wundervolle Gefühl entwickelte. Nur abends, wenn es ganz still wurde und alle in ihren Betten lagen, um auf den Schlaf zu warten, weinte Lea manchmal. Große Sehnsucht zerrte dann an ihrer Seele, und sie fühlte sich sehr allein. Am Tage jedoch vergaß sie schnell ihren Kummer und fühlte sich wohl in ihrem „neuen Zuhause".

Wenn das Wetter es erlaubte, durften die Kinder draußen spielen. Es gab ein großes Gelände zum Toben oder um in Ruhe den Gedanken nachzuhängen. Lea lernte dort das Fahrradfahren. Sie erwies sich als sehr geschickte, experimentierfreudige Lenkerin. Bald hatte sie entdeckt, dass gerade das langsame Fahren am schwierigsten war. Wie faszinierend. Je schneller sie fuhr, umso stabiler war das Gleichgewicht. Sie musste herausfinden, wie auch der umgekehrte Fall besser beherrschbar wurde, und begann, spielerisch das Stehen und Ausbalancieren mit dem Fahrrad zu üben. Welch seltsame Neigungen ein fünfjähriges Mädchen doch haben konnte. Andere kokettierten mit dem Puppenwagen. Sie aber suchte unter Steinen nach einem sensationellen Fund. Einer Antwort auf ihr großes WARUM, über die Vielfalt von Farben, Formen, Gerüchen der nächsten Umgebung. Wollte sie das Universum neu entdecken?

Ihre Mutter vermisste sie nicht! Keinen aus der Familie oder Verwandtschaft vermisste sie. Sie alle waren weit weg und wussten ganz bestimmt nicht mehr, dass sie überhaupt existierte! Wie war es sonst zu erklären, dass sie nie Besuch erhielt? Wie lange war sie jetzt schon hier im Heim? Ihr fehlte das richtige Zeitgefühl, aber es musste schon ganz schön lange sein. Ihr war nicht entgangen, dass aus dem Sommer Herbst, dann Winter und wieder Frühling wurde, den sie ganz speziell mochte. Dann hatte sie nämlich Geburtstag.

Es tat nur manchmal weh. Wenn sie sich allein und vergessen fühlte, ein fragender Geist nach ihr griff, der sie schmerzvoll an ihre zerstörten Wurzeln erinnerte.

Aber egal! Hier ging es ihr gut. Also musste es wohl richtig sein, so wie es war.

Lea hatte keine Ahnung, was richtig oder falsch war. Sie wusste auch nicht, wohin sie eigentlich gehörte, und fühlte sich dadurch oft verloren. Ohne sicheren Halt. An diesem Ort jedoch hatte sie endlich mehr Ruhe und Zeit für ihre Tagträume. Ihr Lehrer hieß Beobachten, was gerade war.

‚Ich möchte so gern schreiben können. Ob ich Frau Niemand einmal frage? Es gibt so viel, das ich nicht vergessen darf. Außerdem ist es langweilig, immer nur Bilderbücher anzusehen. Ich will in Büchern endlich lesen können! Oder selbst welche schreiben. Ja, genau! Das ist die Idee! Das werde ich einmal machen! Bücher schreiben!‘

„Auch wenn Mama mich vergisst,
was für mich sehr traurig ist.
Ich weine in mein Taschentuch
und schreibe bald ein Buch",

begann Lea plötzlich wie aus heiterem Himmel vor sich hin zu murmeln, während sie im Takt dazu über das Wurzelwerk des riesigen Baumes sprang, unter dem sie eben noch saß.

War das die Geburtsstunde einer zukünftigen Schriftstellerin? Wer wusste das schon? Doch Lea war sofort überzeugt, dies später wirklich zu tun. Allein der Gedanke daran machte sie glücklich und beflügelte ihre Fantasie. ‚Ich muss es einfach nur machen!‘, überlegte sie.

‚Wenn ich lache, bin ich froh. Also denke ich auch so.
Was ich denke, will ich machen. Was das ist? Na lachen!‘

Der Sommer des Jahres 1972 nahm seinen Lauf. Obwohl Lea in der kurzen Zeit eines Jahres so viel Negatives erfahren hatte, das sie überhaupt nicht verstehen konnte, so fand sie doch auch stets Menschen, die mit ihrem Verständnis und dem fürsorglichen Tun von großem Wert für sie waren. Dafür öffnete sie gern ihr Herz und lernte für ihr Leben. Diese Menschen waren Vorbilder, die ihre Persönlichkeit nachhaltig zu prägen vermochten.

Eines Tages kamen neue Kinder in das Heim. Unter ihnen ihr kleiner Bruder Lukas! Sein strohblondes Haar leuchtete schon von Weitem. Die hellblauen Augen des Jungen blickten sich angstvoll verunsichert um. Lukas war ein sonst sehr fröhliches, aufgewecktes Kind. Die Ereignisse jedoch schienen auch ihm sein munteres Lachen genommen zu haben. Er war Linkshänder, genau wie Lea, nur viel ausgeprägter! Sie hatte den Kleinen sehr lieb und war außer sich, als sie ihn hier wieder traf.

‚Lukas, mein Kleiner, warum auch du? Mutter, was ist mit dir? Du schickst uns alle weg, irgendwo hin, wo wir nie vorher waren! Du fragst nicht und suchst uns nicht! Wo bist du? Warum holst du uns nicht nach Hause? Und was ist mit meinen beiden älteren Geschwistern? Sind die auch schon fort … in die weite Welt gestreut? Mutter! Komm her und hole uns zurück! Bitte!'

Plötzlich versagten bei Lea die Kräfte. Hoffnungslose Leere wollte ihr das Herz zerreißen. Sie musste sich irgendwo hinsetzen, ihr war übel, und die Knie wurden weich. Frau Niemann eilte zu ihr, denn sie war – als Leiterin des Heimes – bereits davon in Kenntnis gesetzt, dass Leas Bruder bei den neuen Kindern dabei sein würde.

Sie nahm das Mädchen in die Arme, sagte aber nichts. Sie war einfach nur da. Und das Kind weinte seinen unfassbaren Schmerz laut heraus.

Frau Niemann und auch die anderen Erzieher mochten dieses kleine Mädchen inzwischen sehr. Es war achtsam, immer hilfsbereit zu anderen Kindern, sehr still und dennoch fröhlich, einfallsreich, lebendig. Das wesentlichste Merkmal jedoch war ihre offene Dankbarkeit. Es schien sie glücklich zu machen, für alles zu danken, was ihr Spaß machte, guttat, bunt, schön, interessant war. In ihren Augen lag dann tiefe Erfüllung und Freude. Heute aber waren sie voller Tränen der Verzweiflung.

Nachdem sich Lea etwas beruhigt hatte, lief sie zu Lukas hin, umarmte ihn weinend, fragte ihn, wie es zu Hause denn jetzt aussah, wo sie doch so lange nicht mehr dort war. Der kleine Junge war völlig verwirrt und wehrte sich gegen die ungestüme Umklammerung. Er erkannte sie nicht, wusste nicht, wer sie war, erinnerte sich weder an ihren Namen, noch daran, dass sie Geschwister waren!

„Ich verstehe das nicht! Hat mich denn wirklich die ganze Welt vergessen?", rief Lea mit einem Gemisch aus völligem Unverständnis und verzweifeltem Zorn in der Stimme.

Natürlich konnte sie es noch nicht verstehen! Lea war gerade sechs Jahre alt, und Lukas zählte ganze drei Jahre! Wie sollte sich denn so ein Knirps an Zeiten erinnern, die schon eine Weile zurücklagen? Das war unmöglich, aber man mache das mal einem Mini-Dreikäsehoch wie dieser Lea klar! Für sie stellte es sich so dar, als sei sie niemand mehr, der irgendwo hingehörte!

‚Frau Niemand, weißt du, was? Eigentlich passt dein Name viel besser zu mir als zu dir! Willst du meinen haben? Ich will ihn nämlich nicht mehr!‘

Trotzig beschloss Lea, sich heute an dem Geschehen nicht mehr zu beteiligen, schlich ums Haus, setzte sich dort unter ihrem Lieblingsbaum – der mächtigen Linde – ins Gras und schaute hinauf zu ihrem geliebten Himmel. Er war immer da, schien sie zu hören, zu sehen, zu verstehen.

Sprechen musste er nicht. Sie genoss seine Stille und erzählte ihm alles, was sie freute oder für ihre kleine Seele zu schwer war, um es zu halten.

> *„Lieber Himmel, siehst du mich?*
> *Bin das wirklich ich?*
> *Mein kleiner Bruder kennt mich nicht.*
> *Ist das mein Gesicht?“,*

weinte die Kleine heiße Tränen. Könnte sie doch nur verstehen, was das alles zu bedeuten hatte. Es tat so furchtbar weh.

Die Erzieher des Heimes waren besorgt. Sie wussten natürlich Bescheid. Erst viele Jahre später wurde Lea klar, mit wie viel klugem Geist diese Frauen die ihnen anvertrauten Kinder betreut hatten. Sie sorgten dafür, dass die Geschwister miteinander spielen konnten, obwohl sie in verschiedenen Altersgruppen waren. Lea durfte mit Lukas Übungen machen, die seine verkrampfte linke Hand etwas lockerten. Wenn er malte, brachen ihm oft die Buntstifte ab, durch den zu starken Druck seiner Finger.

Das Mädchen versuchte alles, ihm bewusst zu machen, dass sie doch seine Schwester war. Aber er verstand das nicht. Trotzdem liebten sie sich sehr! Er tat fast nichts ohne sie, und Lea passte auf ihn auf, wie es eine „große Schwester" eben tat.

Das Entsetzen folgte bald! Eines Tages wurden Lea und einige andere Kinder gleich nach dem Frühstück in einen Bus verfrachtet, der vorgefahren war. Es hieß, sie würden verlegt. „Frau Niemand?", wandte sich Lea an ihre liebste Erzieherin. „Ich weiß, wir sollen uns beeilen, aber darf ich dich schnell etwas fragen? Was bedeutet denn ‚verlegt'? Müssen wir jetzt etwa anderswo schlafen?"

„Mach dir keine Sorgen, Lea! Ihr macht nur einen Ausflug", log diese, um wohl das Kind nicht in Panik zu versetzen und einen geordneten Ablauf zu sichern.

Wie hätte sie ihr die Sache auch erklären sollen? Das verstand man ja als Erwachsener kaum. Lea war in einem sehr ungünstigen Alter von zu Hause weg in dieses Heim gekommen. Aber gab es für solche schlimmen Erfahrungen eines Kindes denn überhaupt ein „richtiges" Alter? In die Obhut der Einrichtung, in welcher Niemann als Leiterin arbeitete, wurden ausschließlich Vorschulkinder über-geben. Lea zählte fünf Jahre, als sie kam. Sie würde also höchstens für ein Jahr bleiben können, bevor sie dann in einem Heim für Schulpflichtige weiter betreut wurde.

Die besondere Tragik des Wiedersehens der Geschwister, als auch ihr Bruder hierherkam, der noch viel zu jung war, als dass er sich an die Schwester erinnerte, brach der Frau fast das Herz. Die beiden begannen gerade, sich wieder aneinander zu gewöhnen und wurden nun erneut auseinandergerissen! Die Heimleiterin fühlte sich elend und schuldig gegenüber diesem kleinen Mädchen, das ihr vertraute. Sie stellte mit Bestürzung fest, dass sie dem Kind falsche Hoffnungen gemacht hatte, indem sie ihm sagte, dies sei jetzt sein neues Zuhause! Angesichts der Umstände hätte sie das so niemals darstellen dürfen!

Was passierte hier eigentlich, und wer hatte dieses große Leid der Kinder zu verantworten? Wie konnte sie in ihrer Funktion zukünftig mehr Einfluss geltend machen, damit es erst gar nicht zu solch traumatischen Situationen kam? Durch diese Ereignisse hatte Frau Niemann alle Freude an ihrem Beruf verloren und spürte nichts als lähmende Ohnmacht! Sie wusste zu wenig über die Hintergründe und Zusammenhänge der unglücklichen Zustände, diese beiden Kinder betreffend. Und hier hatte jeder nur seinen Job zu machen, ohne Dinge zu hinterfragen oder gar bewusst anderes zu entscheiden. Das Gefährlichste überhaupt!

Resignation und allumfassende Wirkungslosigkeit breiteten sich in ihr aus, wie es auch schon bei vielen ihrer Mitmenschen der Fall war. Was konnte sie schon ausrichten? Der Staat entschied über Sein oder Nichtsein.

Über das Heim, in welches die Kinder heute verlegt wurden, kursierten schreckliche Gerüchte. Doch Genaueres wusste Niemann nicht. Es war schwer, an wirklich glaubhafte Informationen zu kommen. Jedoch waren die über das andere Heim durchwegs die gleichen. Man erzählte sich, dass jeglicher Ungehorsam durch gewaltvolle Züchtigung, ganz im Sinne des Wortes, „niedergeschlagen" wurde. Wie war es, um Himmels willen, nur zu diesem folgenschweren Irrtum gekommen, ein so intelligentes, freundliches Kind in eine Einrichtung für schwer Erziehbare zu bringen? Niemann dachte verzweifelt nach und sorgte sich sehr um die zerbrechliche Kleine. Vermutlich war es genau das Falsche gewesen, die Geschwister wieder zueinander zu führen, wenn man bedachte, wie wenig Zeit ihnen blieb. Doch wie hätte man das dem Mädchen verständlich gemacht? Noch immer sah die Erzieherin Leas Augen voller Tränen vor sich, nachdem ihr Bruder sie nicht erkannt hatte.

Betroffene Erklärungsnot machte das Atmen schwer.

Welches Schicksal würde dieses tapfere Kind wohl jetzt erwarten?

Geradewegs in den Abgrund der Hölle

Lea war nun also schulpflichtig und der September 1972 nicht mehr weit. Die Geschwister hatten nur wenige Monate Zeit bekommen, sich langsam wieder aneinander zu gewöhnen, als der Abschied schnell und geordnet über sie hinwegfegte. Noch bevor die Kinder es recht erfassen konnten. Erst, als die Trennung längst vollzogen war, wurde Lea klar, dass sie ihren kleinen Bruder erneut verloren hatte. Sie weinte verzweifelt und wollte sterben! Von diesem Tage an ging ihr die Freude daran verloren mit anderen zu sprechen – sich mitzuteilen. Die veränderte Umgebung nahm sie zunächst nicht wahr. Zu stark war sie mit ihrer Trauer beschäftigt.

Das neue Kinderheim wurde – das erfuhr Lea erst, als sie längst erwachsen war – als „geschlossenes Heim für schwer erziehbare Kinder" bezeichnet und hatte mit dem anderen überhaupt keine Ähnlichkeit. Es war umgeben von schmucklosen, weiß gestrichenen Mauern, mit einem großen Metalltor, neben dem ein kleines Häuschen stand. Dort saß jemand und beobachtete das Geschehen. Kein Grün! Kein Baum! Nirgendwo eine Linde, die Lea doch so liebte.

Das große Gebäude umgab den Hof wie ein U und sah schon ziemlich alt aus. An manchen Stellen fehlte der Putz und auch die Fenster konnten einen neuen Anstrich gut vertragen. Es wirkte schon von außen kalt und schmutzig. Auf dem Hof war – bis auf die gerade Angekommenen und den Beobachter in dem komischen, kleinen Verschlag – kein Mensch zu sehen. Es gab auch keine Spielgeräte. Der betonierte Platz war leer und strahlte graue Kälte aus.

„Guten Tag Kinder!", piepste es plötzlich aus einer offen stehenden Tür, zu der eine breite Steintreppe führte, die sich bestimmt gut zum Hüpfen eignete, wie Lea fand. Eine groß gewachsene, drahtig magere Frau mit grauen Haaren, trat heraus und lächelte frostig. Auf der spitzen Nase und vor zwei scheinbar wimpernlosen, wässrigen Augen hing eine Brille, die jeden Augenblick herunterzufallen drohte.

„Mein Name ist Frau Peters. Ich bin die Leiterin dieses Heimes. Ihr wundert euch vielleicht, dass es so ruhig bei uns ist. Das liegt daran, dass alle anderen Bewohner dieser Einrichtung in den Ferien sind. Wenn die Schule beginnt, wird wieder viel los sein bei uns. Wir werden jetzt gemeinsam das Haus besichtigen. Ich zeige euch alles Wichtige und bitte dabei um Ruhe und Aufmerksamkeit. Ich erkläre es euch genau einmal!"

‚Die klingt ja nervig! Muss doch anstrengend sein, beim Reden den Ton immer so hoch zu halten. Was hat die da nur für ein großes Ding auf dem Kopf? Das fällt sicher ab, wenn sie damit irgendwo hängen bleibt', kicherte Lea leise in sich hinein.

„Bitte fragt mich alles, was ihr wissen wollt, verstanden?" Die Stimme dieser Frau drohte fast auszusetzen, als sie das sagte.

Im Inneren des Hauses gab es Beschäftigungsräume, die leer und verschlossen waren. Den Kindern wurde erklärt, dass diese nur betreten werden durften, wenn die eigene Gruppe dafür eingetragen war, denn jeder sei einer solchen speziell zugeteilt.

Auch viele andere Türen waren verschlossen. Es schien keinen Ort zu geben, an den man sich zurückziehen konnte, um allein zu sein.

„Wo ist denn hier die Toilette?", wollte Lea wissen. „Ich muss mal!" In Wahrheit war sie verzweifelt auf der Suche nach einem Rückzugsort. Und sei er auch noch so winzig.

Die seltsame Frau zog Lea am Arm und schob sie an den anderen vorbei zu einem Treppenaufgang.

„Ach Kinder! Kommt doch gleich alle her!", rief sie dünn. „Hier ist das WC. In jedem Stockwerk findet ihr an der gleichen Stelle so ein WC. Mit der Zeit werdet ihr es euch merken." Der Ort der unbedingten Notdurft war ein winziger, quadratischer Raum, in den nur eine Person hineinpasste, da es genau gegenüber auch noch ein schmuddelig aussehendes, kleines Waschbecken gab.

„Super!", flüsterte Lea. „Wenn hier nur einer hineinpasst, dann kann mich keiner stören! Nur absperren kann man nicht. Das ist blöd! Aber gut. Besser als gar nichts."

Lea wurde angewiesen, sich zu beeilen, und befolgte das widerwillig. Frau Peters zwitscherte indes draußen weiter wie ein heiserer Vogel.

„Den Speiseraum zeige ich euch später. Er befindet sich im anderen Flügel des Gebäudes. Dort werden alle Mahlzeiten eingenommen. Das Essen und Trinken in den übrigen Teilen des Hauses oder auf dem Hof ist streng verboten!

Mädchen und Jungen halten sich nach der Schule getrennt in Gruppenzimmern auf. Dort werden die Hausübungen und andere Aufgaben erledigt. In jedem wird eine erwachsene Aufsichtsperson anwesend sein."

‚Viel mehr kann man hier auch nicht machen!', dachte sich das verstörte Kind. Der besichtigte Gruppenraum bestand lediglich aus Tischen und Stühlen sowie einem offenen Regal aus dunklem Holz, dessen Fächer je eine Beschriftung hatten. Vermutlich waren das die kargen Lagerflächen für Schreibmaterial und Persönliches. Das vorhanglose, einzige Fenster war zwar schön groß, jedoch zu hoch, als dass man sich an das leere Fensterbrett lehnen und hinausschauen konnte. Lea würde später einen Stuhl verwenden, hinaufklettern und sich dort niedersetzen. In keinem Raum waren bis jetzt Pflanzen zu sehen oder schöne Bilder, die an den Wänden hingen. Alles erschien abweisend kalt, teils ungeschickt verstellt und lieblos eingerichtet. Die Böden bildeten eine zusammenhängende Fläche ohne Schwellen zwischen den Räumen. Ihrem Klang nach mussten es Steinböden sein, die man nur mit einem einheitlichen, dunkelblauen Farbanstrich versehen hatte. Alle Wände waren überzogen mit einem schmutzigen Weißgrau. Die Gruppenräume zeigten zumindest einen kleinen Anflug von behaglichem Schein, denn hier waren die Wände bis circa zur Hälfte versehen mit einer Art Holzvertäfelung.

Doch insgesamt war der Einrichtung dieses Heimes mit minimalistischem Aufwand gedacht worden, die das reine Funktionieren starrer Vorschriften und Abläufe sicherzustellen hatte! Sonst nichts!

„Kann man hier auch irgendwo spielen?", wollte eines der Kinder wissen.

„Natürlich könnt ihr das!", entgegnete die Frau. „Unser Innenhof und die Beschäftigungsräume bieten ausreichend Platz und Spielmaterial."

„Ja aber die sind doch immer verschlossen, und man darf dort nur hinein, wenn die Gruppe eingetragen ist! Wen müssen wir denn fragen, wenn wir dort spielen wollen?", wandte Lea ein.

„Es ist für jeden Tag eine Aufsichtsperson eingeteilt", kam die Erklärung zurück. „Morgens beim Frühstück wird euch gesagt, wer das ist und wann ihr Zutritt zu den Räumen bekommt. Es sind im Normalfall viele Kinder im Heim. Daher ist es sehr wichtig, dass ihr euch an die Hausordnung haltet! Tut ihr das nicht, gibt's Ärger!" Wieder steigerte sich ihre Stimme eine Oktave höher, als sie das Ganze mit dem erhobenen Zeigefinger ihrer überlangen, spitzfindigen Hand unterstrich.

Inzwischen waren sie im Mittelflügel der Einrichtung angelangt. Ein langer Flur verband die nebeneinanderliegenden Schlafräume.

„Nachts wird in großen Gemeinschaftsräumen geschlafen. Dieser hier ist für die Mädchen, der nebenan für die Jungen", ließ Frau Peters sichtlich erschöpft vernehmen. „Bitte merkt euch genau, welches Bett man euch zuteilt! Wenn das zu Beginn noch nicht klappt, dann wendet euch bitte an die Aufsichtsperson!"

Eigentlich waren das gar keine Betten! Nicht einmal den wenig komfortablen Charme von Campingliegen ließen sie vermuten. Leblos kalt und starr standen sie in Reihen nebeneinander. Ihre glatte, ebene Oberfläche ähnelte der einer Tischplatte, an deren rechtem Ende je ein kleiner Turm zusammengelegten Bettzeugs lag.

Keine Spur von heimeliger Nestwärme! Dünn und wenig belastbar sahen sie aus, die pappartigen Bahren der „Kaltherzigkeit". Wer darauf herumsprang, würde sie vermutlich zerbrechen!

‚Die sehen ähnlich aus wie die Liegen im Kindergarten', erinnerte sich Lea wehmütig. ‚Unmöglich, nur für die kurze Mittagspause entspannt darauf zu liegen. Wie soll ich eine ganze Nacht auf einem solchen Ding aushalten?'

Es gab kein eigenes Nachtschränkchen. Einfach nichts konnte man verbergen vor dem Aufsichtspersonal oder wenigstens sicher verwahren!

Die Waschräume lagen links und rechts neben den Schlafräumen. Sie waren am Boden bis zur Decke hin grün gefliest und schleusenförmig zweigeteilt. Zunächst durchlief man automatisch einen größeren kammerartigen Raum, in welchem streng abgeteilte Kleiderregale mit dem jeweiligen Namensschild untergebracht waren. Hier lagen bereits die Heimuniformen bereit, welche von allen Kindern getragen werden mussten. Direkt unter diesen Regalen zogen sich quer verlaufende, durchgehende Fächer entlang, die wohl zur Schuhablage dienten.

Im zweiten Teil der sanitären Anlage befanden sich rechts eine Anzahl Waschplätze und links mit Namen beschriftete Regale für Handtücher und Zahnputzutensilien. Die gelblich vergilbten Waschbecken bestanden aus emailliertem Blech und waren vermutlich aufgrund ihres hohen Alters nicht mehr gut zu reinigen. Um sich zu waschen, musste man schauen, wo Platz war. Hier gab es keine Ameisenkönigin, die Lea freudig zuwinkte, wie in dem schönen anderen Heim.

Das Mädchen wollte nach Hause! Aber wo war das?

‚Frau Niemand hatte doch gesagt, wir machen nur einen Ausflug. Also hat auch sie gelogen! Wieso können Erwachsene nicht die Wahrheit sagen? Was ist daran so schwer? Wie soll ich mich denn nur zurechtfinden? Immer wieder passiert etwas, das ich überhaupt nicht verstehe! Wo – verflixt – bin ich nur?'

Wo fand Lea schützende Geborgenheit? Einen Ort, an dem sie gern sein wollte und zu dem sie gehörte. Gab es den überhaupt in dieser Welt? Wenn sie morgen aufwachte, würde sie vielleicht wieder ganz schnell zusammenpacken müssen und in ein anderes Nirgendwo fahren. Hier, an diesem schrecklichen Ort, wollte sie jedenfalls nicht bleiben! Doch wie es aussah, musste sie das!

Die ersten paar Tage vergingen wie in einem Stummfilm. Von den neu gekommenen Kindern wurden einige noch von Angehörigen abgeholt. Lea lernte still, ihr Bett zu machen und sich auf andere immer gleiche Abläufe zu trainieren. Keiner wechselte auch nur ein Wort mit ihr. Aber gut, es war ja auch kaum jemand da. Fast täglich setzte sie sich im Hof auf die breite Treppe am Haupteingang des Gebäudes oder sprang dort stufenweise auf und ab. Sie wusste nichts Besseres und langweilte sich sehr. Dennoch freute sie sich. Jetzt würde es nicht mehr lange dauern, bis sie endlich lesen und schreiben konnte. Das war der wichtigste Gedanke, den sie verfolgte. Er verdrängte alles Traurige in den Hintergrund, und das tat gut! So hüpfte, sang und tanzte sie stundenlang selbstvergessen vor sich hin und verschwendete keinen Augenblick an anderes.

,Was mir guttut, kann nicht falsch sein, oder?', fragte sie ihr kleines Herz. ,Nur daran will ich denken! Dann ist das alles nicht so schwer.'

Die letzte Woche des Monats August war inzwischen angebrochen. Jeden Tag kamen Kinder und Erzieher zurück ins Heim, die Lea noch nicht kannte. Zuerst freute sich die Ahnungslose, diese nun kennenzulernen, und hoffte darauf, die eine oder andere Freundschaft zu schließen. Doch wie schockiert war sie über den hasserfüllten Umgang der älteren Heiminsassen miteinander! Es wurde gestritten, gehetzt, geprügelt, verpetzt! Das Heimpersonal griff brutal durch, um zu zeigen, wer hier das Sagen hatte!

Nicht nur die Erwachsenen – auch die Kinder machten Lea Angst. Es war sowieso schon schwer, auf den harten Liegen irgendwie einzuschlafen. Inzwischen jedoch schien es unmöglich – ja gefährlich –, die Augen zu schließen! Momente ohne Angst gab es keine mehr! Sie konnte sich nirgendwo mehr sicher fühlen und wurde fast panisch!

Abends holte die Nachtaufsicht immer Störenfriede heraus, die im langen Flur antreten mussten, schreiend zur Rede gestellt und bestraft wurden. Man griff bei den Kontrollgängen einfach unter die Bettdecken und prüfte, ob es darunter warm oder kalt war. So erkannte man rasch, wer gerade eben noch herumgegangen war und nicht in seinem Bett gelegen hatte. Auch bei Lea betasteten sie das Laken. Es war nicht kalt, dafür aber nass!

„Iiiieh!", schrie die Aufsicht und zog angeekelt schnell die Hand von Leas Schlafstelle. „Steh sofort auf, du verdammter Bettnässer! Bist du zu blöd oder zu faul, aufs WC zu gehen?"

Das Kind konnte das nicht steuern! Sie schlief ein, träumte intensiv, und wenn sie wieder erwachte, war es schon passiert! Sie lärmte zwar nie, denn sie sprach ja kaum. Jedoch musste auch sie jeden Abend im langen Flur antreten!

‚Wie peinlich! Ich bin zu einem Bettnässer geworden!', stand sie frierend, verschämt neben den anderen, in Erwartung der – wie sie fand – verdienten Strafe. ‚Werde ich das ab jetzt ein Leben lang bleiben? Mich ekelt vor mir! Ich will das doch nicht! Mir ist so furchtbar kalt!‘

Die Erzieher – besonders die dicke Hedwig – schlugen sie und behaupteten, sie würde mit Absicht ins Bett machen, um ihnen noch mehr Arbeit zu verschaffen, als sie eh schon mit diesem Haufen Nichtsnutze hatten!

Hedwig Knorr war eine durch und durch hässliche Person. Innen wie außen. Sie hatte schwarze, struppige Haare, eine übergroße, auffallend rote Nase und einen unglaublich bösen, leicht schielenden Blick. Ihr Körper war überall fleischig-fett und triefend vor Hass und Gestank! Sie wurde von allen nur das „Monster" genannt.

Auch die anderen Kinder wurden misshandelt. Das war hier an der Tagesordnung. Manchen schien das gar nichts mehr auszumachen. In Erwartung dessen provozierten sie es sogar und übten Aufsässigkeit. Vor allem die Jungen protzten am Tage damit herum, dass sie sogar manchmal zurückschlugen und dann triumphierend über den Überraschungseffekt lachten!

Bei der dicken, brutalen Hedwig aber wagte das keiner!

Gewalt gegen Gewalt! Ein ungeschriebenes Gesetz an diesem unwürdigen Ort!

‚Sie hat so riesige Hände! Sicher wird sie mich eines Tages damit totschlagen! Meinetwegen soll sie das! Dann bin ich endlich in meinem geliebten Himmel, und keiner kann mir mehr wehtun! Und wie sie stinkt! Oh, ich hasse sie!‘

Nachdem Lea das Bett abgezogen hatte, musste sie nackt und ohne Bettwäsche weiterschlafen. Sie fror entsetzlich, der geschundene Körper schmerzte. Wie ein zusammengerolltes Baby im Mutterleib umschlang sie die

Arme dicht um die Beine, die sie eng zum Bauch gezogen hatte. Vielleicht konnte sie die Körperwärme einfangen und halten, damit wenigstens das Zittern aufhörte.

Die schlimmste Demütigung aber erfuhr sie von den gleichaltrigen und älteren Mitbewohnern des Heimes! Mit einer so schweigsamen Außenseiterin, die auch noch Bettnässer war, wollte niemand etwas zu tun haben! Aber das kannte Lea ja bereits. Auch ihrer Mutter schien es egal zu sein, wohin sie gekommen war!

‚Sie sucht nicht einmal nach mir! Wann haben wir uns das letzte Mal gesehen? Warum höre ich nichts von ihr? Mutter! Hast du mich tatsächlich vergessen? Wenn du doch wüsstest, wie schlimm das hier ist! Ich komme bald in die Schule. Interessiert dich das denn gar nicht?‘

Der Schulbeginn stand kurz bevor. Das Heim wurde geschmückt und für das Fest der Schuleinführung vorbereitet, welches die neu gekommenen Kinder erwartete. Frau Peters hatte Lea seit ihrem ersten Tag hier beobachtet. Wenn das Kind schweigend allein im Speiseraum saß, in flüsternde Selbstgespräche vertieft, die Stufen am Treppenaufgang auf und ab sprang, mit sich selbst im Einklang zu sein schien. Wie ungewöhnlich, dass sich keiner aus der Familie meldete. Die Augustwochen hatte das Mädchen in geduldiger Stille hier fast völlig allein verbracht. Sie schien in sich selbst zu ruhen. Das beeindruckte die Frau. War sie doch bis jetzt ausschließlich von aggressiven, kleinen Geschöpfen asozialer Abartigkeit umgeben, welche sie zutiefst verachtete. Lea bemerkte natürlich nichts von den verwundert-aufmerksamen Augen der Leiterin dieser Anstalt. Sie träumte sich durch den Tag und ersehnte den Schulbeginn.

‚Ob man hier ein richtiges Fest feiert? So mit Zucker-
tüte und Geschenken? Wird Mama auch kommen? Es
kann ihr doch nicht egal sein! Ich hätte ja auch so gern
meine Tante Hilde dabei. Sie würde mir ganz bestimmt
etwas Schönes schenken. Ach … ich vermisse sie so sehr.'

Viele Besucher kamen in das Heim, um mit den Schul-
anfängern zu feiern. Leas Mutter war nicht da. Auch kein
anderer Verwandter ihrer Familie. Jetzt stand für das Kind
außer Frage, dass es längst vergessen war von der Außenwelt! Sie musste heute die Einzige in dieser Einrichtung
sein, die den ersten Schultag ihres Lebens ganz allein mit
sich selbst beging. Einen Augenblick lang hasste sie alle
Menschen dieser Erde und wollte nicht länger eine von
ihnen sein! Wenn ihr so schrecklich kalt war unter den
Menschen, legte sie sich gedanklich in ein Wolkenbett.
Das Firmament umhüllte sie mit einer schützenden Decke
der besonderen Art. Wärmende Unendlichkeit kindlicher
Hoffnung hüllte sie ein und hielt diese Kleine mit unsicht-
barer Hand geborgen. Allein mit dem Himmel fühlte sich
Lea sicher und frei. Unter den Menschen jedoch nicht!
Bei ihnen blieb sie eine Fremde, gehörte nirgendwo hin.

Dennoch vergaß sie keinen Augenblick, dass es unter
ihnen auch die besonderen gab, die ihr Halt gaben, an
denen sie sich orientierte. Von welchen sie lernte, sich gut
mit ihnen fühlte. Lea wusste ganz genau, wie ihr Leben
später einmal aussehen sollte! Nämlich voller Freude,
Wärme und Liebe. Außerdem würde sie einmal eine
erfolgreiche Schriftstellerin sein und Bücher schreiben!

Woher hatte dieses Kind nur die Kraft, daran zu glauben?
Sie war noch so klein, aber getrieben von der Überzeugung, dass es so kommen würde! Sehr früh hatte sie

begriffen, dass allein sie der Herrscher über ihr Denken und Handeln war, ganz egal, in welcher Umgebung sie sich befand. Sie selbst hatte die freie Wahl zu entscheiden, ob ein Tag gut war oder nicht! Sie suchte bewusst nach klugen, ehrlichen, liebevollen Menschen, die ihr guttaten. Zu diesen fühlte sie sich hingezogen. Menschen aber, die sie auf unterschiedlichste Weise enttäuschten und diesem – *ihrem* – Wunschbild nicht entsprachen, ignorierte sie, so gut sie konnte! Woher konnte ein solch kleines Wesen denn wissen, ob dies richtig oder falsch war?

Lea wollte glücklich sein! Nichts weiter! Es war ihrer Ansicht nach nur etwas Geduld notwendig. Die Zeit war ihr Freund! Sie vertraute voll auf sie, denn es war *ihre* Zeit!

So war auch dieser 1. September 1972 ganz zu *ihrem* Tag geworden! Das besondere Ereignis spielte für Lea nur eine untergeordnete Rolle. Mit dieser Art zu denken schützte sie das Unterbewusstsein vor großer Enttäuschung. Lea fand Frieden in sich selbst.

Die Schuleinführung verging, ohne dass sie recht Notiz vom Geschehen nahm. Neugierig, wie die Schule aussehen würde, erfuhr sie von Frau Peters, dass die Kinder diese erst morgen besichtigen konnten, da sie etwas entfernt lag und täglich mit dem Bus angefahren wurde.

,Das ist die beste Nachricht des Tages!', dachte das Kind. ,Das bedeutet, wir kommen hier raus! Zu den Häusern, Bäumen und Wiesen. Zu anderen Menschen! Hoffentlich haben wir einen netten Lehrer und nicht noch ein Monster!'

„Lea, komm bitte kurz mit in mein Büro", wies die Peters das Mädchen an. „Bitte hilf mir, ein paar Sachen in den Speiseraum zu bringen. Ich brauche sie nachher für das kleine Programm, das ich für die Gäste vorbereitet habe."

Große und kleine Kartons, gefüllt mit allerlei buntem Zeug, standen herum. Während Frau Peters Lea mit einer kleinen Schachtel belud, sagte sie plötzlich: „Es tut mir sehr leid, dass du an deinem besonderen Tag keinen Besuch bekommen hast und ihn ganz allein feiern musst."

„Aber ich bin doch gar nicht allein. Heute ist ein schöner Tag", erklärte die Kleine der verblüfften Frau.

„Was möchtest du denn einmal werden, wenn du groß bist?", interessierte es sie ehrlich, was das seltsam andersartige Kind ihr antworten würde.

„Ich werde Schriftstellerin. Deshalb freue ich mich schon sehr auf das Lernen. Dass ich endlich lesen und schreiben kann."

Schon jetzt lebte die Vorstellung in Lea, dass sie dadurch wunderbar in fremde Welten abwandern konnte, wenn es ihr in der Realität zu anstrengend wurde. Durch das Schreiben wollte sie ihre Seele aus einem Gefängnis befreien und sie all das aussprechen lassen, was sie quälte oder freute oder sie sonst beschäftigte.

‚Du gehörst wirklich nicht hierher, Kind', dachte die Frau mitfühlend, während beide weiter ihrer Arbeit nachgingen. Bis zu dem kurzen, aber denkwürdigen Gespräch hatte Peters nie einen Gedanken an eines der Heimkinder verschwendet. Bei diesem Mädchen jedoch setzte sich eine rätselhafte Dynamik in Gang, die auch andere Erzieher des Heimes zu erfassen schien. Manche von ihnen wurden aufmerksamer, hörten und schauten genauer zu, was sich im Verhalten der Kinder abspielte, und besprachen sich mit der Heimleitung dazu. Das raue Erziehungsklima veränderte sich aber zunächst noch nicht merkbar. Der Großteil der Halbwüchsigen war dafür einfach zu gewaltbereit und hasserfüllt.

Die Schule war keine öffentliche Schule. Sie gehörte zum Heimkomplex und wurde auch nur von dort wohnhaften Kindern besucht. Von der Außenwelt waren sie völlig abgeschnitten! Den Schulbus bestiegen die Kinder morgens auf dem Innenhof des Heimes, fuhren darin zu einem kleinen Dorf mit nur wenigen Häusern und durften erst aussteigen, als aus einem solchen Haus zwei Leute kamen, die sich rechts und links am Ausstieg postierten.

‚Wie lustig. Als ob wir ganz wichtiger Besuch wären! Ob ich freundlich grüße und winke, wenn ich aussteige? Vielleicht schauen die dann nicht mehr so finster. Ich bin nämlich ein lieber Mensch! Oder haben die etwa Angst, dass ich weglaufe? Aber ich weiß ja nicht einmal, wohin ich laufen könnte! Ich habe einfach keine Ahnung, wo ich bin!'

Lea ließ die Gedanken erst einmal ruhen und widmete sich wieder der heute besonders spannenden Gegenwart.

Das Klassenzimmer war nicht sehr groß und wirkte irgendwie altmodisch. Da waren zwei lange Reihen mit Tischen, an denen je zwei Schüler auf hölzernen Stühlen sitzen konnten. Ein recht breiter Mittelgang trennte die Reihen. Man sah einen hässlich grünen Fußboden, der wie eine schmutzige Gummimatte glänzte. Auch die Tische waren aus Holz und leicht abgeschrägt. Das untere Ende war mit einer schmalen Holzleiste versehen, die durchgehend über den Tisch verlief und Stifte vor dem Absturz schützen sollte.

Die großen, weiß gerahmten Fenster waren vorhanglos, sauber und schön. Lustige Blumentöpfe standen auf den breiten, ebenfalls hölzernen, weiß gestrichenen Fensterbänken, mit hübschen, gepflegten Pflanzen darin.

Die riesige Tafel, hinter dem mickrigen, grauen Lehrertisch, gefiel Lea. Sie freute sich schon sehr darauf, dort zu malen, denn sie sah viele bunte Kreiden herumliegen.

Eine der Frauen, die am Schulbus Wache gestanden hatten, stellte sich vor. Sie sei ihre Klassenlehrerin Frau Lindemann. Ihr blondes, glänzendes Haar hatte winzige kleine Locken, die zu einem Pferdeschwanz zusammengebunden waren. Frau Lindemann war so klein und schlank wie Leas geliebte Tante Hilde, hatte lebhafte, grüne Augen, dafür aber einen ziemlich ausdruckslosen Mund, der irgendwie beleidigt wirkte. Ihre kleine Stupsnase ließ sie nett und freundlich aussehen.

Der Schulhof war ein sehr kleiner, schmuckloser Winkel, mit einer schmalen, spitz zulaufenden Ecke. Zum Laufen und Toben war viel zu wenig Platz! Auch Gruppenbildung oder sich gegenseitig Geheimnisse austauschen, war nicht möglich. Unweigerlich wurden diese von anderen mitgehört, da sie in nächster Nähe standen und mithören „mussten"! Umgeben war der Schulhof von einer hohen Mauer aus rotem Ziegel, die oben zusätzlich mit Stacheldraht gesichert war! Was für ein groteskes Bild! Ein winziger Platz voller Kinder, kaum größer als ein Meter zwanzig und eine vermutlich fünf Meter hohe Mauer mit bedrohlich wirkendem Stacheldraht obenauf! Waren diese Knirpse etwa Schwerverbrecher in einem Hochsicherheitsgefängnis? Oder sollte das tatsächlich eine ganz normale Schule sein? Von unbeschwerter Normalität war jedenfalls nichts zu erkennen.

Zugegeben, die meisten Kinder des grauenvollen Heimes waren sehr grob, beschimpften einander, suchten ohne Unterlass nach Gehässigkeiten, mit denen sie sich gegenseitig peinigen konnten. Und „Schule" mochte für sie überflüssige Zeitverschwendung sein. Aber war das ein Grund, sie gleich allesamt wegzusperren??! Was hatten diese Kinder verbrochen, dass man so mit ihnen umging?!

Im Unterricht sollte Lea bald erfahren, dass ihre Linkshändigkeit ein schweres Handicap darstellte. Von Beginn an war es ihr verboten, mit der linken Hand zu schreiben! Sie hatte das mit rechts zu tun, da nur das „normal" sei! Damit hatte sie nicht gerechnet! Sie verstand es auch überhaupt nicht. Was war daran falsch, wenn man zum Schreiben die andere Hand benutzte?

Lea experimentierte zwar sehr gern auch mit der rechten Hand und zog mit beiden Händen gleichzeitig malend Linien und Kreise in die jeweils andere Richtung. Das faszinierte sie total, wenn auch das Ergebnis ein eher unbrauchbares Bild abgab. Doch sie befanden sich jetzt nicht in freizeitlicher Malstunde! In der Schule musste mit Sorgfalt gearbeitet werden, das verstand sie schon. Aber dieser furchtbare Rechts-Zwang machte sie sehr ratlos. Im Inneren spürte sie ohnmächtigen Zorn. Doch was konnte sie Besseres tun, als es hinzunehmen und zu lernen?

Das Mädchen versuchte, wann immer es möglich war, die linke Hand zu Hilfe zu nehmen, und machte anfangs alle Hausaufgaben in der Toilette. Dort war es viel zu eng! Ihr Schriftbild verriet das Kind! Wenn erkannt wurde, wie „ungehorsam" sie war und trotz Verbot mit der linken Hand schrieb, kassierte sie einen Fünfer!

Es sollte aber noch schlimmer kommen!

Frau Lindemann war gar nicht nett, sie sah nur so aus! Die verbotene Hand wurde so stark mit Stockschlägen bearbeitet, dass Leas Finger anschwollen! Das Kind war schwer schockiert über diese brutale Schulpraxis, der sie ja auch nicht entfliehen konnte. Für eine Weile war es unmöglich, mit dieser Hand zu arbeiten! Jede Bewegung tat entsetzlich weh! Ob sie die Hand je wieder normal benutzen konnte? Dabei hatte sich Lea wirklich auf das Schreiben gefreut!

Aus dieser Sicht waren die ersten Erfahrungen damit nicht gerade von Talent geprägt. Man glaubte wohl, dem Kind die angeborene Linkshändigkeit förmlich aus den Fingern schlagen zu können! Ihrem Kopf jedoch war es egal, ob und wie sie schrieb. Buchstabensalat war seine Lieblingsspeise, und die ewigen Wortspielereien ließen die Besitzerin dieses Kopfes nicht selten wie eine Tagträumerin erscheinen. Sie tat es auch früher schon, völlig unbewusst. Lea machte sich, im wahrsten Sinne des Wortes, einen Reim auf alles, was sie beschäftigte, vergaß es aber schnell wieder. Sie war entzückt von diesem Gleichklang, dem geheimnisvollen Rhythmus, mal sanft und leise, voller Poesie. Dann wieder schelmisch frech und manchmal auch trotzig, hart und fordernd. Vielleicht war diese Begabung sogar der Retter ihres Verstandes. Dann nämlich, wenn ihn das Leben ihr zu rauben drohte!

Lea überlegte:

,Ich darf nicht mehr heimlich aufs Klo rennen, um mit der linken Hand zu schreiben. Das muss auch mit der anderen gehen.' Still betrachtete sie ihre Finger. ,Die Linke tut weh, weil sie geschlagen wird. Die Rechte tut weh, weil die Finger nicht wissen, wie sie den Stift halten sollen. Ob ich dann lieber öfter Pause machen sollte? Trotzdem! Meine rechte Hand macht das gut! Sie lässt mich nicht im Stich, wo ich sie bis jetzt doch so selten benutzt habe. Ich bin froh, dass ich jetzt alles aufschreiben kann. Ich muss nur ganz viel üben! Ein Tagebuch wäre gut. So als Vertrauter. Hier ist ja keiner zum Reden!'

Doch wo sollte das Kind das Tagebuch verstecken? Was sie dort hineinschrieb, durfte niemand lesen! Es sah ganz so aus, dass sie dieses Vorhaben erst einmal verschieben musste. Auf den Tag ihrer Freiheit! Dennoch schrieb sie jeden Tag, wann immer es möglich war. Die Notizen warf sie nach ihrer Fertigstellung in den Papierkorb, denn es gab keinerlei Möglichkeit, sie unentdeckt aufzubewahren. Anfangs brachte sie nur wenig zustande. Stundenlang saß sie an einem einzigen Wort, das dann kaum lesbar war. Zur besseren Tarnung tat sie es meist bei den Hausaufgaben. Es strengte sie sehr an und ähnelte auch mehr einem Krixelkraxel, so als wäre gerade ein Vogel mit ungewaschenen Füßen über das Papier gehüpft. Doch fühlte sie sich nach dem Schreiben befreit und stark, obwohl sie durch das Wegwerfen ihre Arbeit vernichtete. Es tat ihr einfach gut. Sie konnte üben, und gleichzeitig schrieb sie sich ihren Kummer von der Seele, um ihn dann in den Müll zu befördern.

,Was für eine tolle Entdeckung!', dachte sich Lea.

,Dieses Wegwerfen ist gut! Ich entsorge das Böse, und es kann mir nicht mehr so wehtun.'

Sie sehnte sich derart danach, in die fantastische Welt von Wort und Text zu flüchten. Dort war der fehlende Zuhörer nicht von Bedeutung. Das Schlimme verlor seinen Schrecken. Doch dafür musste sie noch sehr viel üben. Die Hand verkrampfte oft und konnte den Stift nicht mehr halten, der dann unkontrolliert über das Papier rollte und Tintenkleckse hinterließ. Manchmal zog ein Schmerz durch den Arm, über die Schulter, bis in den Kopf, und Tränen der Erschöpfung standen in Leas Augen. In solchen Momenten dachte sie viel an ihren kleinen Bruder Lukas. Erst jetzt konnte sie ein wenig nachempfinden, welcher großen Anstrengung er stets ausgesetzt war. Ihm fiel es um ein Vielfaches schwerer als Lea, mit der rechten Hand zu arbeiten.

‚Hoffentlich muss er niemals hier sein! Ich sterbe, wenn ich ihn hier wiedersehe!

Das ist so schwer. Wie soll ich das denn jemals schaffen, ganze Bücher zu schreiben? Nach drei Sätzen bin ich schon fix und fertig! Und die Schmiererei kann ich ja selbst nicht mehr lesen!'

Plötzlich stand Hedwig neben ihr, die heute für die Aufsicht während der Hausaufgaben zuständig war.

„Was ist? Geht es dir nicht gut?", schnaubte sie, ohne bösartig zu klingen. „Wenn du eine Pause brauchst, dann geh und nimm sie dir. Gehe aber hinaus! Die frische Luft wird dir guttun."

Alle Köpfe schnellten nach oben. Was war denn heute mit dem Monster los? Konnte die etwa auch nett sein? Warum gerade zu *der*?

Lea war gleichermaßen verblüfft wie vorsichtig und traute dem Frieden nicht.

„Aber Frau Knurr …" Alle lachten. „Ich habe noch sehr viel zu machen. Wenn ich jetzt hinausgehe, dann werde ich nicht fertig. Ich bin beim Schreiben einfach noch zu langsam."

„Das wundert mich nicht, Kind! Wirklich nicht!", winkte sie mit einem Zettel, der eben noch am Boden gelegen hatte. „Gehört der dir? Und ich heiße Knorr, klar?"

Es war Leas heimliche Notiz. Erstmalig hatte sie versucht, einen ganzen Reim auf das Papier zu bringen, der aus ihrem Kopf heraus wollte. Dabei war an die Erledigung der Hausaufgaben natürlich nicht zu denken.

> *,Die Knurrig ist gemein.*
> *Will es gar nicht sein.*
> *Denn sie lacht so schön,*
> *und ich hab's geseh'n.'*

Hedwig – genannt „das Monster" – war seither nicht mehr imstande, dieses Kind zu schlagen. Mehr noch! Sie beschützte es sogar vor den Gehässigkeiten der Mitbewohner, fand missmutig-säuerliches Bedauern für sein Bettnässen und versuchte, mit Hausweisheiten das Problem zu lösen. Lea sollte zwei Stunden vor dem Schlafen nichts mehr trinken, direkt vor dem Hinlegen noch mal aufs WC gehen usw. Geholfen hat es nicht! Das Verständnis war bald verbraucht und der Ton wieder rauer. Doch das Monster schlug sie nicht mehr. Hin und wieder schien es, als würde Hedwig das Gespräch mit dem Mädchen suchen.

Spürte Lea da eine Art Sympathie? Sie vermochte es nicht einzuordnen, genoss aber diese neue Qualität des Miteinanderseins, freute sich darüber, war aufmerksam und dankbar. Dies gefiel der noch vor kurzer Zeit meist gefürchteten Erzieherin. Bald schon hatte sie fast das Bösesein vergessen. Die Veränderung des „monsterhaften" Verhaltens blieb auch den anderen Kindern nicht verborgen. Immer öfter kam es zu Momenten, in denen einfach nur fröhlich gelacht wurde.

„Ach, liebe Frau Knurrig … ist das nicht schön, wie froh alle sind?", rutschte es Lea einmal heraus. Sie war furchtbar erschrocken über ihre eigenen Worte, doch im ganzen Zimmer wurde laut und herzlich gelacht. Hedwig war so gerührt, dass ihr die Tränen kamen. Sie lief zu dem Mädchen und umarmte es so zärtlich, wie es ihr möglich war. „Ich heiße doch Knorr!" Für Lea fühlte es sich an, als würde sie gerade von einem stinkenden Walross erdrückt! Luft anhaltend und mit geschlossenen Augen hielt sie tapfer durch, und der Tag war gerettet. Das „Kindergefängnis" schien sich zu verändern. Oder war das wieder nur reines Wunschdenken der Kleinen? Denn es hatte sein hässliches Gesicht nur für kurze Zeit versteckt.

Wovon sie nichts wusste, waren die eigenmächtigen Aktivitäten der Frau Peters, die sie für das Kind unternahm. Diese sollten später sehr prägend für sie sein.

Die imaginären Kurzausflüge via Schulbus glichen einem täglichen Gefangenentransport. Keiner lachte oder plauderte. Alle saßen da mit freudlos-stumpfsinniger Miene und warteten auf den Befehl zum Aussteigen. Doch der Schulbesuch war Leas tägliches Highlight. Sie liebte es!

Zuvor fanden sich alle Kinder jeden Morgen im Speisesaal ein, um das obligate und meist scheußliche Heimfrühstück hinunterzuwürgen sowie das Pausenbrot für die Schule in Empfang zu nehmen. Selbstverständlich wurde auch nachgesehen, ob man den Vortages-Schulimbiss aufgegessen hatte. Bei Lea war das selten der Fall. Eine neue Katastrophe sollte zum täglichen Morgenspektakel werden, das den tristen Alltag für alle pervers unterhaltsam machte! Die ewig Appetitlose musste den Fraß von gestern am Folgemorgen, im Beisein aller anderen essen!

Manchmal übergab sie sich dabei. Vor dem Weg zur Schule hatte sie allen Schmutz aufzuwischen und die Kleider zu wechseln. Angewidert von Gestank und bröckeliger Konsistenz des Erbrochenen, folgte Lea mechanisch den Anweisungen der Aufsichtsperson. Im Innersten hatte sich längst ein breites Meer von Resignation gebildet, das sich lediglich mit Angst mischte, wenn wieder eine bedrohliche Situation – wie früher in Person des Monsters – auf sie einschlug! Keine Spur von Rebellion war erkennbar. Was war das überhaupt? Lea lehnte es zutiefst ab, böse, laut, aufsässig zu sein. Ihre Art des Protestes lag in tiefem Schweigen und möglichst perfekter Ignoranz dessen, was sie quälte. Tag und Nacht träumte sie von lachenden, klugen Menschen und wundervoller Freundschaft. Das konnten keine realitätsfernen Fantasien sein! Sie war einfach nur am falschen Ort und der rechte Zeitpunkt noch nicht da. Sie glaubte fest daran. Diese innere Ruhe strahlte sie auch aus. Allein diese scheinbare Souveränität des Kindes brachte es zusätzlich oft in Schwierigkeiten. Erzieher, wie Mitbewohner des Heimes, fühlten sich provoziert und waren stets auf der Suche nach einer Gehässigkeit gegen diesen sonderbaren Einzelgänger.

Lea verstand nicht, warum das alles geschah. Doch ihr auffällig anderes Verhalten, zu dem der übrigen Heimbewohner, führte immer deutlicher in die totale Isolation des Kindes! Es war aber keineswegs so, dass dies dem Mädchen missfiel. Ganz im Gegenteil! Hier fand sie nicht, was sie zum glücklich Sein suchte. Diese Menschen waren abartig und fanden Vergnügen im Bösen! Einfach nicht nachvollziehbar für Lea. Innerlich dankbar, wenn man sie in Ruhe ließ, saß sie am liebsten auf der Fensterbank, die zu ihrem Stammplatz geworden war, und lauschte der stillen melancholischen Stimme ihrer Seele.

>*Euer Freund will ich nie sein!*
Ihr seid immer nur gemein!
Darum bin ich gern allein!'

Inzwischen war es Oktober geworden, das Monster netter, und schlug sie nicht mehr. Das war ein echter Erfolg für das Kind. Aber was war nun wieder los? Lea sollte sich sofort bei der Heimleiterin zu einem Gespräch melden. Nachdem sie schon einmal ein recht angenehmes Zusammentreffen mit der sonst sehr autoritären Frau erleben durfte, sorgte sie sich nicht. Vielleicht sollte sie ihr wieder bei irgendwas behilflich sein. Dennoch schlich Unruhe in ihren Magen und rührte in den spärlichen Resten dessen herum, was noch nicht wieder an die Umwelt zurück „übergeben" war.

>Worauf muss ich mich denn nun wieder gefasst machen? Welche Strafe erwartet mich für etwas, das ich noch nicht weiß? Vielleicht haben sie ja endlich genug von mir und bringen mich wieder woanders hin, wo es schön ist. Schlimmer als hier kann es nirgendwo sein!

>*Such ein Zuhaus'. Bin keine Maus.*
Hass altes Brot. Schlagt ihr mich tot?'

Das „friedliche" Zeichen des Himmels

Frau Peters piepste ihr gespielt freundlich vor, dass Lea von einem Ehepaar ausgewählt worden sei, welches für sie als Pflegefamilie infrage kam. Sie dürfe an den Wochenenden und in den Ferien bei ihnen wohnen. Sie hätten einen Sohn in ihrem Alter, für den sie einen Spielkameraden suchten.

„Frau Peters, das Ding auf deinem Kopf hängt schon ganz schief! Fällt das jetzt ab? Du machst dir einen Witz mit mir, oder? Ich glaube dir kein Wort! Keiner darf hinaus. Aber ich?"

„Lea! Nun höre mir mal genau zu!", klang die Frau nun wieder gewohnt überkorrekt kalt.

„Erstens! Gewöhne dir bitte an, ‚Sie' zu einem Erwachsenen zu sagen! Das hat euch eure Lehrerin sicher längst beigebracht. Ich werde dich genauso ignorieren, wie du es uns gegenüber zu tun pflegst, wenn ich ein ‚Du' höre! Verstanden?

Zweitens! Danke für den Hinweis! Dieses ‚Ding' ist ein Dutt! Er kann nicht abfallen! Denkst du, der ist angeklebt? Das sind meine Haare, die ich gern so hochfrisiere.

Drittens!" Nach einer kleinen Pause veränderte sich ihre Stimme abermals und wurde zart und sanft, wie die einer guten Fee aus dem Märchenland.

„Ich weiß zwar nicht, warum, aber ich mag dich, mein Kind! Du bist vollkommen anders als alle, die wir bisher zur Betreuung bekamen. Ich denke, du verdienst es sehr, wieder in einer normalen Familie zu leben. Zumindest zeitweise.

Viertens! Bis heute hat dich keiner besucht! Nicht einmal zur Schuleinführung! Mir ist bekannt, dass du auch während des ganzen Jahres im anderen Heim kein einziges Mal Besuch hattest. Das ist nicht normal."

Lea gab keine Antwort! Sie wusste auch keine.

‚Normal … wie lustig das klingt. Was ist hier schon normal?

Muss man sich das Leben in einer „normalen" Familie etwa erst verdienen? Alle Menschen haben eine Familie! Jeder darf glücklich sein! Vielleicht bin ich ja gar kein Mensch …?'

Plötzlich platzte es aus Lea heraus. Aufgestauter Zorn und Verzweiflung fanden den befreienden Weg, endlich ausgesprochen zu sein.

„Haben Sie den Leuten gesagt, dass ich immer ins Bett mache? Dann wollen die mich sicher nicht mehr haben! Was soll ich bei einer fremden Familie? Ihr Haus putzen? Ich will dort nicht hin!", erklärte Lea trotzig und total überfordert mit dieser Nachricht.

Woher kam plötzlich dieser offene Widerstand? So viel auf einmal hatte Lea schon lange nicht mehr gesprochen. Und auch noch so angriffslustig. Das kannte man nicht an ihr. Frau Peters war sichtlich irritiert.

„Ich beobachte dich nun schon eine Weile", sagte sie ganz ruhig und seltsam freundlich. Ihre hohe Stimme klang liebevoll, ja fast mütterlich. Gar nicht mehr so hysterisch hektisch wie sonst.

„Du bist immer allein, hast keine Freunde. Noch nie hat dich jemand besucht! Ich finde, es ist gut für dich, wenn du in deiner Freizeit bei einer Familie wohnst. Du wirst sehen, es wird dir gefallen."

Lea hatte Angst vor diesen Fremden und vor der Ungewissheit, was sie draußen – in der „normalen" Welt – erwarten würde. Auf ihre bekannt resignierte Art erklärte sie, dass ihr doch eh keine Wahl bliebe und man sie sicher zwang, dorthin zu gehen. Deshalb sei es ihr egal!

Frau Peters war nicht einmal wütend oder verärgert. Lea las ratlose Traurigkeit in ihrem Gesicht. Vermutlich hatte sie geglaubt, dem Mädchen mit dieser Neuigkeit eine große Freude zu machen. Unverständlich, dass die Kleine nicht erkennen wollte, welches Glück sie hatte mit dieser besonderen Ausnahme. Niemand schien sie zu vermissen, und nun sollte sie in familiäre Obhut kommen. Hatte sie denn keine Dankbarkeit für Peters' Bemühen?

Was war mit dieser hochtönig sprechenden, zu lang und zu dünn geschnitzten „Holzpuppe" passiert, bei der man stets den Eindruck hatte, sie könnte jederzeit in mehrere Teile zerbrechen? Vermutlich war es ihr zu einem Herzensanliegen geworden, diesem Kind ein Ersatz-Zuhause zu organisieren. Wenn auch nur auf Zeit, aber immerhin.

„Wir haben Familie Friedrich zu uns eingeladen, Lea. Du kannst sie hier kennenlernen und Fragen stellen. Wenn es dir lieber ist, kommen sie zunächst nur, um dich zu besuchen. Na? Was sagst du dazu?"

Das Kind wusste nicht, was es dazu sagen sollte. Eigentlich hörte es sich gut an. Aber wie war denn die Realität? Was den Geruch von „gut" hatte, war in Wirklichkeit verdorben und widerwärtig im Geschmack! Die Mahlzeit des Tages hatte immer die gleichen Zutaten, die das

Mädchen einfach nicht schlucken konnte und permanent erbrach. Gemeinheit, Kälte, Gewalt, Lüge! Alles Lüge!

‚Ich bin klein. Du gemein.
Möcht so gern im Himmel sein.
Wolken zählen …‘

Der kleine Kopf erfand immer häufiger eine Wortspielerei. Für die trüben und ebenso für die klaren Seelentropfen, um besser verstehen zu können, was das Herz gerade fühlte. Eine geheimnisvolle Dynamik schützte das Mädchen auf seltsame Weise und brachte ihrer inneren Unruhe etwas Sicherheit zurück, die, aus Vorsicht vor dem Irrsinn des Tages, meist in Deckung blieb.

‚Morgen oder heute
kommen fremde Leute.
Ich werd mich verstecken
und sie dann erschrecken.

So ungefähr muss es gehen, dass die Fremden wieder verschwinden, ohne weiter Interesse an mir zu zeigen.‘ Lea hatte riesige Angst davor, wieder in unbekannte Hände zu geraten, aus denen es kein Entkommen gab! Was würden diese Menschen mit ihr anstellen, sobald sie bei ihnen zu Hause war?

‚Ach, darüber denke ich später nach! Jetzt muss ich weiter die komischen Texte lernen. Bis zu unserem Auftritt ist nur mehr eine Woche Zeit!‘, überlegte Lea und schaute ausdruckslos zu Frau Peters, die noch immer geduldig auf eine Antwort wartete.

„Nun sag schon. Willst du die Friedrichs nächste Woche hier treffen?", sang sie erwartungsvoll in einer Oktave, die nur ihre Stimme herausbrachte.

„Kommen die etwa zu unserem Fest? Wenn ich den Auftritt habe?", stammelte Lea leicht verunsichert.

„Ja natürlich! Das ist doch ein guter Anlass, findest du nicht?"

Ohne es zu wollen, wurde das Kind innerlich nervös. Es verstand das nicht, denn durch seine Art der Abschottung nach außen konnte Lea ein solches Gefühl offenbar nicht mehr erreichen. Die Resignation des „Ausgeliefertseins" schien ihr Gemüt vollkommen in Besitz genommen zu haben.

„Was ist eigentlich, wenn *ich* die Leute gar nicht haben will? Muss ich dann trotzdem zu ihnen nach Hause?"

Frau Peters gab darauf keine klare Antwort. „Nun lass sie mal kommen und dich anschauen. Und dir gib bitte die Gelegenheit, dass du sie überhaupt kennenlernen kannst, Lea! Ob man sich mag, weiß man nicht nach einmal Treffen. Das braucht mehr Zeit!", behauptete Frau Peters. Lea war völlig anderer Meinung und protestierte.

„Das stimmt aber überhaupt nicht! Ich weiß sofort, ob ich einen Menschen mag, wenn ich ihn nur einmal angesehen habe!"

Stur blickte sie an der Frau vorbei ins Leere. Ihr fielen sogleich all die Irrtümer wieder ein, die ihr passiert waren, als sie in einer für so viele neue Begegnungen zu kurzen Zeit den verschiedensten fremden Menschen gegenüberstand, mit denen sie es zukünftig zu tun bekam. ‚Möglicherweise hat die Peters recht. Ich werde mich jetzt mal um die Texte kümmern, damit wenigstens der Auftritt klappt. Außerdem bin ich dann abgelenkt. Wird schon alles gut werden. Vielleicht sind die ja nett und bringen mir ein schönes Geschenk mit.'

Der 7. Oktober war ein Samstag. Republik-Geburtstag. Heute war dem gemeinen Volk das Feiern erlaubt. In Form von staatlich verordneten Kundgebungen, bei denen der großen Errungenschaften nach dem Sieg über den Kapitalismus gehuldigt wurde. Zum Wohle aller Menschen dieses Landes. Den Kindern im Heim war das egal. Sie verstanden nicht, worum es überhaupt ging, freuten sich darüber, dass Feiertag war, durften sogar im Fernsehen die Festlichkeiten und Aufmärsche der Nationalen Volksarmee verfolgen, die stets bereit war, das Land gegen den westlichen Feind zu verteidigen. Wo auch immer der sich verstecken mochte. Ja. Wo war dieser Feind eigentlich? Ach ja … im Westen.

Es war ungewöhnlich kalt heute. Sollte der Herbst etwa ausfallen und der Sommer direkt in den Winter übergehen?

Das Heim war geputzt, geschmückt, aufgeräumt. Aus der Kreisstadt hatte sich Besuch angekündigt. Die Heimkinder hatten ein Gesangsprogramm einstudiert, das sie vortrugen. Lea konnte gut singen und hatte alle Texte spielend leicht erlernt. Für die kleinen Einzelauftritte erntete sie nun viel anerkennenden Beifall. Das war schön! Für den Moment war sie glücklich und strahlte von der provisorischen Bühne hinunter. Diese bestand aus ein paar zusammengestellten, umgekehrt liegenden Sportbänken, also mit der Sitzfläche nach unten. Die seltsame Konstruktion war, für bessere Stabilität, miteinander verschnürt. Obenauf lag eine schwere Holzplatte. Das festliche

Antlitz hatte die Bühne durch ein dickes, dunkelblaues Tuch aus Filz erhalten, welches den Abschluss bildete.

Schnell und stabil war das Gebilde aufgebaut und nach dem Feiertag genauso schnell wieder verschwunden.

Viele Familienangehörige der Heimkinder waren gekommen. Doch Lea schien keine mehr zu haben! Vergeblich suchten ihre Augen nach einem Wunder.

Mit einem Mal erfasste das Kind ein furchtbarer Gedanke. Mit angstvoll aufgerissenen Augen stand es wie gelähmt und rührte sich nicht.

‚Mama, was ist nur mit dir? Bist du vielleicht tot? Hat mich deshalb die Polizei geholt und weggebracht? Ach nein, ich habe dich ja noch mal gesehen. Aber das war auch so seltsam, du hast nur geflüstert und warst schnell wieder weg. Wie mag es meinem kleinen Lukas gehen? Bestimmt viel besser als mir, denn bei Frau Niemand war es schön. Bitte, du großer, lieber Himmel, pass auf ihn auf. Schau, dass er nie hierherkommen muss. Bitte, lieber Himmel!‘

Verstohlen schaute das Mädchen sich um und wischte sich die leisen Tränen aus dem Gesicht. Es war wirklich niemand gekommen, den sie aus ihrem früheren Leben kannte.

Sogar das täglich bewachte, große Tor stand heute offen! Das kleine Wachhäuschen war weggeräumt worden.

‚Warum dürfen wir denn heute alle so frei sein?‘, murmelte sie gedankenverloren. ‚Ob ich mich mal hinauswage? Lieber nicht. Dann werde ich erwischt und an das Monster übergeben! Die kennt für so was bestimmt keinen Spaß und schlägt wieder zu! Auch wenn sie jetzt friedlicher ist als früher … ich darf ihr nicht zu sehr vertrauen! Jetzt kommt eh auch die Peters …‘

„Oh!", rief Lea ihr staunend entgegen. „Wo ist denn Ihr Dutt? Hurra! Er ist abgefallen! Jetzt sind Sie schön!"

„Danke, Lea!", kam es leicht mürrisch zurück. „Ich freue mich immer sehr darüber, dass du überhaupt mit mir sprichst! Und irgendwie war das jetzt lieb. Darf ich dir nun endlich die Familie Friedrich vorstellen? Mit Begeisterung haben sie deinen Auftritt verfolgt, der mir übrigens auch sehr gefiel. Dafür hast du sicher sehr viel üben müssen."

„Warum sind heute alle so nett?", wollte Lea von Frau Peters wissen, als diese sie gerade mit den Friedrichs bekannt machen wollte. Augenblicklich fror ihr das Lächeln ein, und ihre Bewegungen wurden wieder steif und mechanisch, wie immer. Wie ein Frontalangriff wirkte Leas Frage vor diesen Fremden. Was sollte die Leiterin des Heimes darauf antworten? Mit der brutalen Wahrheit hatte sie wohl schlechte Karten. Also versuchte sie es mit Ablenkung auf andere Themen.

„Heute ist der Geburtstag unserer schönen Heimat. Das ganze Land feiert ihn. So wie jedes Jahr."

„Meine Heimat hat heute Geburtstag? Wo genau ist das denn?"

Lea kicherte leise. Dieses provokante Spiel gefiel ihr. Den Friedrichs wohl auch. Sie lachten zwar nicht, aber schienen überrascht von der bissigen Heiterkeit dieses Kindes. Herr Friedrich reichte Lea die Hand und verkündete trocken: „Guten Tag, schönes Fräulein. Ich heiße Leo und diese bezaubernde Frau hier neben mir ist meine Thea. Wir haben auch unseren Sohn mitgebracht, aber ich weiß nicht, wo er gerade steckt. Er wird sich später bei dir vorstellen. Möchtest du Onkel und Tante zu uns sagen oder Herr und Frau?" Frau Thea ermahnte ihren Mann leise, doch hörbar für das Mädchen.

„Aber Leo, wir kennen uns seit fünf Minuten, und du fragst die Kleine solche Sachen! Du überforderst sie damit! Lass uns doch bitte etwas Zeit."

„Glaubst du?", entgegnete der Mann. „Hättest du gedacht, dass wir solch einem aufgeweckten Kind gegenüberstehen werden, das noch dazu sehr intelligent zu sein scheint? Solche einfachen Fragen sind durchaus zumutbar für sie." Er wandte sich Lea zu, um das Ganze heiter abzuschließen. „Überlegst du es dir? Uns wäre Onkel und Tante lieber, wenn wir ehrlich sind."

Lea musste plötzlich lachen. Aus ihrem Kopf purzelte es lustig über ihre Lippen in die Freiheit:

„Es kamen Leo und die Thea,
zu einem Kind mit Namen Lea …"

Verblüffte Begeisterung! „Das ist ja großartig. Machst du das öfter?", wollte „Onkel" Leo wissen.

Nun mischte sich Frau Peters sanft in die ersten Minuten dieser Begegnung und ließ Lea keine Chance der Beantwortung. Konnten das Bedenken sein, dem Kind das Wort zu überlassen? Mit sehr gemischten Gefühlen war ihr nämlich aufgefallen, dass es keinerlei Angst vor den Fremden zeigte. Dem Mädchen jedoch missfiel ihr Verhalten. Es wollte nicht zulassen, achtlos übergangen zu werden, als sei sie niemand. Nicht heute! Die Friedrichs mussten davon überzeugt werden, mit ihr das falsche Kind ausgewählt zu haben.

Doch speziell Herr Friedrich wirkte sehr angetan von der Kleinen. Interessiert schien er in ihrer Körpersprache zu lesen, was sie sich nicht auszusprechen wagte. Ob sie es spürte? Sie entwickelte ihr eigenes Spiel daraus. Der Mann gefiel ihr. Er war von sehr gepflegter, schlanker Gestalt. Aus dem feinen, eher sportlich-leger geschnittenen, hellgrauen Anzug blinzelte der weiße Kurzkragen eines krawattenlosen Hemdes, an dem die oberen beiden Knöpfe geöffnet blieben, damit der Hals besser Luft bekam. Die Füße steckten in modernen Schuhen aus dunklem Leder, in die man ohne lästiges Schuhbinden hinein- und herausschlüpfen konnte. Kurzes, glattes, schwarzes Haar und tiefbraune, freundlich wirkende Augen komplettierten dieses Bild von einem schönen Menschen. Herr Friedrich hatte immer ein Lächeln im Gesicht, und der südländisch, hellbraune Teint ließ ihn aussehen wie einen Schauspieler aus dem Fernsehen. ‚Kann so ein Mann böse sein? Irgendwie passt das nicht‘, stellte Lea mit prüfendem Blick fest.

Frau Peters begann indes zu erzählen. „Lea ist ein sonderbares Kind. Ganz zu Beginn ihres Aufenthaltes bei uns sprach sie kaum ein Wort und beteiligte sich nicht an gemeinschaftlichen Aktivitäten.“

„Und ich mach immer ins Bett!“, warf Lea lauthals ein, der es nicht unrecht war, dass Peters schlecht über sie sprach.

„Ja … nun … das stimmt leider. Doch wir sprachen ja schon darüber“, klang die Stimme von Frau Peters wieder hysterisch hoch und verunsichert.

„Seit einem Monat besucht sie die Schule, lernt als Linkshänder das Schreiben mit rechts. Kaum macht sie Bekanntschaft mit dem Alphabet, kann sie es schon! Sie scheint mit den Worten zu experimentieren, bis sie endlich in einem Gleichklang schwingen. Mit einem Reim auf den Lippen tanzt sie dann durch die Zeit. Das ist Lea!"

„Jeden Tag geschlagen,
können jetzt nichts tragen.
Finger werden dick.
Schau, wie schick!",

unterbrach das Kind „tanzend" den Monolog der Heimleiterin. Mit graziler Andeutung streckte Lea die noch immer stark verschwollene linke Hand aus, so als würde sie um einen Handkuss bitten.

Endlich hatte das Mädchen einen lang ersehnten „rechten" Zeitpunkt gefunden, um seinen tiefen Schmerz nach außen zu transportieren.

Stille!

Die Friedrichs standen und ließen die gewonnenen Eindrücke auf sich wirken. Teils mit ehrlicher Bewunderung für dieses Kind, teils mit Entsetzen, denn es sprach eine deutliche Sprache! Das Ehepaar wusste, wie diese Botschaft zu verstehen war. Es war ein mutig-offener Hilferuf eines nur scheinbar schwachen Kindes! In seinem Denken zeigte es Rebellion. In diesem Land war es üblich, nicht zu sagen, was man dachte. Man „wurde" gedacht! Wenn Lea wirklich so geschickt war im Umgang mit Worten und Formulierungen, konnte man sie vielleicht so fördern, dass ihr kluger Intellekt passendes Vokabular fand, das punktgenau traf und dennoch vieldeutig blieb. So könnte man ihr später nicht das Wort verbieten oder sie gar feindlicher Aussagen bezichtigen. Was Leo Friedrich heute erkannte, beschäftigte ihn noch lange.

Auch Lea stand und schaute nur. Was sollte sie von dem Gerede der Peters halten?

‚Entweder die mag mich, oder sie sagt nur so nette Sachen über mich, damit keiner komische Fragen stellt.' Argwöhnisch stierte das Kind auf die magere Person, die zu frösteln schien, obwohl sie angesichts der Kälte des Tages angemessen gekleidet aussah. Die würzige Herbstluft war alles andere als lieblich. Aggressive Kälte biss der Frau in die spitze, verfrorene Nase, ihr Oberkörper zitterte leicht. Neben der fröhlichen, farbenfroh gestimmten wie gekleideten Familie Friedrich wirkte Peters regelrecht ausgemergelt. So als würde eine unsichtbare Kraft pausenlos alles Leben absaugen, das sie besaß.

‚So sehen sie also aus, die fremden, guten Leute, bei denen ich manchmal wohnen soll. Die Frau hat auch so einen lustigen Leberfleck wie ich neben dem Auge.

Wenigstens wissen sie gleich, dass ich Bettnässer bin. Die gehen wieder und vergessen mich sicher schnell.'

Falls es nicht so war, hatte Lea stumm beschlossen, das unpersönlich-kalte „Sie", „Herr" und „Frau" nicht zu verwenden. Plötzlich aber fielen ihr die warnenden Worte der Frau Peters wieder ein, Lea würde mit Ignoranz gestraft, sobald ein „Du" zu hören war. Sie musste also in Erfahrung bringen, in welchem erlaubten Rahmen sie sich bewegte. Zaghaft hob sie daher die Hand, um auf sich aufmerksam zu machen.

„Herr Friedlich, ich weiß nicht, weil … ich kenn Sie ja nicht … darf ich ‚Du' zu euch sagen, oder ist das falsch?"

Ein verunsichertes Kind stand da vor ihnen und schaute sie mit fragenden Augen an.

Plötzlich meldete sich ein hübsch gekleideter, schlanker Junge, der ungefähr in Leas Alter sein musste. Gerade war er von der anderen Seite des Hofes herübergekommen. Seine fröhliche Ausgelassenheit schien gar nicht zu dem feinen, dunklen Anzug zu passen, in den man ihn gesteckt hatte. Die Kinder schauten sich an, und das Lachen kam ganz automatisch.

„Also zu mir darfst du gerne ‚Du‘ sagen. Ich heiße Roberto, bin sieben Jahre alt, habe noch keine Frau und freue mich, dich kennenzulernen. Ich wollte eigentlich nicht, dass Mama und Papa in diesem Heim nach einem Spielkameraden für mich suchen. Ich brauche nämlich keinen, da mir auch so nie langweilig ist.

Aber wer fragt mich schon? Sie erzählten mir von dir, und das machte mich neugierig. Das wird nämlich einmal mein späterer Beruf sein." „Was?", fragte Lea entgeistert. „Von Beruf neugierig", kicherte der Junge. „Und jetzt sind wir hier. Hallo Lea!"

Er nahm ihre rechte Hand, schob sie in seine und schüttelte sie übertrieben kräftig. Aus einem schmerzgewohnten Reflex heraus zog sie sofort die Hand zurück und schrie „Auaaa!" Schockiert stand Roberto vor ihr, betätschelte die Hand und fragte: „Hab ich dir etwa wehgetan? Oh bitte! Das wollte ich nicht! Es tut mir so leid!" Der Bub schaute ganz verzweifelt, als Lea ihn verschmitzt anzwinkerte, um dann lachend zu verkünden, dass alles in bester Ordnung sei.

Die beiden mochten sich sofort! Jeder konnte es sehen.

Lea war glücklich.

‚Diese lieben Leute sind heute extra meinetwegen in das Heim gekommen? Ob die fremde Frau auch so nett ist? Sie hat noch gar nicht viel gesagt.'

Die Skepsis schien völlig unbegründet. Ein zärtliches Dauerlächeln zierte ihr warmherzig aussehendes Antlitz.

Frau Friedrich war rundlich, aber nicht dick, hatte lockiges, halblanges, braunes Haar und gutmütige, grüne Augen, soweit Lea das richtig erkennen konnte. Das Kind bewunderte insgeheim die schönen Zähne der Frau, die sichtbar wurden, wenn sie lachte. Sie waren strahlend weiß und ebenmäßig geformt. Das ganze Gegenteil zu dem fauligen Gelbschwarz der Zähne ihrer Mutter. Die Erinnerung daran erschreckte sie für einen Moment. Tante Theas Hals zeigte quer verlaufend eine schmale Narbe, wie sie es schon von ihrer Mutter kannte. Ansonsten war Frau Friedrich aber in keiner Weise mit Mutter vergleichbar. Sie war dezent modisch gekleidet. Umgeben von zartblumigem Duft, wirkte sie sehr reinlich.

‚Sie malt sich die Finger gar nicht mit Nagellack an, so wie Mama das immer macht. Es sieht so hässlich aus, wenn der rote Lack dann abbröckelt. „Tante" Thea hat so schöne, saubere Nägel. Das gefällt mir viel besser.'

Von Beginn an waren Lea diese Menschen sympathisch und wirkten vertrauenerweckend auf das Kind. Dennoch war das Mädchen vorsichtig geworden, da ihr Einschätzungsvermögen offenbar nicht stimmte und sie immer wieder enttäuschte. Doch diese Familie musste direkt vom Himmel gesandt worden sein, um dem Kind Gutes zu tun! Lea liebte ihren Himmel und war ihm heimlich dankbar für diese schöne Begegnung!

Frau Friedrich und die Kinder begannen eine angeregte Unterhaltung über die Schule und das Lernen, während diese fröhlich lachend um sie herumsprangen und parallel dazu in ihrer eigenen – kindlichen – Welt plauderten.

Fasziniert über die ähnlichen Ansichten der beiden, begann Tante Thea, das Mädchen auch über seine besonderen Interessen zu befragen. Dinge, die es am liebsten tat oder gern machen wollte, wenn es möglich war. Eigentlich verfolgte das den Zweck, bereits über zukünftige Freizeitaktivitäten nachzudenken und zu prüfen, wo es Übereinstimmungen mit dem eigenen Sohn gab. Die liebevoll lächelnde Frau ahnte nicht, dass sie mit dieser Frage die tiefsten Sehnsüchte des Kindes ins Bewusstsein rief. Eine Tür seines gequälten Herzens schien sich zu öffnen. Wie viele verschlossene solche mochte es noch geben? Lea unterbrach das Springen, schaute sie plötzlich unentwegt an und erzählte.

„Ich fahre gern Fahrrad. Das kann ich richtig gut. Aber hier gibt es leider keine Fahrräder. Ich habe einen kleinen Bruder Lukas, den ich sehr lieb habe. Ich möchte ganz sicher sein, dass es ihm gut geht in dem anderen Heim. Ich wünsche mir, dass er niemals hierhergebracht wird! Ich habe auch noch zwei ältere Geschwister, aber ich weiß gar nicht mehr, wie die jetzt aussehen und ob sie auch weg sind von zu Hause. Und ich habe Angst, dass Mama tot ist! Ich höre nichts von ihr, sie besucht mich nicht! Sie holt mich nicht ab! Nicht einmal an meinem ersten Schultag war sie da. Das letzte Mal habe ich sie ganz kurz gesehen, als ich in dem Krankenhaus bleiben musste, obwohl ich ganz gesund war. Aber das ist schon so lange her. Sie hatte es schrecklich eilig und flüsterte nur mit mir. Ich durfte niemandem sagen, worüber wir gesprochen hatten. Sie sagte, ‚sonst kommst du nie mehr nach Hause!' Ich habe mich dann aber verplappert und unser Geheimnis verraten. Es ist meine Schuld, dass ich jetzt hier bin und sie mich doch nicht abholen kam, wie sie es versprochen hatte. Unmöglich kann sie mich vergessen haben, also muss sie tot sein!"

Roberto saß neben Lea auf einer Stufe des Treppenaufganges zum Heim, wo sie eben noch munter auf und ab gesprungen waren, und weinte still. Noch nie hatte er so etwas gehört und verstand es auch nicht. Doch es musste ganz schrecklich sein, seine Familie nicht zu haben.

Obwohl Lea gerade gesagt hatte, wie gern sie lachte, rollten Tränen über ihr Gesicht.

Zwei junge Menschen saßen da und weinten. Noch vor wenigen Momenten waren sie sich fremd. Doch ihre kleinen Seelen berührten sich, um den gleichen, tiefen Schmerz zu teilen, den der eine real nie erlebt hatte.

Bestürzung stand auch in den Augen seiner Mutter. ‚Was wurde diesem Kind nur angetan?', fragte sie sich stumm. Sie fühlte sich mit der unerwarteten Situation völlig überfordert und überlegte weiter. ‚Jetzt und hier ist der falsche Augenblick dafür. Für heute muss ich sie auf andere Gedanken bringen. Erstaunlich, wie betroffen mein Sohn ist.'

„Lea, bitte verzeih mir! Ich wollte dich nicht zum Weinen bringen. Ich möchte doch nur wissen, was du gern machst und was du gut kannst. Vielleicht zeigst du es mir einmal, und ich kann es von dir lernen", versuchte Frau Friedrich, die Gedanken der Kinder auf andere Themen zu lenken.

„Ich lese, schreibe, singe gern. Alle finden mich langweilig, nur weil ich es mag, ewig in den Himmel zu schauen und dabei gar nichts zu tun. Wissen Sie, wenn es ganz ruhig ist, dann bin ich es auch und kann gut nachdenken. Wenn es sehr laut ist, bekomme ich Angst. Das hält mein Kopf nicht aus. Ich spiele gern ‚Mensch ärgere dich nicht!‘, aber hier will ich das nicht spielen. Alle schreien durcheinander oder prügeln sich sogar. Die Spielfiguren fliegen durch die Luft, weil manche Mitspieler wütend werden, wenn sie zurück an den Start müssen. Ich bin froh, wenn andere mit mir lachen und spielen, aber hier geht das alles nicht. Für mein Leben gern möchte ich mehr von der großen, schönen Welt sehen. Und dann schreibe ich über alles, was ich erlebt habe, Bücher. Damit ich es auch noch weiß, wenn ich mal alt bin. Ich darf nichts vergessen. Deshalb muss ich es aufschreiben", erklärte Lea ihrem neuen, lieben Freund und seiner Mutter.

„Haben Sie eigentlich noch mehr Kinder?", wollte sie jetzt wissen.

„Lea, das sind ganz wundervolle Pläne, die du da hast! Ich bin beeindruckt. Wir spielen bei uns zu Hause auch sehr gern, wobei ich zugebe, es sind wohl eher Roberto und sein Vater, die sich stundenlang im Schachspiel duellieren. Ich liebe es hingegen, im Garten zu arbeiten, und ich koche sehr gern. Eine meiner großen Leidenschaften ist das Lesen. Deshalb bin ich sehr begeistert über deine Zukunftsgedanken. Vielleicht habe ich das Glück, einmal eines deiner Bücher zu lesen. Das wäre wirklich wunderbar.

Ach, entschuldige. Du wolltest ja noch wissen, ob wir weitere Kinder haben. Nein, wir haben nur unseren Roberto. Soll ich dir verraten, warum ich ihm diesen Namen gab? Das mit dem ‚o‘ am Ende ist mein geheimer Trick. Schon klingt das schön italienisch. Ich liebe alles Italienische und glaube ganz fest daran, dass wir einmal dort sein werden und am Gardasee Urlaub machen."

„Aber warum fahrt ihr denn nicht einfach hin?", fragte das unwissende Mädchen verwundert. Wieder so eine unfassbar einfache und zugleich komplizierte Frage, deren ehrliche Antwort das Kind (noch!) nicht verstehen würde. Einmal mehr stand die Frau ratlos vor der Kleinen. „Weißt du, was? Das werde ich dir später ausführlich erzählen, denn das ist ’ne lange Geschichte. Abgemacht?" Lea zwang sich zu einem ungeduldigen Nicken ihrer nicht gestillten Neugier.

Herr Friedrich hatte von den intensiven und sehr bewegenden Momenten zwischen seiner kleinen Familie und Lea nichts mitbekommen, da er abseits mit Frau Peters diskutierte. Beim Gespräch mit der Heimleiterin fragte er sie, ob es schon möglich sei, Lea außerhalb vom Gelände auf ein Eis einzuladen. Er würde sich dafür verbürgen, sie spätestens in zwei Stunden wieder persönlich ins Heim zu bringen. Heute war Samstag und morgen keine Schule. Das böte sich doch an.

„Nein! Ich bedaure. Das ist unmöglich! Sie wissen aber schon, mit welcher Art Heim Sie es hier zu tun haben? Ihre Anfrage ist – gelinde gesagt – ungewohnt und bedarf der Genehmigung vom Jugendamt! Ich darf das Kind gegenüber den anderen auch nicht bevorzugen. Das würde ihre Lage hier nur verschlimmern!", klärte sie ihn auf. „Zumal die Unterbringung eines unserer Kinder in einer Pflegefamilie nicht der Regel entspricht, Herr Kollege! Sie und ich wissen genau, dass wir uns hier in einem sensiblen Graubereich bewegen!", zeterte Frau Peters aufgeregt. Sie hatte den lauten Ton ihrer Stimme nicht bemerkt.

„Bitte entschuldigen Sie! Beruhigen Sie sich bitte wieder! Ich wollte Sie mit meiner Frage wirklich nicht aufregen!

Aber ich mag diese Kleine und möchte sie sehr gern besser kennenlernen, bevor sie zu uns nach Hause kommt."

„Das verstehe ich sehr gut, Kollege Friedrich. Auch ich mag Lea gern. Sie ist erst seit zwei Monaten bei uns. Ihre intelligente Stille und das achtsame Wesen beeindrucken sogar Erzieher, die bisher als gefühlsarm galten. Ich schlage vor, Sie genießen gemeinsam unser schönes Fest und unterhalten sich gut. Ich werde mich bemühen, dass wir die Zustimmung unseres Pflegeantrages vom Jugendamt erhalten. Dann können Sie Lea in den Freizeiten der Kinder abholen, wann immer es Ihnen passt! Wir werden sehen, wie es sich einspielt."

Lea beobachtete Frau Peters sehr genau. Als sich die Gelegenheit bot – Familie Friedrich hatte sich kurz empfohlen, um sich für eine frisch gegrillte Bratwurst anzustellen –, wagte sie schließlich zu fragen. „Ich habe ein bisschen gehört, weil Sie so laut gesprochen haben. Warum waren Sie denn so wütend? Hat er etwas Schlimmes gesagt? Was ist denn ein Kollege?"

Lea sprach wirklich wenig, und Fragen stellte sie ausschließlich Menschen, von denen sie glaubte, dass sie gut waren. Doch wenn sie etwas fragte, dann meist sehr klar und detailliert. Sie hinterfragte Sachen, die andere aus einem Gespräch gar nicht erst zu entnehmen vermochten. Wie so oft war Frau Peters beeindruckt und dachte nach, was sie dem Kind anvertrauen konnte. Auch für sie war es ungewohnt neu, eine solch vertraute Beziehung zu einem der Heimkinder zu haben. ‚Ach, wäre dieses Kind doch meine Tochter. So viel Schreckliches wäre ihm erspart geblieben', dachte sich die Frau, die keine Ahnung hatte, was Muttergefühle waren. Dieses Mädchen – die

Art, wie es schaute, fragte, sich verhielt – weckte eine unbestimmte Sehnsucht in ihr. Doch für Familienplanung hatte Peters nie viel übrig. Den Fokus starr auf Karriere gerichtet, fand sich zu keinem Zeitpunkt ein passender Mann, mit dem sie eine so nachhaltige Bindung hätte eingehen wollen. Ihr berufliches Tätigkeitsfeld war zwar stark verknüpft mit Kindern und Jugendlichen, doch wenn sie ehrlich war, sah sie in ihnen all die Jahre nichts weiter als Objekte, was den Aspekt „Mensch" oft vermissen ließ. Diese Kleine jedoch schien die Gefühlswelt der Frau gehörig durcheinanderzubringen.

„Ach weißt du, mein Kind, manchmal unterhalten sich Erwachsene sehr intensiv. Vor allem, wenn sie nicht einer Meinung sind, müssen sie versuchen, einen Kompromiss zu finden. Das ist nicht immer leicht. Nein. Ich war nicht wütend. Herr Friedrich hat auch nichts Schlimmes gesagt. Er ist ein sehr friedvoller, besonnener Mensch. Ich mag ihn gern und glaube, er kann gar nicht streiten. Wir kennen uns schon vom Studium. Daher auch das Wort „Kollege". Wir arbeiten beide mit jungen Menschen. Er als Lehrer und ich als Leiterin dieses Heimes. Es ist schon eine Zeit her …, er berichtete mir über seinen Sohn, dass dieser nie zum Spielen mit anderen Kindern zu motivieren sei. Das mache ihm und seiner Gattin Sorge. Vor drei Wochen trafen wir uns bei einer Weiterbildung wieder, und ich erzählte ihm von dir. Du bist einfach so anders als die Kinder, die wir sonst betreuen. Dadurch wurdest du zum Thema des Gespräches. Dort entstand auch die Idee, die Friedrichs als eine Art Pflegeeltern für dich einzusetzen. Mir lag es persönlich sehr am Herzen, dich zumindest zeitweise in einer guten Familie unterzubringen, da ich

sah, wie sehr du leidest. Dass du und Roberto euch auf
Anhieb verstehen würdet, war mir von Beginn an klar,
denn ich kenne auch ihn, und ihr seid euch unglaublich
ähnlich. Seine Mama arbeitet in der Bücherei ‚Holzwurm‘
in der Stadt. Eine wirklich großartige, belesene Frau! Und
bei deinem herrlichen Talent ist eine Buchhandlung der
beste Platz der Welt! Wir haben aber noch ein kleines
Problem. Da eine solche Verbindung zwischen dem Heim
und Normalfamilien von außen nicht üblich ist, brauchen
wir eine besondere Genehmigung vom Jugendamt, die
uns leider noch nicht vorliegt. Du musst wissen, unser
Entschluss, dies zu versuchen, war doch sehr spontan.
Nun müssen wir auf die Freigabe warten. Sobald diese
vorliegt, kannst du in allen Freizeiten, an Wochenenden
und auch in den Ferien bei Familie Friedrich wohnen.
Natürlich nur, solange sich keiner aus deiner wirklichen
Familie meldet und andere Pläne mit dir hat.“

„Warum machen Sie das für mich?“, fragte Lea erstaunt. „Sie wissen doch, dass ich immer ins Bett mache.
Ich schäme mich sehr dafür und werde den Leuten damit
nur Ärger machen!“

„Hab keine Angst, Lea. Heutzutage gibt es gute
Möglichkeiten, solche Dinge in den Griff zu bekommen.
Die Friedrichs wissen davon und wollen dir dennoch Gelegenheit geben, sie besser kennen- und vielleicht auch
mögen zu lernen. Was denkst du, könnte das gelingen?“

Das Mädchen wusste nichts mehr zu sagen, war völlig
verwirrt und starrte Peters ungläubig an.

„Warum ich das für dich mache? Ich mag dich gern.
Du bist ein besonderes Kind, und ich wünsche mir von
Herzen, dass du wieder glücklicher sein kannst. Wir konnten

schon viel von dir lernen. Noch nie habe ich zum Beispiel die Frau Knorr von einem Kind schwärmen gehört! Bei dir tut sie das! Das ist das Beste, das ich erleben darf, seit ich hier arbeite!", verriet Peters dem Mädchen begeistert. Die Kleine umarmend, fügte sie hinzu: „So, jetzt habe ich dir viel mehr erzählt, als ich wollte, aber es hat mir Spaß gemacht, so schön mit dir plaudern zu können. Danke, Lea! Lass uns mal nachsehen, wo sich die Friedrichs herumtreiben. Ich habe noch viel zu tun, und du hast sicher bessere Ideen, als an einem so tollen Tag nur zu reden, hm?"

Lag es an dem heutigen Feiertag? Oder woher kam die überschwängliche Sympathie der Menschen ihrer Umgebung? Lea kannte sich nicht mehr aus und war sprachlos. Diesmal nicht aus Angst und Enttäuschung, sondern weil sie einfach nicht wusste, was sie sagen sollte. Sie hatte sich ein Wunder erhofft, und ein solches war tatsächlich eingetreten. Eines, von vollkommen neuer, unerwartet hoffnungsfroher Substanz. Ein wunderbares Wunder!

Ich mal dir einen Regenbogen

Der von Lea verhasste riesige Speiseraum reihte sich mit der Einrichtung nahtlos in die gesichtslose „Wenig ist noch immer zu viel"-Philosophie des gesamten Heimkomplexes ein. Abgestandene, stinkende Küchenluft strömte ihnen entgegen, wenn sie den Saal morgens betraten. Der grau gefliese Fußboden erinnerte eher an ein Waschhaus und war sogar in der Mitte mit einem Abfluss versehen. Dieser wurde zwar im Regelfall mit einem gleichfarbigen, geschlossenen Deckel versehen, doch Lea entdeckte ihn einmal, als sie ihren eigenen Unrat beseitigen musste. Überall in dem großen Raum standen quadratische Tische mit glatter Kunststoff-Oberfläche und metallenen Tischbeinen. Acht Kinder fanden dort jeweils Platz und saßen auf geradlinig-einfach gehaltenen Holzstühlen, die paarweise rund um die Tische aufgestellt waren. Hässliche runde Deckenlampen aus Milchglas klebten an verschiedenen Stellen selbiger und spendeten weißgelbes Licht. Nach Beendigung ihrer Mahlzeit hatten die Kinder ihr Geschirr in dafür vorgesehene Regale einzuräumen, die akkurat neben dem Essenausgabefenster aufgestellt waren.

An einer der weißgrauen Kalkwände hing ein großes Foto, das einen Mann mit hellem, nach hinten gekämmten Haar und großer schwarz umrahmter Brille auf der Nase zeigte. Er lächelte nur scheinbar. Es passte nicht zu dem zynischen Ausdruck in seinen Augen. Lea wollte immer wissen, wer das war, traute sich aber nicht zu fragen. Sie mochte dieses Gesicht überhaupt nicht! Es sprach von Falschheit, wobei sein Mund verschlossen blieb und irgendwie unehrlich reserviert aussah. Ob da wirklich Wahrheit herauskam? Sie bezweifelte es rein aus dem Gefühl heraus.

Heute jedoch war der Speisesaal festlich ausgeputzt worden. Alle Tische zu einer langen Tafel mit weißem Leintuch umfunktioniert, die bunte Blumengestecke schmückten. Köstliche Speisen und Getränke standen dort zur freien Entnahme bereit. In einer Ecke, nahe der geöffneten Flügeltür zum Hof, hatte ein junger Mann zwei Tische für sich beschlagnahmt, auf denen seine Musikanlage aufgebaut stand. Er servierte den anwesenden Gästen Platten von musikalischem Genuss. Zunächst ausschließlich Schlager ostdeutscher Lustlosigkeit, die keinen wirklich vom Hocker rissen. Doch als er es einmal mit einem klassischen Walzer probierte, strömten viele Besucher zur Mitte des Festsaales oder schwangen das Tanzbein draußen auf dem Hof. Unter ihnen auch Tante Thea und Onkel Leo. Zärtlich lächelnd sahen sie sich in die Augen, während er seine Angebetete in zauberhaftem Stil über die Tanzfläche führte. Wie ein verliebtes Paar schwebten sie durch Raum und Zeit und waren nicht mehr von dieser Welt. Das war sehr schön anzusehen. Lea wollte auch einmal so geliebt werden. So musste sich vollkommenes Glück anfühlen. Just in diesem Moment kam Roberto herbei, der sie schon gesucht hatte, verbeugte sich wie ein Gentleman und bat um den Tanz. „Aber ich kann doch gar nicht tanzen!", rief Lea erschrocken. „Keine Sorge, ich auch nicht!", entgegnete er lachend. So drehten sie ihre

Runden. Unorthodox leicht und selig für den Augenblick. Leas linke Hand war nur locker aufgelegt. Roberto hatte Angst, ihr wehzutun, wenn er sie fester hielt. ‚Er hat so schöne Zähne wie seine Mama, herrlich braune Augen, schwarzes Haar und sonnenbraune Haut wie sein Papa. Mir gefällt mein neuer Freund', dachte sich Lea, als sie ihn in Ruhe aus nächster Nähe betrachten konnte. ‚Am schönsten aber ist, dass er so viel lacht. Er hat das schönste Lachen dieser Welt', verlor sich die Kleine ins Schwärmen. Zur Erholung und auch, weil sie etwas Abstand zum bunten Treiben haben wollten, um sich zu unterhalten, setzten sie sich auf Leas Stammplatz – die Treppenstufen. „Es tut mir leid", begann sie. „Hier gibt es leider nicht mal ein winziges Plätzchen, außer dem WC, wo man ungestört ist und auch mal allein sein kann."

„Aber hier sitzen wir doch gut", schlichtete ihr Gesprächspartner. „Alle sind mit Tanzen, Essen, Reden beschäftigt. Heute bist du hier ungestört. Was ist deine Lieblingsfarbe?"

„Blau! Blau wie der Himmel. Der Himmel ist mein Freund. Ich erzähle ihm alles, was ich weiß. Er ist ganz still und hört mir zu. Das mag ich." „Du meinst blau wie deine Augen, oder?", lächelte er sie an. „Spielst du gern Schach?"

„Das weiß ich nicht! Ich habe das noch nie gespielt."

„Willst du es lernen? Ich würde mich freuen, es dir zu zeigen. Ich spiele es immer mit meinem Papa. Aber gegen ihn habe ich keine Chance. Er ist verdammt gut und ein Schnelldenker noch dazu. Es ist kein einfaches Spiel. Du brauchst viel Konzentration, musst überlegen, rechnen, vorausdenken." Lea erkannte sofort in den Erzählungen seine große Hingabe für Schach. „Du bist sehr klug, nicht wahr? Das klingt alles ziemlich schwer. Wenn du mir versprichst, nicht böse zu werden, wenn ich es nicht gut spiele, dann möchte ich das gern von dir lernen. Spielen ist wirklich schön, aber die Kinder hier im Heim streiten oft, schreien herum und prügeln sich. Das macht mir Angst. Ich schaue viel durchs Fenster zu meinem Himmel hinauf. Sie lassen mich dann in Ruhe, weil sie glauben, ich sei nicht richtig im Kopf. Nur weil ich anders bin als sie."

Bitterkeit und Enttäuschung sprachen aus Leas Schilderung der Dinge. Betroffene Anteilnahme ließ ihren Zuhörer für einen Moment nachdenklich innehalten, bevor er sagte:

„Also wenn du nicht gut spielst, dann habe ich es nicht gut erklärt! So schaut das nämlich aus! Außerdem ist das Wichtigste bei diesem Spiel Ruhe und Geduld. Das mag ich." Die beiden lächelten sich an, als sie wieder diesen gleichen Wellengang spürten. Die feinfühlig-kluge Weitsicht des neuen Freundes ließ ihn viel älter erscheinen, als er in Wirklichkeit war. Lea suchte intuitiv nach genau dieser besonderen Gabe in ihrem Gegenüber, die eine frühe intellektuelle Reife erkennen ließ. Vermutlich aus dem Grund, da dies gut zu ihrer eigenen Seelenfarbe passte.

„Hast du ein Fahrrad?" Sie wünschte sich schon so lange, wieder ein bisschen ihre Geschicklichkeit probieren zu können. Möglicherweise war das der Beweggrund dieser spontanen Frage. „Ja, habe ich. Aber es steht nur herum. Ich traue mich nicht zu fahren. Ich falle immer um, habe mir schon sehr wehgetan und mein altes Fahrrad sogar im Teich versenkt, weil ich zu blöd war zum Lenken."

„Dann darf ich dir das Fahrradfahren beibringen?", schoss es freudig aus Lea heraus. „Ich kann das wirklich gut und probiere gern Sachen aus. Du wirst sehen, wie viel Spaß das macht, und wenn du keine Angst mehr hast, fällst du auch nicht mehr um! Wetten? Das Wichtigste dabei sind nämlich Ruhe und Geduld." Jetzt lachten beide laut und versprachen sich gegenseitig fleißiges Spielen, Lachen, Spaß und bei allem die nötige Ruhe und Geduld. Für den Moment war Lea der glücklichste Mensch unter der Sonne. Das Heim, mit all seiner Kälte, Finsternis, den feindseligen Bewohnern und Erziehern, hatte seinen Schrecken verloren. Es sollte wohl so sein, dass sie hier war. Wie hätte sie sonst diese wunderbaren Menschen gefunden, die ein stiller, friedlicher Gruß des Himmels sein mussten. Sie richtete ihren Blick nach oben, und ein geflüstertes „Danke" floss aus ihrem Herzen hinauf zu den Wolken.

„Wer ist denn die dicke Frau dort hinten?", wollte Roberto wissen. Seinen Kopf Richtung tanzendes Volk gerichtet, schien er Ausschau zu halten nach seinen Eltern. Dabei war ihm Hedwig aufgefallen, die sich gerade heftig schwitzend auf einer Bank niederlassen wollte, als diese kippte und umzufallen drohte. In letzter Sekunde sprangen ein paar Helfer hinzu, um den wuchtigen Koloss der kichernden, erwartungsfrohen Erdanziehungskraft zu entreißen. Vergeblich! Am Ende lagen sie alle am Boden der Tatsachen und schauten dumm aus der Wäsche. Jetzt kicherten andere. Heimkinder, die es nicht schafften, ihr schadenfrohes Lachen, das aus allen Poren der vom Monster oft malträtierten Kinderhaut quoll, zurückzuhalten, drehten sich um und feierten genüsslich ab. Hedwig schimpfte: „Da will man nur einen Moment das müde Tanzbein ausruhen, und dann so was! Na, ich lasse mich noch mal zu solch sinnlosem Gehopse überreden! Das hab ich nun davon!" Zum Glück hatte sich keiner wehgetan. Hedwig hievte sich selbstständig irgendwie in die Höhe und murmelte noch eine Zeit betreten-ärgerlich vor sich hin.

„Ach, das ist die Knurr", antwortete Lea. „Eine der Erzieherinnen hier. Eigentlich heißt sie Knorr, aber ich nenne sie Knurr, weil sie die meiste Zeit knurrt wie ein Hund. Sie bellt und beißt auch. Aber ich glaube, dass sie eigentlich ganz lieb ist. Hunde sind ja auch nicht von Natur aus böse. Sie werden erst böse gemacht! Bei der Knurrigen ist das bestimmt auch so. Alle haben Angst vor ihr und nennen sie nur das ‚Monster', weil sie so dick ist, finster schaut, immer so stampft, wenn sie geht, und ganz viel Kraft hat. Sie stinkt auch ganz schön. Davon wird mir manchmal schlecht. Aber du riechst gut. Das mag ich", strahlte sie Roberto ungeniert ins Gesicht. In den Wind reimend, tänzelte ihr rechter Zeigefinger in den Zwischenräumen seiner Hand hin und her, die neben Lea auf der Treppenstufe ruhte. Er klammerte sich daran fest, als würden sie gleich in die Wolken abheben.

„Die Knurr ist ganz fett. Ihr seid sehr nett.
Doch morgen um zwei ist alles vorbei.
Das Fest weggeräumt. Ich hab's nur geträumt."

Begeistert schaute Roberto sie an und war gerade dabei, den Reim fortzusetzen, als seine Eltern wieder hinzukamen. Wie passend. Über Mikrofon wurde das Ende des Festes für gut in einer Stunde angekündigt.

„Schade. Jetzt sind wir gar nicht recht zum Plaudern gekommen. Die Zeit verging ja wie im Flug", bedauerte

Onkel Leo. „Was denkst du, Lea, werden wir uns bald wiedersehen? Ich meine, weißt du schon, ob du dich mal bei uns zu Hause umschauen möchtest? Du bist ganz herzlich dazu eingeladen!"

„Ach bitte, ja!", bettelte Roberto. „Du weißt doch, wir haben viel vor! Ich kann es kaum erwarten, dass wir anfangen. Wenn du magst, zeige ich dir mal den Teich. Und im Garten steht eine Tischtennisplatte. Die wartet schon auf uns."

„Ich möchte schon gern", sagte das Mädchen kleinlaut. „Aber ich träume das doch, oder? Das passiert mir so oft. Ich kann einfach die Grenze nicht finden zwischen Traum und Wirklichkeit. Manchmal täuscht das alles so sehr, dass ich erst aufwache, wenn mir wieder irgendwer wehtut. Mir auf die Hand schlägt oder woandershin. Wisst ihr … ich habe Angst, dass ich aufwache und es war wieder nur ein Traum."

Die Friedrichs wussten nicht recht, wie sie das Kind davon überzeugen konnten, dass sie echt waren und keine Illusion. „Wie wär's, wenn wir jetzt die verbleibende Stunde nutzen und noch etwas spielen?", warf Roberto ein. „Ich male für meine liebe Lea ein Bild, das sie sich immer anschauen kann, wann sie will. Ich werde es unterschreiben, dann wird sie sich erinnern und sieht, dass es kein Traum war."

„Das ist eine tolle Idee!", rief Lea begeistert. „Warum fragen wir nicht die anderen, ob wir zusammen einen Malwettbewerb machen wollen? Vielleicht rückt die Peters ja mit lustigen Preisen raus. Ich laufe gleich mal zu ihr und frage." Und schon war sie weg!

Tatsächlich kam es zum Abschluss des wirklich besonderen Tages noch spontan zu diesem Wettbewerb, an dem sich fast alle Kinder begeistert beteiligten. Nur Preise gab es keine. Doch das war egal. Die erwachsenen Gäste überlegten sich an Ort und Stelle, welche Freude man den Kindern für ihre kreativen Ergebnisse machen konnte. Dadurch kam es zu manch kuriosem oder überraschendem Geschenk. Alle „gespendeten" Gegenstände wurden in eine große Schatzkiste gelegt. Der mit den meisten Punkten für sein Gemälde durfte sich als Erster aus der großen Auswahl seinen Preis nehmen. Das Schöne an diesem System war, dass wirklich jedes teilnehmende Kind auch einen Preis erhielt. Heute schien es keinen zu stören, dass die veranschlagte Zeit für das Ende des Festes hoffnungslos überschritten wurde. Es wurde gezeichnet, geplaudert, gelacht. Das sonst so aggressive Heimklima musste wohl durch das offene Tor geflohen sein. Wer war schon gern eingesperrt? Alles war friedlich und morgen schulfreier Sonntag. Den farbenfrohen, etwas windschiefen Regenbogen, den Roberto für Lea gemalt hatte, faltete sie zusammen und legte ihn in ihr Lesebuch. Wo hätte sie das Bild lagern sollen? Es gab keinen persönlichen Platz, aber immerhin eine eigene Schultasche. Diese stand zwar während der Nacht abseits in einem Lagerraum, doch Lea wusste, wo das Bild zu finden war, wenn sie es anschauen wollte.

,Er hat mir erklärt, dass ich es als Zeichen der immerwährenden Verbindung sehen soll. Und dass nach jedem Sturm Licht und Farbe wiederkehren würden. Was für schöne Gedanken. Das hat er bestimmt aus einem Film oder in einem Lied gehört. Warum sind diese Menschen nur so nett zu mir? Ich kenne sie doch überhaupt nicht.' Sie lag längst in ihrem Bett, versuchte die Gedanken zu ordnen, ließ die schönen Bilder des Tages an sich vorüberziehen und fragte sich unsicher, ob das alles morgen auch noch so war, wenn sie erwachte.

Eine Sensation hatte sich in der Nacht auf Sonntag ereignet! Richtiger muss es heißen, hatte sich *nicht* ereignet! Die Nachtwache zerrte Lea heute nicht aus ihrem Bett. Sie schlief tief und fest, hörte nicht einmal das übliche Geschrei des Monsters. Als sie am Morgen erwachte, trug sie ihr Nachthemd noch und auch die Bettdecke war „angezogen". Was für eine freudige Überraschung! Sie hatte die ganze Nacht im Bett verbracht, ohne aufstehen zu müssen, um in der Reihe der Störenfriede auf ihre Strafe zu warten. Das Bett war vollkommen trocken!

,Ist wirklich schon neuer Tag? Habe ich heute etwa nicht ins Bett gemacht?', überlegte Lea, sich selbst nicht vertrauend.

Um ganz sicher zu gehen, wagte sie es, Hedwig vorsichtig danach zu fragen. „Frau Knurr?" Lea hatte ein flaues Gefühl in der Magengegend, als sie nach oben schaute und leise am verschlissenen, viel zu engen Kittel der Frau zupfte. In den Achselhöhlen der fleischigen Oberarme derer zeichneten sich großflächig-nasse Schweißflecken ab. Ein stechend scharfer Geruch strömte dem Mädchen entgegen, und schon würgte es wieder bedrohlich in ihr. Wie so oft, seit sie hier lebte. „Darf ich Sie etwas fragen? Ich bin mir nämlich nicht sicher, ob ich wieder nur träume. Ist heute Sonntag?"

„Willst du mich jetzt auf den Arm nehmen, oder warum fragst du so blöd?", wurde das Kind angekläfft. „Klar ist Sonntag! Soweit ich mich erinnere, war gestern den ganzen Tag Samstag."

Lea traute sich nicht mehr, weitere Fragen zu stellen. Die Knorr schien heute ziemlich übel gelaunt. Das konnte ins Auge gehen. Das Wichtigste hatte sie erfahren! Sie bildete es sich also nicht ein. Es war ganz real. Aber ein bisschen enttäuscht war sie jetzt schon. Lea hätte erwartet, dass die Großartigkeit des nicht vollgepinkelten Bettes eine winzige Anerkennung erhielt. Oder wenigstens erkennbares Erstaunen. Es fand jedoch keinerlei Erwähnung. ‚Gut, dann eben nicht!', trotzte die Kleine stumm vor sich hin. Innerlich fühlte sie dennoch wohltuenden Stolz, Genugtuung und Freude darüber, dass ihr dies gelungen war.

Nun wollte sie schnell nachsehen, ob Robertos Bild noch da war. Sichergehen, dass das herrlich farbenfrohe Mosaik in ihrem Kopf und all die übrig gebliebenen Gesprächsfetzen tatsächlich passiert – und nicht wieder nur ein Ergebnis ihrer unglaublich lebendigen Vorstellung – waren. Doch der Lagerraum, in dem die Schultaschen aufbewahrt wurden, war verschlossen. Sie kam nicht heran an ihren Schatz und musste sich bis irgendwann gedulden.

Im Speisesaal gab es heute kein Frühstück. Deutlich erkennbare Spuren des festlichen Vortages verhinderten dies. Die meisten Heimkinder waren aber ohnehin abends mit ihren Familien nach Hause gegangen. Übers Wochenende blieben gewöhnlich nur sehr wenige von ihnen im Heim zurück. Bis auf Lea änderte sich ihre Besetzung auch immer wieder. So saß sie nun mit einer Handvoll Mitbewohnern in der schmuddeligen Heimküche, in der es aber an diesem Morgen lecker nach frischem Gebäck, Kaffee und anderen gerade erst zubereiteten Speisen duftete. Ausnahmsweise wurde das Frühstück heute in Gemeinschaft mit den Heimerziehern eingenommen.

Appetit hatte Lea dennoch nicht. Allein der Aufenthalt in der Nähe des Speiseraumes genügte, um sie an die ekelhaften Gerüche und Erlebnisse am Beginn eines jeden Tages zu erinnern.

„Darf ich nachher bitte meine Schultasche haben? Ich möchte Lesen und Schreiben üben", starrte sie fragend zu Frau Peters, die sich darüber zu freuen schien. „Aber selbstverständlich, Lea! Frau Knorr wird dir auch den Leseraum aufsperren. Dort kannst du bleiben, solange du möchtest. Draußen ist es heute ziemlich kalt. Es wird auch für die anderen besser sein, sich drinnen zu beschäftigen."

‚Was sollen sie auch draußen machen?', dachte sich Lea. ‚Es gibt keine Fahrräder, Bälle oder irgendwas! Kein Wunder, dass alle so viel streiten. Sie machen das bestimmt vor lauter Langeweile.'

„Danke, das ist sehr nett von Ihnen!", ließ Lea vernehmen. „Haben meine Besucher von gestern gesagt, ob sie wiederkommen?", wollte sie weiter wissen. „Mein Bett war heute trocken! Das würde ich ihnen gern erzählen." Auch die Peters ging nicht weiter auf den – dem Kind total wichtigen – Vorfall ein. „Ich habe mit Herrn Friedrich vereinbart, dass ich ihn informieren werde, sobald wir die Zustimmung vom Jugendamt haben. Bis dahin werden sie dich regelmäßig im Heim besuchen. Ihr dürft aber das Gelände nicht verlassen, bis wir die Genehmigung haben!", erklärte die Chefin dieses schaurigen Ortes.

„Ja, und wann kommen sie nun wieder? Das Fest ist vorbei. Wenn wir nicht hinausdürfen, was sollen sie die ganze Zeit hier mit mir machen? Wo können wir ungestört reden oder spielen? Wenn andere Kinder Besuch bekommen, darf der mit ihnen wegfahren. Ich aber muss immer hierbleiben! Warum? Das verstehe ich nicht!"

Es war äußerst selten, dass Lea ihren Unmut auch aussprach. Zu groß war die Angst vor daraus resultierenden Strafmaßnahmen. Das Mädchen wurde zwar viel weniger geschlagen als zu Beginn seines Aufenthaltes hier. Manchmal hatte Lea sogar das Gefühl, sich wirklich mitteilen zu dürfen. Doch sobald ihre Fragen unbequem deutlich wurden, erntete sie nichts als Ignoranz. Das war noch viel schlimmer als die tägliche Gewalt. Jedes Mal, wenn Lea glaubte, jemandem mehr vertrauen zu können, lief genau dieses Muster ab. So auch jetzt wieder. Leere Blicke, die durch sie hindurchschauten, als sei sie eine Fensterscheibe, waren alles, was sie zur Antwort erhielt. Vielleicht wusste die Peters ja gar keine Antwort. Oder war es ihr egal? Was hatte das zu bedeuten? Dieses merkwürdige Verhalten verunsicherte Lea. Sie wollte nun so schnell wie möglich zu ihren Schulsachen, um im Lesebuch nach Robertos Regenbogen-Bild zu suchen.

Was für ein Glück! Hier ist es! Ich habe nichts geträumt! Alles ist wahr! In ihrer Vorstellung sah sie alle schönen Bilder des vergangenen Tages und hörte, was Roberto ihr gesagt hatte. ‚Nach jedem Sturm kommen Licht und Farben zurück. Der Regenbogen verbindet uns.'

Sie wünschte sich so sehr, ihren Freund und seine Eltern bald wiederzusehen. Doch sie hatte inzwischen lernen müssen, wie unvereinbar gegensätzlich ihre Wünsche zur Realität standen und daher noch unerfüllt blieben.

Als der Hass zu lieben begann

Es dauerte noch den ganzen Oktober, ohne dass das Mädchen erfahren hätte, ob es Familie Friedrich je wiedersehen würde. Lea hatte sich wieder ganz ihren Schreibübungen gewidmet, als eines Tages ein neues, kleines Wunder geschah. Frau Peters kam mit Hedwig überein, diesem Kind im Leseraum ein eigenes Fach einzurichten, wo es seine Schreibarbeiten lagern konnte. Um nicht den Anschein von Bevorzugung zu erwecken, boten sie diese Möglichkeit auch allen anderen Kindern an. Ein ganzes Regal wurde von alten Dokumenten leer geräumt, gereinigt und als offene Lagerstätte für persönliche Lese- oder Schreibgegenstände freigegeben. Doch nur, wer äußerste Disziplin zeigte, behielt dieses Privileg. Sofern man zu stören begann oder sich am Eigentum des anderen vergriff, wurde für den Leseraum Betretungsverbot verhängt! So entstand ein Ort harmonischer Stille in einem Heim, das bis vor wenigen Wochen nur Gewalt, Hass und Kälte kannte. Leider besuchten ihn nur sehr wenige Kinder und immer wieder die gleichen. Sie werteten es als besondere Wertschätzung, nutzten die neue Möglichkeit sehr rege und fühlten sich plötzlich ein kleines bisschen wichtig und vor allem wahrgenommen. Ganz langsam veränderte sich ihr Verhalten. Die Streitlust wurde weniger und das Interesse am Lesen wuchs sogar. Für Lea war dies wieder ein stilles Geschenk des Himmels an sie. Wortlos glücklich dankte sie ihm und schenkte ihren Erziehern von Zeit zu Zeit ein zufriedenes, von Herzen dankbares Lächeln.

Man hatte den jungen Bewohnern dieses Heimes damit ein Stück Privatleben und Respekt zurückgegeben. Wichtige Etappen auf dem Weg in ein besseres Leben.

Endlich! Eines schönen, kalten Novembertages holte Frau Peters Lea in ihr Büro,, um ihr die freudige Botschaft zu überbringen, das Jugendamt hätte die Zustimmung des Pflegeantrages gegeben. Lea könne jetzt in Ferien und an Wochenenden ganz privat bei Familie Friedrich wohnen.

„Ist das nicht wunderbar? Die schöne Vorweihnachtszeit beginnt gerade. Du kannst Heiligabend mit ihnen genießen. Du musst nicht allein im Heim zurückbleiben. Ich freue mich so für dich, meine Kleine!", sprudelte es ehrlich aus Peters heraus. „Danke, Frau Peters!", entgegnete Lea sehr ruhig und ernst. „Ich weiß nicht, warum Sie so gut zu mir sind, denn zu den anderen sind Sie es nicht! Dafür möchte ich Danke sagen! Es ist schön, dass ich in Ruhe lesen und schreiben darf, dass ich nicht mehr so oft geschlagen oder gezwungen werde, das alte Brot zu essen. Ist das alles Ihr Verdienst?", wollte Lea wissen. „Nein, Kind. Es ist allein dein Verdienst! Du hast uns allen hier durch dein Anderssein aus unserem alltäglichen Trott herausgeholt. Wir erkannten Fehler an unserem Tun. Wir haben also durch dich gelernt, nicht du durch uns! Du hast ein ganz großartiges Wesen, Lea! Ich wünsche dir von Herzen viel Glück für dein weiteres Leben und dass du es einmal ganz gut haben wirst!"

Weinend umarmte Peters das Mädchen und fügte noch hinzu: „Aber das ist ja kein Abschied. Du bekommst eine

Pflegefamilie, sonst nichts. Weißt du, Lea, seit ich dieses Heim leite, hatte ich noch nie so viel wirkliche Freude mit meiner Arbeit, wie ich sie habe, seit du hier bist! Du bist ein ganz besonderer Mensch, mein Kind! Vergiss das niemals! Versprochen?" „Ja", sagte Lea. Leise fügte sie hinzu: „Ich mag Sie, Frau Peters. Sie waren ganz am Anfang gar nicht nett. Keiner hier war nett. Ich hatte große Angst und Heimweh. Zu Hause ist es nicht besonders schön, aber ich kenne die Menschen und das Dorf. Dann haben die mich aus dem Kindergarten geholt, sind einfach mit mir weggefahren. Meine Tante Hilde weinte. Ich dachte, dass ich bald sterben würde, denn was sollten fremde Leute schon von mir wollen? In dem anderen Heim war es schön. Meinem Bruder Lukas gefällt es dort bestimmt auch. Aber hier war es nicht gut! Und ich weiß nicht, warum alle so böse waren. Jetzt ist es viel besser. Danke, Frau Peters!"

Die klare Offenheit des Kindes berührte die Frau. Zukünftig würde sie vieles anders machen wollen und wieder achtsamer sein.

„Und wann kann ich meinen lieben Freund Roberto nun wiedersehen? Gut, dass er mir das schöne Bild gemalt hat. Das hat mir geholfen, fest daran zu glauben, dass wir uns wirklich gesehen haben. Sie wollten mich doch besuchen. Aber niemand ist gekommen!"

„Ja, du hast recht. Herr Friedrich war für ein paar Wochen verreist, Roberto muss genauso wie du zur Schule, und Frau Friedrich hatte Probleme mit einer Inventur in der Bücherei. Die Anzahl der verkauften Bücher passte nicht zu der Anzahl des Bestandes. Einige Bücher müssen gestohlen worden sein, erzählte sie mir. Ich solle dir ausrichten, dass sie sich schon sehr auf dich freuen, es aber zutiefst bedauern, dich nicht besuchen zu können. Du mögest bitte noch ein klein wenig Geduld aufbringen. Ich versäumte aber, es dir zu sagen, Lea! Es tut mir leid! Schau her." Frau Peters kramte einen Kalender hervor, in den für den 11. November eine Notiz eingetragen war. ,15:00 Uhr, Familie Friedrich – Lea Müller, übers Wochenende.' „Aber das ist ja morgen!", rief das Kind freudig überrascht.

„Ja. Morgen ist Samstag. Wenn die Schule aus ist, erledigst du die Hausaufgaben. Die Schultasche lassen wir erst einmal da. Wenn sich alles gut einspielt, kannst du sie auch mitnehmen, um dort zu üben. Als der Bescheid vom Jugendamt eintraf, nahm ich sofort Kontakt mit Familie Friedrich auf. Sie sagten, dass sie dich umgehend ,nach Hause' holen möchten. Frau Friedrich würde dich auch als Verstärkung beim Basteln des Weihnachtsschmuckes brauchen. Traust du dir das zu?" „Ja sicher! Das kann ich doch lernen!", erklärte Lea. „Roberto ist der Meinung, wenn man etwas nicht gut kann, dann hat der andere es schlecht gezeigt. Tante Thea kann das bestimmt sehr gut", lächelte das Mädchen glücklich und leicht verträumt.

Mit einem Herzen voller neugieriger Vorfreude startete Lea am Morgen in den letzten Schultag der Woche. Er verging rasend schnell. Aber an den Samstagen hatten sie auch nur drei Stunden Unterricht. In Deutsch zeigte Lea auf: „Frau Lindemann, wo ist bitte der Gardasee? Ist das sehr weit? Warum kann man nicht dort Urlaub machen?"

„Das ist in Italien. Wartet kurz, ich zeige es euch auf der Landkarte." Die Lehrerin holte eine große Rolle aus dem Schrank, der rechts hinten in der Ecke stand und nur selten geöffnet wurde. Sie klemmte diese an einem Metallgestell fest und zog an einer langen Schnur. Wie ein Rollo im Schlafzimmer ließ sie sich aus- und einrollen. Das bizarre Muster einer Landkarte wurde sichtbar, das die Kinder nicht zu verstehen vermochten. Frau Lindemann nahm den Stab, mit dem sie sonst die linke Hand des Mädchens misshandelt hatte. Lea zuckte augenblicklich zusammen, versteckte ihre Hände zwischen Sitzfläche und Körper und betete still flehend zum Himmel!

‚Warum habe ich nur so blöd gefragt? Jetzt bekomme ich wieder Schläge und werde nicht gut basteln können, wenn ich bei Tante Thea bin. Das tut immer so lange weh …‘, wimmerte das Kind in Gedanken vor sich hin und blickte nach oben statt nach vorn. „Lea!“, vernahm sie plötzlich laut und mahnend die Stimme ihrer Lehrerin. „Erst fragst du mich etwas, und ich will es euch zeigen, und dann interessiert es dich nicht mehr! Was soll das?“, regte sich Frau Lindemann kurz auf, bevor sie sich in ihre geografischen, politisch aber eher fragwürdigen Erklärungen verlor.

Vor lauter Erleichterung hätte Lea jetzt fast in die Hosen gemacht, doch scheinbar verhinderte starke Ablenkung das gefürchtete Dilemma des Mädchens. Wie gebannt schaute sie auf die Landkarte und folgte den Erzählungen von Frau Lindemann.

„Hier seht ihr die Grenzen unseres Heimatlandes.“ Sie umkreiste eine Fläche, die in drei fett gedruckte Wortgebiete aufgeteilt war. „Deutsche“, für den stolzen Norden, „Demokratische“, für das Bauchzentrum in der Mitte, und „Republik“, für den südlichen Rest des Landes. Der kläglich-kleine Südwest-Zipfel Thüringen machte rein optisch den Eindruck, irgendwie nachträglich angeklebt worden zu sein. Und tatsächlich hatte es in der Nachkriegsgeschichte der Aufteilung Deutschlands unter den alliierten Siegermächten und Russland solch einen seltsamen Tauschhandel gegeben. Lea erfuhr dies erst als Erwachsene, während eines Gespräches mit ihren Großeltern. Russland nämlich hatte zu Kriegsende Berlin – Deutschlands Hauptstadt – zur Gänze eingenommen und war – von Osten kommend – bis Sachsen und Sachsen-Anhalt vorgedrungen. Die Alliierten belagerten indes siegreich den Norden, Westen und Süden des Verliererlandes. Man wollte aber unbedingt auch ein Stück Hauptstadt haben und diese auf keinen Fall den Russen vollständig überlassen! Was geschah? Die Alliierten zogen aus dem zentral gelegenen Thüringen ab und übergaben diesen Teil an die Siegermacht Russland. Diese hingegen teilte dafür Berlin in zwei Teile. Über Nacht wurden aus einer Stadt zwei gemacht. Ein sozialistisches Ost- und ein kapitalistisches Westberlin! Tödliche Grenzen, durch bestehende Wohnviertel und Straßen, wurden errichtet. Was für ein furchtbarer Irrsinn der Macht!

Aber kommen wir wieder zurück zu Leas Schulsamstag und ihrer Frage nach dem Gardasee.

Frau Lindemann gestikulierte mit ihrem Zeigestab auf der Karte herum. „Hier genau sind wir jetzt", tippte sie an einen Punkt, der mittendrin zu liegen schien. „Das hier ist die Bundesrepublik Deutschland, die sich an unserer gesamten Westseite von Norden bis Süden nach unten zieht und mit Bayern abschließt. Noch weiter unten seht ihr ein Land, das in seiner Form einem Stiefel ähnelt. Könnt ihr es erkennen? Das ist Italien. Ganz am oberen Rand dieses Stiefels – da mittendrin –, da ist er, der Gardasee. Das Braune, das ihr überall seht, das sind die Alpen, ein Gebirge in Mitteleuropa, mit sehr hohen Bergen, auf denen das ganze Jahr über Schnee liegt.

Warum nun können wir nicht einfach dorthin fahren und Urlaub machen? Wie ihr hier seht, müssten wir verschiedene Länder durchreisen, die uns verboten sind. Westdeutschland, die Schweiz, Liechtenstein, Österreich und letztendlich Italien selbst sind allesamt für uns Länder, für die wir Betretungsverbot haben! Deshalb können wir den Gardasee nicht besuchen. Jedes Land hat Grenzen, und man kann eben nicht ohne weiteres von einem Land zum anderen fahren. Es herrschen dort ganz andere Gesetze und Vorschriften als bei uns.

„Dann ist das also wie bei uns im Heim?", fragte Lea nach. „Die hohen Mauern und das große, bewachte Tor, das sind die Grenzen, durch die wir nicht ohne Erlaubnis hindurchdürfen. Und welche Regeln es davor gibt, wissen wir nicht, doch sie sind ganz anders, als wir es gewohnt sind?"

„Nein!", widersprach die Lehrkraft lautstark und aufgebracht. „Vergleiche bitte niemals deine eigene Situation mit der hohen Politik eines Landes, Lea! Du könntest dir später sehr viel Ärger damit einhandeln! Versprich mir, dass du vorsichtig wirst bei dem, was du sagst! Egal, ob du das gerade denkst. Das freie Denken kann keiner verbieten. Doch für das, was du sagst, wird man dich voll verantworten!"

„Was meinen Sie? Das verstehe ich nicht. Habe ich etwas Falsches gesagt? Trotzdem finde ich es sehr nett von

Ihnen, dass Sie sich die Zeit nehmen, uns den Gardasee zu zeigen! Danke schön!"

Etwas verwirrt saß Lea an ihrem Platz und dachte darüber nach, was die Lehrerin gesagt hatte, und vor allem darüber, was sie so aufgeregt haben könnte.

Die Lindemann ging auch nicht weiter darauf ein und war sicher froh, als es zum Schulende dieses Tages klingelte.

Zurück im Heim, erledigte das Kind wie besprochen eilig seine Hausaufgaben und freute sich sehr darauf, Familie Friedrich wieder zu sehen. Sie spürte keinerlei Angst mehr, diese Menschen könnten ihr Böses tun. Das war unmöglich, so lieb, wie sie als völlig Fremde mit ihr Bekanntschaft und sie wohl auch sofort ins Herz geschlossen hatten. Lea war neugierig. Wie sah es bei ihnen zu Hause aus? Hoffentlich war es dort sauber. Aber ihr Geruch beim ersten Treffen war so gut und die Kleidung schön. Vor allem ihre Finger hatte Lea heimlich genau betrachtet. Selbst der Junge hatte gepflegte, reine Fingernägel, so als würde er nie draußen spielen, Wasser, Wiese, Tier und Stein erkunden. Seltsam. Bevor sie in das stets verschlossene Heim kam, hatte Lea oft schmutzige Finger, da sie in freier Natur sehr gern auf Entdeckungsreise ging. Doch sie umsorgte sich und ihren Körper mit liebevoller Hingabe. Sie genoss es sehr, sich zu pflegen, gut zu riechen, sich sauber zu kleiden.

‚Es ist schon Nachmittag. Wo bleiben die denn?', sorgte sich die Kleine ungeduldig, dass sie vielleicht doch wieder vergessen wurde. ‚Ich werde auch ein Bild malen. Für Roberto. Dann kann er sich genauso daran erfreuen wie ich an seinem bunten Regenbogen. Was kann ich gut zeichnen? Mal überlegen. Ja! Meinen Lieblingsbaum, eine große Linde, die schöne Wiese, auf der ich immer lag, und den Himmel, zu dem ich hinaufschaue, wann immer es mir gefällt.'

Zeitvergessen im Leseraum sitzend, tauchte das Kind den Pinsel seiner Fantasie in immer neue Farben und ließ der linken Hand freien Lauf, sichtbar zu machen, was das innere Auge sah. Draußen wurde es langsam dunkel, aber Lea bemerkte nichts davon. War sie vielleicht nicht mehr auf dieser Welt? Nur mehr körperlich anwesend, damit man nach ihr rufen konnte? Frau Knorr rief aber nicht. Mit einer Achtsamkeit, die bisher keiner an ihr kannte, kam sie leise herein und flüsterte der kleinen, malenden Künstlerin ins Ohr, sie möge sich anziehen, da Familie Friedrich draußen auf sie wartete. „Bitte, noch eine Minute! Das Bild muss noch einen Moment liegen bleiben und trocknen. Sonst verschmiert alles, wenn ich es einrolle."

„Weißt du, was wir machen?", überlegte Hedwig. „Wir legen es hier auf den Heizkörper. Während du dich anziehst, kann das Bild trocknen."

„Tolle Idee! Vielen Dank, liebe Frau Knurr!", grinste Lea der Frau fröhlich ins Gesicht. „Ich beeile mich auch!", versprach sie und sprang übermütig davon.

Die Friedrichs standen vollzählig am gewohnten Treppenaufgang und strahlten ihr entgegen. „Bitte entschuldige, Lea. Wir hatten noch so viel zu erledigen und konnten nicht früher da sein. Beim Einkaufen ist es um die Zeit immer so voll. Heute gibt es Orangen! Jeder Bewohner dieses Ortes muss sich angestellt haben, um welche zu ergattern. Die Schlange wollte kein Ende nehmen! Bitte verzeih!", klärte Tante Thea das Kind auf. „Aber das macht doch nichts. Ihr müsst euch bei mir nicht entschuldigen! Ich hatte auch noch etwas ganz Wichtiges fertig zu machen. Schau, was ich für dich habe!", hielt sie Roberto stolz eine Papierrolle vor die Nase, die mit einem hübschen, blauen Geschenkband verschnürt war. „Hast du die Schleife selbst gemacht? Ich kann keine Schleifen binden. Sie sind immer zu locker und gehen gleich wieder auf. Schön schaut das aus. So blau wie der Himmel, den du so liebst. So blau wie deine Augen, nicht wahr?", lächelte der Junge gerührt. „Danke, Lea. Ich schaue es mir aber erst zu Hause an, damit es heil bleibt. Es ist auch schon so dunkel. Man erkennt hier kaum noch etwas." Erst jetzt fiel Lea auf, dass es im Hof des Heimes nur sehr spärliches Außenlicht gab. Das meiste Licht kam von den vielen Fenstern der beleuchteten Innenräume des Gebäudes.

„Also ich habe die Schleife nicht gemacht", gab Lea ehrlich zu. „Frau Knurr war so lieb, mir dabei zu helfen. Müssen wir noch lange warten? Wann kommt denn der Bus?" Fröstelnd stand die Kleine und wartete gespannt auf die Dinge, die da kommen würden.

„Wir fahren nicht mit dem Bus", tönte Onkel Leos Stimme an ihr Ohr. Die ganze Zeit war er nicht zu Wort gekommen und genoss in aller Ruhe das Wiedersehen.

„Wo ist denn Frau Peters? Ich muss mich noch verabschieden. Sonst bekomme ich Ärger!"

„Nein! Den bekommst du nicht! Alles in Ordnung, Lea. Ich war gerade in ihrem Büro und habe die Formalitäten erledigt. Wir können fahren." Onkel Leo klapperte mit einem Schlüsselbund, und die kleine Gruppe setzte sich Richtung Tor in Bewegung. ‚Aber ich kann doch jetzt nicht einfach da rausgehen', durchfuhr das Kind ein klammes Angstgefühl. Mit halb zusammengekniffenen

Augen Richtung Wachhäuschen blickend, versteckte sie sich instinktiv zwischen den beiden Erwachsenen, machte sich noch kleiner, als sie eh schon war, und hoffte, nicht entdeckt zu werden. Kein Laut kam über ihre Lippen. Fast schien es, als würde sie auf Zehenspitzen hinausschleichen, um nicht doch noch entdeckt und zurückgepfiffen zu werden. Nichts passierte. Lea atmete befreit auf.

Onkel Leo hantierte mit dem Schlüssel, öffnete eine Autotür und klappte die Lehne des Beifahrersitzes um. „Die Kinder bitte nach hinten!"

„Ihr habt ein Auto, und das gehört euch? Als mich die Polizisten aus dem Kindergarten holten, bin ich das erste Mal im Leben mit einem Auto gefahren. Das war aber ein anderes und auch größer, glaube ich", versuchte Lea, sich zu erinnern.

„Ja. Wir haben es erst neu bekommen. Mussten sehr lange darauf warten. Es ist zwar nur ein Trabant, aber wir konnten ihn pünktlich zu deinem ersten Besuch bei uns abholen. Ist das nicht großartig? Wir sind alle ganz aufgeregt und freuen uns einfach, dass dies nun auch noch so gut geklappt hat. Jetzt sind wir schon gespannt, was du sagen wirst, wenn wir zu Hause sind." Überwältigt von all dem Neuen, sagte Lea erst einmal gar nichts mehr.

„Mir ist schlecht!", stammelte sie plötzlich, während sie schon ein Stück unterwegs waren. Anhalten war jetzt nicht möglich. Frau Friedrich kramte panisch in ihrer Handtasche herum, konnte aber nur ein Taschentuch finden, das sie dem Mädchen reichte. Hinten die Fenster herunterzukurbeln, ging bei dem Trabi nicht. Es handelte sich um fest eingesetzte Glasscheiben, die nur den Anschein funktionaler Fenster machten. Guter Rat war teuer! In der

Not riss sich Roberto die Jacke vom Leib, so schnell es ihm möglich war, hielt sie unter Leas Gesicht und formte darin eine Mulde. Im gleichen Augenblick schoss ein gewaltiger Schwall Halbverdautes aus Lea heraus. Sie mühte sich schwer die textile Kotztüte zu treffen, aber ein paar Spritzer verewigten sich auch auf den neuen Polstern der Autositze. Herr Friedrich stellte das Auto nun so gefahrlos wie möglich irgendwo ab, ohne weiter zu beachten, ob das erlaubt war. Aus dem Mantel tropfte bereits die übel riechende Flüssigkeit. Roberto schob ihn vorsichtig von hinten durch eine Lücke, Richtung geöffnete Fahrertür, holte Schwung und warf ihn nach draußen. Lea weinte, fror und wollte zurück ins Heim. Frau Friedrich stieg aus, sodass auch die Kinder herauskamen. Wie Gefangene waren sie hinten eingesperrt. Es gab nicht die geringste Chance, ein solches Fiasko zu verhindern. Der Trabant war ein Zweitürer mit unbeweglich starren Fenstern neben den Rücksitzen. Keiner konnte ahnen, wie fatal sich eine solche vorübergehende Gefangenschaft auswirken konnte.

Mutter Thea zog eine verschlissene Tasche aus dem Kofferraum und ließ den stinkenden Mantel des Schweigens dort verschwinden. Es gab keine bunt bedruckten Einkaufstüten aus Plastik, die man hätte verwenden können. So etwas sah der DDR-Bürger nur in der Westwerbung im Fernsehen. Überhaupt waren einfachste Behältnisse aus Kunststoff Mangelware.

Die Familie blieb erstaunlich gelassen. Auf der anderen Straßenseite sahen sie eine kleine Gaststube, die geöffnet zu sein schien. Dort konnten sie sich die Hände waschen und die betroffenen Kleidungsstücke etwas reinigen. Vater Leo lieh sich einen Eimer Wasser mit Bürste und begab sich zurück zu seinem fabrikneuen Trabant. ‚So zum Kotzen ist er ja nun auch wieder nicht!‘, dachte er sich, als er die Zwickauer Luxuskarosse der S-Klasse, aus wetterfester Presspappe, von Weitem betrachtete.

Seine Frau blieb indes bei den Kindern, erzählte Geschichten, während diese langsam wieder zur Ruhe kamen. Nach einer Weile sagte sie: „Ich schlage vor, wir bleiben bei unserem Plan und fahren zu uns nach Hause. Jetzt ist es eh schon passiert. Du kannst nichts dafür, und besser wird es auch nicht, wenn wir jetzt zurückfahren", wandte sie sich direkt an Lea. „Wir haben uns so auf dich gefreut. Lass dich von solchen Sachen doch nicht entmutigen. Das kann jedem von uns passieren!" Sie legte ihren dicken Mantel um die beiden Kinder und streichelte ihren Rücken.

„Aber warum ist keiner wütend auf mich? Ich mache euch nur Ärger, und ihr seid einfach nur lieb!"

Das Mädchen konnte nicht glauben, was das Leben sie jetzt lehrte, und hatte Mühe, es zu verstehen. Achtsame Fürsorge, einfühlsame Geduld, liebevolles Verständnis. Attribute, die das Kind bis dahin kaum kannte.

„Bestimmt seid ihr gar keine Menschen, sondern Engel. Ich bin wahrscheinlich auch kein Mensch! Sie sind mir so fremd. Ich habe Angst vor ihnen!"

„Ist dir noch schlecht?", wollte Roberto wissen. „Nein. Jetzt ist mir nur furchtbar kalt. Im Auto hat es so komisch gerochen. So nach Gummi und Benzin. Was machen wir nur, wenn wir weiterfahren und mir wird wieder schlecht?"

Die Mutter erkundigte sich im Gasthaus, ob man ihr eine kleine Plastiktüte von irgendwo besorgen konnte. Sie würden vielleicht noch einmal in eine solch missliche

Lage kommen. Dann wollte sie besser vorbereitet sein. Der Koch persönlich kam später aus der Küche und brachte ihnen das rettende Utensil. Nun war auch Lea beruhigt, und das Lächeln kehrte langsam zurück.

Die restliche Autofahrt war erfüllt von gespenstischer Stille, die nur unterbrochen wurde vom hüpfenden Ton des Zweitaktmotors im Pkw. Keiner hatte mehr Lust auf ein Gespräch. Alle hofften, ohne weiteren Zwischenfall anzukommen. Vater Leo würde die ganze Nacht die beiden Fenster am Auto offen lassen, damit der unangenehm saure Geruch verschwand. Die Kinder kauerten hinten – in warme Decken gehüllt, einer links, einer rechts, den Kopf an die kalte Fensterscheibe gelehnt. Lea fühlte sich schuldig und war sehr traurig, die gute Stimmung verdorben zu haben. Sie schämte sich so sehr vor diesen netten Menschen, die von Anfang an nur Probleme mit ihr hatten. ‚Ich hätte mich nicht darauf einlassen und im Heim bleiben sollen', waren ihre trüben Gedanken, als Mutter Thea plötzlich freudig rief: „Kinder, aufwachen. Wir sind zu Hause."

Leben in einer anderen Welt

Matt und niedergeschlagen folgte das Mädchen Roberto fast mechanisch, der sie freimütig wie immer bei der Hand nahm. Theatralisch mimte er „Willkommen auf meiner Schatzinsel des Glücks!" und versuchte, die verloren gegangene Heiterkeit wieder einzufangen.

„Wenn uns wieder warm ist, zeige ich dir alles, in Ordnung? Ich will mit dir unbedingt noch hinauf auf den schönen Dachboden. Von dort hat man einen herrlichen Blick in die Umgebung und zum Himmel. Das kann dir nur gefallen! Es ist mein Lieblingsplatz im ganzen Haus. Hast du Lust, mit mir dann ein bisschen herumzustöbern?" Lea weinte wieder. Sie wusste einfach nicht, wie sie mit so viel Liebe und Geborgenheit umgehen sollte. Wo doch Vorwurf und Ekel ihr gegenüber angebrachter waren.

„Jetzt lass uns doch erst einmal ankommen!", ermahnte Mutter Thea ihren Sohn. „Ich koche uns einen Tee, richte das Abendessen, und ihr werdet inzwischen duschen und euch umziehen. Roberto, bitte zeige Lea, wo alles zu finden ist. Im Badezimmer liegen auch Handtücher für euch. Brauchst du meine Hilfe, oder kommst du allein zurecht?", wandte sie sich an das Mädchen. Das verstörte Kind blieb stumm. „Komm, Lea. Wir machen das schon", zerrte Roberto an ihr herum.

Da es schon so dunkel war, hatte sie vom Haus nicht viel sehen können. Die Friedrichs schienen ganz allein darin zu wohnen. Zunächst standen sie in einem geräumigen Erd-geschoss, mit großen, offenen Zimmern, die ohne Schwellen und Türen ineinander übergingen. Nur der Eingangs-bereich war ein Raum für sich. Zwischen der Küche und dem Wohnzimmer trennte ein wunderschön aussehender Raumteiler die Fläche. Überall sah man üppige, herrlich gepflegte Grünpflanzen. Eine besonders schöne Stein-sammlung faszinierte das Kind, denn Lea liebte Pflanzen, Wasser und Steine sehr. All die schönen Dinge wechselten sich ab mit verschiedenen bunten Figuren, von denen sicher jede ihre eigene Geschichte hatte. Das Mädchen war ge-fesselt von diesem Anblick. Sie kam sich vor wie in einem Palast. Ihre Füße standen auf edlem Parkettboden, wie ihn Lea noch nie gesehen hatte. Sie kannte bisher haupt-sächlich Fußböden mit einfarbigem oder gemustertem Plastikbelag oder ausgelegt mit einer Art Teppichfilz. Das Badezimmer hatte dunklen Fliesenboden und war vom WC getrennt. Alles andere darin erstrahlte ganz in Weiß. Sofort war Lea geistig wieder in dem Kranken-haus. Dort waren die Sanitärräume auch hochrein und glänzten in sterilem Weiß.

Das gefiel ihr weniger, da es kalt und ideenlos wirkte. Doch es war sauber. Wunderbar sauber war es hier. Sogar auf der Toilette duftete es angenehm frisch.

‚Was für ein Glück, hier zu sein und diese wunder-vollen Menschen kennen zu dürfen! Ich träume das! Nie und nimmer kann das in Wahrheit gerade passieren!‘

Lea war völlig durcheinander, als Roberto sie aus ihrem Tagtraum holte. „Komm, wir müssen noch nach oben gehen. Ich zeige dir mein Reich, und dann schauen wir uns deines an, gut?" Die breite Wendeltreppe aus Holz bildete einen tollen Blickfang. Sie stand frei im Raum. Mittig verlief durchgehend eine Säule bis nach oben. Ein zierliches Geländer mit schmalem Handlauf an der rechten Seite sorgte für die nötige Sicherheit. Die Treppe besaß keine Setzstufen, wodurch man von jeder Stelle frei in den Raum sehen konnte. „Wunderschön ist es hier bei euch!", sagte Lea leise. „Wohin ich auch blicke, ich habe noch nie ein so schönes Haus gesehen!" Mit bewunderndem Staunen berührte sie vorsichtig das eine oder andere, beugte sich auf der Treppe so tief hinab, dass sie zwischen den Stufen hindurchblinzeln konnte, und war vollkommen fasziniert von so viel durchdachter Schönheit und Eleganz.

Das Obergeschoss bestand aus drei getrennten Räumen und – wie luxuriös – einem weiteren Badezimmer. Oben konnte man den Dachstuhl, den die gleiche Treppe mit den anderen Ebenen des Hauses verband, bis circa zur Hälfte einsehen. Ein kleiner, runder Holztisch und eine Sitzgarnitur luden ein zu gemütlichem Beisammensein. Wie schön das doch alles war. Lea fühlte sich in eine andere Welt versetzt. Ein breites Dachflächenfenster, das genau zwischen den beiden Sesseln der Sitzgruppe den Abschluss nach oben bildete, rundete dieses perfekte Bild ab.

„Man kann ja von hier aus die Sterne sehen!", rief Lea begeistert. „Ja. Auch am Tage ist es da oben herrlich. Das ist mein Lieblingsplatz. Ich zeige ihn dir gleich. Lass uns noch kurz in mein Zimmer schauen." Robertos Reich war bescheiden schlicht eingerichtet. Doch gerade das machte auch dieses Zimmer zu einem besonderen Ort. Ein Bett, mit kleinem blau gemustertem Teppich davor, ein Schrank, ein großes Fenster mit leicht transparenten, hellblauen Vorhängen an den Seiten. Alles sehr ordentlich und sauber, ja fast unberührt sah es aus. „Als ob hier niemand wohnt", rutschte es Lea heraus. „Brauchst du keinen Sitzplatz? Wo machst du denn deine Hausaufgaben?"

„Ach, die mache ich unten. Hast du in der Ecke den Schreibtisch gesehen? Das ist meiner. Dort habe ich auch alle meine Schulsachen. Das hat sich Mama ausgedacht. Ich finde das ganz praktisch. Vor allem morgens, wenn es schnell gehen muss. Mein Zimmer nutze ich eigentlich nur zum Schlafen oder wenn ich mit der Modelleisenbahn spiele." Roberto öffnete die Verbindungstür zu einem Nebenraum. Eine komplette Miniatur-Landschaft war hier aufgebaut. Wiesen, Weiden, auf denen Schafe oder Kühe zu sehen waren, Wälder, Dörfer, Menschen, die an Bahnhöfen auf ihren Zug warteten. Alles war verbunden, mit einem gigantischen Netzwerk von Gleisanlagen, Stellwerken, Güter- und Personenzügen, die auf der Strecke standen. „Das schaut ja richtig echt aus!", staunte Lea. „Und du kannst das alles bedienen und kennst dich damit aus? Wie lange braucht man, bis man eine so große, tolle Anlage zusammengebaut hat? Und woher bekommt man all die vielen Teile? Das ist ja großartig!"

„Die Anlage hat Papa mir geschenkt. Wir arbeiten gemeinsam daran und basteln vieles selbst. Ich kann das aber noch nicht so gut. Papa zeigt mir alles, und es macht großen Spaß. Wir tauschen Figuren oder auch Teile von einer Eisenbahn mit Freunden, die das gleiche Hobby haben. Manches ist auch schon sehr alt. Es gibt manchmal Ausstellungen oder Treffen, wo man Teile kaufen kann. Aber es stimmt, es ist ziemlich schwer, an bestimmte Sachen zu kommen. Die Anlage hat sich über Jahre so entwickelt, wie du sie jetzt sehen kannst. Papa und ich verbringen wirklich viel Zeit damit. Möchtest du mal sehen, wie die Züge fahren?" Er drehte den Schalter an einem kleinen Kunststoff-Kästchen, drückte ein paar Knöpfe, und plötzlich fuhren Züge, schalteten sich Haus- und Straßenbeleuchtungen ein, Signale bewegten sich. Mancher Zug verschwand in einem Tunnel, während ein anderer gerade in einen Bahnhof einfuhr. Eine fantastische kleine Welt, voll scheinbarem Leben, erwachte von einem Moment auf den anderen.

Nach dem Abschalten der Anlage zeigte er Lea noch, wie sie die Hügel und Tunnel herstellten. In einem gut sortierten Regal lagen einige unfertige Teile aus Papier und Pappe, die zuerst geformt und danach mit Lack und Farbe bestrichen wurden. Dadurch entstand eine festere, stabilere Konsistenz des Materials. Nach dem Trocknen konnte man daraus Tunnelbögen und andere Formen ausschneiden und mit Farben nachbearbeiten, bis das kreative Modell das gewünschte Aussehen hatte.

„Das ist ja großartig, wie viele Ideen darin stecken! Jetzt weiß ich auch, warum du nicht Fahrrad fahren kannst", spöttelte Lea. „Du hast dafür ja gar keine Zeit! Du beschäftigst dich mit ganz anderen Dingen. Aber ich finde das total schön. Dir wird niemals langweilig, stimmt's?" „Nein, nie! Aber das habe ich dir ja schon erzählt. Ja, und wenn wir nicht an der Modelleisenbahn arbeiten, dann spielen wir Schach. Wenn Papa keine Zeit hat, dann lese ich. Meist gehe ich dann hinauf auf den Dachboden. Mama sitzt oft dort, und wir lesen um die Wette. Ab und zu stehen wir auch nur am Fenster, schauen zum Himmel.

Sie nimmt mich in die Arme, und wir sagen gar nichts. Das mag ich. Komm, wir gehen hinauf. Du wirst mich verstehen."

„Ich verstehe dich schon jetzt. Du musst das glücklichste Kind der Welt sein, wenn deine Eltern dich so lieb haben. Das ist wirklich schön!", flüsterte Lea verzaubert.

Ganz oben angekommen, konnte sie nun den kompletten Dachboden überblicken. Eigentlich war das gar kein Dachboden, im Sinne von verstaubtem, unbeheiztem Stauraum. Nein. Hier oben war das Paradies! Ein herrlich breites, bodennahes Bett stand dort, wo man von unten nicht hinsehen konnte. Dahinter noch ein Fenster, das bis zur beginnenden Dachschräge reichte. Man konnte seine beiden Flügel nur nach außen öffnen, was Roberto ihr auch gleich zeigte. „Das ist lustig", lachte Lea. „Wie bei Frau Holle. Du bist aber leider die Pechmarie, denn du hast schwarzes Haar", stupste sie Roberto an. „Ich bin die Goldmarie und schüttle morgen Früh gleich das Bett aus, dann schneit es auf der Erde."

„Siehst du? Jetzt bist du von ganz allein darauf gekommen, dass dies dein Reich ist. Du sollst nämlich hier schlafen. Na? Wie findest du das? An meinem Lieblingsplatz!", grinste „Pechmario".

Lea kam nicht mehr zum Antworten. Von unten schallte es hinauf: „Kinder, das Essen ist fertig. Kommt bitte!"

„Aber wir haben noch gar nicht geduscht", gab Roberto zurück. „Das müsst ihr später machen. Das Essen wird sonst kalt. Ich habe uns eine Suppe gekocht nach dem anstrengenden Tag. Zieht euch aber bitte um. Ich muss die ganze Kleidung waschen. Sie stinkt!", rief Mutter Thea nach oben.

Das Abendessen war ausgezeichnet. Warm und bekömmlich, genau das Richtige, was Leas geplagtem Magen guttat. Und die Gesellschaft, in der sich das Kind befand, prägte sich tief in ihr ein. Das war nicht von dieser Welt, und doch hatte die Kleine es immer gewusst! Eines Tages würde ein Wunder geschehen. Egal, wie lange man darauf hoffen musste.

Am Tisch wurde lebhaft geplaudert. Plötzlich verfiel das Mädchen wieder in seine Gewohnheit, die sich ab und an zeigte.

> *„Ihr seid zu mir gut.*
> *Das macht mir viel Mut.*
> *Ich hab mich geschämt.*
> *War erst wie gelähmt.*
> *Ihr schimpft nicht mit mir.*
> *Und schön ist es hier.*
> *Danke!"*

Wie verzaubert saß Lea und schaute ihre liebevollen Gastgeber an. Es war ganz still geworden. Glücklich lächelnd genossen alle diesen wundervollen Augenblick.

Mutter Thea unterbrach als Erste die wohlige Ruhe und nutzte die Gelegenheit, Lea von einigen Alltagsgewohnheiten zu erzählen, die ihr helfen sollten, sich besser zu orientieren. Keiner drängte sie zu irgendwas. Man schenkte ihr Fürsorge, Verständnis, Interesse an ihren bemerkenswerten Begabungen. Das hatte sie zuletzt bei Tante Hilde erlebt. Wie lange mochte das jetzt schon her sein?

„Ich finde das ganz großartig und sehr mutig von dir, dass du uns deine Gedichte einfach vorträgst", äußerte

Vater Leo bewundernd. „Fällt dir das im gleichen Moment ein, wo du es aussprichst? Das ist unglaublich! Ich könnte das nie!", gab er zu.

„Ja", versuchte Lea zu erklären. „So, wie ihr erzählt, reime ich eben. Es ist ein Spiel in meinem Kopf, das automatisch passiert. Irgendwie macht es mich auch ruhig, wenn ich aufgeregt oder traurig bin. Und wenn ich ganz froh bin – so wie jetzt –, dann geht das überhaupt am besten! Keine Ahnung, warum ich das mache. Ich mache es einfach. Aber ich möchte es gern aufschreiben. Deshalb übe ich so viel. Bei Sachen, die ich nicht sagen darf, hilft mir das Aufschreiben. Darauf bin ich im Heim gekommen, wenn es mir ganz schlecht ging. Ich hab probiert, es aufzuschreiben, und dann weggeworfen. Es gab ja dort keinen Platz, wo man es aufbewahren konnte. Dabei bin ich auf etwas ganz Tolles gekommen. Das Böse war nicht mehr in mir, sondern im Müll! Aber das Schreiben fällt mir so schwer! Ich muss viel üben, sonst kann das keiner lesen. Ich auch nicht!", lächelte sie über ihren eigenen Scherz.

„Meine Lieben, was haltet ihr davon, wenn wir jetzt gemeinsam den Tisch abräumen und dann noch einen Spaziergang draußen machen? Es ist zwar dunkel, aber noch nicht so spät. Ich brauche noch etwas frische Luft heute. Und euch wird das sicher auch guttun", verkündete Mutter Thea. Gesagt, getan. Unterwegs erfuhr Lea, wo sie sich überhaupt befand. Das wusste sie nämlich noch immer nicht! Jedoch kannte sie diese Kleinstadt nicht. Außer dem Dorf, aus dem sie vor irgendwann unfreiwillig geholt worden war, hatte sie anderes kaum gesehen. Wie weit mochte es von hier entfernt sein? Lea hatte keine Ahnung!

Unterwegs gestand sie der Frau ihre Angst vor dem Schlafengehen. „Liebe Tante Thea, ich schäme mich so sehr, aber was ist, wenn ich bei euch ins Bett mache?"

„Ach, mach dir mal keine Sorgen, mein Kind. Wir wussten ja von dem Problem, und ich habe uns etwas besorgt, das dir helfen wird. Du kannst ganz entspannt bleiben. Wir machen das schon."

Die Frau legte ihren Arm um das Mädchen, das für den Moment tiefe Erleichterung spürte.

„Schade, dass es noch keinen Weihnachtsmarkt gibt. Wenn du uns im Dezember besuchst, werden wir an jedem Wochenende dort schauen, was es Schönes gibt, in Ordnung? Es ist ja eher ein Rummelplatz. Viel zu laut, für meinen Geschmack. Aber ich mag den Duft immer so gern. Nach frischen Waffeln, Glühwein, Räucherkerzen. Auch die angebotenen Handarbeiten gefallen mir sehr gut."

„Du bist so lieb, Tante Thea. Ich glaube, wenn meine Mama so lieb wäre wie du, dann hätte ich euch nie kennengelernt."

„Aber Lea, was sagst du denn da? Ich möchte dich gar nicht fragen, was dir lieber wäre, denn damit würde ich dich in eine furchtbare Situation bringen! Kannst du versuchen, es einfach so zu nehmen, wie es ist? Wir sind jetzt alle hier, haben uns gern und verbringen eine schöne Zeit miteinander. Das ist doch wunderbar, findest du nicht? Die schönen Momente, die du jetzt erlebst! Vermutlich sind dir schon schlimme Dinge zugestoßen, und das tut mir ehrlich leid, glaube mir! Aber du kannst es nicht mehr ändern! Es ist so passiert! Möchtest du dich nicht lieber an dem orientieren, was du gerade erlebst? Das ist doch schön, oder nicht?" Die Frau hatte eine seltene Gabe, den Mut und die Hoffnung zu nähren, die in diesem Kind wohnten. Ja, sie hatte recht. So, wie es jetzt war, war es gut!

„Wenn ihr so liebe Leute seid, wie kommt es, dass ihr nur ein Kind habt?", fragte Lea neugierig.

„Ach, weißt du, wir konnten uns das nicht aussuchen. Ich hatte mir immer noch ein Mädchen gewünscht. Ganz so eines wie dich, Lea. Doch es sollte wohl nicht sein. Ich hatte eine Operation, und danach konnte ich keine Kinder mehr bekommen. Doch du siehst, dass auch das seinen Grund hatte. Heute dürfen wir dich kennen, und das ist ganz wunderbar, mein Mädchen!"

Jetzt strahlte Lea über das ganze Gesicht und war glücklich wie selten zuvor. Das waren die Menschen, zu denen sie gehören wollte. Hier fand sie alles, was sie gesucht hatte. Liebe, Wärme, Geborgenheit. Doch was würde passieren, wenn sie wieder ins Bett machte? War dann dieser schöne Traum vorbei, noch bevor er begann?

Vom Bettnässer zum Schachspieler

Wieder zu Hause angekommen, verschwand jeder in eine andere Richtung. Die beiden Herren hatten sich an der Modelleisenbahn verabredet. Die Damen schlossen sich im oberen Badezimmer ein. „Nun schau, was wir machen, Lea. Keiner kann es sehen, denn zum Glück ist dein Schlafanzug sehr weit. Wir packen dich jetzt gut ein, dann kann nichts passieren, wenn du schläfst." Die Kleine wurde gewickelt wie ein Baby. Das war ihr äußerst peinlich, doch Tante Thea scherzte liebevoll und erzählte dem Kind leise, dass sie auch schon manchmal ins Bett gemacht hatte, als sie lange erwachsen war. Sie erinnere sich an lebhafte Träume, in deren Handlung auch WC-Besuche vorkamen. Sie träumte quasi, gerade auf der Toilette zu sitzen und ihr kleines Geschäft zu machen. In Wirklichkeit aber lag sie im Bett und schlief. Als sie dann aufgewacht war, stellte sie entsetzt die Peinlichkeit fest und verschwieg sie bis heute. Deshalb wisse sie auch genau, wie sich Lea fühlen musste. „Kannst du dir das vorstellen? Ich war schon erwachsen! Gott sei Dank hat das keiner außer mir bemerkt! Und nach der Operation trat es dann nie wieder auf. Ich kann dir gar nicht sagen, wie froh ich bin, dass es nicht mehr passiert."

Das Kind blieb in der Nacht trocken! Die kuriose Vorsichtsmaßnahme, verständnisvolles Verhalten und dieses wundervoll vertraute Gespräch hatten dazu beigetragen, dass sich das Mädchen absolut sicher fühlen konnte. War es möglich, dass genau dort der Schlüssel dafür lag, das schreckliche Bettnässen für immer zu überwinden? Schließlich hatte Lea auch im Heim schon vereinzelte Teilerfolge erleben dürfen. Seit sie nicht mehr geschlagen und angeschrien wurde.

Roberto hatte für den Sonntag etwas Besonderes geplant. Er wollte unbedingt herausfinden, ob seine neue Freundin Interesse für Schach entwickelte, wenn er sie ganz behutsam damit vertraut machte. Er mochte Lea. Ihr ruhiges und gleichsam lebendiges Wesen, das alles um sich herum unbemerkt zu erfassen und zu analysieren schien, beeindruckte ihn. Diese ausgeprägte Achtsamkeit konnte eine gute Voraussetzung dafür sein, sich mit dem Schachspiel wohlzufühlen. Geschickt lenkte er beim Frühstück das Gespräch in diese Richtung.

„Papa, hast du mitbekommen, dass in diesem Jahr kein Russe, sondern ein Amerikaner Schachweltmeister wurde? Wann hat es das zum letzten Mal gegeben?" Mit übertriebenem Eifer hatte Roberto dabei sein weich gekochtes Ei geköpft, das Eigelb lief die Finger hinab, Mutter Thea mahnte, er möge nicht so ungestüm ans Werk gehen. Der Tag sei noch jung, und er könne sich dann im Garten austoben. Unmengen von Laub wären wegzuräumen.

„Aber es ist Sonntag!", protestierte er sofort. „Heute wird nicht gearbeitet, und außerdem haben wir Besuch! Doch wenn du Lust hast, Lea, dann gehen wir nachher hinaus, und ich zeige ihn dir – unseren Garten. Möchtest du?" „Ja, sehr gern. Ich bin schon ganz neugierig und so gern draußen. Aber im Heim gibt es nur den grauen Innenhof. Keine Wiesen, Bäume, Sandkisten, Fahrräder.

Nichts, was mich zu entdecken reizen würde. Das fehlt mir sehr", begann sie zu jammern.

„Bobby Fischer! Erster September 1972!", sprach Vater Leo gespielt abwesend vor sich hin und warf damit augenblicklich das Gesprächsthema wieder um, in seine ursprüngliche Richtung. Roberto strahlte erleichtert und zwinkerte ihm zu. Dieser philosophierte weiter. „Soweit mir bekannt ist, kam seit 1927 der Schachweltmeister immer aus der Sowjetunion. Halt! Wartet!", räusperte er sich, und seine Denkerstirn legte sich in Falten. „Ich korrigiere mich! 1935 unterbrach ein Holländer diese Serie und durfte sich zwei Jahre lang Schachweltmeister nennen. Doch es blieb bei dieser Ausnahme. Erst in diesem Jahr holte sich der Amerikaner Bobby Fischer in einer denkwürdigen Partie den Titel von Großmeister Spasskij."

„Kein Wunder!", mischte sich Lea keck in die Ausführungen ein. „Schließlich ist der erste September 1972 ein ganz besonderer Tag! Ich bin zur Schule gekommen und kann endlich alles lernen, was mir Spaß macht!", grinste sie zufrieden. „Auch Schach?" Endlich hatte Roberto sie mit seiner Kernfrage eingefangen.

„Nein. Schach lerne ich doch von dir. Oder nicht? Fang an! Ich will alles wissen!" Fröhlich lachte sie ihrem lieben Freund entgegen. Es war so wunderbar, mit diesen Menschen zusammen sein zu dürfen. Lea war glücklich.

„Zuerst werden wir einmal in aller Ruhe unser Frühstück beenden", bremste Mutter Thea den Übermut der Kinder. „Danach die übliche Morgentoilette, und dann dürft ihr meinetwegen bis zum Mittagessen draußen spielen. Den Nachmittag und Abend werden wir am Mittagstisch besprechen, in Ordnung?" Vater Leo fügte hinzu, dass er mit Frau Peters vereinbart hatte, Lea würde bis spätestens 18:00 Uhr wieder im Heim sein. Um die Stimmung nicht gleich wieder zu trüben, setzte er schnell nach: „Darf ich euch dann ein wenig zusehen, wenn ihr euch ans Schachbrett setzt?" Roberto nickte flüchtig. „Wir gehen aber erst einmal hinaus. Ich will Lea mein neues Fahrrad und den Tischtennistisch zeigen. Vielleicht gehen wir dann noch zum Teich."

Draußen roch es herbstlich würzig. Die Kinder atmeten tief ein und genossen den Augenblick. Beim Ausatmen bildeten sich kleine weiße Wolken, was Lea dazu veranlasste, lachend eine Dampflok zu imitieren. Roberto stürmte nach hinten, in den Garten und zerrte ein blitzsauberes Fahrrad aus einem Schuppen, der lieblich wie ein Puppenhaus aussah. Das tolle Spielgerät interessierte das Mädchen zunächst nicht. Überwältigt von dem detailverliebt angelegten Naturparadies, stand sie auf einer kleinen, hölzernen Brücke, die über ein schmales Bächlein führte, in welchem klares Wasser über verschieden große Steine plätscherte. Dahinter gaben sich viele Herbstblumen ihr Stelldichein, das vereinzelt stehende Bäume malerisch abrundeten. Ihren Lieblingsbaum hatte Lea längst entdeckt. Er stand unweit der Brücke etwas abseits auf einer Wiese, die einfach Wiese sein durfte. Ohne dass man ihr das Kleid künstlich geschaffener Gartenkultur aufgezwungen hätte. Wie ein persönlicher Gruß der Sonne strahlte das goldfarbene Laub des Lindenbaumes im Licht des Tages. Seine mächtige Krone streckte sich gen Himmel, fast so, als wolle er die Wolken berühren. Die Gartenlandschaft schien fließend ineinander überzugehen. Das war wunderschön anzusehen. Bizarre, wild-unordentliche Schönheit des Herbstes trug ihren Teil dazu bei. Wenn Lea den Blick zurück, Richtung Wohnhaus wandte, breitete sich gleich im Anschluss an die Stelle, von der sie gekommen waren, eine sauber gepflasterte, große Fläche aus. Diese war vollständig überdacht und wirkte gemütlich. Terrassenmöbel aus massivem Holz standen einladend herum, von denen aus man das Duell der Tischtennisspieler verfolgen konnte, sofern es eines gab. Das sehr gepflegt aussehende Sportgerät stand in gebührendem Abstand, stets auf seine Akteure wartend. Diverse Eingänge zu Nebengebäuden machten neugierig, was sich wohl hinter ihnen verbarg.

,Was für ein riesiges Grundstück das doch ist! Wie ist das nur möglich? Ich habe noch nie etwas so Schönes gesehen!'

Vollkommen abwesend schloss Lea für einen Moment die Augen und verband sich mit der unbestimmten Kraft dieses traumhaften Ortes.

,*Tante Hilde, sorg dich nicht.*
Himmel schickt dir mein Gedicht.
Liebe Menschen wohnen hier.
Sind so gut zu mir.'

Eine Hand legte sich sanft um ihre Schulter. Roberto hatte sie beobachtet. Wen interessierte jetzt schon das blöde Fahrrad. Still standen sie nun auf der kleinen Brücke. Lea lehnte ihren Kopf an seinen Arm. Die Kinder flüsterten ihre Gedanken in den Wind. Verbunden für die Ewigkeit. „Fühlst du dich wohl bei uns? Warum bist du so traurig? Mein Herz wird ganz schwer, wenn ich dich so sehe", sagte Roberto besorgt.

„Es geht mir gut. Mach dir keine Sorgen. Ich kenne nur so ein Leben nicht. Es kommt mir vor wie im Märchen. Ist das alles euer Eigentum? Woher kommen diese vielen schönen Dinge? Die kann man doch gar nicht kaufen. Ihr seid so lieb zueinander. Streitet ihr auch mal? Könnt ihr das überhaupt? Hier ist es so anders, als ich es kenne. Ich habe Angst, dass alles nur ein Traum ist. Bitte mach, dass ich nicht aufwachen muss. Es ist so schön bei euch."

Der Junge schluckte gerührt und drückte das Mädchen etwas fester zu sich. Sie sollte sich bei ihm jetzt ganz sicher fühlen.

„Komm doch schnell mal zum Fenster, Leo. Schau dir das an." Thea hatte ihren Mann zu sich geholt, um die Harmonie der Kinder aus der Ferne zu bewundern. „Ist das nicht wundervoll, wie sie sich verstehen? Es war wirklich die beste Entscheidung, die du mit Frau Peters getroffen hast. Es tut nicht nur den Kindern, sondern auch uns gut, findest du nicht?" Vater Leo nickte stumm. Irgendwann fand er seine Stimme wieder. „Wie kann ein so besonderes Kind nur in solch schlimme Zustände geraten? Da passt doch überhaupt nichts zusammen! Die Peters hat mir einiges über ihre Herkunft erzählt.

Aber was ich ganz und gar nicht verstehe, die Kleine wurde noch nie besucht. Stell dir das einmal vor! Ich begreife das nicht.

Sie kann sich benehmen, ist intelligent, mitfühlend, zerbrechlich wie das dünne Eis unseres Teiches, in dem sich die Sonne spiegelt. Solange wir für sie da sein dürfen, soll es ihr immer gut gehen. Ich möchte sie gar nicht zurückbringen, aber es wird uns wohl keine andere Wahl bleiben." Wie die Kinder draußen, standen die Eltern drinnen, hielten einander, fühlten bereits die Tränen, die es beim Abschiednehmen wohl immer geben würde.

„Rufst du sie mal herein?", bat Thea. „Das Essen ist bereits fertig. Den Besuch am Teich müssen sie ein andermal machen. Oder wir gehen heute Nachmittag gemeinsam dorthin. Was hältst du davon?"

„Wir werden das jetzt mit den beiden besprechen und sie entscheiden lassen. Ich glaube, es ist Roberto wichtig, zu erfahren, ob Lea Freude am Schachspiel findet. Du weißt ja, wie sehr er es liebt", stimmte sich Leo mit der Gattin ab.

„Zeigst du mir nach dem Essen die Figuren, die man im Spiel braucht und wie sie zu benutzen sind?", fragte Lea auf dem Weg in die warme Stube. Das freute den Burschen so sehr, dass er jubelte: „Komm. Lass uns schnell nach oben laufen. In meinem Zimmer steht ein fertig aufgestelltes Brett, und das erste Erklären wird nicht lange dauern. Mama wird uns dann schon rufen." Die mit dem Geschirr hantierende Frau hatte das natürlich mitbekommen. Lächelnd ließ sie die Kinder in ihrem Glauben und wartete noch eine geduldige Viertelstunde.

„Was du dir schnell merken kannst: Das Brett soll immer so vor dir liegen, dass das letzte Feld, rechts unten, ein helles Feld ist. Siehst du? So!" Roberto zeigte zu den beiden jeweiligen Seiten. „Was auch ganz leicht zu merken ist: Wir haben nur die Farben Schwarz und Weiß. Und Weiß beginnt immer! „Warum?", wollte Lea wissen. „Das weiß ich auch nicht. Es ist eben die Regel, dass Weiß immer beginnt. Wenn draußen die Ampel auf Grün schaltet und alle Autos losfahren, fragt auch keiner, warum das so ist. Es wird gemacht, weil es die Regel ist.

Jeder Spieler hat sechzehn Figuren zur Verfügung. Es sind acht Bauern, zwei Türme, zwei Läufer, zwei Springer, eine Dame und ein König. Den König – Oberhaupt des weißen oder schwarzen Königreiches – gilt es zu beschützen. Nun stell dir vor, dein König gerät in eine ganz bedrohliche Stellung, in der er beim nächsten Spielzug des Gegners geschlagen werden würde. Er kann aber noch daraus befreit werden oder schafft es selbst. Man nennt das ‚König steht im Schach‘. Ist ein Befreien aus der schlimmen Lage nicht möglich, heißt das Schachmatt. Der König ist besiegt, der Gegner hat das Spiel gewonnen. Kommst du mit?" Lea nickte und stellte sofort begeistert weitere Fragen.

„Lass uns erst einmal zum Mittagessen gehen, sonst gibt's Ärger", erhob er sich und zog Lea nach. „Ich freue mich so, liebe Lea. Dir gefällt das Spiel, nicht wahr? Ich sehe es dir an, und du stellst genau die richtigen Fragen. Weißt du, wie wichtig mir das ist? Großartig!" Der Junge strahlte seine kleine Freundin an, und sie rannten lachend nach unten.

> *„Das helle Feld ist rechts von mir.*
> *Den König, den beschützen wir.*
> *Sein Volk macht jeden Gegner platt.*
> *Und setzt den fremden König matt",*

trällerte Lea, während sich alle zu Tisch begaben. „Kind, du bist ein wahres Phänomen!", saß Vater Leo, total überwältig von der spielerischen Aufnahmefähigkeit der Kleinen. Alles Verstehen schien bei ihr durch die Dynamik ihrer geheimnisvollen Wortspielereien zu laufen und erst abgeschlossen, wenn diese im Gleichklang schwangen.

‚Wie faszinierend sie doch ist, die kleine Person‘, waren Vater Leos Gedanken, beim genüsslichen „Auslöffeln seiner Suppe".

Das Mädchen indes sprudelte heraus: „Ich verstehe gut, warum du kaum mit Spielkameraden draußen herumspringst, Roberto. Du hast ein herrliches Zuhause. Der Garten ist ein Paradies zum Träumen. Du hast die liebsten Eltern dieser Welt, spielst mit ihnen Schach oder an der Modelleisenbahn. Liest und kuschelst mit ihnen um die Wette. Ach Roberto, du hast den Himmel auf Erden, weißt du das?", schwärmte Lea zutiefst ehrlich und mit aller bewundernden Wertschätzung, die ein Kind auszudrücken vermochte.

„Die Kinder aus der Nachbarschaft interessieren mich einfach nicht Ich brauche Freunde, die nicht nervig laut herumschreien. Mit denen ich richtig gut plaudern, Spiele spielen und Geheimnisse austauschen kann, verstehst du? Klar verstehst du, denn genau so bist du! Ich bin sehr froh, dass Mama und Papa dafür gesorgt haben, dass wir uns kennenlernen. Danke!", wandte er sich an seine Eltern, die zärtlich lächelnd und in stiller Ergriffenheit mit den Tränen kämpften.

Ihr Junge wollte einfach nur gut sein. Gut im Sinne von lieb, verlässlich, Freund eben. Das war es, was er an seinen Eltern täglich sah und am meisten schätzte. Doch gerade das wurde von anderen als Schwäche verstanden, und so blieb er lieber für sich. Die Idee, eine Patenschaft für ein Heimkind zu übernehmen, hatte sein Vater. Er erzählte einmal beim Abendessen, dass er doch die Heimleiterin gut kenne und diese ihm unlängst Erstaunliches über ein Heimkind berichtet hatte. Sie sei sehr besorgt über sein

Schweigen, verwundert, dass es nie Besuch erhielt, und sie hätte den Eindruck, dieses Kind sei in dem Heim vollkommen am falschen Platz. Sein ganzes Verhalten würde nicht zu dem Bild passen, das sie von den Heiminsassen gewohnt war. So kam man während des Gespräches auf die Idee, einen Pflegeantrag zu stellen, um dem Mädchen eine geborgene Umgebung zu ermöglichen.

Die Kinder verstanden organisatorische oder gar politische Hintergründe nicht und wurden von diesen auch, solange es ging, verschont. Sie hatten keine Ahnung von den Zusammenhängen in der Welt der Erwachsenen und was letztendlich ausschlaggebend war für ein Zustandekommen jeglicher Vereinbarung. In Ostdeutschland wurden viele Entscheidungen über persönliche Beziehungen geregelt. Welches Ansehen – welchen Einfluss –, welche „Verdienste" hatte die Person gegenüber den Staatsmächtigen vorzuweisen? Konnte es von Vorteil sein, wenn man in ihrem Sinne handelte? Je einflussreicher ein DDR-Bürger war, umso leichter kam er zur Umsetzung eigener Interessen. Die Pflegschaftssache der Familie Friedrich und weshalb sie diese Ausnahmeerlaubnis erhielt, sollte für immer ein Geheimnis bleiben. Doch wer wollte es auch genauer wissen? Das Anliegen war ein äußerst sinnhaftes, geprägt von Liebe, Fürsorge, Vertrauen. Eine unerhört wichtige Etappe bei der Persönlichkeitsbildung des Mädchens.

Nach dem Mittagessen rannten die beiden Freunde sofort wieder nach oben. Glücklich über die gleiche Wellenlänge, auf der sie sich offenbar nicht mehr verlieren konnten.

„Soll ich dir heute auch noch zeigen, wie die Figuren ziehen müssen? Wenn du es dir bis zum nächsten Mal nicht merkst, macht das überhaupt nichts. Wir probieren die einzelnen Züge einfach immer wieder auf dem Brett, und vielleicht gelingt uns ja schon manche Kombination. Was sagst du? Mehr oder genug?" „Bitte so viel wir schaffen können! Ich will es wissen. So kann ich das vielleicht in Gedanken spielen. Mit den Worten mache ich das ja auch. Das lenkt mich ab und ist schön!" Leas Wangen glühten vor begeisterter Freude über das Neue, das sie hier lernen durfte.

„Pass gut auf! Zuerst nehmen wir uns den Bauern vor. Er ist der Einzige auf dem Feld, der anders zieht, als er schlägt. Ziehen darf er nur gerade nach vorn. Bei seinem allerersten Zug kann man noch entscheiden, ob er ein oder zwei Felder ziehen soll. Danach darf er nur mehr ein Feld gerade nach vorn gestellt werden. Zurück darf er niemals und zur Seite auch nicht! Stur nach vorn, immer um ein Feld! Eine gegnerische Figur schlagen darf er aber ausschließlich in diagonaler Richtung, wenn der Gegner dort direkt vor ihm steht. Also zum Beispiel so …" Der Junge stellte einen schwarzen Bauern auf das Brett und diagonal ein Feld weiter einen weißen Springer. Den Bauer schob er auf das Feld des Springers, welchen er vom Brett nahm. „Siehst du? Das Schlagen darf der Bauer links oder rechts diagonal neben sich tun, aber stets in die Vorwärts-richtung. Kennst du dich aus? Es gibt aber noch einen Spezialzug beim Schlagen eines Bauern."

Roberto zeigte und erklärte gleichzeitig. „Wenn er beim Eröffnungszug zwei Felder nach vorn eilt, dadurch aber ganz gerade neben ihm ein gegnerischer Bauer steht, so darf dieser gegnerische Bauer den eben nach vorn ge-eilten ‚en passant' schlagen. Und zwar so, als wäre dieser nur um ein Feld nach vorn gekommen und stünde jetzt diagonal am Gegner. Der siegreiche Bauer darf sich dann auch nur auf das Feld setzen, als wäre der Geschlagene bloß einen Schritt nach vorn gegangen. Schau her, ich zeige es dir lieber. Bin zum Erklären zu blöd!"

„Ah, ich verstehe schon. Das geht nur beim Eröffnungszug, weil nur dort zwei Schritte in einem erlaubt sind. Ja, hab's verstanden. Du bist so klug, mein Freund. Was du alles weißt! Danke, dass du so viel Geduld hast und mir das alles erklärst." Lea hatte ehrliche Bewunderung für Roberto. Sie würde bemüht sein, alles gut zu lernen und sich irgendwie zu merken. Doch es war sehr viel, und sie wollte ihn unter keinen Umständen enttäuschen oder verärgern! Nun ist es wohl auch nicht gerade üblich, mit sechs Jahren das Schachspielen zu lernen oder gar bereits zu können. Doch die konzentrierte Ruhe und Struktur in diesem Spiel fesselten das Kind. Während andere Kinder draußen lärmend um die Häuser zogen, würden diese beiden bald Jagd auf den König machen!

„So, das wär's mal in Kürze über den Bauern im Spiel. Brauchst du eine Pause, oder sollen wir weitermachen?"

Lea zeigte nur mit dem Finger auf das Spielbrett und nickte eifrig. „Okay, dann machen wir am besten mit dem Turm weiter. Dort gibt es auch zwei Spezialzüge, die du dir einprägen musst. Der Turm ist eine ziemlich mächtige Spielfigur. Er darf waagerecht oder senkrecht in ganzer Linie über das Feld ziehen, wenn man das will. Steht dort eine eigene Figur, so heißt das Stopp für den Turm. Er darf vorwärts oder rückwärts ziehen. Einen eigenen Stein überspringen aber nicht. Kann er eine gegnerische Figur schlagen, so verbleibt er für diesen Zug auf dem frei gewordenen Feld.

Die beiden Spezialzüge heißen „große" und „kleine Rochade" und werden mit Turm und König ausgeführt. Hier geht es um den Positionswechsel dieser eigenen Spielfiguren, um zum Beispiel deinen König in Sicherheit zu bringen. Er darf aber noch nicht im Schach stehen! Der König zieht auf seiner Grundlinie, links oder rechts, um zwei Felder zum eigenen Turm hin. Dieser darf bei der großen Rochade um drei, bei der kleinen um zwei Felder in die entgegengesetzte Richtung ziehen und sich über den König hinweg direkt neben ihn setzen. Man muss dabei noch anderes beachten. Aber das erkläre ich dir, wenn wir mal spielen, sonst verwirrt es dich. Merke dir erst einmal nur den Spielzug selbst und den Unterschied zwischen großer und kleiner Rochade.

Komm. Ich habe Appetit auf einen heißen Kakao. Den macht uns Mama sicher gern."

„Du, Roberto, können wir dann mit dem Spiel ganz nach oben gehen? Dein Zimmer ist schön, aber ich möchte so gern mit dir dort sein, wo es am schönsten ist. Euer Dachboden ist gleich unterm Himmel. Da will ich hin."

„Aber sicher können wir das machen. Ist ja auch mein Lieblingsplatz. Den Kakao müssen wir aber unten trinken." Er nahm seine Schülerin an der Hand, und sie spazierten zu Mutter Thea in die Küche.

„Findest du es schade, dass du keine Geschwister hast?", unterbrach Lea die schokoladige Stille in der gemütlichen Sitzecke. Sofort entschuldigte sie sich dafür bei der anwesenden Frau. „Ach Kind, du musst mich für eine normale Frage doch nicht um Verzeihung bitten. Frage bitte alles, was du wissen willst. Wir werden dir immer ehrlich antworten, sofern wir die Antwort kennen", grinste sie schelmisch. „Danke, das ist wirklich sehr lieb, Tante Thea. Aber manchmal bin ich einfach so dumm, plaudere los und denke zu wenig nach. Es tut dir sicher weh, wenn es um das Thema geht, denn du hast mir ja schon davon erzählt." Mit betretener Miene versenkte Lea ihren Blick im Kakaobecher. Roberto hatte seelenruhig gewartet, bis die beiden das geklärt hatten, bevor er seine Antwort gab.

„Soll ich dir was verraten? Ich habe bis jetzt nie darüber nachgedacht, wie es wäre, wenn ich Geschwister hätte. Ob ich welche haben will oder ihre Gesellschaft vermisse. Es ist eben so, wie es ist. Ich habe immer spannende Beschäftigungen und mir ist nie langweilig. Jetzt, wo du da bist, merke ich, wie toll das ist, zusammen Sachen zu besprechen und Dinge zu tun, die Mama und Papa nicht wissen oder wo sie nicht dabei sind. Das ist wirklich gut. Aber mir fiel bis jetzt gar nicht auf, dass es fehlt", schlürfte Roberto weiter an seinem süßen Getränk. „Das ist eine gute Antwort. Ich verstehe, was du meinst", stellte Lea fest. „Du nimmst alles so, wie es ist und wie du es kennst. Ich hingegen denke an meine Geschwister, habe Sehnsucht nach ihnen, vermisse sie. Deshalb kam ich bestimmt auch auf diese Frage. Ich kenne etwas, das dir unbekannt ist. Deshalb fällt mir auf, dass es fehlt. Man kann etwas also nur vermissen, wenn man es kennt. Stimmt das so? Aber ich kenne auch viel Schlechtes, das ich überhaupt nicht vermisse. Dann muss es doch heißen, man kann etwas nur vermissen, das man kennt und auch will. Vielleicht, weil man es braucht oder lieb hat. Oder einfach nur, weil es schön ist." Lea schaute in die Runde und wusste nicht genau, ob sie gerade mit der Kirche ums Dorf rannte und etwas verkomplizierte, von dem sie keine Ahnung hatte. „Egal", sagte ihr Freund kurz. „Wir gehen wohl lieber wieder nach oben. Jetzt kommt der Springer dran und dann noch Läufer, Dame und König. Glaubst du, schaffen wir das heute noch?" „Vielleicht. Wenn wir gleich losspringen?", kicherte Lea und galoppierte zur Treppe.

„Der Springer also tanzt genauso aus der Reihe wie du!", lachte Roberto und zerwühlte dabei Leas Haarschopf. „Er darf als einzige Figur über andere – auch die eigenen – springen. Und er macht auch als Einziger krumme Züge, die um die Ecke gehen. Um es dir besser vorzustellen, denke an ein L, das du in jede Richtung spiegeln könntest. Dieser Buchstabe hat genau die Form, wie ein Springer zieht und schlägt. Also zuerst zwei Felder waagerecht oder senkrecht und dann noch ein Feld nach links oder rechts.

Als Nächstes schauen wir zum Läufer. Das ist ein schräger Vogel. Er kann nach oben, unten, links und rechts über das ganze Feld rennen und schlagen, solange er immer schön diagonal bleibt. Er steht also immer auf der gleichen Farbe des Feldes und zieht niemals einfallslos gerade nach waagerecht oder senkrecht.

Bei der Dame handelt es sich um die mächtigste Spielfigur, um den König zu schützen und zu verteidigen. Sie kann, soweit sie will, in jede Richtung ziehen und schlagen. Waagerecht, senkrecht oder diagonal. Da sie aber eigene Spielfiguren nicht überspringen darf, denn das darf als Einziger nur der …?" Roberto schaute Lea an … „Springer!", antwortete sie prompt. „… könnten diese sie natürlich blockieren. Zuletzt unser König. Der arme Kerl kann zwar in jede Richtung ziehen und schlagen, also genauso wie seine Dame. Doch er darf das – ausgenommen bei der Rochade – nur um ein Feld tun! Und er darf sich dabei nicht in Gefahr bringen! Er kann zum Beispiel nicht auf ein Feld gehen, wo der Gegner ihn schlagen würde. Und auch er darf eigene Figuren nicht überspringen. Papa sagt immer, es sei im Schach wie im wirklichen Leben. Was bleibt vom mächtigsten, reichsten König ohne seine Dame und sein Volk? Nichts!"

„Also mir gefällt der Springer am besten", legte Lea für sich fest, nachdem sie noch einmal in Gedanken alle Figuren auf dem imaginären Schlachtfeld tanzen ließ.

„Er lässt sich nicht einschüchtern, sondern springt einfach über das Hindernis, das sich ihm in den Weg stellt. Er ist schlau, springt um die Ecke und erledigt den Gegner von ungeahnter Stelle. Das finde ich genial. Der denkt nicht so kleinkariert, sondern macht frech einen Umweg, um das nächste Ziel zu erreichen. Super!", ereiferte sie sich in den Assoziationen und Vergleichen mit dem wirklichen Leben.

„Das ist ein tolles Spiel! Ich wünsche mir sehr, dass wir es bald einmal spielen können und ich mich dann nicht zu dumm anstelle oder alles vergessen habe! Danke, lieber Roberto! Ich habe das gut verstanden, und es machte irre Spaß. Du hast das so erklärt, dass ich Bilder sehen konnte. So richtig mit Blut!", lachte sie jetzt mit gespieltem Schaudern.

„Gut. Wenn das so ist, hier eine Testfrage: Welche Spielfigur ist die einzige, die anders zieht als sie schlägt?"

„Das …", Lea musste kurz nachdenken, „das ist der Bauer, juhuu!", feierte sie ihren Triumph.

„Doch die Umwandlung des Bauern, die kennst du noch nicht. Ätsch!", begann Roberto seine kleine Freundin durchzukitzeln. „Das habe ich dir ja auch noch nicht erklärt, weil jetzt Kitzeln dran ist." Die zukünftigen Schachkontrahenten wälzten sich lachend und unbeschwert zufrieden am Boden. Für den Moment war alle Zeit vergessen, die viel schneller vergangen war, als sie glauben wollten.

„Also hör mir kurz noch einmal zu, dann müssten wir die Grundregeln durchhaben. Wenn dein Bauer es schafft, ungeschlagen über das Feld zu kommen, sodass er die gegnerische Grundlinie erreicht, wird er dort in eine Dame umgewandelt. Oder, wenn du magst, in einen Turm, Läufer oder Springer. Das bleibt ganz deine Entscheidung. Dies verschafft dir also extreme Vorteile in der Schlagkraft, da du über eine zusätzliche Dame verfügst. Verstanden?"

„Ja. Das war leicht. Aber wie soll das ein Bauer denn schaffen?" „Na ganz einfach. Wenn er ein schlauer Bauer ist!" Sie lachten und balgten sich weiter.

Später standen sie noch eine kleine Weile zusammen am Fenster und schauten zum Himmel. „Jetzt habe ich dir gar nicht gezeigt, wie das mit dem Fahrradfahren geht", wurde Lea traurig. Der Abschied wurde fühlbar. „Mach dir keine Sorgen deswegen. Ich verspreche, bis zum nächsten Mal nicht zu fahren. Also kann ich auch nicht umfallen", lachte der Junge, um ihr aus der traurigen Stimmung zu helfen. Doch auch ihm fiel es zunehmend schwerer. Etwas drückte ihm aufs Herz. „Was du vorhin gesagt hast, fand ich sehr klug, Lea. Als wir vom Vermissen sprachen. Jetzt, wo ich dich kenne und wir uns so gut verstehen, möchte ich mich nicht wieder von dir trennen müssen. Es tut weh, und ich weiß genau, dass ich dich sehr vermissen werde. Deine Gedanken waren voll passend für dieses Gefühl."

„Aber ich werde wiederkommen und dich das Fürchten lehren, wenn ich immer öfter deinen König matt setze!" Jetzt war sie es, die ihren Freund aufzuheitern versuchte. Sie umarmten einander und hörten sich beim Schweigen zu.

„Weißt du, was ich manchmal denke?", beendete das Mädchen diese Stille. „Mich würde ein geheimnisvolles Glück begleiten, das mich auch schützt, wenn es mir ganz schlecht geht. So, wie ihr jetzt. Wie eine Rettungsinsel seid ihr plötzlich da, wo ich fast am Sterben bin. In dem Kindergefängnis habe ich zu Beginn wirklich geglaubt, jetzt ist es bald vorbei mit mir. Die haben mich so oft geschlagen, und ich konnte nicht verstehen, warum sie das taten! Zu niemandem war ich böse, aber sie waren es zu mir! Warum sie jetzt freundlicher sind, weiß ich nicht. Aber so umarmen wie dich und deine Eltern, könnte ich dort keinen! Ihr seid so lieb. Ich kann euch ohne Angst vertrauen!"

Der Dachboden gehörte den Tränen dieser beiden Kinder, die sich in so kurzer Zeit gefunden hatten und selbst im Schweigen verstanden.

Der ganzen Familie fiel es schwer, Lea wieder zurückzubringen. Doch man musste sich an die Vereinbarung halten, sonst würde sie genauso schnell entzogen, wie sie erteilt worden war. „Lea, meine Kleine", sagte Papa Leo zum Abschied. „Jetzt, wo diese Bewilligung vorliegt, können wir dich doch auch während der Woche abholen. Vielleicht etwas unternehmen oder zu uns nach Hause fahren. Was wir gerade wollen. Sollen wir das machen?" Das Kind nickte unter Tränen. „Holt mich am besten jeden Tag von hier weg. Ich weiß schon, das geht nicht. Ich schlafe ja hier und gehe irgendwo zur Schule." Lea fiel das stinkende Pausenbrot wieder ein. Angewidert vom Anblick des verhassten Heimgeländes, rebellierte der Magen wieder. Zu stark war der Kontrast zwischen den beiden Welten, in die sie nun zukünftig hin und her wechseln würde. Sie erbrach auf den unwirtlich nasskalten Betonboden des Innenhofes und ahnte bereits, dass sie dies wie gewohnt zu reinigen hatte. So war es! Frau Peters, die das Kind in Empfang nehmen wollte, sprang angeekelt zur Seite und schrie sofort nach Hedwig. „Feine Begrüßung ist das!", wurde das Kind von ihr angeknurrt. „Dass du es hier zum Kotzen findest, verstehe ich ja. Aber kannst du dir nicht abgewöhnen, es auch zu tun? Da drüben liegt noch der Wasserschlauch, mit dem wir heute Früh den Platz abgespritzt haben. Hol den mal her, ich dreh den Hahn auf. Dann spritzen wir eben noch mal!"

Lea blieb keine Gelegenheit mehr, den Friedrichs nachzuschauen, die inzwischen das Gelände verlassen hatten. Ihr Kopf war ein echter Verbündeter. Momente der fühlbaren Hoffnungslosigkeit überbrückte er mit dem unerschöpflichen Wortspiel der Fantasie. Er lenkte damit die Gedanken des Kindes von realem Leid ab und wandelte es in innere Freude.

>*,Die Goldmarie hat Schach gespielt.*
>*Bis hier das Auto wieder hielt.*
>*Zum Bettenschütteln keine Zeit.*
>*Darum hat es auch nicht geschneit.'*

Lea schwenkte im Takt dazu den Wasserschlauch von links nach rechts, oben und unten, diagonal und wieder zurück.

‚Die Dame tanzt um ihren König.
Den Läufer interessiert das wenig.
Als er ganz kurz nach Atem ringt,
der Springer ihn zur Strecke bringt.
Der Turm denkt, das ist aber schade.
Mein König! Bitte um Rochade!'

Ziellos irrte ein Wasserstrahl durch die Luft des Innenhofes und landete überall, nur nicht dort, wo er sollte. Das Kind lächelte verträumt vor sich hin, schob imaginäre Figuren über das Schachbrett seiner Sinne und nahm das gar nicht wahr. „Verdammt! Was machst du da für Unsinn?", dröhnte Hedwig Knorr heran. „So wird das nichts! Du kannst ja nicht einmal mit einem Wasserschlauch umgehen! Wie willst du jemals vernünftig arbeiten lernen? Gib her!" Sie riss dem Mädchen den Schlauch aus der Hand. Lea schaute dabei zu, wie die letzten Reste ihres ausgespuckten Mageninhaltes in der Gosse verschwanden, interessierte sich aber nicht die Bohne dafür. Diese seltsame Gleichgültigkeit war ihr neu, doch irgendwie angenehm. Egal, was um sie herum gerade passierte, sie entschied, wo ihre Gedanken sein wollten. Das fühlte sich gut an.

Seit dem besonderen Wochenende bei diesen lieben Menschen war Lea von tiefer, innerer Freude erfüllt. Was sie natürlich nicht wissen konnte, Herr Friedrich vereinbarte mit der Heimleiterin, Lea ab sofort samstags direkt von der Schule abzuholen, damit sie etwas Zeit gewannen. Er hatte an diesem Tag nur zwei Stunden zu unterrichten, und das würde gut zu Leas Dreistundenrhythmus passen. Ihre Hausaufgaben könne sie auch bei ihnen zu Hause erledigen. Sie während der Woche zu sehen, gestalte sich aber schwieriger. Nur der Mittwoch käme infrage. An diesem Tag gäbe es neben der Arbeit keine weiteren Termine, und seine Gattin sei mittwochs überhaupt zu Hause. „Ich würde es begrüßen", sagte Peters, „wenn das Kind wochentags im Heim übernachtet. Das stört unsere Abläufe nicht, und es kann sich eine schöne Regelmäßigkeit entwickeln." „Ja, das scheint das Vernünftigste für alle", wirkte Herr Friedrich etwas nachdenklich. „Ist nicht der 6. Dezember ein Mittwoch? Können wir da eine Ausnahme machen? Den Nikolaustag wollen wir das Kind bei uns ohne Stress genießen lassen. Ich würde sie am Folgetag selbstverständlich zur Schule fahren", erwiderte er forschend den Blick der Kollegin. „Abgemacht? Falls Sie einverstanden sind, sagen Sie der Kleinen bitte nichts davon. Ich möchte sie damit überraschen." „Das hört sich wirklich gut an. Das Kind ist richtig zu beneiden. Ich habe ihr das so gewünscht. Schön, dass sie sich bei Ihnen so wohlfühlt. Wer weiß, vielleicht liegt ja bei Ihnen Leas Zukunft. Der Gedanke mag verwegen sein, aber nicht unmöglich. Oder, Herr Kollege?" Zufrieden, wie sie lächelte, wusste er, dass sie es von Herzen ehrlich meinte.

Als am Montag alle Kinder im Klassenraum darauf warteten, dass Frau Lindemann ihre Stunde begann, erhob sich Lea, lief nach vorn und sammelte das Buch sowie die Hefte wieder ein, die gerade vom Lehrertisch gefallen waren. „Hier ist noch Ihr Zeigestab. Bitte!" Sie übergab der erstaunten Frau den gefürchteten Gegenstand und begab sich ruhig an ihren Platz zurück. Manche Mitschüler zogen

Grimassen oder zeigten ihr gar einen Vogel. Das war Lea egal. Sie fühlte sich gut und wollte das zeigen. „Danke, Lea! Wie war euer Wochenende?", fragte die Lehrerin in die Klasse. „Hat jemand etwas Besonderes zu erzählen? Ich bin schon ganz gespannt auf eure Geschichten." Da sich keiner rührte und die Kinder wie üblich keine Lust auf Schule hatten, hob Lea den Arm. „Darf ich Ihnen an der Tafel etwas zeigen? Ich mache das manchmal aus Spaß oder wenn ich nachdenken muss." „Komm nach vorn und zeige es uns allen", forderte die Frau. An der riesigen Tafel wirkte die Kleine noch zwergenhafter. Sie nahm in jede Hand ein Stück Kreide. Links Rot und rechts Grün. Nun malte sie mit beiden Händen gleichzeitig Muster aus ihrer Fantasie. Die linke Hand bewegte sich von rechts nach links und die rechte genau entgegengesetzt. Als sie damit fertig war, schrieb sie mit beiden Händen in die verschiedenen Richtungen den Satz, „Das ist schön."

„Das ist ja bemerkenswert!", staunte Frau Lindemann. „Seit wann machst du das schon? Wir haben doch in der Schule noch gar keinen ganzen Satz geschrieben", wunderte sie sich. „Ich habe das einfach mal ausprobiert, als ich anfangen musste, mit der rechten Hand zu schreiben", erklärte das Mädchen. „Es klappte gut und gefällt mir. Deshalb mache ich es immer mal. Ich merke, dass ich so das Schreiben mit rechts viel schneller lerne. Zum Üben schreibe ich aus Büchern ab oder aus der Zeitung. Ich weiß zwar nicht, was es heißt, aber das macht mir nichts aus", schilderte sie weiter. „Das ist toll, Lea! Ich kenne bisher niemanden, der das macht, und habe es auch selbst noch gar nicht versucht. Kinder, wollen wir das jetzt einmal ausprobieren? Es kommt nicht auf Schönheit an. Wir wollen einfach mal schauen, ob wir das auch können. Lea, hier sind Zeichenblätter. Bitte verteile sie an die anderen." Die Stimmung der Mitschüler hatte sich in Neugier verwandelt. Vermutlich waren sie auch froh, dass es noch nicht zur Sache ging. Der Schultag hatte großartig begonnen und setzte sich in diesem Stil fort. Die Freude, die das Kind in sich spürte, schien sich in die nächste Umgebung auszubreiten und steckte andere an, die mit ihr zu tun hatten. So verliefen auch die folgenden Tage, als am frühen Mittwochnachmittag Herr Friedrich im Büro der Peters eintraf, um Lea abzuholen, die keine Ahnung hatte, wann es ein Wiedersehen mit ihnen gab.

„Genügt es, wenn wir so gegen 19:00 Uhr zurück sind? Wir wollen die Bücherei meiner Gattin besuchen und wenn möglich gemeinsam zu Abend essen", bat Herr Friedrich. „Wenn das Kind für morgen bereits alles vorbereitet hat, können wir durchaus so verbleiben, Herr Kollege. Überhaupt sollten wir das mit ihr so abstimmen. Es ist ja in ihrem Sinne."

Als die Kleine „ihren" Onkel Leo sah, stürmte sie zu ihm und sprang ihm in die Arme. Der Peters kamen die Tränen bei diesem Anblick.

„Wo sind mein lieber Roberto und Tante Thea? Ich bin so froh, dass du da bist!", schmiegte sie immer wieder ihr Gesicht an seinen Hals. Auch der Mann kämpfte mit den Tränen. „Meine beiden Hübschen sind in der Stadt. Wir werden sie dort treffen und gemeinsam den Abend verbringen, in Ordnung?" Mit einem kurzen Blick zu Peters fügte er hinzu: „Hast du alle deine Aufgaben für morgen erledigt, oder gibt es noch etwas zu tun?" „Nein. Alles fertig. Ich mache das immer gleich nach der Schule. Ich mag es, wenn alles in Ordnung ist und nicht ewig in meinem Kopf bleiben muss." „Prima! Hör mir kurz zu. Wenn du immer gleich nach der Schule deine Aufgaben und alles Weitere für den nächsten Tag erledigst, dann könnten wir während der Woche, immer mittwochs, bis 19:00 Uhr zusammen sein. Erst dann bringen wir dich zurück. Am Wochenende bist du sowieso immer bei uns. Ich werde dich nämlich am Samstag nach deinem Unterricht direkt von der Schule abholen und nach Hause mitnehmen. Ist das gut?" Sprachlos vor Freude schaute das Kind erst zu ihm, dann zu Peters. „Ist das wirklich wahr?" Beide Erwachsenen nickten mit dem wärmsten Lächeln der Welt.

Die Bücherei „Holzwurm", in der Tante Thea beschäftigt war, glich einem Paradies aus alter Zeit. Das sehr gepflegte, ehrwürdige Gebäude schien es wohl schon zu Schillers Zeiten gegeben zu haben. Sein in schwarzen Marmor verewigtes – und dennoch bescheiden wirkendes Antlitz – strahlte jedem entgegen, der die heiligen Hallen von Wort und Text betrat. In hohen Regalen und über mehrere Etagen sah man nichts als Bücher. Vereinzelt fand man sehr gemütlich anmutende Leseecken, in denen es sich Menschen bequem gemacht hatten, um was zu tun? Natürlich, um zu lesen.

Tante Thea war gerade mit einem Kunden beschäftigt, als Lea ihren Freund Roberto entdeckte, der sich an einem Regal zu schaffen machte und etwas zu suchen schien. Von hinten schlich sie sich an ihn heran und tat so, als sei sie ein normaler Lesegast wie er. Wie groß war die Freude, als er entdeckte, wer sich hinter der Person verbarg, die ihm gerade das Buch seiner Wahl vor der Nase wegschnappte.

„Dieses Buch, das nehm ich mir.
Sind ja auch noch andere hier.
Nimm dir davon, was du willst.
Wenn du meinen Wunsch erfüllst.
Nimm mich schnell in deinen Arm!
Dort ist es so schön und warm."

Was natürlich im gleichen Augenblick geschah. Alle Bücher
waren vergessen. Die Kinder umarmten sich und waren –
so wie es sich immer wiederholen sollte – der Welt ent-
rückt. „Ach Lea, ich habe dich so vermisst. Mama hat mir
nicht gesagt, wann wir uns wiedersehen können. Ich sehe
dich immer bei uns auf der Brücke stehen. Das hat mir
so gefallen. Fährst du mit uns nach Hause?", gab er sie
wieder frei, damit sie sich ansehen konnten. „Ich glaube
nicht. Ich muss um sieben wieder im Heim sein. Morgen
ist doch Schule", maulte sie traurig zurück.

„Hast du dir etwas merken können von unserer ersten
Schachlektion?" „Ich glaube, nicht viel. Ist keiner da, der
mich etwas fragt oder mit dem ich spielen könnte. Im
Heim gibt es kein einziges Schachspiel! Stell dir das einmal vor! Ich habe sogar die Peters danach gefragt."

„Wer ist die Peters?" „Ach entschuldige. Das ist die
Heimleiterin. Ich mag sie irgendwie. Sie war zwar anfangs ziemlich unfreundlich, aber da waren sie alle noch
sehr böse. Jetzt ist sie wirklich nett zu mir."

„Na gut. Wenn dich keiner nach Schach fragt, dann
mache ich das jetzt! Wie zieht der Springer?" Das
Mädchen überlegte nicht lange, zerrte ein paar Bücher
aus dem Regal, legte sie auf den Tisch in der Leseecke
und plauderte los. „Der Springer springt. Sonst würde

er ja nicht so heißen – über alle hinweg und macht einen Haken dabei. Schau. So! Eins, zwei und rechts oder links. Wenn dort einer steht, dann schlecht es ihm geht!", reimte ihr Kopf schon wieder die unmöglichsten Sprüche.

„Und was kann der Turm?", grinste Roberto begeistert, als er die unbändige Freude in ihr sofort wiedererkannte. „Der? Setzt sich zur Wehr, indem er gerade zieht. Nach links, rechts, oben, unten. Wie es beliebt. Nur nicht diagonal. Das wär für ihn eine Qual. Manchmal wartet er, dann rochiert der Herr. Untertänig. Mit dem König."

Die Kinder kicherten und freuten sich des Lebens. Leo und Thea beobachteten es aus blickgeschützter Entfernung. „Was für ein wundervolles Kind", flüsterte die Frau ihrem Mann zu. „Ich wünsche mir sehr, dass wir sie eines Tages ganz zu uns holen können. Was denkst du, besteht die Chance, das zu erreichen?" „Das kann ich dir leider nicht sagen, meine Liebe. Es hört sich schrecklich an, aber im Grunde profitieren wir von ihrem persönlichen Leid. Wir haben Glück, dass sich keiner ihrer Angehörigen um sie zu bemühen scheint. Solange das so ist, wird sie uns nicht verloren gehen. Doch wenn sich ihre Mutter meldet, werden auch die Probleme beginnen. Diese Frau wird immer das Vorrecht haben. Selbst wenn es dem Kind bei ihr schlechter geht. Das muss uns immer bewusst sein, liebe Thea. Aber lass uns doch die Zeit genießen, die wir jetzt gemeinsam verbringen dürfen. Wie unser wundervoll kluger Sohn es uns lehrt. Es ist, wie es ist, und wir nehmen es an."

Die Frau lehnte ihren Kopf an seine Schulter und genoss, dass er da war. Jetzt und hier. Bei ihr.

„Kommst du mit hinüber zu ihnen? Ich möchte die Kleine endlich begrüßen", erwähnte Thea noch, als die Kinder schon auf sie zuliefen. Liebevolle Umarmungen wurden ausgetauscht, nach denen Tante Thea vorschlug, nicht mehr so lange in der Bücherei zu bleiben und lieber zu schauen, was in den Geschäften für Lea an brauchbarer Kleidung zu finden war. Bisher hatte man sie immer nur in ihrer Heimuniform gesehen. Einer weißen Bluse mit langen Ärmeln, dunkler Stoffhose, die dem Kind von den schmalen Hüften zu rutschen schien, einem wattierten Kurzmantel aus einer synthetischen Faser, der für diese Jahreszeit inzwischen viel zu dünn sein musste, sowie harten, ungefütterten Schuhen, in denen ihr – wie sie sagte – die Füße schmerzten. Wenn sie immer schon direkt nach der Schule zu ihnen kam, war es besser, sie hatte Eigenes bei ihnen zu Hause und musste nicht ständig das Heiminventar hin und her zerren.

Das Kind wurde von Kopf bis Fuß neu eingekleidet. Sogar ein paar schicke, warme Stiefel und einen Wintermantel mit großen Holzknöpfen, Riesenkapuze und kuschelweichem Innenfutter, durfte sie jetzt ihr Eigen nennen und erst einmal anbehalten. Sie war mächtig stolz darauf. All diese Dinge verblieben im Hause Friedrich, wo sie auf ihre kleine Besitzerin warten würden.

„Wenn du am Wochenende wieder bei uns bist, spielen wir dann mal eine Partie?", fragte Roberto aufmunternd. Es lag ihm daran, ihre Vorfreude zu steigern, sodass auch die zweite Wochenhälfte schneller verging. Doch der Abschied des kurzen Beisammenseins fiel heute nicht mehr ganz so schwer wie bei Leas erstem Besuch. Sie wussten ja, dass sie sich bald wiedersahen. Vielleicht würde sich langsam eine freudvolle Routine einstellen, die dem zermürbenden Mühlstein des Alltags, der das Kind zu erdrücken drohte, ein großes Stück Schwere nahm.

Lea erlebte die schönste Vorweihnachtszeit ihres bisherigen Lebens. Wie Tante Thea die leckere Weihnachtsbäckerei zu machen wusste, wollte das Mädchen unbedingt lernen! Der herrliche Duft sammelte sich oben am Dachboden, wo Lea schlief und die Kinder sich am Tage dem geliebten Schachspiel hingaben. Oft wurden ausgedehnte Waldspaziergänge unternommen, was allen lieber war als ein Besuch des viel zu lauten Weihnachtsmarktes in der Stadt. Sanfte, vorweihnachtliche Stimmung wollte dort einfach nicht entstehen.

Der Winter 1972/73 war seltsam. Erst viel zu mild, im Dezember frostig, aber von Schnee keine Spur. Auch Regen gab es schon seit Monaten nicht. Die Natur ächzte vor Trockenheit. Hatte womöglich auch das kleine Bächlein im Garten der Friedrichs sein Leben verloren? Alles Wasser aufgesogen vom durstigen Boden. Die Steine lagen trocken. Kein fröhliches Plätschern war mehr hörbar. Für Lea blieb es dennoch ein verwunschener, schöner Platz, an dem sie Träumen nachhing oder ihrem Freund Sachen anvertraute, die ohne sonstigen Zuhörer in ihrer Seele lagen.

Über die Weihnachts- und später auch die Winter- und Frühjahrsferien blieb sie bei der Familie, beteiligte sich an Spiel, Spaß, häuslichen Tätigkeiten und wurde – als ob es nie anders gewesen sei – ein Teil derer. Das Bettnässen war nie wieder aufgetreten. Der nervöse Magen machte nur mehr selten Ärger. Selbst im Heim, wo sich Lea äußerst ungern aufhielt, hatten die sehr unangenehmen Zwischenfälle aufgehört. Das Kind wurde von den anfangs verachtenden, gewalttätigen Erziehern inzwischen respektvoll und teilweise sogar liebevoll behandelt. Sie blieb aber das zarte, in sich gekehrte Mädchen, das sich ausschließlich den wenigen Menschen öffnete, denen sie vertraute und sich sicher fühlte. Am ersten Samstag im Mai 1973 überraschte Vater Leo mit einer tollen Neuigkeit die Anwesenden am Frühstückstisch. Auch Lea war zugegen, denn sie durfte bereits am Freitag das Heim verlassen, da die Frühjahrsferien begannen.

„Liebe Familie! In diesem Sommer werden wir zum ersten Mal mit unserem Auto in den Urlaub fahren. Das heißt, wir können uns endlich die Ostsee anschauen. Ich habe mich im Büro erkundigt, ob in der betrieblichen FDGB-Anlage auf Rügen noch eine Ferienwohnung frei ist. Da ich bis jetzt diesen Vorzug nie genutzt habe, bekomme ich in diesem Jahr einen Platz. Leider erst im August, aber immerhin. Na? Was sagt ihr dazu? Wir fahren ans Meer! Ist das nicht wunderbar? Und du bist dabei!", strahlten das Mädchen zwei stolze Vateraugen an.

„Was ist das? FD… oje … wie heißt das Ding?", grinste sie fröhlich.

„Das ist doch kein Ding!", verdrehte der Mann kopfschüttelnd, lachend die Augen. „Das ist der Freie Deutsche Gewerkschaftsbund. Alle Erwachsenen sind dort Mitglied. Das geht automatisch. Wenn man zu arbeiten beginnt, wird man auch Mitglied im FDGB. Der verwaltet zum Beispiel die Urlaubsplätze und Quartiere im ganzen Land. Wir brauchen uns darum gar nicht zu kümmern, müssen es nur rechtzeitig anmelden. Aber wenn keine Plätze mehr frei sind, kann man nur zu Hause Urlaub machen. Du kannst dir sicher vorstellen, wie schwierig das ist, alle unterzubringen, wenn das ganze Land gleichzeitig in die Ferien startet", führte Papa Leo noch aus.

„Ja logisch!", probte Lea plötzlich den Aufstand! „Es kann ja auch keiner raus, um weiter wegzufahren! Ich habe mal meine Lehrerin gefragt, warum man eigentlich nicht am Gardasee Urlaub machen kann. Sie sagte, wir hätten in dem Land und allen dort angrenzenden Betretungsverbot! Kann mir jemand erklären, warum das so ist?", fragte sie mit störrischer Miene. „Ist doch kein Wunder, dass sich hier alle auf den Füßen herumtreten, wenn sie nicht woanders hinfahren können! Das kann ich überhaupt nicht verstehen! Man muss doch sehen, dass das nicht geht und es anders machen, damit es besser klappt", empörte sie sich weiter.

„Es ist eben, wie es ist, Lea. Vielleicht reden wir einmal darüber, wenn du älter bist. Das Thema ist wirklich kompliziert. Außerdem will ich euch jetzt nicht langweilen, denn das ist reine Politik. Wer will das schon hören?" „Ich!", protestierte das wachsame Kind, das alles genauer wissen wollte, was es nicht verstand. Liebevoll nahm er sie in die Arme. „Du bist hartnäckig, meine kleine, neugierige Nase. Hab bitte noch etwas Geduld. Geht das? Ich werde es dir erklären, versprochen! Aber nicht jetzt. Es würde vielleicht die gute Stimmung verderben."

„Und ihr wollt mich wirklich mit in euren Urlaub nehmen?", fragte sie nochmals unsicher nach. „Ich war noch nie im Urlaub! Warum ist das denn etwas Besonderes? Mir fällt immer nur auf, wenn die Leute davon erzählen. Sie tun dann so, als wären sie gerade vom Mond zurückgekommen. Ist Urlaub so anders als normal?", wollte Lea wissen. Jetzt erzählte Tante Thea in die Frühstücksrunde hinein, was ihr noch einfiel, als die Familie vor einigen Jahren erstmals in der ČSSR weilte. Roberto war noch klein, hatte aber scheinbar große Lust auf die schöne Stadt Prag. Kreuz und quer durchstöberte er jeden Winkel und kokettierte spielerisch mit den schönen Statuen entlang der Karlsbrücke. Am von Menschen überfüllten Wenzelsplatz war ihr Sohn plötzlich verschwunden. Lachend wandte sich Tante Thea nun dem Mädchen zu. „Und wo, glaubst du, war er schlussendlich? Fasziniert stand der Bengel vor einem riesigen Schaufenster, hinter dem eine Modelleisenbahn durch die künstliche Naturlandschaft fuhr. Wir konnten ihn nicht gleich sehen, da sich das Geschäft unter gewölbeartigen Arkaden befand und so viele Besucher unterwegs waren, die den schmalen Durchgang verstopften.

Was war ich damals erleichtert, als wir ihn wiedergefunden hatten. Kannten wir uns doch in der Stadt überhaupt nicht aus, sprachen kein Wort der tschechischen Sprache und hätten nicht einmal gewusst, wie wir der Polizei klarmachen konnten, was wir von ihnen wollten. Also wenn du mich fragst, so mache ich am liebsten zu Hause Urlaub", lachte sie. „Urlaub ist Auszeit. Erholung vom Alltag. Man gönnt sich mal etwas außer der Reihe. Die Familie kann es genießen, ohne Hast zusammen zu sein, da jeder freihat. Das ist das Besondere am Urlaub."

„Dann habe ich ja jedes Mal Urlaub, wenn ich bei euch bin", mutmaßte Lea. „Ich kann mit euch zusammen sein, ihr habt alle frei, jeder nimmt sich Zeit, und ich bekomme oft etwas Schönes, was sonst nie passiert. Stimmt. Urlaub ist wirklich was Besonderes. Und ich freue mich immer so auf euch."

Wieder verging auch diese Ferienwoche viel zu schnell, in der Roberto endgültig die Angst vor dem Fahrradfahren verloren hatte. Jeden Tag waren die Kinder draußen, denn unweit des Hauses gab es einen zum Üben perfekt geeigneten, ebenen Freiplatz. Ein paar alte Autoreifen lagen dort herum, die man gut als künstliche Hindernisse verwenden konnte. Lea zeigte ihrem Freund allerlei Tricks, erklärte, dass gerade das ganz langsame Fahren seine Balance schwer auf die Probe stellte. Sie hielt ihn im Stand hinten, wenn er aufstieg. Er solle nicht losfahren, sondern spüren, wohin sich das Gewicht verlagerte, wenn er die Schulter ganz leicht zur einen oder zur anderen Seite neigte. Einige weitere Kunststücke hatte sie noch anzubieten, die sie allesamt im Stand durchgingen. Unbemerkt hatte Neugier die Angst ersetzt, und als Roberto zu guter Letzt die wachsende Stabilität während des Fahrens entdeckt hatte, wurde er übermütiger, bog nach links, nach rechts, fuhr einhändig, ging mit dem Fuß vom Pedal und schwenkte das Bein in die Luft. „Ein Kinderspiel, das richtig Spaß macht! Danke, Lea! Das ist ja so wunderbar!", jubelte er seine Freude in den Wind, während er immer waghalsigere Runden um sie drehte. Unvermittelt blieb er stehen. Ohne umzufallen, wohlgemerkt! „Ich muss dich etwas fragen. Warst du heute im Schuppen?" „Nein. Warum sollte ich?", schaute Lea verwundert. „Ich weiß nicht", erwiderte der Bursche. Dort muss etwas umgefallen sein. Es war ziemlich eng drinnen, als ich mein Rad holte. Lass uns dann gleich nachsehen, wenn wir zu Hause sind, ja? Wahrscheinlich ist etwas umgefallen, und ich möchte das in Ordnung bringen."

Wenig später tat er wie besprochen, lief hinein, kramte und polterte durch den Schuppen, während Lea, auf einem

Gartenstuhl sitzend, auf ihn wartete. „Dauert es noch lange?", rief sie hinein. Freudestrahlend kam Roberto im gleichen Augenblick heraus und tat selbst überrascht. „Schau dir das an! Das habe ich gerade drinnen gefunden. Hab's noch nie bei uns gesehen. Ich werde Papa mal fragen gehen." Roberto lief hinein, nachdem er ein lilafarbenes, funkelnagelneues Fahrrad in ihre Hände geschoben hatte. Sie möge es kurz festhalten, bis er zurück sei. Die ganze Familie kam heraus und strahlte das verwirrte Mädchen an. „In Blau haben wir leider keines bekommen. Ist Lila auch gut?" Langsam dämmerte es dem Kind. „Ist das euer Ernst? Ist das etwa meines? Ihr habt mir ein Fahrrad gekauft?" Alle nickten voller ehrlicher Freude. Lea fing zu weinen an, fassungslos vor Glück. „Warum seid ihr so gut zu mir? Oh, ich danke euch so sehr!" Ein Meer von Tränen hinderte sie daran, das wunderschöne Geschenk näher zu bestaunen. Sie zitterte auch ein wenig. Onkel Leo schob es erst einmal wieder in den Schuppen. „Hier wird es jetzt immer auf dich warten, in Ordnung?" Die innigen Umarmungen dieser geliebten Menschen wollten kein Ende nehmen. Wer hatte dem Kind nur den Himmel zur Erde geholt? „Mach, dass es nicht aufhört, ja?", flüsterte sie schluchzend Onkel Leo zu, der sie noch immer überglücklich in den Armen hielt.

Durch die unvergessliche, von Liebe und gegenseitiger Wertschätzung geprägte Zeit bei Familie Friedrich hatte auch das Heim seinen Schrecken für das Kind verloren. Lea war gesprächiger geworden. Ihre bemerkenswerte Dankbarkeit und Hilfsbereitschaft, die sie selbst gegenüber unangenehmen Mitbewohnern oder Erziehern immer zeigte, verliehen ihr eine unsichtbare Stärke. Im Außen lagen Schmutz, Kälte und Gewalt. Ihr Inneres aber bewohnte die Liebe. Diese zauberte ihr oft ein zartes Lächeln ins Gesicht, wo es eigentlich nichts zu lachen gab.

Das erste Schuljahr war inzwischen vergangen. Lea schloss es mit mittelmäßigem Notendurchschnitt ab. Im Juli 1973 lag das Heim wie ausgestorben. Die meisten Kinder waren von ihren Angehörigen in die großen Ferien abgeholt worden. Lea freute sich auf den bevorstehenden Urlaub und träumte vom Meer, das endlos schön sein musste.

Sicher würden ihre Pflegeeltern bald kommen, um sie nach Hause zu holen, denn Roberto hatte ja auch schon Ferien. Zeitvergessen und in Gedanken versunken, trödelte Lea im Innenhof des Heimes herum. Sie fand es nicht schlimm, ganz allein zu sein. Hier hatte sie sowieso keine Freunde. Und die Menschenleere bedeutete auch, dass keine Gefahr von irgendwo drohte. Glaubte sie!

Sie hüpfte wie gewohnt von den Stufen des Hauptgebäudes herunter, wo sie immer mit Roberto saß, wenn er da war. Erst eine Stufe – umdrehen – wieder hinauf. Dann zwei Stufen auf einmal – umdrehen – wieder hinauf. Und immer so fort.

Plötzlich – gerade drehte sie sich wieder um – stand ihr jemand im Weg und sagte: „Hallo Lea. Kommst du mit nach Hause?" Augenblicklich zuckte das Kind zusammen! Das war die Stimme ihrer Mutter! Ihr wurde sofort klar, dass sie diese Frau schon fast vergessen hatte! Seit ewig kein Sterbenswörtchen mehr von ihr gehört, gab es doch jetzt die Friedrichs, bei denen sie sich geborgen und geliebt fühlte. Bald würden sie mit ihr ans Meer fahren.

Lea hasste dieses Heim. Das stand außer Frage. Doch ausgerechnet an diesem schrecklichen Ort fand sie Menschen, die es von Herzen gut mit ihr meinten, sie liebten wie ihr eigenes Kind. An ihr wahres Zuhause gab es keine guten Erinnerungen! Dort wurde geschrien, geschlagen, getrunken und oft genug auch Hunger gelitten! Wildfremde, laute, stinkende Männer gingen täglich dort ein und aus, deren einziges Ziel es zu sein schien, sich sinnlos zu betrinken! Bilder, die das Kind verdrängt hatte, lagen wieder klar vor seinem inneren Auge. Die Nase schien all die widerlichen Gerüche ungepflegter Menschen zu riechen. Und dann war da diese Angst vor jedem neuen Tag. Nein! Eigentlich wollte sie nicht dorthin zurück! Aber das konnte sie ihrer Mutter unmöglich sagen! Es hätte ihr wohl auch mehr geschadet als genützt. Schlagartig begann Lea zu weinen! In ihrem Kopf hämmerte es. ‚Roberto und seine Eltern kommen doch bald, um mich mit in den Urlaub zu nehmen. Ich freue mich schon so darauf! Und dieses Zuhause, von dem du sprichst, Mutter – das ist nicht mein Zuhause! Ich will da nicht hin!‘

„Warum weinst du? Freust du dich nicht? Ich bin gekommen, um dich nach Hause zu holen. Du musst auch nicht mehr hierher zurück!", sprach eine Fremde zu dem Kind, die behauptete, ihre Mutter zu sein.

Unglaublich groß war die Verzweiflung in diesem Moment! Doch das änderte gar nichts! Lea kam genauso plötzlich, von einem Moment auf den anderen, wieder dorthin zurück, von wo sie vor irgendwann auf mysteriöse Weise verschwunden war. Sollte die Odyssee der Angst jetzt ein Ende haben? Oder begann sie gerade erst?

Roberto und seine lieben Eltern sollte Lea nie wiedersehen. Sie hatte sich nicht einmal von ihnen verabschieden können und war extrem unglücklich. Sie freute sich nicht auf diese Rückkehr. Und doch war sie auch gespannt auf das Wiedersehen mit den Geschwistern.

,Ob mein kleiner Lukas auch wieder zu Hause ist? Das wäre gut. Dann muss er wenigstens nie in das schlimme Heim! Tante Hilde wird Augen machen, wenn sie mich sieht. Ich muss sie gleich besuchen und ihr alles erzählen! Ihr zeigen, wie gut ich schon schreiben kann. Hoffentlich hat sie mich noch nicht vergessen. Und mein Freund Roberto? Wie sollen wir uns wiedersehen, wenn ich nicht mehr hier bin? Mit wem kann ich denn jetzt Schach spielen?'

Wie versteinert stand das Kind an der Treppe. Leichter Nieselregen setzte ein. Lea blickte nach oben und dachte stumm:

,Der Himmel weint ins Herz.
Denn er versteht den Schmerz …'

Hektisch zerrte die Mutter an ihrem Arm und schob sie in das Büro von Frau Peters. Förmlich, steif, unfreundlich war der Empfang zur Klärung der üblichen Formalitäten. Immer wieder schaute Peters das Mädchen an. Was mochte sie jetzt denken? Gerlinde Müller leistete mehrere Unterschriften, dann hatte sie es plötzlich sehr eilig. „Komm, Kind! Wir müssen uns beeilen. Der Bus kommt gleich. Wenn wir den verpassen, bekommen wir dann den Zug nicht!" Schlecht gelaunt hastete sie vom Heimgelände, zog ihre Tochter hinter sich her wie ein lästiges Haustier und schimpfte unentwegt unverständliches Zeug. In dem

Kind war gerade eine kleine Welt zusammengebrochen, die es sich mühsam aufgebaut hatte. Was Lea jetzt erlebte, funkelte ihr wieder angsteinflößend bedrohlich entgegen, wie sie es fast vergessen hatte! Das alles war ihr nicht geheuer. „Aber bei uns fahren doch gar keine Züge! Bist du umgezogen?" „Nein!", kam eine patzige Antwort zurück. „Jetzt Bus, dann Zug, dann wieder Bus. Scheißverbindung!", grollte die Frau gereizt und hätte die vermeintlich „Schuldige" wohl am liebsten an Ort und Stelle dafür geohrfeigt.

,Hätte ich mich doch nur versteckt!', weinte Lea still.

Das erste Zusammentreffen mit ihrer so lange Zeit verschollenen Mutter hatte sich die Kleine wohl anders vorgestellt. Die Augen der Frau waren voll eisiger Kälte. Lea fröstelte und schaute erstarrt vor Furcht schnell in eine andere Richtung, wenn sich zufällig ihre Blicke trafen.

,Sie hasst mich, keine Frage! Aber warum holt sie mich dann zurück? Ich möchte viel lieber bei Tante Thea, Onkel Leo und meinem lieben Freund Roberto sein. Ach hätte sie mich doch bloß für immer vergessen!'

Wie konnte sich Lea nur halbwegs friedlich mit diesem Menschen verständigen, der da vor ihr saß? Eine andere Bezugsperson hatte sie doch jetzt nicht mehr. Was würde sie nun erwarten, und wie konnte sie es aushalten? Nachdem sie ausgerechnet an einem Ort des Grauens erfahren hatte, dass ihr Traum von einem harmonischen, liebevollen Miteinander für ein kurzes Jahr ganz real geworden war.

Gelegenheit macht Kinder

Mehr als zwei Jahre hatte das Kind dieses kleine Dorf nicht mehr gesehen, in das es nun zurückkehrte. Alles sah noch so aus, als sei sie nie fort gewesen. Doch zu Hause hatte sich viel verändert. Die Wohnung war eine andere, etwas größer als die, welche Lea in Erinnerung hatte. In das heruntergekommene Haus, in welchem sie früher lebten, war damals ein Friseursalon integriert. Ihre Mutter konnte den Kunden tolle Frisuren zaubern. Es gefiel dem Mädchen immer, mit welcher Fingerfertigkeit und leichtfüßigen Präzision sie arbeitete. Warum es das Friseurgeschäft nicht mehr gab, wusste die Kleine nicht, doch sie bedauerte es wortlos.

Die neue Wohnung befand sich in einem eingeschossigen Mietshaus, welches sich nahtlos an die Nachbarhäuser anreihte, hatte fünf geräumige Zimmer und wenig Einrichtung. So viel Platz für alle! Wie komfortabel! In den drei Richtung Hof gelegenen Kinderzimmern standen lediglich Betten und Glühbirnen hingen von der Decke herab. Das Schlafzimmer war ein zur Straße gelegener Durchgangsraum, mit zwei sich diagonal gegenüberliegenden Türen, von denen eine direkt ins Wohnzimmer, die andere zum mittigen Flur führte. Vermutlich, um rasch zum WC zu kommen.

‚Wie unpraktisch!‘, dachte sich das Kind. ‚In so einem Zimmer möchte ich nicht schlafen müssen! Aber wie es aussieht, tut das auch keiner!‘

Es beinhaltete einen riesigen Kleiderschrank, der eine ganze Wand ausfüllte, sowie ein klassisches Doppelbett, wie es üblich war für ein Elternschlafzimmer. Nur dass hier eben die Eltern fehlten! Dafür zierten dieses Bett riesige Wäschehaufen, die wild durcheinanderlagen! Lea mutmaßte, dass die beiden Fenster dauerverdunkelt blieben. Womöglich hätte Sonnenlicht zu der Erleuchtung geführt, dass man diese Wäsche auch ordentlich zusammenlegen und in den Schrank befördern konnte!

Ein Wohnzimmer gab es auch. Die zwei lange nicht geputzten Fenster zeigten ebenfalls zur Straße. Graugelb vergilbte Gardinen hingen, zum Teil heruntergerissen, müde in den Seilen. Sinn für Schönheit hatte wohl bisher keinen Zutritt zu diesem Wohnobjekt erhalten! Bestückt war der Raum mit einer mahagonifarbenen, lackierten Schrankwand, in welcher – wie Lea rasch herausfand – das wichtigste Utensil des Hauses zu finden war. Der klobig-hässliche Fernseher! Ein Röhrenapparat, der nicht das neueste Modell zu sein schien. Eine abgediente Couchgarnitur mit unansehnlich schmutzigem gelbbraunem Muster, ein zu groß geratener Couchtisch aus dunkelbraunem Kunststoff sowie ein braunweiß gestreifter Fleckenteppich komplettierten das Bild von Gemütlichkeit der anderen Art. Anrüchig und wild! Gelageschwanger roch auch die Luft in diesem Raum! In die Ritzen der brüchigen Kunstleder-Schutzauflagen, die jeweils rechts und links an den Seitenteilen der Sessel und der Couch angebracht waren, hatten sich vermutlich schon oft ungewaschene Finger gebohrt. Ihre Ränder glänzten ausgefranst dreckig, und vereinzelt waren Flocken des Schaumstoff-Innenfutters sichtbar.

Ein Badezimmer gab es nicht! Nur einen schmalen, fensterlosen Raum am Ende des langen Flurs, der immerhin ein Spülklosett und ein Waschbecken enthielt, über welchem ein kleiner Wandspiegel hing.

Die Küche diente früher sicher einmal als Wohnküche. Auch sie lag zur Straße, war groß, mit einem zentral aufgestellten altmodischen, aber gemütlich wirkenden Küchenofen, neben welchem zusätzlich auf Gas gekocht und gebacken werden konnte. Direkt vor den beiden Küchenfenstern stand ein in die Jahre gekommener, riesiger Tisch, den zu drei Seiten eine fest verbaute Sitzbank umsäumte. An seinem offenen Ende standen zusätzlich zwei hölzerne Lehnstühle, deren Stuhlbeine das gleiche gedrechselte Muster aufwiesen wie die des Tisches. Der rustikale Küchenschrank, mit seinen im oberen Bereich verglasten Schranktüren, sah zwar lieblich aus mit den ausgefrästen Verzierungen an den Holzabschlüssen. Jedoch passte das in Weiß gehaltene Möbelstück nicht zum restlichen Mobiliar dieses Zimmers, das eher helle Holztöne aufwies.

Es gab draußen einen richtigen Hof mit einer Wiese, auf der zwei schuppenartige Gebäude zu sehen waren. Dort entdeckte Lea ihren ältesten Bruder Alex, der dauernd darin verschwand, bis auch er sie bemerkt hatte. Kurzerhand nahm er seine Schwester mit und zeigte ihr stolz, wie es drinnen aussah. Wie groß war die Freude, als sie entdeckte, dass es sich bei einer der Räumlichkeiten um einen Stall für Kleingetier handelte. Der hintere Teil – circa die Hälfte der ganzen Fläche – gehörte Hühnern, die es sich auf einem sauberen Untergrund aus Stroh oder kleinen, für sie errichteten Nischen gemütlich machen konnten.

Im Vorderteil des Stalles standen links und rechts Regale, die komplett von oben bis unten zu aneinandergereihten kleinen Kabinen umfunktioniert worden waren. In ihnen wühlten süße Kaninchen zwischen duftig-frischem Stroh und Heu herum. „Hier ist es aber schön!", verkündete Lea schon etwas lockerer. Nach ihrer Ankunft hatte sie es zunächst nicht gewagt, jemanden anzusprechen. Mutter hatte während der ganzen Fahrt kaum ein Wort mit ihr gewechselt. Nach einem zaghaften Erstversuch für ein Gespräch mit ihr kam in bedrohlichem Ton ein „Lass mich einfach in Ruhe, klar?" zurück. Das war alles, was sie ihrer heimkehrenden Tochter zu sagen hatte. Aufmerksam wurde sie von Lea gemustert, wenn es dieser möglich war, ohne dass ihre Mutter es bemerkte. Sonst hätte es wohl an Ort und Stelle schon Ohrfeigen gegeben! Sie war dicker als früher. Der rotbraune, neue Look ihrer Frisur gefiel dem Mädchen nicht. Ihre Mutter sah damit künstlich aus. Der rote Lack auf ihren Nägeln konnte den darunterliegenden Schmutz nicht gänzlich abdecken. Im Gesicht, rechts neben der Nase, hatte sich eine dicke Warze gebildet, aus der dunkle Härchen ragten. Das sah furchtbar hässlich aus und entstellte die Frau noch mehr! Der Stil ihrer Kleidung zeigte unverändert die frivole „Nimm mich"-Aufdringlichkeit. Lea ekelte und schämte sich dafür!

Dennoch war jetzt alles anders, als es das Kind in Erinnerung hatte. Auch das Vermissen des Freundes tat weh. Aber draußen im Stall, bei ihrem großen Bruder, fühlte sie sich etwas entspannter. Er lächelte sie glücklich an, holte mit seinen auffallend kräftigen Händen vorsichtig ein kleines Häschen heraus und setzte es Lea in die Arme. „Versorgst du die alle allein?", fragte sie jetzt. „Ja.

Ich bin viel lieber hier bei ihnen als drinnen. Es macht Spaß, sie zu beobachten und sich um sie zu kümmern. Ich mag auch den Duft nach Heu so gern. Manchmal schlafe ich sogar hier", erzählte Alex, der mit seinen graugrünen Augen, den ausgeprägten Mundwinkeln, glatten, braunen Haaren und der untersetzten, aber kräftig-muskulösen Statur seinem Vater extrem ähnlich sah.

„Wenn du mir hier ein wenig hilfst, darfst du morgen Früh zur Belohnung die frisch gelegten Eier von den Hühnern einsammeln. Möchtest du das machen?", schlug er seiner kleinen Schwester vor. „Au ja! Sehr gern! Wenn du es erlaubst? Ich kann das aber alles nicht. Du musst es mir genau erklären, ja?"

Alex zwickte sie in die Nase und grinste nickend.

„Schön, dass du jetzt wieder da bist! Weißt du, ich war auch eine Zeit lang weg. Ich erzähl dir später mal davon, wenn du magst", bot er ihr an. „Ja bitte! Das interessiert mich sogar sehr!", erwiderte sie, bevor sie sich erst einmal wieder in die Wohnung begab, um die anderen Geschwister zu sehen.

Lukas dürfte schon länger wieder vom Heim zurück sein. Er machte nicht den unsicheren Eindruck wie sie und war voll integriert in das Tagesgeschehen. Vertieft in eine Zeichnung, schaute er zu ihr auf und sagte leise: „Das wird ein Bild für dich." Seine linke Hand zog feine Linien und Bögen auf dem Papier, ohne zu verkrampfen. Das war das wunderbarste Geschenk, das dem Mädchen heute gemacht werden konnte.

Ein Kleinkind krabbelte auf allen vieren zwischen Leas Beinen hindurch. Angeblich war das ihr jüngster Bruder Max, den sie noch nicht kannte. Er war schätzungsweise höchstens ein Jahr alt. Max hatte lustige, braune Augen, einen bemerkenswert ebenmäßig-runden Kopf und ein zuckersüßes Lächeln. Lea hob ihn zu sich hinauf, küsste und begrüßte ihn. „Hallo mein Kleiner. Ja wer bist du denn? Du hast ja die süßesten Kulleraugen der Welt!", zwinkerte sie dem Baby zu und hopste ihn auf ihrem Schoß herum, bis er hell auflachte.

Sein Vater wurde ihr nicht vorgestellt. Man sprach auch nicht von ihm. Das Mädchen hatte keine Ahnung, woher seine Mutter dieses Kind hatte, von dem sie behauptete, es sei sein Bruder. Doch so ähnlich verhielt es sich auch mit Lukas. Wer war sein Vater? Nicht einmal das Kind selbst hat dies jemals erfahren. Lukas hatte auch keine Ähnlichkeiten mit einem anderen Familienmitglied. Sein hellblondes Haar gefiel Lea besonders gut. So konnte sie ihn immer schnell erkennen.

Aber wo war Hanna?

Lea und die beiden Älteren waren angeblich echte Geschwister, mit gleichem Vater, gleicher Mutter. Doch wirklich sicher war das nicht! Vom Vater oder Angehörigen seiner Familie schien Lea nicht das Geringste geerbt zu haben. Hanna war ganz nach ihrer Tante väterlicherseits geraten. Und Alex war sowieso seines Vaters Ebenbild. Rein äußerlich gesehen hatte Lea mit entsprechend viel Vorstellungskraft Ähnlichkeit mit ihrer Mutter. Ihr ganzes inneres Wesen jedoch schien überhaupt nicht zu dieser Familie zu passen!

Auch die Geschichte, die Leas Mutter später oft ihren vermeintlichen Freunden erzählte, aufgrund dessen sich das Mädchen beschämt-betroffen irgendwohin verkroch, bestätigte, dass da etwas ganz und gar nicht stimmte.

Als sei sie darauf stolz, erklärte die Frau immer wieder, Lea sei von all ihren Kindern das einzige ungewollte! Sie sei ein Unfall gewesen, bei dem ihr Mann sie erwischt habe. Es versetzte ihn seither regelmäßig in wütende Raserei, wenn er seine schwangere Frau ansehen musste. Dann schlug er sie angeblich bis fast zur Besinnungslosigkeit! Wenn Gerlinde Müller diese Geschichte erzählte, wirkte sie äußerst glaubwürdig! Manchmal vergoss sie dabei sogar Tränen. Sie schaute dann erdrückend anklagend zu ihrer Tochter hinüber, und Lea hatte das Gefühl, der Finger ihrer Mutter zeige verächtlich auf sie und schrie: ,Und alles wegen der da!' Der schlimmste Teil dieser Geschichte aber kam erst!

Des Lebens müde geworden, hätte sie es beenden wollen! Eines Morgens, nachdem ihr Mann zur Arbeit gegangen – und auch Alex und Hanna nicht im Hause waren – wäre sie zum Gasherd gegangen, um dessen Hahn aufzudrehen und sich umzubringen. Dabei hätte sie den Kopf auf das Blech des geöffneten Backrohres gelegt und auf das Sterben gewartet. Zu diesem Zeitpunkt sei sie mit Lea im achten Monat schwanger gewesen. Dummerweise hätte der Ehemann aber etwas zu Hause vergessen und kehrte zurück. Er bemerkte wohl sofort den starken Gasgeruch, stürmte die Wohnung, riss die Fenster auf und alarmierte die Rettung. In der Klinik wäre sofort die Geburt eingeleitet – und das Kind per Kaiserschnitt auf die Welt geholt – worden. Nachdem die frischgebackene Mutter wieder erwacht war, wollte sie das Baby nicht als das ihre akzeptieren! Sie beschuldigte das Krankenhauspersonal, man hätte ihr dieses hässliche Geschöpf untergeschoben! Ihr Neugeborenes sei das nicht und sie nähme es auf keinen Fall mit nach Hause! Am Ende blieb ihr aber nichts anderes übrig, als das missratene Kind erst einmal anzunehmen. Sie würde sich zukünftig einfach weigern, dieses entstellte Bündel zu füttern. Überhaupt wäre es das Beste, es gleich der Nachbarin zu geben, die gerade zum wiederholten Male eine Fehlgeburt erlitten hatte und sich sehnlichst Kinder wünschte. Laut weiterer Erklärung soll es tatsächlich so geschehen sein. Die fremde Frau sei für die ersten Lebensmonate des kleinen Menschen zu dessen heimlicher Ziehmutter geworden.

Diese Story schilderte Gerlinde Müller ihren Freunden immer wieder. Wie musste sich eine Mutter fühlen, wenn sie erzählte, dass sie ihr ungewolltes Neugeborenes einer fremden Frau überließ? Sah sie Lea tatsächlich nicht als ihre Tochter an? Keinerlei Zeichen von Reue, Scham-gefühl oder schlechtem Gewissen las man in ihren Augen, wenn sie plauderte. Ganz im Gegenteil! Sie wirkte über-zeugt von der Richtigkeit ihres Handelns und erwartete genau diese Bestätigung und vielleicht sogar entsprechende Bewunderung von ihren Zuhörern. Dabei schilderte sie doch gerade selbst ihr grenzenloses Unvermögen, Ver-antwortung zu übernehmen für das eigene Tun!

An der Geschichte mit der fremden Ziehmutter musste aber etwas Wahres sein. Diese Nachbarin sorgte tatsäch-lich für das Kind, als sei es ihr leibliches. Nach außen hin flog dieser faule Zauber nicht auf. Regelmäßig wurde Leas gesundheitlicher Zustand überprüft und für gut befunden. Niemand erfuhr von der stillen Vereinbarung, die diese beiden Frauen getroffen hatten. Tante Wolli, die eigent-lich Frau Wollhauser hieß, war im Grunde Leas Mutter, denn die Kleine suchte auch später immer wieder Zuflucht bei ihr. Die andere Frau war nur der biologische Ursprung des Kindes, in welchem es sein Leben lang vergeblich nach Ähnlichkeiten suchte!

Eine ganze Zeit lang ging das so, ohne dass die Außenwelt Notiz davon nahm. Wie war das nur möglich? Es konnte doch niemandem entgangen sein, dass sich Gerlinde Müller in einer Schwangerschaft befunden und Luise Wollhauser nie Kinder hatte! Kümmerte das die Leute so wenig, dass keiner Fragen stellte? Oder welche Märchen fielen den zwei Nachbarsfrauen ein, die sie anderen auftischten? Das Kind bekam von alldem nichts mit, denn als es circa ein Jahr alt war, bestand die leibliche Mutter auf ihr Recht und forderte das Kind zurück. Jetzt konnte man es zeigen, ohne sich seines Aussehens zu schämen. Tante Wolli blieb Leas liebste Vertraute. Immer, wenn es die Kleine zu Hause nicht mehr aushielt, suchte und erhielt sie dort Schutz und Liebe.

Lea war noch keine drei Jahre alt, als sich ihre Eltern scheiden ließen. Ihre Mutter erwartete wieder ein Kind. Bruder Lukas war unterwegs.

Auch Leas vermeintlicher Vater soll ein bekannter Schürzenjäger gewesen sein und schon anderswo einige Kinder gezeugt haben. Möglicherweise war die halbe Weltbevölkerung mit Lea verwandt, so zügellos pflanzten sich ihre Eltern kreuz und quer fort! Dem Kind war dieser Lebenswandel egal. Hauptsache, sie prügelten zu Hause ihre Kinder nicht! Was aber leider immer wieder geschah!

Die auch nach außen sichtbare Veränderung erfuhr Leas Leben erst, als sie von der Polizei aus dem Kindergarten geholt – und von diesem jämmerlichen Zuhause getrennt worden war. Möglicherweise stellten gerade diese traumatischen Ereignisse die Weichen in ein völlig anderes Leben des Mädchens. So, wie sie es hier vorfand, würde ihres jedenfalls nicht sein! Diese klare Gewissheit war tief in ihr verankert.

Lea stellte kurz nach der Rückkehr aus dem Heim noch etwas ganz Ungewöhnliches fest. Ihre Mutter schien nicht nur deutsche Freunde zu haben. Regelmäßig – ja fast täglich – versammelten sich russische Soldaten in der Wohnung. Der seltsam fremde Geruch war dem Mädchen gleich nach seiner Ankunft aufgefallen. Sie konnte ihn aber nicht zuordnen. Es roch extrem penetrant! Aber wonach? Waren es ihre Uniformen? Oder die Lederstiefel? Lea musste sich jedes Mal fast übergeben und vergaß diesen Geruch zeitlebens nicht mehr.

Was für eine schöne Sprache dieses Russisch doch war. Sie hörte den Männern sehr gern zu, wenn sie erzählten oder sangen. Ihre Lieder waren voller melancholischer Traurigkeit. Die Kleine hatte das Gefühl, die Soldaten hätten starkes Heimweh, sehnten sich nach ihren Familien und den gewohnten Sitten ihres Volkes. Ihr war auch überhaupt nicht klar, warum sie hier sein mussten – so weit entfernt von der Heimat. Unweit des Dorfes stand eine große Kaserne, die voll war mit russischem Militär und umgeben von einer Sperrgebietszone, die nicht betreten werden durfte. Solche Kasernen gab es überall. Zivilisten hatten keine Ahnung, was sich drinnen abspielte. Die Soldaten waren immer sehr freundlich, wenn man ihnen begegnete. Vor allem zu Kindern. Aber dieser Geruch hing überall. Aus einer Wohnung war er selbst durch Lüften und Putzen nicht wegzubekommen. Dennoch mochte Lea diese Menschen. Sie waren lieb, niemals aufdringlich, kannten schöne Spiele und zeigten sich immer interessiert. Selbst ihre Mutter verhielt sich ganz anders – viel ruhiger und freundlicher als sonst. Einer von den Soldaten schien Baby Max ins Herz geschlossen zu haben. Fast ununterbrochen beschäftigte er sich mit ihm und blickte oft in Gedanken versunken zur Gastgeberin. Lea war zwar noch klein und hatte keine Ahnung von der Liebe zwischen Mann und Frau. Aber irgendwie fühlte sie, dass dieser russische Offizier – oder welchen militärischen Dienstgrad er auch hatte – Max' Vater sein musste. Er hatte die gleichen lustigen, braunen Augen, die sie an dem kleinen Bruder mochte. Er war so liebevoll im Umgang mit dem Kind, dass Lea ganz warm ums Herz wurde. Ob er wirklich Max' Vater war, konnte sie aber nie in Erfahrung bringen. Eines Tages nämlich kam er nicht mehr! Ihre Mutter fiel in schwere Depressionen, als sie den Grund erfuhr. Angeblich hatte man ihn in seine Heimat zurückversetzt. Er wurde nie mehr gesehen. Es war ein ungeschriebenes Gesetz zwischen der Sowjetunion und der DDR, dass Liebesbeziehungen zwischen russischen Soldaten und deutschen Frauen streng untersagt waren. Der Betreffende musste mit schweren Strafen, militärischer Degradierung und der ehrlosen Rückversetzung in die Heimat rechnen. Lea hatte nicht einmal seinen Namen erfahren. Auch sie war traurig darüber, dass er nicht mehr kam. Sie verstand das Leid der Mutter gut. Vielleicht war sie nur deshalb so böse, weil man ihr immer so wehtat!

Vom großen Bruder Alex erfuhr Lea, dass Hanna nicht zu Hause lebte, sondern bei einer fremden Familie im Ort. Auch er sei bis vor kurzem am Hof eines Bauern wohnhaft gewesen. Das Jugendamt hätte die Einhaltung dieser Regelung überwacht und damit gedroht, die Kinder ebenfalls in Heime zu verteilen, sollte es zu Verstößen kommen. „Aber dann hatte Mama ja keinen von uns mehr bei sich!", wunderte sich Lea. „Und warum dürfen wir jetzt fast alle wieder zu Hause wohnen? Das verstehe ich nicht!", schüttelte sie verständnislos den Kopf. „Ach, das weiß ich auch nicht so genau", entgegnete Alex. „Im Ort wird viel über sie geredet. Brauchst nur einmal in den Konsum gehen und dich an der Kasse in die Schlange stellen. Was denkst du, was einem da alles zu Ohren kommt. Den Leuten scheint sogar egal zu sein, dass du es hörst. Vielleicht wollen sie das ja gerade. Ich weiß es nicht. Aber ich fühle mich dann meistens ziemlich mies und möchte denen am liebsten ins Gesicht springen!", erzählte er in zornigem Ton.

Der Name „Konsum" war ein Sammelbegriff und stand für den Laden, in dem Waren des täglichen Bedarfs erhältlich waren. Jeder DDR-Bürger wusste, dass er nur dort seine Einkäufe tätigen konnte. Doch dieser Treff-punkt für Informationen aller Art war keineswegs als üppig bestückter Supermarkt zu verstehen, mit labyrinth-artigen Gängen und Regalen, die bis zur Decke reichten. Falls es „drüben" auch eine Art Tante-Emma-Laden für Kleinigkeiten gab, so war dies eher vergleichbar mit dem Konsum der DDR. Auch für gute Übersicht war stets gesorgt. Woran das lag, vermochte man kaum zu sagen.

Die Regale wurden nie übermäßig bestückt. Sie wirkten handgemacht, bestanden zumeist aus Sperrholz in Kombination mit Metall und sahen nicht besonders stabil aus. Kartons blieben oft unausgepackt direkt darunter am Boden stehen. Doch vielleicht lag es auch an den zu geringen Stückzahlen, die für den täglichen Bedarf verfügbar waren. Regelmäßig kam es zur Bildung von langen Warteschlangen, wenn es wieder einmal etwas eher Seltenes zu kaufen gab. Der durchschnittliche Normalbestand bei Obst und Gemüse belief sich auf Äpfel, Rüben, Rot- und Weißkohl. Bohnen, Erbsen, Karotten gab es üblicherweise in Konservenform. Es wurde für täglich frische Grundnahrungsmittel, wie Brot, Brötchen, Milch, Butter, Eier, Wurst, gesorgt. Spirituosen gab es reichlich, Kaffee war schon knapper, wie auch Kakao.

Orangen oder gar Bananen, tropische Früchte und jegliche Importware gab es nicht. Mit solchen Raritäten wartete Vater Staat maximal ein- bis zweimal im Jahr auf. Alle Angehörigen der Familien standen dann Schlange, denn es wurde nur bei Selbstabholung und streng pro Kopf in Stück beziehungsweise Pfund hergegeben.

Leute aber, die über heiß begehrte Devisen – also Westgeld – verfügten, konnten im sogenannten „Intershop" einkaufen. Dort gab es ausschließlich Waren aus dem „gelobten Land" – Westdeutschland.

Verschiedene Handelsketten jedoch, wie sie drüben üblich waren, gab es in diesem Land nicht.

Der Konsum etablierte sich als allgemeiner Treffpunkt für Klatsch und Tratsch, denn hierher musste früher oder später jeder kommen, wenn ihm Zucker, Salz oder die einzige erhältliche Kaffeesorte „Rondo" ausgingen.

Für Gerlinde Müllers Kinder glich das Einkaufen eher einem Spießrutenlauf. Deren Mutter sah man hier schon seit Langem nicht mehr, und die Gerüchteküche brodelte.

„Die Leute im Dorf haben kein gutes Wort für uns, glaube mir!", warnte Alex die kleine Schwester. „Du wirst es noch früh genug erfahren. Aber wenn dir jemand zu nahe tritt, dann sag es mir bitte sofort! Der bekommt es mit mir zu tun und wird dich in Ruhe lassen!" Lea wusste, dass es ihr Bruder nur gut meinte, doch was er sagte, klang irgendwie gefährlich und machte ihr Angst. Aber gleichzeitig fühlte sie sich sicher bei ihm. Draußen im Schuppen herrschte keine Gefahr. Sie konnte alles fragen, was sie wissen wollte. Die beiden Geschwister hatten sofort einen vertrauten Draht zueinander, der ihnen ein wohlig-sicheres Gefühl gab. Dem Mädchen half das sehr bei der Neuorientierung in seinem Heimatdorf, das nur nach außen noch das gleiche Gesicht wie früher trug. Sein Wesen jedoch schien ein völlig neues geworden zu sein. Möglicherweise hatte es Lea früher auch nicht erkennen können, denn als man sie von hier wegholte, war sie ein Knirps von fünf Jahren.

Als die Sommerferien des Jahres 1973 zu Ende gingen, kamen zwei Beamte, um sie wieder zurück ins Heim zu holen. Das zweite Schuljahr stand unmittelbar bevor.

Es kam zu einer verbalen Auseinandersetzung zwischen ihnen und Leas Mutter. Schließlich füllte die Frau ein Formular aus, das sie mehrfach unterzeichnete. Verblüfft beobachtete das Mädchen, dass die beiden Männer tatsächlich ohne sie in das Auto stiegen und davonfuhren. ‚Heißt das, ich soll ab heute zu Hause bleiben? So für immer? Ich habe hier doch gar kein richtiges Bett und muss auf der Wohnzimmercouch schlafen. Wo werde ich zur Schule gehen? Welche Regeln gelten hier? Und wie ist der normale Tagesablauf, wenn keine Ferien sind? Wer sorgt für die Ordnung meiner Kleidung und Schulsachen, kontrolliert die Hausaufgaben, weckt mich morgens pünktlich? Und ich habe schon sehnsüchtig gehofft, meinen lieben Roberto, Tante Thea und Onkel Leo bald wiederzusehen. Das kann ich jetzt endgültig vergessen, wie es aussieht.' Lea wirkte keineswegs begeistert über diese überraschende Wendung.

Plötzlich erkannte sie schockiert, wie fremd sie sich fühlte in der eigenen Familie! Sie wurde innerlich panisch, denn ihrer Mutter traute sie nicht im Geringsten zu, für die Ordnung zu sorgen, die Lea brauchen würde!

Bei Familie Friedrich wollte sie sein, denn dort ging es ihr gut. Der Heimaufenthalt war inzwischen auch viel erträglicher geworden. Das Mädchen hatte auf einmal das dringende Verlangen, sich jemandem mitzuteilen, der ihm einfach nur zuhörte – die Ratlosigkeit und Angst vor dem Ungewissen verstand. ‚Wem kann ich denn jetzt mein Herz ausschütten? Etwa den Fremden, die sich bei uns täglich betrinken, schmutzige Witze reißen und sich schlecht benehmen? Ich will hier weg! Aber wohin?'

Lea nahm allen Mut zusammen und fragte ihre Mutter vorsichtig leise: „Mama, was hast du ihnen denn gesagt, dass ich bleiben darf? Kann ich Tante Wolli besuchen?" Überrascht schaute sie auf. „Dass du dich noch an sie erinnerst? Nein, Kind. Das geht nicht. Sie wohnt nicht mehr hier. Während du weg warst, wurde eine schwere Krankheit bei ihr festgestellt. Nach langer Behandlung ging sie zur Kur und lernte dort einen Mann kennen. Die beiden sind inzwischen verheiratet. Wo sie jetzt wohnt, weiß ich nicht." „Hat sie doch noch ein Kind bekommen? Sie wollte doch immer welche", wollte Lea wissen. „Ach, was gehst du mir auf die Nerven mit deiner Fragerei! Nein. Wolli ist kinderlos geblieben, soweit ich weiß. Aber was interessiert dich das? Und was ich den Bullen gesagt habe, geht dich auch nichts an! Sei froh, dass ich mich für dich mit denen angelegt habe!"

‚Meine Tante Wolli ist also auch nicht mehr da. Wie komme ich hier nur ohne sie zurecht? Kein Mensch, mit dem ich reden kann. Der mich einfach nur lieb hat. Oh Hilfe, lieber Himmel! Kannst du mir sagen, was ich jetzt tun soll?' Völlig eingeschüchtert von den Ereignissen und der scheinbar aussichtslosen Lage, in der sie sich befand, lief die Kleine dennoch dorthin, wo Tante Wolli früher wohnte. Sie setzte sich auf die Hauseingangsstufen und weinte bittere Tränen, bis sie vor Erschöpfung einschlief. Es schien sie nicht einmal jemand zu vermissen. Mitten in der Nacht erwachte sie an gleicher Stelle, wo sie eingeschlafen war, und taumelte fröstelnd nach Hause. Es war kühl geworden. Kein Wind war zu spüren. Die Luft schien wie ein sanfter Hauch in Leas Nase zu gleiten. Sie atmete dieses angenehm feuchte und erdige Aroma tief und genussvoll ein. Verbunden mit der Stille des Augenblicks.

Wie es aussah, hatte ihre Mutter gar keine Zeit, sich dauerhaft um ihre Kinder zu kümmern. Fast immer war das Haus voll mit Unbekannten, die meist lange, oft auch über Nacht blieben. Ein eigenes Zimmer hatte Lea nicht. Wenn die Fremden da waren, teilte sie einen Raum mit ihren jüngeren Brüdern, für die sie sich verantwortlich fühlte. Sie waren doch noch so klein, und diese Fremden, das machte ihr Angst! Was sollte das?

„Wo ist eigentlich Hanna?", wollte Lea am Morgen wissen. „Das geht dich nichts an! Kümmere dich lieber um deine Brüder, und schau, dass du deinen Mist in Ordnung hältst! Alles andere hat dich nicht zu interessieren!", fauchte ihr diese Frau entgegen, die dem Kind immer suspekter wurde. Resigniert enttäuscht stellte Lea fest, ihre Mutter war die Gleiche geblieben, die sie in Erinnerung hatte. Von Liebe und Zuneigung keine Spur!

‚Mutter! Warum hast du mich überhaupt zurückgeholt?' Diese Frage hätte das Mädchen gern laut gestellt, doch das wagte sie nicht! Sie mutmaßte lieber in der Sicherheit des Verborgenen, denn was sie dachte, konnte ihr keiner verbieten!

‚Vermutlich, damit ich meine Brüder umsorge, weil du es nicht schaffst! Was findest du nur an den Fremden, die immer hier sind, dass diese sogar wichtiger werden als deine Kinder?'

Das Mädchen zählte jetzt siebeneinhalb kümmerliche Kinderjahre. Ganz offensichtlich keimte neben dem unfassbaren Unverständnis erste Rebellion in ihr auf, die sich immer stärker manifestieren sollte.

Es gab keinen vorgegebenen Rahmen, in dem sich die Kinder bewegten. So lernten sie auch keinerlei Grenzen kennen. Sie mussten selbst herausfinden, wo diese lagen. Auch der Tagesablauf gestaltete sich so. Orientierungslos streunten sie wie Straßenkinder aus verarmten Slums durch die Zeit. Oft wurden sie von ihrer Mutter willkürlich für Arbeiten eingeteilt, denen sie noch nicht gewachsen waren. Die letzte Augustwoche des Jahres 1973 war angebrochen. Das zweite Schuljahr stand unmittelbar bevor. Lea wusste nicht, wie sich der Start dorthinein gestalten konnte. Besaß sie doch nicht einmal eine eigene Schultasche oder diverse Schreibutensilien. In diese Gedanken vertieft, lief sie ihrer Schwester Hanna fast in die Arme, bis sie sie wahrnahm. Das Dorf war nicht sehr groß. Wenn man hier wohnte, musste man sich früher oder später begegnen.

„Hallo Hanna!", sagte sie seltsam kraftlos. Sie spürte keinen inneren Antrieb mehr, ihre mühsame Fragerei fortzusetzen. Aus Neugier tat sie es dennoch.

„Wieso bist du nicht mehr zu Hause? Wo wohnst du denn, und wie geht es dir? Wir haben uns schon so lange nicht mehr gesehen." Leas Interesse war echt. Auch wenn sich die Mädchen nicht besonders mochten. Nicht nur im Äußeren unterschieden sie sich total. Hanna mit ihrem schönen Körper und dem langen, schwarzen, glänzenden Haar. Lea hingegen, zu klein, zu schmal, dünnes, glattes Haar, unscheinbar wie ein bedeutungsloser Jedermann. Im Stillen beneidete sie ihre Schwester für deren Schönheit. Doch ihr Charakter war schlecht. Sie war faul, log gern und hatte oft sehr böse Gedanken. Das widerte Lea an. Sie verachtete Hanna dafür.

Die Mädchen musterten sich misstrauisch.

„Wo kommst du denn auf einmal her?", wollte Hanna wissen. „Wie lange bleibst du? Die Schule fängt bald wieder an."

„Ich glaube, ich muss nicht mehr weg. Irgendwer wollte mich schon abholen, sie sind aber ohne mich weggefahren, nachdem Mama einen Zettel unterschrieben hat", erzählte Lea. „Ach so? Na dann wirst du bestimmt auch bald bei irgendwelchen Leuten landen, die glauben, ab sofort über dich bestimmen zu können. Ich wohne bei Inge Schneider. Die kennst du doch. Das ist die Dicke, die gleich neben der Fleischerei wohnt. Warum ich bei ihr bin, weiß ich auch nicht. Ist mir egal. Ich mache sowieso, was ich will, und bin die meiste Zeit draußen."

Lea hatte keine Ahnung, wer Inge Schneider war. Um die Fleischerei hatte sie bis jetzt immer einen großen Bogen gemacht. Es roch immer so komisch, und Lea taten die Tiere unendlich leid, die sterben mussten, um von den Menschen gegessen zu werden. Viel lieber war sie bei Alex im Stall und umsorgte die kleinen Hasen und Hühner.

Hanna schien noch nicht begriffen zu haben, dass Lea erst ganz kurze Zeit zurück, und als sie damals weggebracht wurde, erst fünf war. Der ganze Ort mit seinen Bewohnern und ihrem seltsamen Verhalten war ihr nicht geheuer! Ihre Blicke waren durchdringend, wenn man sie ansah. Aber keiner wollte scheinbar mit ihr reden! Sie gingen Lea, wie auch dem Rest der Familie, möglichst aus dem Weg.

„War Alex nicht auch bei fremden Leuten?", fragte Lea ihre Schwester aus. „Der? Ja, der auch! Er wohnte bei Bauer Petzold in der Siedlung. Er hing fast immer mit seinen Kumpels irgendwo herum. Weil er zu viel arbeiten musste, hat er gesagt. Deswegen verschwand er lieber schnell, bevor er gesehen wurde. Er ging auch nicht regelmäßig zur Schule. Der Bauer wollte ihn dann nicht mehr. Er sei ein Faulpelz, um den er sich nicht weiter kümmere. Ich glaube, Mama hat die vom Jugendamt irgendwie überzeugt, dass sie mit ihm fertigwerden kann. Auf jeden Fall ist er wieder zu Hause. Soweit ich weiß, ist er aber nur bei seinen Viechern draußen. Wenigstens darauf versteht er sich!"

Lea schüttelte nachdenklich und traurig den Kopf. „Jeder Fremde scheint besser als unsere Mutter! Verstehst du das?", versuchte sie, eine innere Verbindung zu Hanna herzustellen, was aber durch die gleich darauf folgende ungeschickte Äußerung misslang. „Du hast ganz schön zugenommen. Geht es dir gut bei der fremden Frau?"

Die eitle Hanna verfiel sofort wieder in ihren alten Stil der Kränkungen.

„Seit wann interessiert es dich, ob es mir gut geht? Du hast doch überhaupt keine Ahnung, wie es hier zugeht! Schau, dass du wieder wegkommst von hier! Dann hast du deine Ruhe! Und ich meine vor dir!" Sie drehte sich um und ließ Lea einfach stehen. Doch auch diese hatte keine Lust mehr auf eine Weiterführung des Gespräches. Überhaupt gefiel es ihr nicht, jeden ausfragen zu müssen, um wenigstens das Nötigste zu erfahren.

,Muss ich das alles wissen? Es kann mir doch wirklich egal sein, welches Leben meine Familie hier führt. Ich bin ihnen doch bisher auch egal gewesen. Und auch jetzt, wo ich wieder da bin, ist das noch so, wie es vorher war!'

Irgendwas stimmte nicht in der Verbindung zwischen Lea und dieser Familie! Schleichend griff die Resignation wieder nach ihr, die sie bereits im Kindergefängnis beherrscht hatte. Nun kam hinzu, dass sie ihren Freund Roberto sehr vermisste. Bestimmt erlebten er und seine Eltern gerade eine wunderschöne Urlaubszeit an der Ostsee. Aber sie waren sicher genauso betrübt wie sie angesichts der abrupten, immer befürchteten Trennung. Eigentlich sollte sie ja jetzt mit ihnen zusammen sein. Doch durch das plötzliche Auftauchen ihrer Mutter kam wieder einmal alles ganz anders.

Während sie so nachdachte, spazierte die Kleine über eine ausgedehnte Wiese unweit des Sperrgebietes der Russenkaserne. Es musste schon Nachmittag sein. Die

Sonne warf seitlich einen langen Schatten von Lea, der viel größer war als das Kind real. Der sattgrüne Teppich war übersät mit Löwenzahn, dessen leuchtend gelbe Blüten inzwischen in viele fröhliche Pusteblumen verwandelt waren. Was war doch die Natur für ein zauberhafter Magier. Das Kind begeisterte sich über diesen Anblick, sprang ausgelassen über das weite Feld und sog den dezent würzigen Geruch nach Pilzen, Erde und Gras gierig ein. Das Zusammentreffen mit ihrer Schwester und die quälenden Gedanken von davor und danach hatte sie längst vergessen. Sie genoss das herrliche Geschenk dessen, was ihr da zu Füßen lag. Erfreut entdeckte sie, dass auf dieser Wiese lauter weiße, kugelige Champignons wuchsen. Ob es wirklich Champignons waren, wusste sie nicht genau, doch sie dufteten köstlich, und Lea begann einzusammeln, was sie tragen konnte. Am Abend würde sie ihre Mutter fragen, ob man etwas Schmackhaftes daraus kochen konnte. Lea würde bereitwillig bei der Zubereitung helfen. Ganz bestimmt freute sich ihre Mutter darüber. Der Kopf reimte dazu sein Gedicht. Etwas Besseres gab es jetzt nicht.

,*Zu Hause stinkt es überall.*
Mein Bruder Alex wohnt im Stall.
Ein Fremder schläft in seinem Bett.
Zu denen ist die Mama nett.
Wir sind im Weg. Uns will sie nicht.
Und sagt's mir auch noch ins Gesicht!
Roberto steht am Meer allein.
Dort würde ich jetzt gerne sein.'

Lea hatte ihre dünne Windjacke ausgezogen, in welche sie vorsichtig die Pilze bettete. Die abgebrochene Klinge eines alten Taschenmessers, die sie am Straßenrand gefunden hatte, half ihr beim Schneiden der weißen, duftenden Schätze. Etwas entfernt kamen ihr zwei Erwachsene entgegen, die nicht aus dem Dorf sein dürften. Lea hatte sie dort noch nicht gesehen. Sie winkten ihr freundlich zu, lachten, umarmten und küssten sich. „Entschuldigung." Mit verschämt gesenktem Kopf stand das Kind nun vor ihnen. „Aber wofür entschuldigst du dich denn? Wir sind wie du darauf gekommen, dass hier viele Pilze wachsen, die wir jetzt sammeln. Die Wiese gehört uns nicht. Dir etwa?" Wieder lachten sie. „Wissen Sie, ob das Champignons sind?", erkundigte sich Lea. „Schaut ganz so aus", schnupperte die junge Frau an einem Exemplar und musterte es genauer. „Wenn es erlaubt wäre, würde ich uns ein Lagerfeuer machen, und wir könnten die Pilze an Ort und Stelle über dem Feuer grillen", überlegte der Mann. „Ich bin Lutz", streckte er Lea die Hand entgegen. „Das ist meine Freundin Pia. Sie ist Lehrerin an der Schule im Nachbarort. Vielleicht seht ihr euch ja bald wieder. Sie bekommt eine erste Klasse." Pia unterbrach die lustige Erzählung. „Mein lieber Lutz. Erstens kann ich selbst über mich erzählen. Zweitens weißt du gar nicht, ob das unsere kleine Freundin überhaupt interessiert. Und drittens haben wir noch ein paar wenige Ferientage, in denen ich bitte nicht über Schule sprechen möchte! Wie ist denn dein Name?", wandte sie sich sehr nett dem Kind zu. „Ich heiße Lea und wohne da vorn", zeigte sie mit dem Finger in Richtung ihres Heimatdorfes. „Ich freue mich schon sehr auf die Schule. Ich glaube aber nicht, dass wir uns sehen, denn ich komme schon in die zweite Klasse." „In welcher Schule denn?", fragte die Frau. „Das weiß ich nicht. Ich bin noch nicht lange hier und kenne meine Schule nicht. In unserem Ort gibt es keine, also muss sie in einer Nachbarortschaft stehen. Aber wo? Keine Ahnung!", zuckte die Kleine mit den Schultern. „Ach, das ist jetzt ganz egal. Heute ist so ein schöner Tag. Was denkst du? Sollen wir vielleicht gemeinsam Pilze sammeln? Wir könnten noch ein wenig plaudern, wenn du magst. So lernen wir uns kennen und werden vielleicht sogar Freunde. Wir sind auch erst hierhergezogen. Brauchst keine Angst haben. Wir sind ganz normale Leute." Die junge Frau legte kameradschaftlich ihren Arm um Leas Schulter. Dann holte sie eine kleine, grün-gelb gemusterte Decke hervor, die bis jetzt zusammengerollt über ihrer Schulter hing, und plauderte weiter. „Darf ich mal sehen, wie viele Pilze du schon gefunden hast? Na, du warst ja fleißig! Daraus kann deine Mama eine tolle Mahlzeit zaubern. Sie wird sich sicher darüber freuen. Wann musst du denn zu Hause sein?" „Ich ,muss' eigentlich gar nichts", erschrak das Kind über die eigene Erkenntnis. „Es gibt keine Regeln. Vor ein paar Tagen war ich irgendwo im Dorf unterwegs und an einem Treppenaufgang eingeschlafen. Ich wachte erst in der Nacht wieder auf, weil mir furchtbar kalt war. Als ich mich nach Hause schlich, waren fremde Leute da. Es war laut. Mama saß mitten unter ihnen, lachte und erzählte. Ich glaube, sie hat gar nicht bemerkt, dass ich weg war." Jetzt schauten sie Lutz und Pia ungläubig an. „Waaas?", schoss es fast gleichzeitig aus ihnen heraus. „Ach, nun macht euch keine Gedanken. Ich habe euch nur eine

Geschichte erzählt", log das Kind, peinlich berührt, mit gezwungenem Lächeln, als es bemerkte, dass es viel zu viel geredet hatte. „Und was ist dein Beruf?", lenkte Lea jetzt vom Thema ab und blickte zu Lutz hinüber. „Ich studiere noch. Später möchte ich einmal als Kinderarzt arbeiten. Ich mag Kinder gern und interessiere mich sehr für Medizin." „Das ist toll!", freute sich die Kleine. „Ihr seid sehr nett." Das Mädchen freute sich. Endlich zwei nette Leute. Was für eine schöne Begegnung an diesem Tag. Sie mochte kluge, freundliche Menschen. Pia schrieb inzwischen auf einen kleinen Zettel die Adresse, wo sie wohnten. „Besuche uns doch einfach. Wir sind zwar viel in der Natur oder müssen arbeiten. Aber während der Woche musst du ja auch in die Schule. An den Wochenenden lässt sich da sicher etwas einrichten.

„Wirklich?", strahlte die Kleine. „Ich weiß auch, wie ich zu euch komme. Ich kann das schon lesen!", sagte sie stolz. „Klar kannst du lesen! Du hast ja erzählt, dass du in die zweite Klasse kommst. Also gehörst du schon zu den Großen", zwinkerte Pia ihr zu, und Lea setzte ihren Gedanken fort. „Dort war ich vorgestern, als wir etwas für den Schulbeginn kauften. Das ist nur eine Station mit dem Bus. Und ich darf einfach zu euch kommen? Ihr kennt mich doch gar nicht", wunderte sich Lea. „Ja sicher! Sonst würden wir es dir ja nicht anbieten. Du kennst uns doch auch nicht. Wir haben uns hier zufällig getroffen, sammeln gemeinsam Pilze, verstehen uns. Wir sind normale Leute, die dir nichts tun. Kinder sind tolle Menschen. Du ganz besonders! Wir können sicher viel von dir lernen." Lutz lachte Lea unvermittelt an, als er das sagte. Wie es aussah, meinten sie das vollkommen ehrlich. Lea fühlte sich unglaublich gut, nachdem sie so viele schöne Dinge gehört hatte. Dennoch kroch wieder Angst an ihr hinauf, mit dem berechtigten Einwand, dass ihr diese beiden jungen Leute bis vor einer Stunde völlig unbekannt waren. Es konnte für ein Kind sehr gefährlich werden, einer solchen Einladung zu folgen. Wie sie tatsächlich zu ihnen kam, wäre nicht das Problem. Wenn sie kein Geld für den Busfahrschein hatte, konnte sie die paar Kilometer auch zu Fuß ins Nachbardorf gehen. Aber woher kam nur diese verflixte Vertrauensseligkeit? War es möglich, dass sie einer tiefen Sehnsucht entsprang? Nach Geborgenheit, liebevoller Zuwendung, dem angenommen Sein. Da das Kind die lockere, freundschaftliche Wertschätzung des Paares sehr genoss, setzte sein Misstrauen erst verzögert ein. Doch mit der klaren Aufgabe, es vor unüberlegtem Handeln zu schützen, welches das schmerzvolle Defizit fehlender Nestwärme und Liebe auszugleichen suchte. Offensichtlich war Lea mit allem ausgestattet, was sie brauchte, um sich selbst zu schützen, zu lernen, achtsam zu werden, wenn nötig um Hilfe zu bitten. Sie wusste, was sie wollte, und noch viel mehr, was sie nicht wollte! Nur ihrer Mutter, mitsamt deren abartigen Besuchern, fühlte sie sich schutzlos ausgeliefert. Zu gern hätte sie diese tiefen Ängste jemandem anvertraut. Doch da war niemand. Tante Wolli war nicht mehr da, von den Bewohnern des Dorfes hatte keiner etwas für sie übrig. „Aber ja!", fiel es dem Kind ganz spontan wieder ein, und sie schämte sich plötzlich. „Wieso denke ich erst jetzt an meine liebe Tante Hilde? Sie hat sicher schon erfahren, dass ich wieder da bin, und wird traurig sein, dass ich sie nicht besuche. Ich muss unbedingt zu ihr gehen!"

Während sie noch eine Weile nach den weißen Kostbarkeiten Ausschau hielt, war sie gedanklich nicht mehr anwesend. Sie sah sich inmitten von einem Haufen Bilderbüchern in ihrem geliebten Kindergarten sitzen und den Geschichten der angenehm vertrauten Stimme zuhören.

Langsam begann es zu dämmern. Höchste Zeit, sich von Lutz und Pia zu verabschieden und ins Dorf zurückzugehen. Sie war schon gespannt auf die Reaktion ihrer Mutter, wenn diese den stolzen Fund sah. Zu Hause breitete sie ihn auf dem Küchentisch aus und strahlte übers ganze Gesicht. „Schau, Mama. Habe ich für uns mitgebracht. Freust du dich?"

„Wo hast du die her?", wehte es ihr schroff entgegen.

„Ich habe sie gesammelt, Mama. Gar nicht weit von hier ist eine Wiese. Dort wachsen ganz viele Pilze. Ich dachte gleich, das müssten Champignons sein. Eine Frau hat das bestätigt. Sind es welche?" „Ja, eindeutig. Alex, lass dir von deiner Schwester zeigen, wo sie die Pilze gefunden hat. Vielleicht gehen wir einmal zusammen welche sammeln. Dann reichen sie für uns alle", rief sie ihrem ältesten Sohn zu, der den Schatz sogleich begutachten kam.

Lea freute sich über eine erste Regung ihrer Mutter, die weniger abweisend klang als die bisherigen. Vielleicht war das ihre Art, ‚Danke' zu sagen, denn das Wort selbst ließ sie wie immer vermissen.

„Was kannst du denn Gutes daraus machen? Ich helfe dir auch gern beim Putzen der Dinger." Zutiefst dankbar über die freizügige Gabe von Mutter Natur, zog Lea gierig den frischen Duft der köstlichen Eigenlieferung durch die Nase.

„Heute machen wir gar nichts mehr damit! Wir haben keine Kartoffeln und auch Margarine zum Andünsten fehlt. Der Konsum ist schon geschlossen. Wir können das erst morgen einkaufen", gab die Frau monoton bekannt. Kein Lächeln begleitete diese Meldung. Nicht den kleinsten Funken Bedauern oder sonst was Menschliches fand das Mädchen in deren Gesicht. Teilnahmslos räumte sie alles in einen unsauberen Topf, der noch einige Geschichten seiner vorherigen Inhalte erzählen konnte. Lea wurde übel. Blitzartig rannte sie auf den Hof, versuchte noch, sich in eine verborgene Ecke zu verziehen, doch das gelang ihr nicht mehr. Alex war gerade in den Stall unterwegs, als er das Malheur sah. Seelenruhig nahm er seine Schaufel, holte etwas Komposterde, die er immer selbst herstellte, und verteilte diese auf der beschmutzten Wiese. „Komm, lass uns in den Stall gehen. Wir schauen drinnen, ob deine Sachen auch etwas abbekommen haben." Er lächelte die kleine Schwester an und schob sie aus dem imaginären „Schussfeld". „Mutter ist schwer einzuschätzen", erklärte er leise. „Es sind noch keine Leute da. Wenn sie mit uns allein ist und schon getrunken hat, sollte man ihr lieber aus dem Weg gehen. Aber ich bin ja da. Ich pass schon auf dich auf, bis du dich an alles gewöhnt hast." „Du bist so lieb, Alex. Danke! Ich dachte, sie wird sich freuen über die schönen Pilze. Jetzt will ich sie selber nicht mehr essen." „Dann wird Kompost aus ihnen. Auch gut. Glaube bloß nicht, sie wird morgen eine Mahlzeit daraus kochen. Der Konsum hat sie schon seit ewigen Zeiten nicht mehr gesehen. Wenn, dann schickt sie einen von uns, etwas einzukaufen. Aber meistens vergisst sie es vollkommen."

„Ja, das ist mir gleich als Erstes aufgefallen, seit ich wieder hier bin", sagte Lea nachdenklich. Die Gleichmütigkeit ihres Bruders verwunderte sie. Er schien sich mit seinem Schicksal abgefunden zu haben. Das Mädchen spürte innerlich, dass sie das nicht so machen durfte! Nicht einfach hinnehmen, sondern nachdenken, was man dann eben anderes machen könnte.

„Womit kann man Mama denn dann überhaupt eine Freude machen?", fragte sie voller Enttäuschung. „Wenn du von irgendwo Geld mitbringst. Dann hast du schon gewonnen!", gab Alex zurück. „Aber auch brauchbare Sachen, die sie verkaufen kann, nimmt sie gerne. Ihr ist egal, woher du das Zeug holst. Was da ist, wird genommen." „Das klingt nicht gut. Gehst du dafür auch stehlen?", fragte Lea vorsichtig. „Nein. Bis jetzt konnte ich sie mit frischen Eiern und anderen Schätzen aus ‚meinem Reich' gut bedienen. Und ich bin hier draußen sehr glücklich. Sie lässt mich meistens in Ruhe, und die Tiere sind mein Stolz", grinste er zufrieden. „Schau. Ich kann den Schuppen sogar von innen absperren. Das habe ich mir gebaut, weil oft die Penner hierherkommen, wenn sie total voll sind. Von denen lasse ich keinen hier herein! Und wie du weißt, schlafe ich ja auch oft draußen." Alex zeigte ihr seine Holzkoje. „Die habe ich mir auch selbst gemacht. Ist sehr bequem. Willst du mal probeliegen?", witzelte er herum. Die beiden Kinder verbrachten den ganzen restlichen Abend dort. Alex holte sogar eine alte Gitarre hervor, die er einmal von einem Bauern geschenkt bekam, als er bei der Rübenernte half. Er konnte nicht besonders gut darauf spielen. Dennoch fand Lea es großartig und hatte schon bald alle Enttäuschungen des Tages vergessen. Sie war gern mit ihrem Bruder bei den Tieren im Stall. Diese beiden Kinder mochten sich, und aus der Not wurde eine Tugend. In der Natürlichkeit von Mensch und Tier verbanden sie sich mit dem, was ihnen außerhalb des Schuppens fehlte. Schutz, Geborgenheit, Liebe.

„Du Alex? Die Schule, in die wir gehen … ist es schön dort? Du kommst schon in die Vierte. Erzähl mir doch bitte ein paar Sachen. Ich weiß ja nicht einmal, wo sie ist und wie sie aussieht." Dieses Thema schien dem großen Bruder nicht zu gefallen. Er verzog das Gesicht und winkte ab. „Ach, lass mich bloß damit in Ruhe. Du kannst sie dir in ein paar Tagen selbst ansehen. Ich hasse die Schule! Wie ich dieses Schuljahr geschafft habe, weiß ich auch nicht. Ich war die meiste Zeit gar nicht anwesend. Den Lehrern gefällt das natürlich nicht. Sie beschweren sich oft, und ich bekomme einen Eintrag nach dem anderen, den ich unterschreiben lassen muss. Ich erledige das gleich selber. Unsere Mutter ist sowieso meist nicht imstande, ihren Namen zu schreiben." Jetzt sah er sehr verbittert aus. Das Mädchen erkannte nicht nur seine Unlust gegenüber der Schule. Unermesslich tiefe Enttäuschung – wenn nicht gar Verachtung – schwang da mit.

„Die Schule ist nicht groß. Einen schönen Schulhof hat sie, auf dem wir Fußball spielen dürfen. Das Fußballfeld haben wir mit Kreide auf den Asphalt aufgemalt. Damit der Ball nicht zu weit wegrollt, bekamen wir einen Behelfszaun aus Holz. Das ist jetzt unser Revier. Der Sportlehrer denkt sogar an einen festen Zaun und das Aufbringen der Markierungen mit weißer Farbe. Für die anderen ist dennoch genug Platz zum Spielen oder Raufen. Es gibt recht oft eine Rauferei, bei der ich meistens beteiligt bin", grinste er jetzt unverschämt frech. „Aber erzähl doch mal von dir. Wo warst du überhaupt?" Lea war einigermaßen überrascht. „Wieso fragst du mich das? Du weißt aber schon, dass ich jetzt zwei Jahre im Heim war? Genauer gesagt, in zwei Heimen", konnte sie die Ahnungslosigkeit ihres Bruders nicht fassen. „Nein. Ich weiß nur, dass sie dich geholt haben. Aber nicht wer und wohin. Ich glaubte, du bist auch bei irgendeiner Familie. Nachdem du weg warst, haben sie das mit mir so gemacht. Ich musste zu einem Bauern in die Siedlung. Der Hund hat mich genauso geschlagen wie Mutter, nur kräftiger, sodass es auch wehtat. Aber ich habe von ihm sehr viel über Tierhaltung, Ernte und Futteraufbereitung gelernt. Das gefiel mir. Wenn er nicht so grob gewesen wäre, hätte ich mir gut vorstellen können, dortzubleiben", erklärte Alex. „Aber hier, bei unserer Mutter, ist es nicht gut. Weißt du, ich habe sie sehr gern und möchte sie beschützen vor den besoffenen Pennern. Dafür prügeln die mich, und Mutter lacht dazu! Wie abartig ist das? Schlimm, nicht wahr?" Der große Bruder lehnte den Kopf an die Stirn der kleinen Schwester. Die Kinder standen, umarmten sich stumm und weinten. „Ich werde jetzt dich beschützen, kleine Schwester. Ist das in Ordnung?" Sie sahen sich an, Lea nickte. „Danke, Alex. Ich bin froh, dass es dich gibt. Wir passen jetzt gegenseitig aufeinander auf, ja?" Er nahm die alte, verstimmte Gitarre, und sie sangen ein bisschen. Das machte die Herzen wieder leichter und sogar manches Lachen gelang. „Aber du fragst mich nicht mehr nach Schule! Abgemacht?" „Gut. Werd's mir merken. Willst du dafür von mir das Schachspielen lernen?" Er nahm das nicht ernst, und sie lachten wieder.

Endlich war September. Lea durfte nun also unter ganz normalen Umständen, mit ganz normalen Kindern in eine ganz normale Schule gehen. Morgens fuhr zwar auch ein Schulbus die Kinder in den Nachbarort. Aber ohne die dämliche Bewachung und viel ausgelassener, als es Lea noch in Erinnerung hatte. Den Schulhof umgab keine meterhohe Mauer mit Stacheldraht oben. Er war sogar richtig groß, sodass man Fangen spielen konnte. Es war wunderbar, zu sehen, wie fröhlich die Kinder sich miteinander beschäftigen konnten. Ihr unbeschwertes Lachen machte Lea glücklich, obwohl sie zunächst nur ein ganz unbeteiligter Beobachter blieb. Auch den erwähnten Fußballplatz konnte sie jetzt mit eigenen Augen sehen. Aber das Beste entdeckte sie auf dem Grünstreifen vor dem Schulhof. Ein stattlicher Lindenbaum stand dort. Seine Blätter, die sich stellenweise bereits gelb verfärbten, flatterten im Wind und schienen ihr zuzuwinken. Schön war das.

Die Vorstellung ihrer Person in der Klasse empfand sie als sehr unangenehm. Es war ihr peinlich! Lea wollte nicht, dass man über sie sprach. Alle Mitschüler waren mit Schultaschen gekommen. Sie jedoch besaß noch immer keine! In der Not hatte sie die neue Federmappe und ein leeres Schreibheft, welche sie und ihre Mutter erst vor ein paar Tagen gekauft hatten, in eine kleine Umhängetasche gesteckt, die sie behalten durfte, als sie das Kinderheim verließ. Für einen neuen Schulranzen reichte einfach das Geld nicht!

Als Nächstes fiel ihr auf, dass viele ein weißes Hemd mit einem Zeichen am linken Ärmel trugen. Alle präsentierten sich am ersten Schultag mit einem blauen Halstuch. Manche hatten sogar eine schmale, blaue Kappe auf dem Kopf, die Lea überhaupt nicht gefiel. So etwas Komisches besaß sie gar nicht! Die Lehrerin, Frau Dunkel, eine mittelgroße, vollbusige, sonst aber schlanke Frau von schätzungsweise fünfzig Jahren, begrüßte alle, stellte die neue Mitschülerin mit wenigen Worten vor und wünschte ihr alles Gute in der Klasse. ‚Sie hat gefärbte Haare, wie Mama!‘, ging es dem Kind durch den Kopf. ‚Dieses hässliche Rotbraun scheint gerade in Mode zu sein.‘ Lea fand es abscheulich! Später fragte die Lehrerin, ob sie denn ihr Pionier-Halstuch vergessen hätte. „Ein solches Halstuch habe ich nicht!", gab Lea Auskunft. „Wirklich nicht? Das wundert mich aber sehr. Alle haben das und du nicht? Du bist ein Jungpionier! Also sollst du auch eine schöne Pionieruniform bekommen. Eine weiße Bluse mit Pionieremblem am Ärmel, einen blauen Rock, ein blaues Käppi und ein blaues Pionier-Halstuch dazu. Dann schaust du genauso hübsch aus wie die anderen. Ach ja, und einen Pionierausweis müssen wir dir auch noch ausstellen. Ich werde mich darum kümmern, in Ordnung?", schlug sie dem Mädchen vor, dem es vollkommen egal war, ob es so eine komische Uniform bekam. Bis jetzt hatte ihr niemand gesagt, dass sie ein Jungpionier sein sollte. Was war das überhaupt?

„Am 13. Dezember ist Pioniergeburtstag. Bis dahin haben wir das locker in Ordnung gebracht und können dich gleich feierlich bei uns aufnehmen. Dann kannst du, wie alle anderen, beim Appell stolz deine neue Uniform präsentieren. Ich sage deiner Mama, wann sie die Sachen abholen kann, gut?" „Ja, machen Sie das. Danke", gab Lea lakonisch zur Antwort. Sie hatte absolut keine Ahnung, ob ihre Mutter überhaupt schon einmal in dieser Schule war oder wusste, dass es Jungpioniere gab. An ihrem Bruder Alex hatte sie so etwas Merkwürdiges noch nie gesehen. Auch im Kinderheim war dies nicht zum Thema geworden. Also war es sicher eine belanglose Nebensache. Aber gut, wenn Frau Dunkel sagte, dass es wichtig sei, weil es alle haben, dann war es wohl so. Es lohnte nicht, sich weiter Gedanken darüber zu machen.

Im Klassenzimmer hing an der Wand, direkt über der Tafel, wieder dieses Bild, wie sie es schon im Speiseraum des Kinderheimes gesehen hatte. Es war genau das gleiche Foto von dem Mann, dessen Gesicht so einen zwiespältigen Eindruck auf Lea gemacht hatte. Zum einen berechnend kalt, zum anderen gepresst lächelnd. Dieser Mensch musste irgendetwas zu verbergen haben, schoss es ihr in den Kopf! Aber wen interessierte das jetzt? Heute war ihr erster Tag in dieser Schule, und es gab sicher noch sehr viel Neues zu bestaunen.

Den Mitschülern war nicht bekannt, wo Lea in den vergangenen zwei Jahren ihre Zeit verbracht hatte. Sie kannten die Familie, der sie entstammte, wussten, dass diese mit ihrem Lebenswandel für ausreichend Gesprächsstoff im Dorf sorgte. Dass Lea lange Zeit gefehlt hatte, schienen sie aber nicht bemerkt zu haben. Es war naheliegend, dass man sich nicht traute, sie einfach zu fragen. Wo hatte sie ihr erstes Schuljahr verbracht? Alle aus dem Dorf besuchten diese Schule.

Im Unterricht entdeckte das Mädchen etwas ganz Seltsames. Vor ihr saß ein Junge, der mit der linken Hand schrieb. Lea erwartete voller Sorge, dass er bald erwischt werden und richtig viel Ärger bekommen würde. Die Lehrerin ging auch dorthin, aber nur, um ihm kurz über die Schulter zu schauen. Sie sagte nichts, zeigte auf etwas in seinem Heft und ging dann weiter.

Verstört schaute Lea ihr nach. ,Warum darf er links schreiben und ich nicht?' Sofort probierte sie das auch, nahm den Stift in die linke Hand und ... „Ich kann nicht!", murmelte sie. Verzweifelt blickte Lea auf das Papier und ihre linke Hand, die den Füllhalter noch festhielt, jedoch wie gelähmt wirkte und sich nicht bewegte. Sie schien sich zu weigern, dem Willen des Kindes zu folgen, dem sie gehörte. Leas linke Hand wollte nicht schreiben! Frau Dunkel muss etwas mitbekommen haben. Nach der Stunde fragte sie ihre neue Schülerin, was los sei. Ob sie ein Problem hätte. Lea sagte nichts und verneinte nur stumm. Zu tief saß der Schmerz der Erinnerung an die Schläge auf ihre Hand. Sie praktizierte das Schreiben mit rechts und wurde dafür mit guten Zensuren belohnt. Der Umgewöhnungsprozess im Heim hatte bei diesem Kind perfekt funktioniert!

In der Schule gefiel es ihr, im Gegensatz zu Alex, gut. Das Lernen machte Spaß. Es half dem Kind sehr, nach geregelten Abläufen zu arbeiten. Das kannte sie von zu Hause nicht. Dort herrschte immer Chaos! Es störte das Mädchen extrem, dass sie morgens keine saubere, frische Kleidung fand. Sie durchwühlte die riesigen Wäsche-haufen auf dem Bett im Schlafzimmer, in dem nie jemand schlief. Oder Lea fand noch nicht Gewaschenes irgendwo in einer Ecke. Sie beschloss, ihre Mutter zu fragen, ob sie ihr die Bedienung der Waschmaschine erklären konnte, die verwaist draußen, in einem der Schuppen stand. Sie würde kurzerhand lernen, Wäsche zu waschen und sich um deren gutes Aussehen kümmern. Mutter wäre damit auch geholfen, überlegte sie. Das Bett wäre frei geräumt und benutzbar, die Wäsche sauber im Schrank verstaut.

Nur reparieren konnte Lea noch nichts, da es das Unterrichtsfach Nadelarbeit, dessen Besuch nur für Mädchen verpflichtend war, erst ab dem dritten Schuljahr gab. Dort würde sie das Nähen und andere Handarbeiten lernen können. Aber vielleicht zeigte ihr die Mutter ja den einen oder anderen Handgriff, wenn sie lieb darum bat. Den derzeitigen Zustand aller Kleidung empfand Lea jedenfalls als sehr beschämend! Oft genierte sie sich, so zur Schule zu gehen. Doch sie hatte kaum eine Wahl. Es war noch ein wenig Geduld gefragt. Wenn etwas kaputtging, wurde es nicht repariert. Verlorene Knöpfe wurden nicht ersetzt, Löcher in den Socken nicht geflickt. Die Wäsche wurde weder gebügelt noch zusammengelegt und ordentlich im Schrank gelagert!

In dieser Familie wurde mit Argwohn beobachtet, dass sich Lea unbedingt täglich waschen, kämmen und die Zähne putzen wollte! Sie verstand das Verhalten ihrer Mutter nicht! Wie konnte es sein, dass sie kein Bedürfnis hatte, sich und ihre Kinder zu pflegen? Das war doch ein wunderbares Erlebnis, sich in seinem Körper rein und wohl zu fühlen. In Liebe die Schönheit seiner Kinder zu entdecken.

Stumpfsinnig und kettenrauchend lebte diese Frau in den Tag hinein, ohne sich zu spüren!

Das Kind kapselte sich immer mehr von ihr ab. Umarmungen oder gar Küsse ertrug es nicht! Lea ekelte sich entsetzlich vor der eigenen Mutter! Sie hatte nicht den Funken von etwas Schönheit! Man erkannte nie warmherzigen Glanz in deren Augen, sondern tote Gleichgültigkeit. Dann diese gelben, fauligen Zähne! Ein Wunder, dass sie überhaupt noch welche besaß! Die dicke Warze an der Wange, mit den feinen, dunklen Härchen, die aus der obersten Pore quollen. Für Lea war es ein Zeichen des Bösen, das ihrer Mutter nun ins Gesicht gewachsen war! Alte, vergilbte Haut! Wie der ganze Mensch! Obwohl er dies doch eigentlich noch gar nicht war! Leas Mutter zählte genau zwanzig Jahre mehr, als das Mädchen selbst! Demnach stand die Frau im Augenblick zwischen siebenundzwanzig und achtundzwanzig jungen Lebensjahren! Ihrem Aussehen und der gesamten Körpersprache, Mimik, Stimmungslage nach zu urteilen, wirkte sie aber fast dreimal so alt!

Und doch! So unvorstellbar es auch klingen mochte, hatte diese Frau abends immer Männer im Haus, denen ihre ungepflegte Erscheinung egal zu sein schien. Aber das war nach Leas Meinung auch kein Wunder! Diese Besucher schauten nicht besser aus und scheuten nicht einmal vor Handgreiflichkeiten gegen die Kinder der Gastgeberin zurück! Lea verbrachte solche Abende stets draußen bei ihrem Bruder Alex. Dort war sie sicher. Der vierjährige Lukas verkroch sich im Kinderzimmer und gab keinen Laut von sich. Nur um die Aufmerksamkeit ja nicht auf sich zu lenken! Der kleine Max genoss Baby-Bonus. Ihm wurde kein Haar gekrümmt, wenn er zwischen der trinkenden Gesellschaft herumkrabbelte und die leeren Bierflaschen durch das Wohnzimmer rollte.

Keine gute Zeit für die empfindsame Lea und ihre Geschwister!

Bei den Mitschülern wurde sie zum Gespött eines jeden Tages! Manchmal kam sie sogar mit Jungenkleidung in

die Schule! Es war eben nichts anderes zum Anziehen da!
Karierte Jungenhosen, die eigentlich Alex gehörten. Viel
zu groß und am Hosenstall zum Knöpfen. Wie peinlich!
Dabei war Lea froh, am Morgen überhaupt etwas gefunden
zu haben, das sie anziehen konnte, während der ganze
Rest der Familie noch schlief. Ihre Mutter lag immer in
einer Art Koma! Schwerfällig brummend reagierte sie auf
energische Weckversuche des Kindes, ohne die Augen zu
öffnen. Zum Sprechen war sie erst gar nicht in der Lage.
Sie lallte nur unverständliches Zeug. Lea schämte sich
dafür. Wusste sie doch, welch lächerliches äußeres Bild
sie selbst abgab, wenn sie so zur Schule ging.

Natürlich wollte keiner aus der Klasse etwas mit ihr zu
tun haben. Jeder kannte ihre Herkunft, und es wurde ge-
lästert, dass es schlimmer nicht ging! Selbst manche Lehrer
machten mit oder verhielten sich unterstützend passiv! Oh,
es war so verdammt schwer, beweisen zu wollen, dass sie
doch anders war, nämlich ein ganz normales Mädchen,
das Hilfe und Akzeptanz suchte. Doch auch hier, in dieser
unwürdigen Lage, schickte ihr der Himmel die rettende
Sensation.

Der grüne Funken Hoffnung

Es gab eine einzige Mitschülerin, die für Lea zu einer wahren Freundin wurde. Die Besitzerin einer hübschen Puppe mit seidigem langen Haar, die Clara hieß. Der Name des Kindes war Susanne. Auf großartige Weise machte sie für Lea auf ihr Dasein aufmerksam.

Im September 1973, einen Tag nach dem Start in das zweite Schuljahr, kam Susanne in die Klasse und hatte sich das ganze Gesicht und die Hände grün angemalt. Schweigend setzte sie sich an ihren Platz und lächelte wissend. Alle lachten und waren schon gespannt darauf, was das zu bedeuten hatte. Verständnislos kam die Lehrerin auf sie zu. „Ruhe bitte!", erbat sie sich. „Susanne! Kannst du mir bitte diesen Aufzug erklären?", herrschte sie sie an. Die Angesprochene zählte zu den Musterschülern, war stets aufmerksam, mit bestem Benehmen. Ein Vorbild für die Klasse! Frau Dunkel nahm daher ernst, was diese zu sagen hatte.

„Ja also, früher wurde ich abends immer mit so einer grünen Salbe eingerieben. Als ich im Krankenhaus war. Ich glaube, das ist gegen eine Hautkrankheit. Meine Schwester Hanna hat mich bestimmt angesteckt."

Augenblicklich betrachtete Lea diese Mitschülerin nun genau. Das konnte doch nicht wahr sein! So viel Glück gab es nicht! Susanne musste sich so sehr das Lachen verbeißen, damit sie nicht aufflog mit dieser Revolvergeschichte, die natürlich frei erfunden war. Sie verfolgte den einzigen Zweck, dass Lea sie entdeckte, was längst geschehen war. Die Lehrerin wurde panisch und zeterte. „Was? Du kommst mit einer ansteckenden Krankheit in die Schule? Keiner rührt sich von der Stelle! Ich muss das melden gehen."

Die Pädagogin rannte hysterisch aus dem Klassenzimmer, die Schüler begannen zu johlen. Endlich konnte Susanne dem mühsam unterdrückten Lachen freien Lauf lassen. Jetzt umarmten sich die beiden Mädchen und freuten sich aus tiefstem Herzen über das Wiedersehen. „Siehst du, liebe Lea, ich habe dich nicht mehr vergessen, seit wir uns damals getroffen haben."

Diese war noch immer glücklich verwirrt und konnte kaum einen klaren Gedanken fassen. „Aber sag, wo wohnst du denn?", stammelte sie. Susanne kostete die Ratlosigkeit ihrer Freundin in vollen Zügen aus. Doch nicht, um sie zu ärgern, sondern aus reiner Freude. „Tja …", tippselte sie gespielt nachdenklich an ihrer Stirn herum. „Wo wohne ich? Du wirst es nicht glauben, aber im gleichen Ort wie du! Nur ein paar Gassen entfernt. Wir wohnten erst hier, unweit der Schule, in einer Wohnung. Papa musste vor ein paar Jahren arbeitsbedingt umziehen und hat damals ein kleines Haus bekommen. Inzwischen gehört es uns, aber es gibt noch viel daran zu machen. Ja, und jetzt sind wir beide fast Nachbarn", schmunzelte Susanne, sah ihrer Freundin nun fest in die Augen und flüsterte ihr leise ins Ohr:

„Ich muss dir aber etwas ganz Wichtiges sagen! Es tut mir sehr leid, dass andere über dich lachen oder schlecht reden! Sie sind dumm! Mir musst du nichts erklären oder dich für etwas schämen und verstecken! Ich weiß schon ziemlich viel! Ich erzähle dir später, warum das so ist. Ich muss aber nicht alles wissen! Wir beide müssen uns nur verstehen, dann ist es gut, wie es ist!" Die Mädchen umarmten sich noch kurz, und einen Augenblick später war Frau Dunkel zurück.

„Susanne! In zehn Minuten ist die Stunde aus. Ich habe mich erkundigt. Es fährt dann ein Bus. Bitte fahre mit diesem zurück zu dir nach Hause. Wir können es nicht verantworten, dass du andere, gesunde Mitschüler ansteckst! Du unterrichtest mich bitte über deine Krankheit, in Ordnung?" „Wieso?", stellte sich das Mädchen ahnungslos. „Ich bin doch gar nicht krank. Sie haben mich etwas gefragt, ich wollte Ihnen antworten. Dann haben Sie mir nicht weiter zugehört. Ich war noch gar nicht fertig mit Erzählen. Ich habe die Creme nur aus Vorsicht aufgetragen. Aber ich kann Ihnen morgen die Tube mitbringen, wenn Sie sie sehen wollen." Das Gekicher unter den Klassenkameraden fand jetzt natürlich verdeckt statt. Selbst Frau Dunkel begann zu lachen. „Kann es sein, dass du mich gerade tüchtig veralbert hast? Das kommt mir bitte nicht wieder vor!", gab sie kurz und schmerzlos auf. Alle Kinder amüsierten sich prächtig über diese Show, die Susanne heute jede Menge zusätzliche Sympathie einbrachte. Durch ihr rücksichtsvolles, kameradschaftliches Verhalten war sie ja sowieso schon sehr beliebt. Es stellte sich bald heraus, dass ihre Freundin Lea unbewusst davon profitierte. Einfach nur, weil sich diese beiden Mädchen so ausgezeichnet verstanden. Sie ähnelten einander auch sehr.

Lea hatte von einem Moment auf den anderen eine beste Freundin bekommen. Was für ein wunderbares Geschenk! Bestimmt war ihre Familie auch ganz toll.

Immer größere Neugier zupfte an ihr herum, und sie freute sich ehrlich darauf, diese Leute kennenzulernen. Doch es schien immer wieder etwas dazwischenzukommen. Aber die Zeit würde es schon richten. Von nun an teilten die Mädchen viel miteinander und waren beisammen, so oft es ihre Umgebung zuließ. Gegenseitig erzählten sie sich ihre Sorgen, lernten, lachten, spielten auf dem Schulhof und waren füreinander da, so gut es eben ging. Susanne war es vollkommen egal, was andere sagten, warum sie sich mit diesem „Abschaum" beschäftigte. Lea musste darauf achten, weit genug von zu Hause weg zu sein, wenn sich beide außerhalb der Schule trafen. Einfach aus reiner Vorsicht! Sie konnte es noch immer kaum glauben, doch ihr wundervoller Traum sollte seine reale Fortsetzung finden. Schon damals im Krankenhaus hatte sie sich gewünscht, eine Freundin wie Susanne zu haben.

Leas Alltag war hart! Ihre Hausaufgaben für die Schule erledigte sie immer zuerst! Das war ihr wichtig und machte Spaß! Danach gab es zu Hause viel zu tun. Sie umsorgte ihren jüngsten Bruder Max mit aufmerksamer Freude. Er war noch so klein. Ein ausgesprochen braves Kind. Die nun bald Achtjährige versuchte sich mit dem Waschen, Trocknen, Bügeln der Wäsche wie eine Erwachsene und wurde dabei immer geübter. Die Geschwister halfen ganz liebevoll. Alex spannte ihr immer die Wäscheleine, und der süße Lukas reichte ihr die Klammern. Sie plauderten und lachten dabei. Das war sehr schön. Ihre Mutter zeigte sich nur selten im Hof und ging auch sonst den Kindern möglichst aus dem Weg. Diese registrierten das mit Erleichterung, denn dann drohte wenigstens keine Gefahr! Manchmal jedoch bekam sie Wutanfälle, räumte mit einer

Armbewegung sämtliche Kleidung aus den einzelnen Fächern des Wäscheschrankes, die dann unkontrolliert durch das Zimmer flog. Auslöser war meist ein ganz unspektakulärer! Ein einzelnes Teil, das sie suchte, aber nicht fand. Oder eine umgefallene Kaffeetasse, Schuhe, über die sie gerade gestolpert war, ein Artikel, den sie in der Zeitung gelesen und über den sie sich fürchterlich aufzuregen begann. Was es auch war, es waren ganz banale Dinge, die aus der apathisch vor sich hin Dämmernden einen zu allem bereiten Dämon machten! Alle Arbeit der Kinder war dann dahin! Die Frau zerriss sogar vor ihren Augen manches Kleidungsstück, das sie gerade in die Finger bekam in ihrer rasenden Tobsucht! Beruhigung fand sie erst wieder, wenn sie sich zitternd eine Zigarette angesteckt hatte und eine Flasche Bier an sich riss! Doch wehe, dies stand ihr wegen des chronischen Geldmangels nicht zur Verfügung! In solchen gefährlichen Phasen mussten sich die Kinder so gut als möglich verstecken, denn dann war diese Frau unberechenbar! Wie krank sie doch war!

Inzwischen lag der Herbst in den letzten Zügen und vereinzelt glitzerte morgendlicher Raureif an den Pflanzen der Umgebung. Lea genoss auf dem Weg zur Schule die kristallklare Frische der Luft, die sie atmete, und erfreute sich an dem wunderschönen Lichtspiel in zart dahinschmelzenden Eisüberzügen an diversen Gegenständen. Die Sonne trug ihr schönstes Kleid, spiegelte sich darin und drehte sich nach allen Seiten, um zu schauen, ob sie für den Planeten Erde auch schön genug war.

Lea dachte an ihren Freund Roberto. Letztes Jahr – es musste ungefähr um die gleiche Zeit wie jetzt gewesen sein – standen sie verträumt auf der kleinen hölzernen

Brücke im Garten der Friedrichs. Dieser Platz war rasch zu Leas ausgesprochenem Lieblingsplatz dort geworden. Die Luft hatte den gleichen Geruch wie heute. Auch damals trafen sich Licht und Schatten zum bezaubernden Rendezvous und berührten sich zuweilen zärtlich. Wie ein Liebespaar aus tausendundeiner Nacht.

Lea kam es vor, als sei das schon eine Ewigkeit her, dass sie bei Familie Friedrich weilte. In Wirklichkeit geschah es vor nicht einmal fünf Monaten, dass sie sich durch das Auftauchen ihrer Mutter für immer verloren hatten. Doch die Ereignisse hier reihten sich wie in einem Zeitraffer aneinander, ließen kaum Gelegenheit zum Nachdenken, schienen sich zu überschlagen. Ständig passierte etwas. Immer wieder musste man auf der Hut sein, nicht zum Spielball von Gewalt und trunksüchtiger Willkür zu werden! Dadurch wurden die schönen Erinnerungen an die vergangene Zeit stark in den Hintergrund gedrängt. Doch von Zeit zu Zeit kamen sie wieder nach oben und schenkten das wohltuende Gefühl von Liebe und ewiger Dankbarkeit.

Vom Jahr ihrer Rückkehr aus dem Kindergefängnis war nicht mehr viel übrig. Noch ein paar Wimpernschläge des Aufwachens, und es würde Weihnachten sein. Der Duft von Tante Theas Weihnachtskeksen hing imaginär in Leas Nase. Sie sah sich mit den lieben Menschen durch den verschneiten Wald der vorweihnachtlichen Erinnerung spazieren. Nur entfernt waren die Geräusche der Stadt zu hören. Real war es der Schulbus, der sie aus ihrem Tagtraum riss!

Am Morgen des 30. November 1973 kam dem Mädchen eine wunderbare Idee, die sie ihrer Freundin sofort erzählen musste. „Du, Susanne, hast du Lust, dich heute nach der Schule mit mir zu treffen? Ich habe für meine Brüder Kekse gebacken, weil sie mir immer so brav bei der Hausarbeit helfen. Die möchte ich dich gern kosten lassen. Ich gebe dir ein paar in eine Schachtel. Wenn du magst, kannst du sie auch mit nach Hause nehmen und bringst sie deinen Eltern." Leas Vorschlag klang großartig, doch Susanne sagte mit Bedauern:

„Heute kann ich leider nicht. Zu Hause schaut es aus wie auf einer Großbaustelle. Papa hat gesagt, ich solle mich mehr beeilen als sonst, da es so viel Arbeit gibt. Aber warte! Warum bringst du sie mir nicht dort vorbei? Kommst herein, und ich kann dir endlich zeigen, wie ich wohne. Am besten, wir gehen vom Schulbus gemeinsam zu mir, dann weißt du gleich, wo das ist. Wir machen nämlich gerade einen Zubau, der das Haus mit dem Garten verbinden soll. Papa hat eine Ladung Steine bekommen, die wir irgendwie dorthin transportieren müssen. Einige Helfer vom Dorf haben sich schon gemeldet. Wir brauchen aber mehr Leute, damit die Kette lang genug wird. Weißt du, wir werden uns die Steine reichen, und so kommen sie dorthin, wo sie gebraucht werden."

„Ja, ich verstehe schon", nickte Lea. „Dürfen auch Kinder helfen? Ich möchte sehr gern mitmachen. Das wird sicher sehr lustig."

Wie vereinbart, begleitete Lea die Freundin, als der Schulbus seine bunten, lebendigen Passagiere wieder los war. Anschließend lief sie aber erst einmal nach Hause, um ihre Aufgaben zu machen und die Kekse einzupacken. Lukas saß draußen bei Alex und winkte ihr zu. Sie begrüßten sich lieb, und das Mädchen sprach mit dem großen

Bruder ab, sie sei bei der Freundin eingeladen und er möge ein wenig nach den Kleinen schauen. Was war das für ein groteskes Bild! Zwei Geschwister im Alter von nicht einmal acht und elf Jahren verhielten sich wie ein eingespieltes Ehepaar mit Kindern!

Lea wurde von der Familie ihrer Freundin überaus freundlich empfangen, durfte bei Susannes Mutter am Küchentisch Platz nehmen, während die Frau den beiden Mädchen erst einmal einen heißen Kakao bereitete. Viel hatte sie zwar vom Haus noch nicht sehen können, doch in der Einrichtung dessen, was sie schon wahrnehmen konnte, fand das Kind nur im Punkt Sauberkeit Ähnlichkeiten mit dem der Friedrichs. Hier waren die Räume einzeln durch Wand und Tür getrennt und nicht sehr groß. Das strahlte Gemütlichkeit aus. Alles war von sehr einfacher, klarer Struktur. Man legte wohl eher Wert auf Zweck-mäßigkeit als die verspielte Liebe zum Detail, die Lea sofort imaginär mit dem Zuhause der Friedrichs verbunden hatte. Vom Küchenfenster aus konnte sie hinaus auf den Innen-hof sehen. Wahrhaftig ähnelte dieser einer Großbaustelle. Der gepflasterte Boden stand voll mit Säcken, jede Menge großes und kleineres Werkzeug wartete – geduldig an die Hauswand gelehnt – auf seinen Einsatz. Im Hintergrund sah man einen abgesperrten Bereich, hinter dem sich eine sehr akkurat aussehende Betonplatte abbildete. Dort sollte wohl einmal die Stelle sein, auf der dieser neue Zubau ent-stand, vermutete das Kind. Vor dem Haus hatte Lea den riesigen Steinhaufen bereits besichtigen können, der heute dorthin zu transportieren war.

Der Kakaoduft zog jetzt aber alle Aufmerksamkeit auf sich. „Das ist wirklich sehr nett von Ihnen", kam es wie von selbst über Leas Lippen. „Ich weiß schon gar nicht mehr, wie Kakao schmeckt, so lange habe ich keinen mehr getrunken", purzelten Dinge aus ihr heraus, die sie überhaupt nicht hatte sagen wollen. „Ach, weißt du, liebe Lea, Susannes Freunde sind auch meine Freunde! Leider habe ich nur zwei Töchter. Würde es nach mir gehen, hätte ich das ganze Haus voll Kinder! Ich liebe nichts mehr, als diese zu verwöhnen und mit ihnen lustige Spiele zu erfinden." „Ja", lachte Lea jetzt. „Dann kommt Susanne wohl ganz nach Ihnen, denn wer hat schon die Idee, am zweiten Tag mit grünem Gesicht in die Schule zu gehen? Haben Sie davon gewusst?" Im gleichen Augenblick ärgerte sich das Mädchen über seine lose Zunge! Was, wenn Susanne deswegen Ärger bekam? Sie tat das Ganze doch nur ihrer wegen! Doch die Erleichterung folgte sogleich.

„Haha, ja! Ich habe ihr sogar beim Auftragen geholfen. Ich sage dir, wir hatten schon zu Hause jede Menge Spaß, allein mit diesem Einfall!"

Die gutherzige Frau, mit weichen Gesichtszügen, liebevoller Zärtlichkeit in den Augen und auffallend schönen Händen, wollte aber nun auch wissen, ob es wenigstens zu der erhofften effektvollen Überraschung gekommen war. „Davon können Sie ausgehen! Beinahe wäre Susanne schon nach der ersten Stunde wieder nach Hause geschickt worden. Sie hatte unserer Lehrerin die Geschichte mit einer ansteckenden Krankheit erzählt, dann verlor diese die Nerven und rannte zum Schuldirektor!" Das herrliche Gelächter in der Küche lockte nun auch die vermeintlich kranke Hanna und ihren Vater dorthin, nachdem er einer älteren Dame, die gerade am Gehen war, in die Jacke geholfen hatte. „Vielen Dank, Herr Bürgermeister! Ich melde mich dann nächsten Mittwoch noch einmal bei Ihnen. Bis dahin wünsche ich Ihnen und Ihrer Familie eine schöne Zeit! Auf Wiedersehen." Sie winkte kurz in die Küche hinein und verschwand.

Lea war plötzlich wie vom Blitz getroffen, sprach kein Wort mehr, konnte nicht mehr lachen!

‚Verdammt! Ausgerechnet die Tochter vom Bürgermeister ist meine Freundin! Ich muss schauen, dass ich nach Hause komme! Wenn die mitbekommen, wer ich bin, dann wird es sicher ungemütlich', dachte Lea angestrengt nach, was sie tun könnte, um sich hier wegzustehlen. Unruhig rutschte sie auf ihrem Stuhl herum und erhob sich schließlich zaghaft, als Susanne um die Ecke kam. „Entschuldigt! Ich muss auf der Toilette eingeschlafen sein!" Alle lachten heiter. Bis auf Lea! Mit einem kurzen Fingerzeig zu der kleinen Schachtel, die sie auf dem Tisch abgestellt hatte, sagte sie unbeholfen schüchtern:

„Ja also, ich wünsche Ihnen einen guten Appetit beim Probieren der Kekse. Ich muss dann jetzt nach Hause." „Aber bist du nicht erst gekommen?", wunderte sich Susanne. „Bitte warte noch eine Sekunde. Ich möchte Papa gleich fragen", bat sie.

„Papa, du hast doch gesagt, dass du noch ‚Kettenpersonal' brauchst. Also Lea möchte gern mitmachen. Ist das in Ordnung?" „Wirklich? Großartig! Das nehme ich gerne an", wandte er sich an das Mädchen. „Kannst du dann bitte um 16:00 Uhr bei uns sein? Ich hoffe, alle anderen sind dann auch schon da. Dann werden wir mit vereinten Kräften die Steine von der Straße holen. Toll! Vielen Dank, Lea! Ich freue mich über deine spontane Hilfe!"

Der Kleinen war etwas unwohl. Sie brachte nichts aus sich heraus, zog stumm die Stiefel wieder an und griff nach ihrer Jacke.

„Kind, geht es dir nicht gut? Du wirkst so verändert. Alles in Ordnung?" Susannes Mutter zog die Stirn sorgenvoll in Falten. „Ja. Bitte entschuldigen Sie. Ich habe nur ein bisschen Bauchweh. Susanne, bringst du mich noch raus?" An deren Eltern gewandt, verabschiedete sie sich mit den Worten: „Ich werde am Nachmittag pünktlich da sein." „Zieh dir bitte alte Sachen und bequemes, festes Schuhwerk an!", rief ihr der Mann noch nach.

„Susanne!", flüsterte sie draußen mit zitternder Stimme. „Ich wusste nicht, dass dein Vater der Bürgermeister ist! Wie soll das denn gehen? Ich bin aus der letzten Familie, mit der hier irgendwer Kontakt haben will! Wenn deine Eltern davon erfahren, ist es mit unserer Freundschaft aus und vorbei! Oder wenn mich jemand aus dem Dorf bei euch sieht. Sie werden uns den Umgang miteinander verbieten! Du kannst auch nie mit zu mir kommen, weil ich keinen Menschen dorthin mitnehmen kann! Hätte ich das vorher gewusst, wäre ich nie mit zu dir gegangen!" Lea redete sich in traurigste Niedergeschlagenheit. Susanne sagte erst einmal gar nichts und nahm sie nur still in die Arme. Nach einem wohltuend schweigsamen Moment fand diese dann die Sprache zuerst wieder.

„Erinnerst du dich, was ich dir in der Schule sagte, als ich so grün hinter den Ohren war? Du musst dich weder verstecken noch für irgendetwas schämen! Ich weiß schon recht viel, und was glaubst du wohl von wem? Von meinem Vater! Er weiß sehr genau, was hier im Dorf los ist. Er kennt auch deine Mama und glaubt, dass sie krank ist.

Was man dir angetan hat, erzählte er meiner Mama, und sie weinte sofort los! Am liebsten hätte sie dich von dort abgeholt, um dir das zu ersparen. Papa war damals noch nicht Bürgermeister und hatte keine Ahnung, wer die Verantwortung trug, dass man dich direkt vom Kindergarten wegbrachte. Inzwischen weiß er es, darf mit uns aber nicht darüber sprechen. Das Einzige, das er organisieren konnte, war, dich und mich in eine Klasse zu bringen. Wir haben sehr oft über dich gesprochen, weil ich es nicht vergessen konnte, wie du damals geweint – und was du zu mir gesagt hast, als wir uns kennenlernten. Als ich dich nun in meiner Klasse wiedersah, freute ich mich riesig! Damals warst du von einem auf den anderen Tag plötzlich weg! Ich fragte den Schwestern Löcher in den Bauch. Aber Antwort erhielt ich keine!"

Susanne hatte beide Hände ihrer Freundin genommen und schwieg für einen kurzen Moment.

„Du wirst bei uns immer sehr willkommen sein! Das musst du mir glauben, Lea! Wie wir mit anderen Problemen umgehen, von denen wir jetzt noch nichts wissen, das werden wir wohl erfahren, wenn wir sie kennen, oder?" Jetzt zwinkerte sie ihrer Freundin aufmunternd zu.

„Also, bis nachher dann. Ich freue mich schon. Das wird lustig, wirst sehen!"

Auf dem Weg nach Hause wollten die Tränen kein Ende nehmen. Jedoch ihr Farbton hatte sich grundlegend verändert. Waren sie zu Beginn ihres Aufenthaltes an diesem Ort voll trüber, verzweifelter Schwere, so kitzelten sie Leas Wangen zunehmend mit der klaren Leichtigkeit von Hoffnung und bewegter Freude. Wie war es nur möglich, dass sie immer wieder solches Glück hatte? Dies half ihr ungemein, den festen Glauben an sich selbst nie zu verlieren! Es machte sie stark! Diese Menschen bestätigten, dass ihr Denken nicht falsch sein konnte! Begegneten ihr mit Respekt und Interesse. Das Kind hatte – wie schon bei den Friedrichs – das Gefühl, von besonderem Wert zu sein. Sie schienen auch verstanden zu haben, dass ihr Mitleid etwas war, das dieses Mädchen gar nicht annahm! Es wollte von ihnen lernen dürfen und suchte Rat und Unterstützung bei all den Dingen, die ihm zu groß und zu schwer erschienen.

So groß und schwer wie die Steine, die bald von Hand zu Hand durch eine lange Menschenkette flogen, die sich dabei lachend unterhielt. Lea fing ab und zu einen verstohlenen Blick zu ihr auf und ahnte seine Bedeutung. Sie ließ es sich nicht anmerken und packte fleißig an, bis …

Als sie sich gerade wieder umdrehte, um den nächsten Stein aufzufangen, kam dieser bereits angeflogen und traf sie an der Stirn! „Oh! Das tut mir leid! Ich hätte wissen müssen, dass du ein Lahmarsch bist! Von euresgleichen kennt man das ja nicht anders!", pöbelte der Verursacher in Richtung der Verletzten, ohne sich weiter um sie zu scheren! Stattdessen versuchte er, den Zwischenfall mit boshaftem Lachen zu bagatellisieren, und war überzeugt, in den Anwesenden allgemeine Zustimmung für seine hässliche Äußerung zu erhalten. Zu seiner Überraschung setzte es einen Faustschlag in sein grinsendes Gesicht! Gegenüber hatte ein älterer Mann gestanden, dem der Traktor gehörte, auf dessen Anhänger die Steine transportiert worden waren. „Das war Absicht, du Halunke! Ich habe genau beobachtet, wie du den Stein zu ihr geworfen hast, obwohl jemand STOPP! gerufen hatte, weil sich ein kleiner Stau bildete. Du hättest sehen müssen, dass sie gar nicht fangbereit war! Und dann noch diese unflätige Beschimpfung, anstatt zu helfen! Was bildest du dir eigentlich ein?", schimpfte der Alte jetzt laut und außer sich vor Zorn. Sogleich lief er aber weiter zu dem Mädchen, um ihm auf die Beine zu helfen. Lea war gestürzt und jetzt etwas benommen. Die Platzwunde an der Stirn blutete sehr heftig. Die Hausherrin brachte Wasser, Tücher, Jod und Verbandszeug. Die tapfere Kleine hielt still, ließ alles geschehen. Nach dem Anbringen des Verbandes stand sie auf und sagte: „Gut. Weiter geht's!" Susannes Vater aber zog das Mädchen zur Seite. Bitte sei so lieb und ruhe dich etwas aus. Dann schauen wir, wie es dir geht. Wenn alles in Ordnung ist, darfst du wieder helfen, abgemacht? Versprochen!" Leider hörte die Blutung ewig nicht auf. Susannes Vater brachte das Kind zum Dorfarzt, der die Wunde klammerte und sagte, für den Rest des Tages sei das Kopfbeugen möglichst zu vermeiden, um den Druck auf die Wunde nicht zu verstärken. „Na ja, mein Kind. Ich kann dir leider nicht erlauben, weiterzuarbeiten!" Das hatte sie befürchtet! „Aber haben Sie nicht etwas anderes für mich zu tun? Wobei ich den Kopf nicht so stark bewegen muss", jammerte sie. „Nein! Gearbeitet wird heute nicht mehr! Du warst extrem tüchtig, und wie es ausschaut, sind die Steine bald alle dort, wo sie sein sollen. Wenn du möchtest, kannst du etwas lesen und warten, bis wir fertig sind. Wir haben für alle fleißigen Helfer einen Imbiss und ein wenig Gemütlichkeit geplant. Das darfst du dir nicht entgehen lassen!", lockte Susannes Vater. „Ich möchte auch gern nachher noch etwas mit dir plaudern, wenn es dir nichts ausmacht."

Irgendwie war es dem Mädchen unangenehm, mit dem Bürgermeister zu sprechen, der ins Haus gegangen war, um für Lea ein Kissen und eine warme Decke zu holen. Es wurde an den Abenden nun schon empfindlich kalt.

„Danke! Sie sind wirklich sehr nett!", strahlte ihn das Kind an. Von zu Hause kannte es tiefe Ablehnung gegen jegliche Behörde. Im Innersten gab Lea dem Staatsapparat eine Mitschuld an ihrem erlebten Leid. Denn noch immer hatte sie es nicht verwunden, als sie aus dem Kindergarten „abgeführt" worden war wie ein Schwerverbrecher! Fast so, wie in dem DDR-Krimi „Polizeiruf 110", der unlängst im Fernsehen zu sehen war. Nur dass die Schusswaffen fehlten!

‚Aber Susanne ist meine beste Freundin, und ihre Eltern sind sehr lieb. Ich darf mich nicht verstecken. Das hat sie mir gesagt. Also werde ich bleiben. Warum soll ein Bürgermeister kein normaler und netter Mensch sein?'

Der Papa ihrer Freundin war – wie schon ihre Mama – ein sehr einfühlsamer Gesprächspartner. Er verlor kein Wort über ihre Herkunft, sondern lobte unaufhörlich den Fleiß, die erkennbare Intelligenz und das überaus bewundernswerte Stehvermögen des Kindes.

Nachdem die restlichen Steine verräumt und sauber aufgestapelt waren, wurden die Arbeiten des Tages eingestellt. Alle gingen ins Haus, denn inzwischen hatte es etwas zu schneien begonnen.

„Glaubst du, dass du morgen zur Schule gehen kannst?" Susanne hielt Lea einen Teller entgegen, auf dem allerlei frisch zubereitete Speisen zu sehen waren. Je ein kleines Häufchen Kartoffel-, Eier-, Gurkensalat sowie ein kleines Hühnerschnitzel, eine Bratwurst und ein Klecks Senf.

„Hmm, das duftet aber lecker! Danke! Aber ja!", sagte Lea sofort. „Es geht mir gut. Dort, wo die Klammer sitzt, tut es ein bisschen weh, aber sonst habe ich keine Kopfschmerzen. Ich glaube, es ist alles in Ordnung damit." Hanna zog ihre Schwester am Ärmel und verschwand mit ihr irgendwohin. Der freundliche Bürgermeister setzte sich nun zu Lea hin und erzählte ein wenig von seiner Arbeit. Vermutlich hatte er das Misstrauen des Kindes schon gespürt, als sich mittags die alte Dame verabschiedet und Lea erfahren hatte, wen sie da vor sich sah.

„Mach dir bitte keine Sorgen wegen meiner Funktion als Bürgermeister! Mir liegen die Menschen am Herzen. Dem parteilichen Zweck, den unser Land verfolgt, muss ich natürlich auch Folge leisten. Jedoch interessiert mich das nicht wirklich, und ich mache nur, was unbedingt gefordert wird. Man kann nicht sagen, dass ich dort übereifrig wäre. Sonst hätte ich sicher schon eine Traumkarriere erlebt. Ich möchte, dass die Menschen mir vertrauen und ich ihnen behilflich sein kann, wenn sie es brauchen, verstehst du? Hab bitte keine Angst! Du hast nichts zu befürchten!" Er schaute das verwunderte Mädchen an, das nichts zu antworten wusste. Vor Verlegenheit sagte sie: „Sie müssen nun aber essen, oder schmeckt Ihnen kaltes Fleisch besser?" Nun grinste sie verlegen und schob sich schnell ein Stück Bratwurst in den Mund. Sie lachten, saßen und aßen. Gefräßige Stille wurde nun zelebriert.

Nach einer Weile nahm er die Unterhaltung wieder auf.

„Ich verrate dir jetzt ein Geheimnis. Behalte es aber für dich, abgemacht? Die Susanne war von Anfang an so begeistert von dir, dass sie dauernd fragte, wo du bist. Sie hat dich keinen Tag mehr vergessen, seit ihr euch getroffen habt. Auch meine Frau und ich wollten herausbekommen, was da passiert sein könnte, haben aber leider nichts in Erfahrung gebracht. Wir nahmen uns vor für dich da zu sein, wenn wir die Chance bekämen, dich wiederzusehen. Und nun haben wir sie erhalten! Das ist ganz wunderbar! Bitte denke immer daran. Vor allem, wenn es dir nicht gut geht. Versprichst du mir das?"

Lea schaute den Mann mit großen Augen an. „Aber das kann ich Ihnen nicht versprechen! Es kann sein, dass ich morgen wieder ganz woanders bin, wo ich zuvor nie war! Die Leute hier vom Dorf sind alle so seltsam. Sie schauen mich komisch an, aber keiner will mit mir sprechen! Ich möchte gern so viel wissen, traue mich aber nicht zu fragen. Ihre Blicke sind nämlich nicht freundlich!

Kann ich Ihnen auch ein Geheimnis verraten?"

Susannes Vater nickte lächelnd und hörte aufmerksam zu.

„Ich hätte für mein Leben gern einen Papa. Einen, der mich beschützt. Der so ist wie Sie! Ich kenne meinen ja nur vom Sehen. Mama erzählt schlimme Geschichten über ihn. Zum Beispiel, dass er immer wütend auf sie gewesen ist, weil ich in ihrem Bauch war. Wissen Sie, was ich glaube? Ich habe ganz bestimmt einen anderen Papa! Mein Papa tut niemandem weh! Mein Papa ist lieb und bestimmt auch sauber, ordentlich und lacht gern. Das alles mag ich nämlich auch, aber sonst keiner in meiner Familie! Als Mama mich aus dem Heim holte, wollte ich das gar nicht! Es gab dort andere Leute, die ganz nett zu mir waren. Wir hatten uns ehrlich lieb und wollten gemeinsam sogar in den Urlaub, an die Ostsee fahren. Mama war leider schneller, und ich sehe die Friedrichs sicher nie wieder!" Voller Traurigkeit erzählte Lea, was sie sonst still in ihrem Herzen hielt. Der Mann legte ihr sanft die Hand auf die Schulter. „Du kannst jederzeit zu uns kommen, Lea! Wir sind für dich da, wann immer du uns brauchst! Komm. Lass uns mal nachsehen, was die Frauen treiben. Ich werde dich nachher ein Stück begleiten, wenn du nach Hause gehst. Es ist schon dunkel."

Sein Versprechen war nicht nur Gerede! Diese Menschen wurden zu verlässlichen Begleitern im Leben des tapferen Kindes. Daran orientierte es sich gern und lernte dabei unaufhörlich. So wollte sie leben! Ihre Lehrer fand sie im Außen. Das Innere aber – die unmittelbare Umgebung ihrer Herkunftsfamilie – faulte indes mit jedem ihrer vermüllt-stinkenden Tage dem Verderben entgegen.

Bei einem Faschingsfest in der Schule trugen Susanne und Lea ein lustiges Froschkostüm. Susannes Mama hatte es für sie geschneidert. Die Mädchen malten sich gegenseitig Gesicht, Hände, Ohren und Hals grün an und kritzelten kleine und größere rote Punkte darauf, die einen Hautausschlag darstellen sollten. Die Hintergrundgeschichte blieb ihr ganz persönliches Geheimnis. Und wie es bei ihr üblich war, bastelte Leas Kopf einen lustigen Reim dazu, den die beiden dort zum Besten gaben.

„Mars an Erde! Mars an Erde!
Zwei grüne Männchen auf der Flucht!
Sie bringen – was bedrohlich werde …
die ansteckende Kichersucht!"

Die zwei tanzten und sprangen dabei ausgelassen herum. Glücklich, sich zu kennen, dankbar für den fröhlichen Moment. Diese Freundschaft machte Lea stark! Sie hatte erkannt, dass man, unabhängig von der eigenen Herkunft, das Leben in die gewünschte Richtung lenken konnte, wenn man es wirklich wollte!

Dennoch war jeder neue Tag gespickt mit schweren Prüfungen, ob sie wirklich auch fest genug daran glaubte.

Wenn ihre Mutter erfuhr, dass sie sich mit der Bürgermeisterfamilie abgab, so wäre das Leas sicheres Ende! Sie würde die ungewollte Tochter vermutlich totprügeln, denn je älter diese wurde, umso mehr war das nichtsnutzige Ding ihr ein Dorn im Auge!

Die beiden Mädchen hielten fest zusammen, lebten ihre Freundschaft und die Verbindung zu Susannes Eltern überwiegend im verborgenen Einvernehmen. Es schien im Augenblick nicht günstig für Lea, wenn dieser Kontakt allzu bekannt wurde.

Ungefähr eineinhalb Jahre waren seit Leas Rückkehr aus dem Kinderheim vergangen. Langsam erwachte der Frühling im jungen Jahr 1975. In der Schule hatte sie sich gutes Ansehen erarbeitet und besuchte mit großer Lernfreude die dritte Klasse. Nur mit den Arbeitsmaterialien haperte es massiv, was oft zu Reibungspunkten und Erklärungsnot führte. Hier war ihr die Verbindung zu Susannes Eltern von großem Nutzen! Sie kümmerten sich um das Mädchen, als sei es ihre dritte Tochter! Es hatte sich eingespielt, dass Lea alles benötigte Schulmaterial von ihnen erhielt.

Auch den lange fehlenden Schulranzen hatten sie ihr letztendlich gekauft, ohne dass es der eigenen Mutter aufgefallen war!

Die Alkoholsucht der Frau nahm immer bedrohlichere Ausmaße an! Dennoch vermochte kein Außenstehender, den Kindern wirksam zu helfen! Aus Angst und Scham verschwiegen sie ihr Martyrium auch, so gut es ihnen gelang. Hanna lebte noch immer bei der fremden Frau und hatte keinerlei Berührung mit ihrem angestammten Zuhause.

Lea versorgte nach Kräften die kleinen Brüder, die in diesem Jahr drei und sechs Jahre alt wurden und unter nervösen Schlafstörungen litten.

Alex hatte nach und nach alle seine Tiere verkaufen müssen, um Geld heranzuschaffen, das bei seiner Mutter und ihren abscheulichen Gästen in Unmengen von Alkohol und Zigaretten aufging!

Durch die nicht mehr vorhandenen Tiere gab es auch keine Eier und kein Fleisch mehr.

Zu Hause wurde Hunger gelitten wie in der Dritten Welt! Während ihre Mutter meist im Zustand besinnungsloser Trunkenheit vor sich hin siechte. Über diese Unfassbarkeit, in Zeiten des ostdeutschen Wohlstandes, sprach Lea mit niemandem. Auch nicht mit Susannes Eltern, die ganz bestimmt geholfen hätten. Sie konnte einfach nicht! Auch aus Angst, sie würde wieder in ein Heim kommen.

Es bereitete ihr größten Schmerz, speziell die jüngeren Brüder Lukas und Max leiden zu sehen. Manchmal mixte sie eine undefinierbare Mischung aus allem Essbaren zusammen, um den Kleinen etwas Linderung zu verschaffen. Selbst wenn es nur mehr Mehl, Wasser und Zwiebeln waren, die sie fand. Es musste ihr unbedingt etwas einfallen!

Zufall half ihr dabei. Der 2. März 1975 – letzter Tag der Winterferien – war gekommen. Die Neunjährige stand am Schaufenster des Konsums, traute sich aber ohne

Geld nicht hinein. Sie dachte darüber nach, kam aber zu keinem Ergebnis. Direkt davor parkte ein Lieferwagen, mit geöffneter Heckklappe, auf der ein Mann mit dem Um- und Abladen seiner Fracht beschäftigt war. Es duftete verführerisch nach frischem Gebäck und zog das Kind magisch an. Lea schloss für einen Moment die Augen, um das zu genießen, als dem Arbeiter plötzlich eine ganze Palette aus den Händen glitt, kippte und hinunterkrachte! Zur großen Begeisterung des Kindes regnete es massenhaft Brote und Brötchen auf sie! Der Mann schrie, Lea lachte. „Keine Angst!", rief sie nach oben, als sie längst schon dabei war, das köstliche Ladegut wieder in die Pappschachteln zu stapeln. „Mir ist nichts passiert. Ich helfe Ihnen beim Einsammeln."

„Danke, das ist sehr freundlich von dir. Wenn wir fertig sind, bekommst du eine leckere Belohnung dafür!", versprach der Fahrer, sprang ab und barg kopfschüttelnd die Ware. „Manches schaut ganz schön mitgenommen aus. Hoffentlich nehmen die mir das noch ab. Die Arbeit einer ganzen Nacht werfe ich hier einfach auf die Straße, ich Dummkopf!", brummte der Arme sich vorwurfsvoll an. „Bitte seien Sie doch nicht so traurig!", versuchte Lea zu trösten. „Wir werden den Schmutz beseitigen und alles wieder in die Kartons legen. Dann fällt das gar nicht auf. Schauen Sie, wir sind gleich fertig und keiner hat's gesehen", lächelte die hilfsbereite Kleine. „Das ist toll von dir, Mädchen. Freut mich wirklich sehr! Bist du nicht eine Tochter der Frau Müller? Wie heißt du denn?" „Mein Name ist Lea Müller. Es stimmt leider, was sie glauben", klang die Stimme des Kindes etwas verkrampfter und schuldbewusst, wo keiner nach einem Schuldigen suchte.

Der Bäcker nahm ihre Bedrücktheit deutlich wahr und dachte nach. Zuerst einmal erhielt Lea von ihm für die spontane Hilfe eine kleine Kiste Brot und Brötchen, in welche er noch eine Tüte mit süßem Spritzgebäck und Pfannkuchen legte. Darüber freute sie sich jetzt am meisten! Gleich im Anschluss wollte sie die Sachen zu ihren Geschwistern bringen. Die würden Augen machen!

„Hör mal, Lea. Was hältst du davon, mir ein bisschen in meiner Bäckerei zu helfen? Ich habe nur einen weiteren Beschäftigten dort, keine Frau oder eigene Kinder. Du packst fleißig an und bist ein netter Kerl. Ich kann Unterstützung gebrauchen, du kannst etwas lernen, und ich bezahle dich für deine Arbeit. Na? Was sagst du dazu?"

Die Kleine war eine Sekunde sprachlos vor Freude. Eben noch stand sie vor dem großen Schaufenster und wusste nicht, wie sie zu einem Frühstück für sich und ihre Brüder kommen sollte. Und nun hatte es die Lösung des Problems vom Himmel geregnet!

„Oh ja! Das mache ich sogar sehr gern! Aber ich muss Montag bis Samstag zur Schule und kann Ihnen nur am Wochenende helfen. Oder nach der Schule, wenn ich meine Aufgaben gemacht habe."

Gesagt, getan. Lea ging für täglich zwei Stunden in die Backstube, um leichte Tätigkeiten zu übernehmen. Einen Verkaufsraum gab es dort nicht, denn alle Backware wurde für den Konsum hergestellt, wo sie käuflich erworben werden konnte. Einmal kam Lea mit einer neuen Idee, die der Meister sofort aufgriff. Sie könne auch am frühen Morgen kommen. Zum Beispiel, um für die älteren Menschen, die sich im Konsum nicht mehr anzustellen schafften, das Brot an die Tür zu hängen. Man musste ihnen nur sagen, einen Zettel mit Namen in den Einkaufsbeutel zu geben, auf dem stand, was sie morgen Früh haben wollten. Lea könnte die leeren Beutel abends einsammeln und morgens gefüllt zurückbringen. In dem Dorf kannte jeder jeden, da war das keine Schwierigkeit.

„Das klingt sehr klug. Aber lass mich kurz nachdenken, wie wir das mit dem Abkassieren machen."

Das Mädchen überlegte ebenfalls. „Also ich möchte das in Ihren Händen lassen. Denn wenn etwas nicht stimmt, bekomme ich Ärger. Sie könnten die Leute bitten, einmal pro Woche in die Backstube zu kommen, um zu bezahlen, was sie erhalten haben. Man müsste immer genau aufschreiben, wer was bekommen hat. Das kann ich gerne machen, wenn es Sie zu sehr aufhält. Aber abrechnen müssen Sie", beendete das clevere Kind seine Ausführungen. Der Bäckermeister wurde dann in der Tat ein stiller Lieferant für private Haushalte, was es in der DDR offiziell nicht gab. Real halfen sich die Leute aber sehr geschickt über Mangelwirtschaft, Engpässe und nicht vorhandene Dienstleistung hinweg.

‚Ich brauche ein Fahrrad. Dann geht das Verteilen viel schneller und macht gleich doppelt so viel Spaß. Aber woher nehmen, wenn nicht stehlen!', ging es dem Mädchen durch den Kopf. ‚Ob ich Herbert danach frage? Vielleicht weiß Alex Rat', grübelte sie ins Blaue hinein. Als Einzige aller Kinder des Dorfes durfte Lea inzwischen wie ein Erwachsener „Du" sagen und den neuen väterlichen Freund mit seinem Vornamen „Herbert" ansprechen. Zu guter Letzt erhielt sie tatsächlich einen halbwegs fahrtüchtigen Drahtesel. Vom Bürgermeister persönlich, der als Gegenleistung in den täglichen Lieferservice mit aufgenommen wurde.

Was im Grunde aus einem reinen Zufall entstand, brachte zum Teil sehr offensichtliche Veränderung mit sich. Dass damit eine Möglichkeit gefunden war, täglich an frisches Gebäck zu kommen und so die Geschwister nicht weiter hungern mussten, war nur eine Seite. Immer mehr Menschen im Dorf fiel auf, wie hilfsbereit, einfallsreich und fleißig dieses Mädchen war. Die stete Freundlichkeit erzeugte Sympathie und Anteilnahme unter den Dorfbewohnern. Der Bäckermeister entlohnte Lea für die getane Arbeit. Das Geld gab sie ihrer Mutter. Alex hatte doch gesagt, wenn man ihr Geld brachte, hat man schon gewonnen. Bestimmt würde daraus bald Liebe zu der unerwünschten Tochter entstehen, so deren naive Annahme.

„Schau, Mama, was ich heute verdient habe! Ist das nicht großartig? Soll ich gleich für uns einkaufen gehen?" Stolz stand sie vor der nur mit Mühe Anwesenden und wartete auf deren Reaktion. Die Beschenkte jedoch dachte nicht im Entferntesten darüber nach, dass dieses Geld ehrlich verdient war. Ein Denkmuster dieser Art kannte ihr kranker Kopf scheinbar nicht. Aber immerhin raffte sie sich einmal dazu auf, dessen Herkunft zu erfragen. Das Kind berichtete von den Aktivitäten in seiner Freizeit. „Mama, die Leute vom Dorf sind nicht böse. Alle helfen mir und sind sehr freundlich. Ich glaube, sie würden auch dir helfen, wenn du sie darum bittest. Ich habe dich lieb und will nicht, dass es dir so schlecht geht", erklärte das tüchtige Mädchen seiner Mutter. „Das ist doch nicht dein Ernst!", fauchte die Frau sofort zurück. „Für wie blöd hältst du mich? Glaubst du, ich gehe jetzt im Dorf auch noch betteln? Du hast dich schon immer für jemand Besseren gehalten. Dann hau doch ab und suche dir woanders ein Bett zum Schlafen! Ich brauche dich nicht!" „Aber Mama, ich will dich doch nicht ärgern. Hast du mich nicht auch ein kleines bisschen lieb? Ich will doch nur, dass es dir besser geht." In gespannter Erwartung einer positiven Antwort war das kummervolle Gesicht der fürsorglich denkenden Tochter direkt auf sie gerichtet. Glaubte Mutter Gerlinde wieder, die altbekannte Provokation in den Augen der Klugscheißerin vom Dienst zu sehen? Oder wie war es erklärbar, dass ein normales Gespräch zwischen ihnen in ihr die Lust weckte, ungehemmt auf diese einzuschlagen? Sie hätte sie im Heim lassen sollen!

„Verschwinde! Aber sofort! Geh mir aus den Augen, du dumme Gans!"

Was blieb dem verängstigten Kind anderes übrig, als auf dem schnellsten Weg zu flüchten! Sicher würde sich Mutter gleich wieder vergessen und an ihr müde prügeln! Resigniert trat Lea den Rückzug an. Dennoch erfuhr sie neben diesen tiefen Verletzungen auch wohltuende Bestätigung von außen.

Im Lebensmittelladen begegnete man ihr höflich, tuschelte zwar sichtlich angeregt, wenn das Kind auftauchte, doch mit friedvoll-herzlichem Lächeln im Gesicht. Bei einer Dame schnappte die neugierige Hauptdarstellerin dieser Momentaufnahme auf, sie würde sogar im Haus des Herrn Bürgermeister ein und aus gehen. Vermutlich wurde einmal eine große Wichtige aus ihr. „Aber das bin ich doch schon!", unterbrach eine kesse, junge Stimme die zu laut gewordene Flüsterei. Grinsend setzte sie fort: „Na ja, mit der Größe hapert es noch gewaltig. Aber wichtig bin ich allemal! Oder etwa nicht?" Mit offenen Mündern und in der Bewegung erstarrt die einen, entdeckte Lea auch andere, die in respektvolles Lachen verfielen und ihr bestätigende Gesten zuwarfen.

‚Ich werde Mama sagen, dass sie mich zum Einkaufen schicken soll. Hier erfahre ich wenigstens Sachen, die mir sonst gar nicht auffallen. Und Unterhaltung springt auch noch dabei raus. Bald wird das ganze Dorf wissen, dass ich wieder da bin! Dann besuche ich meine Tante Hilde. Komisch, dass sie bis jetzt nicht von allein irgendwo aufgetaucht ist. In diesem Dörfchen versteckt zu bleiben, ist so gut wie unmöglich! Ich muss jetzt unbedingt in Erfahrung bringen, wo sie steckt! Ich habe sie in der verrückten Zeit, seit ich da bin, nicht besucht! Ausgerechnet meine liebe Tante Hilde habe ich vergessen!'

Als sie dieses Vorhaben wenig später ihrem Bruder Alex verriet, stutzte der Bursche. „Meinst du deine Erzieherin vom Kindergarten? Die kleine Schlanke, die immer so lieb war? Die ist doch vom Dach gefallen! Die Leute erzählen, sie wollte ihre Katze befreien, deren Vorderpfote sich irgendwie in einer Ziegelspalte verklemmt hatte. Dabei fiel die Leiter um, auf der Frau Hilde stand, und sie stürzte ab." „Ist sie …" Das Mädchen wagte es nicht, weiterzusprechen. Schockiert aufgerissene Augen blickten ihn Hilfe suchend an und sahen ein stummes Nicken in Zeitlupe, das keines Wortes mehr bedurfte. „Nein! Ich glaube dir nicht! Morgen gehe ich in den Kindergarten und frage nach ihr."

Vor Ort gab man aber noch weniger Auskunft. Ein „sie arbeitet nicht mehr bei uns" musste genügen. ‚Ich frage Susannes Papa. Der gibt mir sicher bessere Informationen. Ein Bürgermeister weiß alles!' Das verzweifelte Ding erfuhr von ihm, die Frau sei schwer verletzt in ein Krankenhaus gekommen, wo sie wenig später verstarb. Er war zu der Zeit erst seit Kurzem als Bürgermeister tätig und erledigte für die trauernden Hinterbliebenen alles Formelle, um diese zu entlasten. „Sie stand dir wohl sehr nahe, hm?", forschte er einfühlsam in der Bestürzung des Kindes. „Ich werde mit dir gemeinsam zum Friedhof gehen und dir das Grab zeigen. Möchtest du das? Dann kannst du zu ihr gehen, wann immer du es brauchst."

In der innigen Umarmung lag unendlicher Seelenschmerz einer stetig Suchenden, die mit ihren neun jungen Jahren schon lange kein Kind mehr war. Alter und Äußeres täuschten nur darüber hinweg. ‚Erschreckend' wenn Kinder ein Aufwachsen nicht unbeschwert genießen dürfen und stattdessen viel zu früh erwachsen sein ‚müssen', dachte sich der liebende Vater zweier sorgloser Töchter.

Lea verarbeitete ihre Trauer hauptsächlich in den Nächten, wachte oft weinend auf oder fand erst gar keinen Schlaf. Tagsüber war sie – dem Himmel sei Dank – gut beschäftigt.

Mittlerweile hatte sich ein geregelter Ablauf herausgebildet, für den sie selbst sorgte. Ganz früh am Morgen in die Backstube, danach zur Schule, nachmittags herumradeln und die Bestellungen für den Folgetag einsammeln. Ein nettes Wort hier, etwas Taschengeld dort. Dazwischen Zeit mit Susanne, deren Eltern und oft auch ganz allein. Die Stille tat unglaublich gut. Lea schrieb sich darin ihren Kummer von der Seele, entsorgte ihn wie gewohnt, sog das Licht und den Duft des Augenblickes in sich auf. Sie hatte sich im Lauf der Zeit die halbe Ortschaft zum Freund gemacht und nahm sich die Freiheit, dies tief zu genießen. Nur das planlose Chaos von zu Hause machte ihr schwer zu schaffen, denn ein Tag gestaltete sich oft nach Willkür und Verfassung der Anwesenden. Egal durch wen – Fremde oder Familienangehörige. Einmal fragte Lea ihre Mutter zum Beispiel nach einem Besuch bei den Großeltern. Ohne erklärliche Begründung flippte die Frau völlig aus, schrie irgendwas von Eitelkeit und Undank, welche die Tochter ihr gegenüber hätte. „Du glaubst, jemand Besserer als wir zu sein, nicht wahr? Ich werde dir zeigen, wer du bist!" Unvorbereitet brach die Gewalt los und dauerte so lange an, bis sich die Aggressionen dieses tollwütigen Tieres auf dem zarten Körper des Kindes entladen hatten.

> ‚Du schlägst mich und weißt nicht einmal, warum.
> Ich sag's nicht laut, doch ich finde das dumm!
> Was geht in dir vor, wenn du mich siehst?
> Vielleicht Angst, dass man deine Gedanken liest?
> Mir sind sie egal! Schlag ruhig noch mal zu.
> Wenn ich Glück hab, lässt du mich bald in Ruh' …'

Den festen Glauben, ihrer Mutter guttun zu können, ersetzten zusehends ratlose Resignation, Bitterkeit und eine quälende Ohnmacht. Die freundlichen Menschen im Dorf konnten nicht ersetzen, wonach Leas Herz rief. Es war die schützende Geborgenheit einer Familie, zu der sie gehörte. In der sie geliebt und geachtet war. Darum hatte sie sich wohl selbst zu kümmern. Ein klarer Auftrag des Lebens, den sie mit aller Verantwortung erfüllen würde!

Der plötzliche Tod des Vaters

Auch das noch! Früher oder später musste es ja passieren! Eine echte Nahbegegnung mit dem vermeintlichen Vater sollte unausweichliche Erfüllung finden! Er wohnte im gleichen Ort, gar nicht so weit entfernt. Dennoch sah man sich in all den Jahren – wenn überhaupt – nur von weitem. Verständlich! Wie peinlich musste es sein, mit dieser Frau – Leas Mutter – Kinder zu haben? So als anerkannter Diener des Staates und Stamm(tisch)halter der Nation! Er galt als angesehener Parteigenosse, der brav seiner Arbeit und den mannigfaltigen, sexuellen Gelüsten nachging. Ihre Mutter jedoch war der Abschaum der Gesellschaft!

In Begleitung seiner hochnäsigen Frau Milena musste er gleich an seiner stark bezweifelten Zeugung vorübergehen. Ob er wollte oder nicht! Durch eine Baustelle war jeder andere Weg versperrt. Lea erschrak darüber, diesem Menschen plötzlich direkt gegenüberzustehen und brachte nur ein kaum hörbares „Hallo Papa" heraus. Er musterte sie abschätzend von oben bis unten, warf ihr ein paar Geldmünzen hin und sagte scharf: „Sprich mich nie wieder an!"

Innerlich fassungslos, bestürzt, doch nach außen erhobenen Kopfes, ging das Kind an seiner miesen „Spende" vorbei, ohne sie eines Blickes zu würdigen. Früher war Tante Wolli oft zu Hilfe geeilt, wenn dieser aggressive, laute Schlägertyp, sein liebstes Opfer – die eigene Frau –

vergewaltigte und dabei halb totschlug. Ob es tatsächlich so geschah, vermochte Lea nicht zu sagen. Aber wirklich Gutes hatte sie nie über ihn gehört. Indirekt war diesem Peiniger zwar zu verdanken, dass das Mädchen überhaupt existierte. Doch in diesem Augenblick empfand Lea nicht einmal Verachtung für diesen überheblichen Mann! In den Gedanken ließ sie ihn als Vater nun endgültig sterben! Wo sie wohnte, ersetzte der älteste Bruder den Mann im Haus. Der tierliebe und handwerklich geschickte Alex wusste den Schuppen im Hof so umzubauen, dass sich Kaninchen und Hühner darin wohlfühlten. Die kleine Schwester durfte die frisch gelegten Eier suchen und ins Haus holen. Wunderbar! Jedoch dieses Monster, das da gerade ihren Weg kreuzte, war kein guter Mensch und noch weniger ihr Vater!

Abends unterhielt sie sich mit Alex darüber. Die verblüffende Ähnlichkeit zwischen ihnen beiden stellte Lea heute besonders deutlich fest.

„Du schaust wirklich ganz genauso aus wie er! Hoffentlich sind es nur die äußeren Merkmale, die ihr gemeinsam habt. Bitte, lieber Alex, sei zu Menschen so lieb, wie du es zu mir und deinen Tieren bist! Ich wünsche mir, dass du niemals eine Frau schlägst!"

Ärgerlich kam es zurück: „Welchem Tümpel der Weisheit bist du denn heute entstiegen? Warum beleidigst du mich so? Habe ich dich schon mal geschlagen? Wer nett zu mir ist, dem werde ich immer treu dienen! Sei es als Sohn, Bruder, Freund, später einmal als Ehemann oder als Vater! Wer schlägt, ist dumm! Denn er weiß nichts Besseres!", schloss Alex die eindrucksvolle Rede ab. Lea lachte jetzt: „Hast wohl auch ein Bad genommen in diesem

Tümpel, ha? Entschuldige! Hab's ehrlich nicht böse gemeint. Es war so verletzend, das zu erleben. Tut noch ein bisschen weh." „Ach, ich verstehe dich doch, du Frechdachs! Komm mal mit. Ich zeige dir etwas ganz Tolles. Ein neues Tier wohnt hier. Morgen werde ich beginnen, den Geräteschuppen umzubauen. Willst du mir dabei helfen? Muss nur überlegen, wohin wir die Waschmaschine stellen. Wegen des Wasseranschlusses."

„Ja sicher helfe ich dir! Wenn ich darf? Geht aber erst nach der Schule und meiner Fahrradrunde für Herbert. Ich finde das echt super, wie du das hier allein schaffst, Alex! Ganz bestimmt wirst du später mal ein guter Landwirt sein. Wenn ich dich dann besuchen komme, bitte ich aber schon um den roten Teppich, für die tausendschöne Königin aus dem Reich der Leisen und Weisen!" Lachend zeigte Alex den neuen Bewohner. Sein handwerkliches Geschick wurde von den ansässigen Bauern sehr geschätzt und genutzt. Entlohnt wurde selten mit Geld, sondern meist mit einem Tier. Im Laufe der Zeit hatte er es zu einem netten, kleinen Hofstaat gebracht. Mutter hatte ihn in ihrer Sucht gezwungen, alle seine Tiere wegzugeben. Das machte ihn extrem unglücklich! Die Schule war ihm zuwider! Er konnte lesen, schreiben und halbwegs rechnen. Das genügte ihm. Doch ohne seine Tiere verlor auch das Leben seinen Sinn für den Jungen. Um sich abzulenken, bot er sich an anderen Höfen für Holz- oder Feldarbeiten an. Hier und da wurde Alex mit einem Jungtier entlohnt, das dann wieder seine neue Familie wurde. Dieses Mal war es sogar ein Ferkel.

„Verstehst du nun, wozu ich den Schuppen brauche? Das wird unser Schweinestall, und Felix wird wachsen und gedeihen. Vielleicht reicht der Platz auch für einen Hühnerstall. Bauer Scholz hat mir für die Reparatur seines Zaunes zwei Junghennen angeboten. Dann haben wir auch bald wieder Eier. Mal sehen", überlegte er. Voller stolzer Freude erzählte er das.

„Ah so", wandte sich Lea dem Ferkel zu. „Du bist also der Felix! Willkommen, mein kleiner Freund!" Noch konnte sie ihn aufnehmen und mit ihm spielen. Das würde bald nicht mehr gehen, wenn Felix zu einem stattlichen Glücksschwein heranwuchs.

„Weißt du, was, Bruderherz? Unsere Mama weiß gar nicht, welch tüchtigen Sohn sie hat! Ich bin sehr froh, dass du da bist! So viel Schönes entgeht ihr! Sie tut mir leid!"

Der beinahe Zwölfjährige nahm seine Schwester in den Arm. „Ja, mir tut sie auch leid. Aber der ist nicht zu helfen! Zumindest nicht von uns." Damit hatte er verdammt recht!

Alex' Beziehung zu seinen Tieren war eine sehr enge.

Immer, wenn er eines schlachtete, heulte er laut und hemmungslos. Wenn das Fleisch dann auf den Tisch kam, fehlte er! Er brachte es nie fertig, seine geliebten Tiere auch noch zu essen, wenn er sie schon umbringen musste! Der Junge fühlte sich wie ein Mörder und erzählte das manchmal, wenn er es nicht mehr aushielt. Bei Lea reichten die Gefühle für den ältesten Bruder von Liebe und Vertrautheit bis zu verständnislosem Zorn. Es passierte manchmal, dass sie in ihm seinen Vater zu sehen glaubte. Durch vereinzelt auftretende aggressive Gewalt, die Lea tief verabscheute! Natürlich war diese niemals gegen sie gerichtet! Diese beiden Geschwister liebten sich!

Hin und wieder erlebten sie wunderschöne Momente. Gemeinsames Musizieren, mit Freunden des großen Bruders, mochte sie besonders gern. Das Mädchen konnte leider kein Instrument spielen, aber gut singen. Gelegentlich bastelte ihr Kopf einen witzigen Text, den die „Band" sogleich mit einer Melodie versah. Man spielte dazu auf der Gitarre, experimentierte mit Klang und Stimmen und hatte sehr viel Spaß.

‚Ich wünschte, Mama würde sich ein wenig an unserem Leben beteiligen. Das würde ihr Freude machen, vielleicht sogar heilend sein. Was ist nur mit ihr geschehen, dass ihr alles egal ist? Ihre Kinder, die Eltern, das Zuhause, ja sie selbst und jeder neue Tag! Was kann ich nur für sie tun?'

Gerade, wenn es Lea gut ging, dachte sie voll ehrlicher Traurigkeit an die kranke Frau.

‚Mama! Leben ist so schön.
Warum kannst du es nicht seh'n?
Wünschte, dass du glücklich bist.
Du die Liebe nicht vergisst.
Wartet lange schon in mir.
Steh doch auf und hol sie dir!'

Seit der Rückkehr aus dem Kindergefängnis waren drei Jahre vergangen. 1976 stand Lea im zarten Alter von zehn Jahren. Sie hatte sich an den Dorfalltag gewöhnt, viele Freunde gefunden. Durch die vertraut gewordenen Abläufe ließ es sich einigermaßen sicher fühlen.

Die ländliche Idylle, welche sich die Kinder mühsam aufgebaut hatten, sollte bald ein Ende finden.

Fast feierlich präsentierte ihre Mutter die Neuigkeit. „Meine Lieben! Ich habe einen Mann kennengelernt, der bei uns bleiben möchte. Er wohnt in der Bezirkshauptstadt. Wir werden dieses Kaff verlassen und in seine Nähe ziehen. Sogar eine Arbeit konnte ich bereits finden."

„Heißt das, wir ziehen von hier weg? Wann?" Alex' Gesicht bebte vor Entsetzen. Was würde nun aus seinen geliebten Tieren werden? Die konnte er doch unmöglich dorthin mitnehmen. Hieß das, sie erneut zu verlieren? Diesmal für immer? Mutter hatte seine wirklich gute Arbeit an den beiden Schuppengebäuden, die er zu Tierparadiesen umfunktioniert hatte, nie gewürdigt, kein Dankeschön übrig für die frischen Eier und das wertvolle Fleisch, das sie nur durch seiner Hände Arbeit genießen konnte!

Leichtfertig nahm sie ihm mit diesem Entschluss alles, was für den Jungen bis jetzt von größter Bedeutung war! Es hatte sie nie wirklich interessiert!

„Wer ist dieser Typ? Was wird aus unserem Hof, Mutter? Ich will nicht von hier weg! Du hast mal wieder einen Kerl, der dir irgendwas verspricht, und rennst ihm nach! Was aus uns wird, ist dir so was von egal!" Der Bursche schrie sich seine ganze Verzweiflung aus der Seele und rannte hinaus in die Nacht. Doch es half nichts. Der Aufbruch stand unmittelbar bevor! Es blieb nicht einmal Zeit, diese mit Angst vor der Zukunft zu füllen. Das kam später!

Erneut standen von einem Tag auf den anderen alle Signale auf Abschied! Das sich unappetitlich wiederholende Hauptgericht des Tages hieß Ungewissheit.

‚Wofür das Ganze, Mama? Du nimmst mir all das, was ich kenne, schätze und liebe! Wie oft muss ich das denn noch aushalten? Es tut so weh, Mama! Und es macht mir Angst! Kannst du es nicht fühlen? Ich will nicht weg! Lass deine Kinder doch endlich in Ruhe Wurzeln schlagen.

Wir sind doch keine Nomaden!' Leas Seele weinte still vor sich hin.

Für Sentimentalitäten blieb keine Zeit! Da die Mutter der Kinder die Neuigkeit bis zum Schluss geheim hielt, um dann Hals über Kopf zu verschwinden, erfuhr dieses Muster für Lea traurige Wiederholung! Ein geordnetes Lebewohl von Susanne, deren Eltern, Herbert und den vielen netten Menschen, welche das pfiffige „Brottaxi" in der Zwischenzeit für unverzichtbar hielten, fand nicht mehr statt. Während der Sommerferien zum Ende der vierten Schulstufe blies der starke Gegenwind des Aufbruchs unbarmherzig durch jegliches Versteck von vertrauter Hoffnung und vertrieb sie mit eisiger Konsequenz.

Zu Beginn des fünften Schuljahres tauschte Lea nicht nur das blaue gegen das rote Halstuch ein, denn sie war nun ein „Thälmannpionier". Sie wechselte gleich den Wohnort, die Schule, die bekannten gegen unbekannte Gesichter. Feierlichkeiten zu diesem roten „Aufstieg" gab es keine. Jedoch wurde mit ausführlichen Vorträgen und zwanghaften Gesprächsrunden über das Lebenswerk des Kommunistenführers Ernst Thälmann – sowie dessen Ermordung durch die Nationalsozialisten – gesprochen. Lea konnte mit der heldenhaften Persönlichkeit wenig verbinden. Viel zu bewegt war ihr eigenes Leben, in dem jeder neue Tag für das Umdefinieren von links, rechts, oben oder unten, schwarz und weiß gut war.

Aber das Tragen des roten Halstuches hatte den Vorteil, nun nicht mehr als kleiner Hosenscheißer angesehen zu werden. Man gehörte jetzt zur „Oberstufe". Endlich konnte Lea die russische Sprache erlernen. Auch andere Unterrichtsgegenstände, wie Biologie, Geografie und

Geschichte, kamen hinzu. Zwei Klassen höher dann auch Physik und Chemie.

In der allgemeinbildenden Polytechnischen Oberschule – kurz „POS" genannt – gehörte man von Schuljahr eins bis vier zur Unterstufe, von fünf bis zehn zur Oberstufe.

Dieses Gesamtschulsystem durchliefen sämtliche Schüler der DDR. Die einzigen vorhandenen Abweichungen bildeten die „Sonderschule" für die extrem Lernschwachen sowie die Erweiterte Oberschule „EOS" für besonders Lernbegabte. Wer aber besonders lernbegabt war, bestimmte nicht etwa sein vorbildlicher Notendurchschnitt. Die EOS stand den Kindern zur Verfügung, deren Herkunft und gesellschaftliche Stellung der Eltern ganz im Sinne der sozialistischen Ideologie gesehen wurden. Die strenge Auswahl der dafür infrage kommenden Schüler richtete sich nach folgenden Kriterien:

Stammte das Kind aus gesitteten, ordentlichen Verhältnissen? Es musste aus Arbeiter- und Bauernkreisen sein! Äußerst förderlich war es, wenn die Eltern staatsdienlichen Berufen nachgingen. Nach Leas Ansicht musste ein solches Kind nicht einmal Bestleistungen in der Schule zeigen. Ein Lehrer half hier mit guter Benotung wohlwollend nach. Für Kinder wie Lea war ein Schulbesuch an der EOS ausgeschlossen! Ihre Familie gehörte dem Kreis der asozialen, überwiegend kriminellen und nicht gesellschaftsfähigen Klientel an. Sie wurden selbst in der normalen Pflichtschule zum Störfaktor Nummer eins erklärt, und erfuhren entsprechend schlechte Unterstützung beim Lernen! Es sah ganz danach aus, dass die zukünftige Entwicklung eines Kindes in der DDR in erster Linie von seinen Herkunftsverhältnissen abhing, und nicht von seinem tatsächlichen Leistungsvermögen!

Leas Leistungen waren nicht schlecht, aber auch nicht außergewöhnlich gut. Sie lernte zwar für ihr Leben gern, jedoch gestaltete sich das Umfeld des Kindes als äußerst hinderlich für anerkennendes Gedeihen. Es waren nicht nur die häuslichen Missstände, sondern auch das unglaublich festsitzende Vorurteil in den Köpfen ihrer Mitschüler und Lehrer, gegen die sie immer wieder anzukämpfen versuchte. Erst jetzt verstand sie, wie eng verknüpft ihr eigener Erfolg mit der Freundschaft zu Susanne und deren einflussreichen Eltern für sie gewesen sein musste. Hier, in der völlig neuen Umgebung, war sie plötzlich vollkommen auf sich selbst angewiesen!

Das Schulgebäude samt Schulhof wirkte imposant gegenüber dem, was Lea bisher kannte. Der Weg von der neuen Wohnung bis dorthin lag – wie das in einer Bezirkshauptstadt vermutlich nicht unüblich war – ungefähr fünfzehn Gehminuten entfernt. Links und rechts entlang der wenig befahrenen Straßen schlängelten sich fünfstöckige, unmittelbar aneinandergereihte Häuserzeilen von altertümlichem Stil. Sie wirkten von außen sogar einigermaßen gepflegt, dennoch unpersönlich, kalt und fremd.

Eine ganz neue Erfahrung machte das Mädchen hier. In der Stadt zu leben hieß, anonym zu sein. Auch nach längerer Zeit kannte es noch keinen Nachbarn aus der Straße. Allein eine betagte Mitbewohnerin des großen Mietshauses, in dem Lea lebte, sollte bald zu einem geeigneten Zufluchtsort für das Kind werden. Sie winkten sich anfangs manchmal zu, wenn die alte Dame oben aus dem Fenster sah, was sie fast immer tat. Oma Erna, wie man sie nennen durfte, wohnte groteskerweise im fünften Stock. Sie konnte kaum gehen! Es gab auch keinen Fahrstuhl. Die junge Familie Müller hatte bequemen Zugang in ihre Erdgeschosswohnung, während ein so gebrechlicher, alter Mensch keinen Fuß mehr aus der Wohnung bekam. Lea überlegte nicht lange und bot der Frau ihre ehrliche Hilfe an. Sie würde jeden Tag nach oben kommen, um nach ihr zu sehen oder Erledigungen für sie zu machen. Erna besaß auch zwei wunderschöne Katzen, ein weißes Weibchen und einen schwarzen Kater, die angeblich echte Perser waren. Lea kannte sich mit Katzenrassen nicht aus, aber diese hatten wunderschönes, gepflegtes, langes Haar, recht kurze Beine und sahen kräftig aus. Ihren mächtigen, runden Kopf zierte eine Nase, die aussah, als hätte man sie eingedrückt, und große Augen, die das Gesicht breiter zu machen schienen. Ganz zu Beginn musterten sie die junge Besucherin zurückhaltend aufmerksam, blieben aber die Ruhe selbst. Der schwarze Schöne war Leas besonderer Liebling, denn seine stolze Eigenwilligkeit hatte etwas Majestätisches.

Erna war überglücklich, dass sich nun jemand um sie kümmern wollte. In nicht enden wollender Dankbarkeit beschenkte sie die hilfsbereite neue Bewohnerin mit Nascherei, da diese Geld nicht annahm. Von den anderen im Gebäude lebenden Wohnparteien sah man selten wen. Meist war es sehr ruhig im Haus, bis auf Familie Müller im Erdgeschoss. Dort wurde fast jeden Abend, bis in die tiefe Nacht hinein, lautstark gefeiert. Es gab oft Ärger deswegen, doch Gerlinde Müller kümmerte das nicht! In respektlos verhöhnender Manier lud sie diese Nachbarn dann sogar ein, mitzufeiern, wenn sie der Lärm so störte!

Der erwähnte neue Freund hieß Gerhard. Die Kinder lernten ihn erst nach dem Umzug kennen. Er war hässlich, zeigte auffallend schlechte Manieren, und so kleidete er sich auch. Sein bereits völlig ergrautes Haar glänzte von zu viel aufgetragener Pomade. Vermutlich, um dem schmierigen Seitenscheitel mehr Halt zu geben. Es erweckte keineswegs den Anschein intellektueller Reife! Es klebte strähnig an seinem Kopf, dessen Rückseite flach abfiel. Oberhalb wies das Haar schon ziemliche Lücken auf, die den Blick frei machten auf eine speckig glänzende, unreine Kopfhaut. Der aufrechte Gang dieses unattraktiven Mannes wirkte fast wie der von Quasimodo aus dem Film „Der Glöckner von Notre-Dame". Sein Rücken verlief rundlich gebeugt. Lea sah dessen nackte Haut gedanklich vor sich. Er war sicher behaart wie ein Affe! Schultern schienen keine dort zu sein, wo man sie normal vermutet. Sie mündeten direkt in zwei viel zu lange Arme, welche unkontrolliert an den Seiten schwangen. Er hatte auch so ein schmutziges, breites Grinsen im Gesicht! Das sensible Mädchen versuchte den ekelig, aufdringlichen Blicken zweier grauer, irgendwie provozierender Augen auszuweichen, die unter buschig wilden Brauen hingen. Doch verfolgten diese beängstigend lüstern alles, was die Verschüchterte tat. Zu allem Übel gesellte sich ein bekanntes Merkmal hinzu, die Gewaltbereitschaft! Gerhard war laut und sprang manchmal ungestüm von seinem Stuhl auf, um seinem Gegenüber einen Schlag zu verpassen! Er wirkte auch nicht im Geringsten bereit, Verantwortung für Kinder zu übernehmen! Zumal diese nicht einmal zu seinen eigenen gehörten. Er hatte nach eigener Erzählung zwei halb erwachsene Söhne, die bei der Mutter lebten.

Angeblich verstand man sich nicht gut miteinander. Verständlich, wie Lea fand. Sie hatte nicht die Gelegenheit, die beiden kennenzulernen. Mit der neuen Familie des Vaters wollten sie offensichtlich nichts zu tun haben.

Die Stadtwohnung schien gar nicht so schlecht zu sein. Alles war mit rustikalen Holzböden ausgelegt, die geräuschvoll knarrten, wenn man sie betrat. Auch das Treppenhaus draußen im Flur bestand vollständig aus dunklem Holz.

In der Wohnung gab es einen länglichen Vorraum, von dem man links in zwei größere – der Straße zugewandte – Zimmer kam. Rechts des Korridors – Richtung Innenhof – lagen zwei weitere, die kleiner waren. Daneben ein spärliches enges WC mit Waschbecken sowie ein Raum, der wohl dafür vorgesehen war, eine Küche dort einzurichten. Ein Wasseranschluss ragte aus einer Wand, während sich daran die Reste von gelblichen Wandfliesen anschlossen, die vermutlich einmal an eine frühere Kücheneinrichtung angepasst waren. Gerlinde Müller besaß aber keine Küchenmöbel mehr. Die altersschwachen, unsauberen Teile waren beim Umzug förmlich auseinandergefallen. Sie platzierte dort zunächst nur einen Tisch mit vier Holzstühlen, die ihr Gerhard besorgt hatte. Geschirr und Kleinutensilien verblieben in den Umzugskisten. Nicht gerade einladend!

Es gab auch keinen Küchenherd. Nur einen versiegelten Gasanschluss. Spannend, wie man hier ein Mittagsmahl kochen sollte, doch das tat die strukturlose Frau ja sowieso nicht. Eines der kleinen – dem Innenhof zugewandten – Zimmer musste sich Lea mit ihrer Schwester Hanna teilen. Die fremde Frau, bei der sie gelebt hatte, beantragte beim Jugendamt bereits ein Jahr vor dem Umzug die Aufhebung der Pflegschaft. Sie fühle sich mit der Erziehung überfordert, die heranwachsende Hanna akzeptiere sie auch nicht mehr als Erziehungsberechtigte. Daraufhin wechselte diese zurück zur Mutter, beteiligte sich aber auch dort kaum am gemeinschaftlichen Leben, das sie zumindest mit ihren Geschwistern hätte führen können. In der Bezirkshauptstadt würde sie nun die gleiche Schule wie Lea besuchen, nur eine Klasse höher. Sie war ja ein Jahr älter.

Neben den Mädchen wurden die drei Jungen einquartiert. Alex bekam kein eigenes Zimmer, obwohl er nach Leas Meinung als Jugendlicher Anspruch darauf gehabt hätte. Da er nie zu Hause weilte, entschied seine Mutter, dass er kein eigenes Zimmer brauchte. Die meiste Zeit – auch nachts – trieb er sich herum! Kaum vierzehn und keine Heimat mehr! Er hatte sie mit dem Umzug aus dem Dorf in diese verhältnismäßig große Stadt verloren. War das nicht unglaublich traurig? Lea vermisste ihn und die schönen Zeiten, die sie früher gemeinsam draußen im Stall verbracht hatten. Sie sorgte sich um sein Wohl und konnte fühlen, wie einsam er jetzt ohne seine Tiere und die ländliche Umgebung war, in der er stets eine sinnvolle Beschäftigung fand. Er hatte auch aufgehört, seine kleine Schwester zu beschützen. Ihr großer Bruder Alex war zu einem Getriebenen geworden.

Die beiden Räume, die Richtung Straße lagen, wurden zum Wohn- beziehungsweise Schlafzimmer. Es mutete seltsam an, dass Gerlinde Müller einen riesigen Raum für sich allein beanspruchte, während sich ihre fünf Kinder die beiden kleinen Zimmer zum Hof teilen mussten.

Wenn er mal anwesend war, hatte es sich Alex zur Gewohnheit gemacht, morgens Milch für das Frühstück zu organisieren. Einmal nahm er seine kleine Schwester mit.

„Schau her, wie einfach das ist. Du brauchst nur unsere Straße hinaufzugehen. Oben an der Ecke beim Konsum stehen immer die vollen Kisten, weil die Lieferung aus der Molkerei da ist, bevor der Laden öffnet. Du kannst dich in aller Seelenruhe bedienen, siehst du?" „Aber Alex! Das ist Diebstahl! Das darfst du nicht tun! Und was, wenn sie dich erwischen?", würgte Lea angstvoll hervor. „Dann … ja dann muss man natürlich schnell sein und abhauen!", kicherte der Bursche unangenehm überlegen. Als er die Ablehnung seiner Schwester bemerkte, versuchte er, ihr ins Gewissen zu reden. „Ich sage dir, die werfen täglich die Hälfte davon weg, weil sie nicht alles verkaufen." „Mag schon sein", kam die dickköpfige Antwort. „Das berechtigt dich trotzdem nicht, es zu klauen! Die sind auch nicht blöd und merken es früher oder später. Man wird dir auflauern, und dann haben sie dich!", mutmaßte sie weiter. Alex wurde schlagartig wütend! „Mama hat schon recht, wenn sie sagt, du bist sogar zum Stehlen zu blöd! Hau ab, sonst erwischen sie mich heute wirklich noch!", scheuchte der gerade noch Dreizehnjährige das um zwei Jahre jüngere Mädchen fluchend davon. Bald war sein Geburtstag, doch den würde er wohl nicht zu Hause feiern. Seit sie in der Stadt wohnten, hatte sich Leas liebster Bruder sehr verändert. Oft wusste keiner, wo er war, wenn er tagelang wegblieb. Die Schule besuchte Alex, wie schon früher, unregelmäßig bis gar nicht und musste letztendlich die Klasse wiederholen. Er hasste dieses Leben in der Stadt. Vermutlich hatte er sich vollkommen aufgegeben, denn die Dinge waren ihm egal und erreichten ihn nicht mehr. Dafür war er immer öfter in Schlägereien mit anderen Halbstarken verwickelt.

Die ältere Schwester Hanna war mit ihren fast dreizehn Jahren zu einer hübschen, frühreifen Jugendlichen herangewachsen, deren Freizeitsport es scheinbar war, Männern den Kopf zu verdrehen. Für sie war es ein Spiel. Sie genoss ihre verführerisch aufgeilende Wirkung auf das andere Geschlecht und hatte vermutlich keine Ahnung, in welch gefährliche Situationen das führen konnte.

Brachte das Verhalten der kindlichen Aphrodite Mutter Gerlinde erst auf diese hirnlose Idee? Man wird es wohl nie erfahren! Sie hatte etwas Neues entdeckt, woran sie sich „erfreute". Wenn sie abends mit Leuten zusammensaß, wie gewohnt trank, zu derben Witzen lachte und Musik hörte, forderte sie ihre Töchter auf, dazu zu tanzen. Lea weigerte sich, verkroch sich unterm Tisch, blieb aber dennoch im Raum, um gespannt zu beobachten, was geschah.

Hanna tanzte mit hemmungsloser Freude. Dabei wurde ihr schnell zu warm. Sie schwitzte und zog sich aus bis auf die Unterwäsche. Die betrunkene Mutter kam auf den absurden Gedanken, zu verlangen, dass sie nackt tanzte, und rief auch ihre „rückständige" Jüngere herbei. Stolz wollte sie den fremden Anwesenden ihre jugendlichen Töchter in deren ganzer weiblicher Ursprünglichkeit präsentieren! Hanna war im Rausch, Lea schrie schockiert! „Wie krank bist du eigentlich? Keine Mutter dieser Welt stellt die unverhüllten Körper ihrer Mädchen zur Schau und gibt sie dem gierigen Auge irgendwelcher Fremden preis!" Die eine tanzte tatsächlich vollkommen unverhüllt weiter! Der anderen wurde übel, sie rannte aufs WC und übergab sich. Von dort aus lief sie nach oben zu Oma Erna und verkroch sich vor der widerlichen Welt.

‚Keiner hat eine Ahnung, was hier passiert, und ich kann es auch niemandem erzählen! Die Polizei wird kommen und uns wieder irgendwohin bringen. In der Hölle da unten kann ich aber auch nicht bleiben! Was kann ich nur tun? Wie überlebe ich diesen Wahnsinn?'

Die alte Frau saß in ihrem Lehnsessel und verfolgte das abendliche Fernsehprogramm. Die stillen, verzweifelten Tränen hatte das Kind ganz für sich allein, im Bewusstsein hoffnungsloser Leere und Ratlosigkeit. Nur Kater Moritz schien zu verstehen, was es jetzt brauchte. Schnurrend schmiegte er sich in den Schoß der am Boden Sitzenden und ließ von Zeit zu Zeit, wenn er sie ansah, ein zärtliches Miau hören.

Leider war die kranke Frau auf den Geschmack gekommen und wollte diese pikante Aufführung ihrer Mädchen abends öfter sehen. Lea widersetzte sich, flüchtete zu Oma Erna und machte ihrem Ruf der dummen, missratenen Tochter alle Ehre. Einen Mann würde *die* sowieso nie finden, so frigide, wie sie sich verhielt. „Was ich mit dir nur falsch gemacht habe, möchte ich wissen!", bemerkte Gerlinde Müller manchmal verächtlich. „Je älter, umso dümmer scheinst du zu werden! Diese Leute wollen nur lieb zu dir sein, und du benimmst dich wie die Prinzessin auf der Erbse! Glaubst du etwa, du seist jemand ganz Besonderes? In Wirklichkeit bist du nur eine verbeulte Sardinenbüchse, die keine Hand der Welt jemals öffnen kann, wenn du nicht aufhörst, dich so zickig zu verhalten! Aber so wie du aussiehst, ist es wahrscheinlich sowieso besser, wenn sie dich nicht sehen müssen! Wahrscheinlich hatte ich damals im Krankenhaus recht, und die haben dich mir wirklich untergeschoben. Du hast noch nie gut zu uns gepasst!"

Gegenüber den Beleidigungen und Kränkungen der Mutter war das Mädchen inzwischen ignorant geworden. Diese Frau konnte sie nicht mehr wirklich treffen, da Lea im Inneren keinerlei Achtung für dieses Wesen empfand. Doch die Empörung und das verzweifelte Unverständnis gegenüber seinem Handeln wurden zu einer explosiven Mischung aus Frust, Angst, Ohnmacht und Verzweiflung. Kraftlos und fast mechanisch, da Lea längst erkannt hatte, dass jedes Wort sinnlos war, klagte sie offen an: „Mutter! Weißt du eigentlich, was du da mit uns machst? Du verscherbelst die Würde deiner Töchter an wildfremde, verwahrloste Männer! Lieber bin ich zeitlebens eine Sardinenbüchse – wobei ich nicht weiß, was du damit sagen willst –, als nackt vor diesen Irren zu tanzen! Du bist doch krank, Mutter! Ich gebe dir vollkommen recht. Ich habe noch nie gut zu euch gepasst. Und weißt du auch warum? Weil ich gegenüber euch allen sehr wohl jemand ganz Besonderer bin!"

Damit handelte sie sich zwar erneute Prügel ein, aber das war ihr gleich! Ihr glühender Zorn auf diese Peinigerin entbrannte mit jedem Schlag heftiger und machte sie fast taub für das Empfinden der Schmerzen.

„Schlag mich doch tot, du vom Teufel Besessene!" Dann hat das ewige Leid wenigstens ein Ende!

Das waren die Momente, in denen Lea ihre Mutter hasste! So sehr, dass sie sich wünschte, für diese Gemeinheiten sollte sie der Schlag treffen! Wie konnte eine Mutter nur so kalt und gefühllos sein? Außerdem war nicht Lea die unansehnliche Person, sondern sie selbst! Die zarte Heranwachsende liebte und pflegte ihren Körper und fühlte sich nur gut, wenn sie sauber war. Ihre Umgebung hingegen versank in Schmutz und Gestank!

Manchmal jedoch hatte diese Mutter auch ein ganz anderes Gesicht. Dann wirkte sie ehrlich besorgt, verzweifelt, vom Leben betrogen. Dann tat sie dem Kind immer furchtbar leid. Noch heute glaubt Lea, sie wusste nicht, was sie ihren Kindern da antat. Ihrer Schwester schien die Show sogar zu gefallen. Sie war sehr hübsch, bekam Komplimente von den Männern und fühlte sich wohl bei der Vermarktung ihres jungen Körpers. Lea hingegen fühlte sich wie schmutziges Freiwild für jedermann und ließ sich von ihrer Mutter lieber totschlagen, als sich nackt zur Schau zu stellen! Es gelang der ratlosen Kleinen aber stets, sich irgendwo zu verkriechen. Oma Erna war ihr geheimer Rückzugsort, was sie niemals verraten würde. Solange keiner davon wusste, war sie bei der alten Dame sicher. Und für das abartige Theater hatte Mutter Gerlinde ja die schöne Schwester Hanna.

Lea versuchte, sich mit ihren zwölf jungen Jahren so gut wie möglich auf das Lernen zu konzentrieren. Die Schule sah sie als eine rettende Insel für sich, auf der es viele neue Wege zu entdecken gab, die das Kind kennenlernen wollte.

Das Schulgebäude wirkte von innen genauso riesig wie von außen. Die steinernen Mosaikfliesen auf den Böden des Treppenhauses waren schön gemustert und unterstrichen die Lebendigkeit in diesen Gemäuern.

Das Aussehen der verschiedenen Unterrichtsräume ähnelte einander sehr. Die Erkenntnis, um welche Art Raum es sich gerade handelte, brachten hauptsächlich manch typische Arbeitsmittel. Ein großer Globus und diverse Landkarten warteten sehnsüchtig auf inspirierendes Weltreisengeflüster im Geografieunterricht. Oder im

Biologieraum grinste ein menschliches Skelett die erklärende Flora und Fauna an, die in gepresster Bildform die Wände schmückte.

Alle Schulräume hatten eine moderne, helle und saubere Einrichtung. In drei Reihen standen einfach gehaltene, rechteckige Tische mit einer glatten, hellen Kunststoffoberfläche so hintereinander, dass zwischen ihnen genug Platz blieb für je zwei Holzstühle, an denen die Schüler sitzen konnten. Riesige Fenster, die über die ganze Länge der Seitenwand gegenüber der Eingangstür aneinander anschlossen, fluteten den Raum mit viel Licht. Der große Lehrertisch hatte beidseitig noch regalförmige Zubauten, auf denen jeweils ein „Polylux"-Projektor und verschiedenes anderes Unterrichtsmaterial auf ihren Einsatz warteten. Zu guter Letzt sorgte ein klug konstruierter Verbau an der hinteren Wand, direkt gegenüber der im vorderen Teil des Klassenzimmers angebrachten Tafelkombination, für guten Stauraum und Ordnung.

Im Musikraum stand ein wunderschönes Piano. Lea traute sich, die Lehrerin Frau Schumann zu fragen, ob diese daran etwas vorspielen könne. Sie liebte das Klavierspiel über alle Maßen, ihr selbst würde es aber höchstwahrscheinlich versagt bleiben, es jemals zu erlernen.

„Das ist ja wunderbar, dass du dich dafür interessierst!" Hocherfreut drehte sich die erstaunte Pädagogin zu der Schülerin um, nachdem sie die Vorbereitungen für die Musikstunde abgeschlossen hatte. „Ich fürchte aber, ich muss dich zunächst enttäuschen", sprach sie weiter. „Das Klavier wird nur selten benutzt. Es ist inzwischen total verstimmt. Aber ich verspreche dir, dass ich das in den kommenden drei Wochen in Ordnung bringen lasse. Dann kann ich dir und den anderen etwas Nettes vorspielen. Ist das für dich in Ordnung, Lea?" Diese war hellauf begeistert, dass ihr Wunsch offensichtlich vollkommen ernst genommen wurde. Die freundliche Frau Schumann eröffnete ihre Unterrichtsstunde stets mit einem klassischen Musikstück, das sie den Kindern mittels einer Kassette vorspielte. Danach wurden der betreffende Künstler und seine Werke im Unterricht behandelt. Für Lea war es wundervoll, den herrlichen Tönen zu folgen. Schade, dass es nur einmal pro Woche Musikunterricht gab.

Die neuen Gegenstände der Oberstufe gefielen ihr ebenfalls außerordentlich gut. Durch den Geografieunterricht bekam das Mädchen immer mehr Lust auf die große, weite Welt und fragte sich zunehmend, wie sich diese zukünftig entdecken ließ. Jedes Mal, wenn sie ein Flugzeug am geliebten Himmel sah, wuchs auch die Sehnsucht nach grenzenloser Freiheit. Eines Tages würde sie sich auf den Weg machen.

Wenn Lea in der Schule war, vergaß sie für diese Zeit ihr zerrüttetes Zuhause. Doch hier gab es etwas, das ihr bald große Probleme bereiten sollte. Gewalt unter Mitschülern war an der Tagesordnung! Das Lehrpersonal interessierte sich nicht besonders für persönliche Belange der Kinder und distanzierte sich sogar konsequent davon. Die Anonymität dieser großen Stadt lebte offenbar auch in ihren Schulen. Dienst nach Vorschrift und Wegsehen waren wohl hier die Regel. Ganz anders, als es Lea aus der Dorfschule kannte. Fast täglich wurde ihr auf dem Weg nach Hause von immer der gleichen Gruppe Schüler aufgelauert, und sie bezog Schläge. Dabei wurden auch Füller und Lineale zerbrochen oder Schulhefte vor ihren

Augen zerfetzt. Immerhin brachte Lea den Mut auf, die zerstörten Gegenstände am folgenden Schultag offen sichtbar auf ihrem Platz zu verteilen. Sie erhoffte sich ein Eingreifen des Lehrpersonales, Schutz und Unterstützung von diesem. Dies blieb jedoch ohne jede Beachtung und hatte höchstens die Peinlichkeit zur Folge, dass sie selbst schroff aufgefordert wurde, „diesen Müll" gefälligst sofort wegzuräumen!

Die Auseinandersetzungen fanden jedes Mal außerhalb des Schulgeländes statt. Woher sollte sich die Gepeinigte Hilfe holen? Zu Hause gab es wegen des demolierten Schulmaterials zusätzlichen Ärger. Und wenn sie wen verpfeifen würde, wäre das ihr endgültiges Ende! Lea vertraute auf keinen mehr! Wer glaubte ihr schon, und wenn die Betreffenden zur Rede gestellt wurden, leugneten sie kurzerhand alles. Für das Opfer jedoch hatte dies schmerzhafte Folgen von Vergeltung! Oma Erna steckte ihr häufig Geld zu, damit das Mädchen die zerstörten Schulsachen neu kaufen konnte. Eine wirksame Lösung für einen Abbruch der Gewalt hatte aber auch sie nicht parat.

Die erbärmliche Opferrolle gefiel der kleinen Kämpferin überhaupt nicht! Sie überlegte, was sie selbst tun könnte, denn Hilfe von den Lehrern gab es nicht! Sie musste ihr Verhalten ändern! Durfte keine Angst zeigen! Das würde dem Gegner vielleicht bald den Spaß an seinem Tun verderben, und er hörte ganz von selbst damit auf. Soweit mal die Theorie.

Als ihr der jugendliche Schlägertrupp wieder auflauerte, lächelte sie allen „gespielt" souverän in die Gesichter. In Wirklichkeit machte sie sich fast in die Hosen vor Angst und spürte auch wieder diesen unmöglichen Brechreiz!

Aber der sollte jetzt keine Hauptrolle bekommen in ihrem Spiel! Freiwillig übergab sie ihre Schultasche, verschränkte die Arme und schaute seelenruhig dabei zu, wie sämtlicher Inhalt auf die Straße flog. Erst jetzt wurde die Anführerin misstrauisch. „Stopp!", schrie sie der Gruppe zu und stieß dem vermeintlichen Schwächling schmerzhaft gegen die Schulter. „Was ist mit dir?" Lea erklärte seelenruhig, sie würden gerade beobachtet. Sie sei mit den demolierten Sachen bei der Polizei gewesen. Damit man ihrer Aussage Glauben schenken konnte, vereinbarten sie eine Zeit und den Ort, wo es sich vermutlich wieder zutragen könnte. Jetzt gerade würden Aufnahmen gemacht. Sobald der erste Schlag passierte, greife die Polizei ein und nähme alle Beteiligten mit. „Möglicherweise genügt schon der Rempler gegen meine Schulter, den du mir gerade verpasst hast", verkündete Lea grinsend. Die Rudelführerin höhnte:

„Ha! Das ist ein schönes Märchen! Habt ihr das gehört? Wir müssen jetzt Angst haben! Also los! Wer zuerst wegrennt, bekommt ein Eis von mir!"

Freilich war das ein äußerst gewagter Versuch der Irreführung. Doch was hatte Lea schon zu verlieren? Und wieder kam ihr der Zufall zu Hilfe! Lächelnd erhob sie ihren rechten Arm und zeigte auf zwei Personen, die eiligen Schrittes in ihre Richtung unterwegs waren. Als hätte eine himmlische Fügung die Hand im Spiel, hasteten zwei Polizisten auf die Gruppe zu, die sich augenblicklich, schockiert und sichtlich erschrocken, in alle Winde zerstreute.

Als die beiden Ordnungshüter Lea und die vielen Gegenstände auf der Straße sahen, wollten sie natürlich wissen, was sich hier abgespielt hatte. Während sie der Schülerin dabei behilflich waren, die Schultasche wieder einzuräumen, erzählte diese vom Geschehen und ihrer angewandten List. Laut lachend zogen sie ihre Kappen vor der stolzen Heldin, verbeugten sich und beglückwünschten sie für den enormen Mut.

Lea war einfach nur erleichtert, blinzelte dankbar hinauf zum Himmel und strahlte freudig überrascht. Erst jetzt erkannte sie, dass Polizisten ganz normale und auch noch sehr nette Menschen sein konnten. Bis jetzt waren die Vorstellungen an diese Berufsgruppe mit tiefer Angst besetzt, und sie mied jede Verbindung dorthin. Verständlich, nach den traumatischen Erinnerungen an die Vergangenheit.

Die Schülerin wurde seither in Ruhe gelassen. Auch andere wagten es nicht mehr, sich mit ihr anzulegen. Scheinbar hatte sie den zentralen Kern des Übels erwischt und diesem einen nachhaltigen Denkzettel verpasst! ‚Puh … Glück gehabt! Selbsthilfe ist die beste Hilfe‘, überlegte sie und merkte sich diese Erfahrung für ihr weiteres Leben!

Dem gegenüber verbuchte sie an einem der nächsten Tage in Mathematik einen ersten zaghaften Kontakterfolg.

Als sie ihrer Banknachbarin eine Textaufgabe erklärt und diese sie glücklich verstanden und gelöst hatte. Das Dankeschön des Mädchens war für Lea ein ganz besonderes! Es schenkte ihr einen hübschen Stein, mit einem Loch, zog ein schmales Lederband hindurch und sagte:

„Das ist mein Glücksstein. Er soll jetzt dein Glücksstein sein. Dann wird immer alles gut!“, strahlte sie die hilfsbereite Mitschülerin an. Dieses herrliche Erlebnis gab Lea Kraft und Zuversicht. Ja! Es würde alles gut werden. Sie musste nur Geduld haben, bis der richtige Zeitpunkt kam.

Das Mädchen entwickelte die Ansicht, dass die Dinge so geschehen „mussten", damit sie lernte, sich selbst aus allem Misslichen zu befreien, was ihr das Leben vor die Füße warf!

‚Wäre Alex mir zu Hilfe geeilt, hätte ich mich nie so stark gefühlt, wie ich es jetzt tue! Auch wenn die Dinge manchmal ganz furchtbar sind, so wie sie passieren, aber es muss scheinbar alles seinen Grund haben, dass es genauso passiert!'

Der große Bruder – einst ihr Beschützer vom Dienst – war nicht da, als seine Schwester ihn wirklich brauchen konnte.

Meist blieb Alex der Schule fern und trieb sich in der Stadt herum. Einmal verließen sie am Morgen gemeinsam das Haus. Lea glaubte schon, sie hätten beide das gleiche Ziel. Das war ein Irrtum! Er stahl sich „wie üblich" eine Flasche Milch vor dem kleinen Laden an der Ecke. Bruderherz bediente sich und lief davon, ohne sich noch einmal nach ihr umzudrehen!

Was war nur aus Alex geworden? Er schien die Anonymität dieser Stadt voll auszunutzen. Es kümmerten ihn weder sein Zuhause noch die Schule oder irgendwelche Pflichten. Der tierliebe Bursche schien sein Herz dort zurückgelassen zu haben, wo die Kinder früher gemeinsam die Zeit verbracht hatten. Auf dem Land, im Stall, mit Hund und Huhn, Hase und Ferkel. Alex hatte damals alle Tiere, in der Eile des überhasteten Aufbruchs, verschenkt! Er weinte dabei bitterste Tränen und wollte diesmal kein Geld, das er dann seiner trunksüchtigen Mutter hätte abliefern müssen! Seither war er ein anderer geworden. Er – den Lea so gern mochte – wurde ihr völlig fremd, und das machte sie sehr traurig.

,Liebster Bruder, geh nicht fort.
Sprichst mit mir kaum noch ein Wort.
Fühl mich ohne dich allein.
Wo wirst du wohl jetzt grad' sein?'

Aus dem Verhalten ihrer Schwester wurde sie auch nicht schlau. Welche Ziele mochte diese verfolgen? Mit den Lehrern und Mitschülern in der Schule legte sie sich ständig an. War sie zu Hause, sprachen Hohn und Verachtung aus ihr gegenüber Mutter Gerlinde. Wie eine Diva führte sie sich auf. War es ihre Art der Rache, oder gab es so etwas wie eine „genetische" Bosheit, die sie antrieb? Lea erwischte sie eines Tages mit Gerhard – dem Freund der Mutter – im Bett! Diese war nicht zu Hause, Lukas noch im Hort, Max im Kindergarten, Alex wie gewohnt irgendwo.

„Ich werde dich anzeigen!", schoss es aus Lea heraus! Sie war schockiert und völlig verstört. Wusste einen Augenblick lang nicht weiter!

Gerhard sprang auf und griff hastig nach ihr, was ihm aber nicht gelang, denn Lea entwich in den Vorraum zurück und flüchtete nach draußen.

,Ich weiß nicht, wo es hier eine Polizeistation gibt! Aber ich muss den Kerl anzeigen! Beim nächsten Mal bin ich es, die er ins Bett zerrt!', flogen der verunsicherten Jugendlichen Tausende angsterfüllte Gedanken durch den Kopf. Weil sie es nicht besser wusste, ging sie in den kleinen Konsum oben an der Straßenecke und fragte dort nach, wo sie eine Anzeige machen könne. Es sei dringend! Eine aufmerksam gewordene Kundin drehte sich interessiert um und lauschte den Ausführungen des Mädchens. Sie mischte sich in das Gespräch ein und fragte: „Was für eine Anzeige willst du denn machen? Bedroht dich etwa jemand?" Das Kind nickte energisch.

Nun wollte sie Leas genaue Wohnadresse wissen.

„Bist du so lieb und begleitest mich ein Stück? Ich möchte ganz genau wissen, was du zu sagen hast", wandte sich die Frau ihr direkt zu.

„Aber warum sollte ich das tun?", entgegnete Lea misstrauisch. „Wer sind Sie denn? Ich muss das der Polizei sagen. Habe auch Angst, wieder nach Hause zu gehen, solange der da ist", führte sie weiter aus.

„Solange *wer* da ist? Ich bin zwar heute nicht im Dienst, aber soll ich dir etwas verraten? Du stehst vor einer Polizistin, die eigentlich ein paar Tage Urlaub machen wollte. Doch deine Angst beunruhigt mich sehr! Deshalb muss ich wissen, was dich bedrückt! Vielleicht kann ich ja helfen."

Nun erzählte Lea ihr die ganze Geschichte.

„Das ist sehr ernst!", entgegnete die Zuhörerin. „Ich werde das an die Kollegen in der Bezirksstelle weitergeben. Die kümmern sich sofort darum! Vertraust du mir?" Lea schüttelte den Kopf und stammelte ein verschämtes „Nein".

„Gut!", sagte sie in beruhigender Freundlichkeit. „Dein Misstrauen ist völlig berechtigt! Schau! Das hier ist mein Dienstausweis. Aber ich habe eine bessere Idee! Was hältst du davon, wenn wir gemeinsam zu meiner Dienststelle gehen? Das ist ganz in der Nähe. Dann wirst du mir glauben." An die Verkäuferin gerichtet, seufzte sie lächelnd und zuckte die Schultern. „Wer braucht schon Urlaub?" Diese nickte dem Mädchen bestätigend zu. „Du kannst dieser Dame vertrauen, Kleine. Sie ist schon seit ewigen

Zeiten Kundin bei uns. Wir alle kennen sie gut und sehen sie sonst nur in Uniform."

„Das ist ja komisch!", stellte Lea fest. „Erst vor kurzem begegnete ich zwei von Ihren Kollegen bei meiner Schule. Hier wimmelt es ja von Polizisten!", versuchte sie zu scherzen, um ihre Angst zu überspielen. Jetzt lachten alle. „Das ist ganz einfach zu erklären. Die Bezirksstelle der Volkspolizei ist nur einen Katzensprung entfernt und immer besetzt", erklärte die verhinderte Urlauberin beim Verlassen des Ladens.

Auf der Dienststelle wurden alle Angaben des Mädchens sorgfältig aufgenommen. Lea musste versuchen, das Aussehen des Mannes, und alles, was ihr sonst noch zu ihm einfiel, so gut sie konnte, zu beschreiben.

Ein Einsatzwagen fuhr indes zu der angegebenen Adresse. Der ahnungslose Gerhard hatte es sich wieder bei seiner jugendlichen Bettgefährtin bequem gemacht, die ebenfalls von den Diensthabenden aufgefordert wurde, zwecks einer ärztlichen Untersuchung sofort mitzukommen.

Gerlinde Müller schien nicht einmal überrascht, als sie erfuhr, was sich während ihrer Abwesenheit abgespielt hatte. Lea war wie vor den Kopf gestoßen. Sie erntete statt Lob tief verachtende Ablehnung. Ihre Mutter bezeichnete sie als erbärmlichen „Bonzenfreund"! Sachen, die sich in der Familie abspielten, gingen keinen etwas an und schon gar nicht die Trottel von der Polizei!

„Aber Mutter!", rief Lea entsetzt. „Hanna ist erst dreizehn! Hast du auch so früh mit einem Mann geschlafen? War das gut?"

Für diese hässliche Äußerung erhielt sie heute einen Gewaltausbruch der Extraklasse. Doch irgendwie wollte sie ihn auch. Ihre verhasste Frechheit gegen die eigene Mutter war einfach zu viel, und Lea tat das Gesagte schon wieder leid.

Hanna hatte Glück im Unglück, denn sie war zumindest nicht schwanger! Der Kinderschänder landete hinter Gittern und ward seither nicht mehr gesehen.

Die Personen, mit denen sich die älteren Geschwister trafen, interessierten Lea nicht. Doch sie interessierte auch niemanden. Also blieb sie die meiste Zeit für sich allein. Beobachtete, schrieb, warf den ganzen Schmutz in den Müll und reinigte so ihre Seele. Das Schreiben schien ihren Verstand zu retten. Lea flüchtete sich in ihre eigene Scheinwelt, in der es weder Gewalt noch Tränen oder sonstiges Leid gab. Dort war sie beliebt, stark, ein fröhlich lachendes Mädchen, nie allein und lebte in einem glücklichen Zuhause voller Liebe. Dabei war ihr durchaus bewusst, dass dies nicht der Realität entsprach. Doch sie wollte daran glauben!

‚Ist das die ominöse Sturheit, die man mir nachsagt? Der realitätsferne Traum von einem besseren Leben?

Ich weiß, dass es so etwas gibt! Ich habe es doch schon gesehen. Irgendwann werde ich so leben! Ich will das, also wird es sein!‘

In Zeiten, wo solche imaginären Bilder in ihrer Vorstellung entstanden, sah sie die Menschen, mit denen sie sich so gefühlt hatte, weinte und vermisste sie aus tiefstem Herzen. Doch es war ein reinigendes Weinen. Danach fühlte sie sich meist frei von aller Last, die sie zu Boden drücken wollte. Lea würde es einmal vollkommen anders machen, als sie es an ihrer Mutter sah. Niemals sollten ihre Kinder einmal solches Leid erfahren und unter Ängsten leben, die ihnen das freie Atmen schwer machten! Diese Tagträume gehörten zu Leas eigener Vorstellung vom Leben und gaben ihr die nötige Kraft, den äußerst widrigen Umständen zu trotzen. Unsichtbar und dennoch deutlich zeichnete sich ein anderer Weg ab – *ihr* Weg!

Der kleinen Suchenden war klar, dass sie sich in Wahrheit eine schöne Umgebung nicht herbeizaubern konnte, wenn sie nicht vorhanden war. Im Moment musste sie noch akzeptieren, dass sie den verrückten Zuständen rund um diese Familie großteils ausgeliefert war. Jedoch all das, was die persönliche Zukunft betraf, lag allein in ihrer Hand! Es wurde von ihrem Denken, von ihrem Handeln und ebenso davon bestimmt, was sie entschieden ablehnte und unbedingt zu unterlassen gedachte! Sie praktizierte das bereits jeden Tag. Diesen Weg musste sie beibehalten, dann konnte es gut werden. Wie man sah, war sogar der pure Zufall, der zur rechten Zeit am rechten Ort das passende Liedchen pfiff, ganz auf ihrer Seite.

Diese Rebellion in Lea betraf den Widerstand gegen alles, was wehtat, ungerecht, abscheulich, widerwärtig war!

Unter Menschen, die so dachten wie sie, wollte sie stets hilfsbereit, fröhlich, akzeptiert und beliebt sein, da sie sich damit am wohlsten fühlte. Dementsprechend suchte Lea auch passende Verbindungen zu Personen, mit denen sich ihre Wünsche an das Universum verwirklichen ließen.

Gedankenverloren fielen ihr manche Bemerkungen ein, denen sie täglich ausgesetzt war.

‚Man sagt mir nach, ich sei stur! Bin ich das wirklich? Nur weil ich genau weiß, was ich überhaupt nicht will?

Ich kenne auch das Gegenteil davon! Und so wird mein eigenes Leben sein!'

Je älter Lea wurde, umso klarer konnte sie erkennen, was gut war für ihren Geist, damit er ihr hilfreicher Berater blieb. Die nicht enden wollenden Wortspielereien halfen ihr dabei. In ihnen arbeitete sie auf, was sie noch nicht verstand, oder konnte Antworten finden auf ihre nicht gestellten Fragen.

Wenn dein Herz sich verschließt, leis die Seele weint,
kalt und dunkel es wird, weil die Sonne nicht scheint,
Traurigkeit dich beherrscht, die das Lachen nimmt,
denke nach, was in deinem Gemüt nicht stimmt.
Liegt der Fehler bei dir? Meistens ist es so.
Hast du ihn erst erkannt, wirst du wieder froh,
wenn du lernst und aus ihm die Erfahrung machst,
neue Wege zu gehen, du befreit wieder lachst.
Vielleicht hast du von etwas Ersehntem geträumt
und die Rückkehr ins wirkliche Leben versäumt.
Doch die Realität hat dich aufgeweckt,
mit Verwirrung, Gewalt oder Chaos erschreckt.
Vielleicht war es ein Wunsch? Warum denkt man an sie?
Wie wir wissen, erfüllen so manche sich nie.
Ist es etwas, das du niemals hattest, doch willst?
Nur gedanklich damit deinen Hunger stillst.
Ist es wirklich von Wert, sich in Leid zu verstecken?
Anstatt Mut und verborgene Kräfte zu wecken!
Hilft dir Abstand vielleicht und ein wenig Zeit?
Wann bist du zu Veränderung endlich bereit?
Ganz bestimmt würde es sich für dich auch lohnen,
dich zu lösen von unnützen Emotionen.
Lass die Traurigkeit zu. Übe dich in Geduld.
Am Verzweifeltsein ist man meist selber schuld!

Im Alter von vierzehn Jahren wurden Jugendliche symbolhaft in den Kreis der Erwachsenen aufgenommen. Was bei den Katholiken als Firmung bekannt war, wurde in der DDR „Jugendweihe" genannt und war – wie fast alles – eine rein staatliche Veranstaltung mit entsprechender Propaganda. Der Reihe nach wurden die für dieses Fest fein herausgeputzten Jugendlichen auf die Bühne des Kulturhauses gerufen. Man überreichte ihnen ein paar Blumen und ein Buch mit vielen bunten Bildern und sozialistischen Texten. Es gab Lobeshymnen auf den Arbeiter- und Bauernstaat, denen kaum jemand zuhörte. Die Zeremonie – ein langweiliges Pflichtprogramm, das nur das gelobte Land, nicht aber die Jugendlichen in den Mittelpunkt rückte – lief immer nach dem gleichen starr unterkühlten Schema ab.

Im Mai des Jahres 1978 sollte Alex diese Ehre zuteilwerden.

Lea sah diesem Tag mit gemischten Gefühlen entgegen. Zum einen freute sie sich darauf, dass ihr geliebter Bruder der wertgeschätzte Mittelpunkt des Geschehens sein würde. Vielleicht konnten sie ja doch wieder an die innigen Zeiten von früher anknüpfen und sich am Moment erfreuen. Zum anderen dachte sie darüber nach, wie sich diese Würdigung auch zu Hause nur für diesen Tag erhalten ließ. Die Großeltern, welche Lea nicht besonders gut kannte, da sie nur wenig Kontakt zu ihrer Tochter unterhielten, hatten ihr Kommen angemeldet.

Rigoros lehnten sie deren Lebenswandel ab, und es schockierte sie jedes Mal, wenn sie die fortschreitende Zerrüttung erkannten, die hier stattfand. Wenn sie einmal auftauchten, dann deshalb, um ihren Enkeln etwas

Gutes zu tun. Aber den Kindern wirkungsvoll zu helfen, gelang ihnen nicht!

In den Großeltern fand Lea saubere, aber, wie sie fand, recht reservierte Menschen. Hintergründig versuchte sie die Antwort auf ihre Frage zu finden, aus welchem Grund deren Tochter unfähig war, ein normales Leben zu führen. Dies beschäftigte das Mädchen sehr. Doch sie hatte keinerlei Möglichkeit, mit ihnen darüber zu sprechen. Weder Details aus Mutters Kindheit noch Einzelheiten über die Beziehung zu ihren Eltern waren Lea bekannt. Sie wirkten nach außen vollkommen normal und strukturiert. Doch die Verachtung für das eigene Kind konnte man in jedem ihrer Blicke deutlich wahrnehmen. Das erfüllte Lea mit tiefer Traurigkeit. Sie gerieten mit Mutter meistens in Streit. Die kritische, junge Beobachterin mochte die beiden, wobei sie das bestimmende, unduldsame Wesen ihrer Oma störte. Empfand sie denn nicht wenigstens einen Funken Liebe für ihre Tochter? Sie zeigte sich ihr gegenüber genauso gefühlskalt, abschätzend, wie es diese wiederum an ihren Kindern auf ekstatische Weise auslebte. Es hagelte vorwurfsvolle Beleidigungen! Warum tat der stillen Zuhörerin jetzt ihre Mutter wieder so leid? Was konnte der Auslöser dafür sein? War diese doch zu keinem Zeitpunkt gut zu ihnen. Oft genug hatte Lea das Gefühl, dass Mutter fremde Menschen viel lieber hatte als ihre eigenen Kinder. Schmutz, Hunger, verbale und körperliche Gewalt waren die miesen Gesichter des Alltags! Das Mädchen verstand seine mitleidigen Gefühle für diese Frau überhaupt nicht! Geschah es ihr doch nur recht, dass ihr endlich einmal ein autoritärer Mensch wie ihre Mutter die Meinung sagte!

‚Kann es sein, dass es Mutters Hilflosigkeit ist, die mein Herz erreicht, während Großmutters eiserne Hand ein Messer dort hineinzustoßen scheint? Ist es das jämmerlich-schwache Persönlichkeitsbild, das Mutter immer abgibt, wenn sie mit der ihren „kämpft"? Wenn ich es doch nur wüsste.'

Lea verabscheute Bosheit zutiefst! Das tat einfach nur weh! Sie sehnte sich unendlich nach ein bisschen Liebe. Doch dafür hätte sie wohl ihre Seele verkaufen und tun müssen, was man von ihr verlangte, sie aber bis ins Innerste ablehnte. Um dieses Defizit auszugleichen, waren ihr Fantasie, Kreativität und ungewöhnlich viel Vorstellungskraft geschenkt. Der geduldigste Freund ihres Seins wurde das leere Blatt Papier. Kummer, Freude, die ewige Sehnsucht nach der Schönheit und Harmonie des Lebens fanden dort ihre Niederschrift. Wenn Lea schrieb, sprach ihre Seele und musste nicht an all dem Leid ersticken, das sie (er)trug.

In seltsam matte Farben ist mein Herz getaucht.
Es will weinen, weil es Schmerz spürt.
Ich bin so durstig, doch zum Trinken zu müde.
Ich bin hungrig nach Leben, dabei schmeckt es mir gar nicht.
Ich will so viel wissen und weiß doch in jeder Hinsicht
immer zu wenig und meistens das Falsche.
Was ich kann, möchte ich weitergeben, doch es will keiner haben.
Ich will guttun, doch es kann nicht guttun,
weil es falsch verstanden wird.
Ich bin viel zu spontan, um berechnend zu handeln,
viel zu naiv zum Misstrauischsein.
Ich will mich belohnen, indem ich andere erfreue,
doch ich ernte Traurigkeit. Sie gehört ganz mir.

Ich will doch gar nicht mehr erkennen als das Glück in Augen,
die mich sehen.
Umgeben von Menschen genieße ich das Alleinsein.
Nur die Einsamkeit stört und erinnert
an diese unstillbare Sehnsucht,
die ich zwar fühlen, doch nicht beschreiben kann.
Wo bin ich zu Hause? Ich bin ein Mensch unter Menschen.
Und fühle mich unendlich fremd.

Nach dem offiziellen Teil der Jugendweihe pflegten die Familien gemeinsam mit den geladenen Gästen Ausflüge zu machen, gut zu essen, dem besonderen Tag und dem Jungerwachsenen alle Ehre zu erweisen. Üblicherweise gab es Geschenke und kuriose Geschichten aus der Kindheit des Betreffenden. Ein „üblicherweise" kannte Familie Müller nicht! Nichts von alldem fand statt. Gastgeberin Gerlinde machte ihren Eltern klar, dass sie unmöglich zu Hause feiern konnten, da noch immer keine Kücheneinrichtung vorhanden und daher die Zubereitung einer warmen Mahlzeit utopisch sei. „Und wie bitte schön versorgst du deine Kinder?", erboste sich ihre Mutter, worauf sie aber keine Antwort erhielt. Alex mischte sich kurz ein, um sein Verschwinden anzukündigen. Er sei bereits mit Freunden verabredet und zöge es vor, seinen Tag lieber mit ihnen zu verbringen, als eventuell noch zur Zielscheibe der altbekannten Streitigkeiten zu werden. Sprach's, und machte sich davon. Gerlinde Müllers Eltern zogen ihre Konsequenz und traten schwer enttäuscht den Rückweg in ihre geordnete Welt an, ohne die Wohnung der Tochter überhaupt betreten zu haben.

Wieder hatte Lea keine Möglichkeit gefunden, locker mit ihnen zu plaudern, um mehr zu erfahren von den vielen Dingen, die sie wissen wollte. Sie hätte so gern ihre Herkunft besser verstanden, Erklärungen gefunden für die tief sitzende Orientierungslosigkeit. Wer war sie? Warum konnte sie sich offensichtlich mit absolut nichts identifizieren, das ihre abgestammte Familie ausmachte? Wurzellose Leere versuchte erneut, nach ihr zu greifen. Alles Bunte grau einzufärben, jeden Duft zu neutralisieren, jedes Gefühl spurlos zu machen, Lachen und Liebe einzufrieren, nährendes Leben in ein gefräßiges Nichts zu wandeln.

Sie lief hinaus in die Sonne und setzte sich auf einen Stein, der die Mitte einer Grünfläche zierte. Imaginär fühlte sie die schützende Hand des Himmels, der sie vor dem freien Fall in den Abgrund bewahrte. Und was tat ihr Kopf? Er stand ihr bei.

> ‚Das Herz ist erfroren. Die Seele scheint leer.
> Ob Tag oder Nacht, interessiert doch nicht mehr.
> Zum Lachen zu müde. Gibt auch keinen Grund.
> Nur einsame Stille bewegt ihren Mund.
> Sie fragt mein Gemüt, das vom Grübeln schon schwer.
> „Ich befürchte, das Kind gehört gar nicht hierher!
> Versteht man und unterstützt seine Ziele?
> Es hatte davon doch schon immer so viele.
> Sie passen sich nicht der Gewohnheit an.
> Manch eines verliert man auch dann und wann."
> Sie fragt sich: „Warum soll ich sie denn halten?
> Es kostet viel Mühe, sie zu gestalten.
> Sie sind nicht von Wert, was man so hört.
> Und Eigensinn ist unbequem und stört."

Verträumt zieht ein Flugzeug hoch oben die Bahn.
Welche Stelle der Welt fliegt es heute wohl an?
Irgendwann ist der Albtraum hier sicher vorbei.
Himmel ist mein Zuhause! Bin dort sicher und frei.'

Mal ehrlich! Hatte dieses Kind Grund zur Freude? Nein? Wie war es dann möglich, dass es lächelnd mitten auf einer Wiese saß und, den Blick nach oben gerichtet, die Wärme der Sonne spürte, die der schöne, steinerne Findling speicherte, auf dem sie saß? Dabei dachte sie nach, wie sie es schaffen könnte, öfter zu den Großeltern zu gelangen. Sie wollte Verbindung zu ihnen aufbauen, um so viel wie möglich zu lernen, zu erfragen, und einfach, um bei ihnen zu sein. Wie konnte sie die Gegenwart verstehen, wenn ihr niemand etwas über die Vergangenheit erzählte?

Ihre Wohnorte lagen aber mehr als fünfzig Kilometer entfernt voneinander. Es blieb nur eine Möglichkeit, dorthin zu gelangen. Die Eisenbahn.

Just in diesem Moment erzeugte ihr inneres Auge wieder die schönen Bilder der in einfallsreicher Vielfältigkeit erbauten Modellbahnanlage ihres Freundes Roberto. Lea war schon darauf gespannt, ob die Fahrstrecke in Wirklichkeit auch so viel malerische Schönheit bot.

Doch zunächst musste sie erst einmal überlegen, wie sie das Geld für die Fahrkarte zusammenbrachte.

‚Ob ich Oma Erna darum bitte?

Ich möchte ja kein Geld von ihr, aber ganz bestimmt hilft sie mir gern. Ich werde ihr von meiner Idee erzählen. Dann freut sie sich darüber, wenn sie mich dabei unterstützen kann.'

Mit diesem neuen Plan im Rucksack der Gedanken erhob sie sich, um nach den Angehörigen Ausschau zu halten. Vereinzelt sah sie noch ein paar gut gekleidete Familien in verschiedene Richtungen lachend davonspazieren. Von den Ihren aber war keiner zu entdecken.

Sie beschloss, lieber gleich nach Oma Erna zu schauen, denn an eine Fortsetzung der Feier war, unter diesen Umständen, nicht zu denken.

Wie immer leerte sie dort zuerst das Katzenklo und kuschelte mit den lieb gewordenen Tieren. Die Erledigung von Einkäufen war sonntags nicht möglich. Dennoch mussten die Mülleimer geleert und auch die Wohnung geputzt und gelüftet werden.

Lea fühlte sich gut, wenn sie der alten Frau zu Diensten sein konnte und führte alle Arbeiten mit großer Sorgfalt aus. Ganz zu Beginn ihrer Besuche roch es merkwürdig unangenehm in Ernas Wohnung. Lea wusste es aber nicht recht einzuordnen und scheute sich zunächst näher an die liebevolle Frau heranzutreten.

‚Kann es sein, dass Menschen nicht nur alt werden, sondern auch alt riechen?‘, ging es ihr damals durch den Kopf.

‚Sie hat so einen starken Mundgeruch. Immer wenn sie spricht, erreicht mich eine unangenehme Wolke. Aber es riecht nicht nach mangelnder Pflege oder nach Magen. Eher nach Gebiss und körperfremden Stoffen. Vielleicht ist es ja ein Mittel für besseren Halt der Dritten oder zur Reinigung derer, keine Ahnung. Es ist ein scharfer Geruch, der mir nicht natürlich scheint. Manchmal riecht es auch so nach feuchtem, ungewaschenem Haar. Selbst Körperschweiß scheint der Alterung zu unterliegen. Er trägt weder die übel riechenden Merkmale eines unsauberen Menschen noch den Duft von jugendlicher Frische. Der Schweiß alter Leute stinkt einfach nur scharf und irgendwie ranzig! Ach, was geht mir doch diese Überempfindlichkeit meiner Nase auf die Nerven!' Über diese Gedanken anmaßender Jugendlichkeit schämte sich die Zwölfjährige vor sich selbst und konnte sich in solchen Momenten überhaupt nicht leiden! Doch sie waren nicht wegzubringen. Im Grunde hatte sie keine Angst vor dem Altwerden. Aber sie stellte sich vor, dabei strahlend schön, schlank, duftend, aktiv, fröhlich, beweglich zu bleiben. Die muffige Starre und mühsame Schwerfälligkeit alter Menschen machten ihr Angst. Egal! Seit die selbstkritische gute Fee in der Wohnung der alten Frau Erna für Ordnung und Sauberkeit sorgte, verschwanden auch manche der aufdringlichen Gerüche. An ihre Stelle trat der Duft von frischem Kakao oder gar einem Gugelhupf, mit dem die betagte Dankbare hin und wieder überraschte. So war das auch heute, als Lea ihr irgendwie bedrückt vorkam. Was konnte sie denn haben? Etwa wieder neuen Kummer? Oma Erna wurde jedes Mal traurig, wenn sie das Mädchen nicht befreit lachen sah. Doch sie wusste auch von dem schweren Los, welches dieses tapfer trug. Vielleicht sprach sie ja später darüber. Man musste ihr nur etwas Zeit geben. Diese geduldige Ruhe war ein ganz wichtiger Sicherheitsfaktor für Lea. Sie musste sich wieder trauen, zu vertrauen. Es war ihr zwar nicht wohl dabei, doch nach ein paar Tagen brachte sie ganz von selbst das geplante Vorhaben ins Gespräch. Sie genierte sich unheimlich dafür, aber Erna begegnete dem total gelassen und mit bemerkenswertem Scharfsinn. „Kind, nun denk doch mal darüber nach, was du hier alles für mich machst. Du kommst jeden Tag und arbeitest bei mir, wie ein Erwachsener. Weißt du, was es mich kosten würde, wenn ich jemanden dafür bezahlen müsste? Ganz abgesehen davon erhielt ich ganz sicher nicht diese wundervolle Achtsamkeit, wie du sie mir schenkst! Ich bin überaus glücklich darüber, dass du da bist, meine Kleine! Bitte mache mir die Freude, dir dabei zu helfen, deinen Plan umzusetzen!" Lea wusste es im Grunde, doch es fiel ihr immens schwer, jemand anderen um etwas zu bitten, das sie selbst betraf. Erst recht, wenn es sich dabei um Geld handelte, das sie brauchte. Schon über die Neubeschaffung der zerstörten Schulsachen vor einiger Zeit zu sprechen, hatte sie eine Riesenüberwindung gekostet. Ahnungslos darüber, wie viel glückliche Zufriedenheit sie dadurch der alten Dame ins Herz zauberte. Es sah wohl ganz so aus, dass auch das Mutigsein erst erlernt werden musste! Die geduldige Aufmerksamkeit der alten Frau half ihr dabei sehr!

Anfang Juni des Jahres 1978 – die Sommerferien standen unmittelbar bevor und Leas sechstes Schuljahr kurz vor seinem Ende – erklärte sie ihrer Mutter selbstbewusst, sie beabsichtige ab sofort, Oma und Opa regelmäßig zu besuchen. Sie vermisse sie sehr, und schließlich sei es normal, Großeltern zu besuchen, wenn man welche hätte. „Mir ist egal, was du mit deiner Zeit machst!", war die wie gewohnt patzige Antwort. „Aber bilde dir nicht ein, ich finanziere deine Lustreisen! Wenn sie dich beim Schwarzfahren erwischen und mich dafür zur Kasse bitten wollen, dann gnade dir Gott!", bekräftigte sie ihren Unmut darüber mit einer wirkungslosen Drohung. Die Großmutter war nicht gerade erfreut über Leas überraschendes Auftauchen.

„Hat dich deine Mutter um Geld geschickt? Dann müssen wir dich leider enttäuschen, und du kannst gleich wieder fahren!" Das waren die herzlosen Begrüßungsworte von Mathilde, der Mutter ihrer Mutter! Lea glaubte, sich verhört zu haben! Am liebsten hätte sie ihr ins Gesicht geschrien, dass es kein Wunder sei, dass Mutter nicht wisse, was Liebe ist. Sie hätte sie ja selbst nie erfahren! Zum Glück kam aber Opa Heinrich hinzu. Er war von Grund auf ein ruhiger, gutmütiger Mensch und hasste nichts mehr als Streit und Bosheit! Nachdem er schwer verärgert seine Gattin zurechtgewiesen hatte, wandte er sich der Besucherin zu. Lächelnd umarmte er die Enkeltochter und fragte interessiert, wie sie es denn geschafft habe, Mutter zu überzeugen, zu ihnen fahren zu dürfen. „Lieber Opa, ich habe sie von gar nichts überzeugt, sondern ihr einfach nur gesagt, dass ich es ab sofort so tun möchte. Sie reagierte ziemlich gleichgültig, aber das kenne ich schon. Das macht sie mit mir immer so. Ich darf sie nur niemals um das nötige Fahrgeld bitten. Doch das verdiene ich mir selbst. Jeden Tag nach der Schule und auch am Wochenende arbeite ich für eine alte Dame bei uns im Haus, die sehr lieb ist. Dafür bekomme ich das Fahrgeld und kann zu euch fahren. Ist das nicht eine tolle Idee?"

Der Großvater strahlte glücklich. Oma Mathilde holte aus der Küche zur Versöhnung einen frischgebackenen Apfelkuchen mit leckeren Streuseln drauf. „Lasst uns gemeinsam Kaffee trinken und plaudern", sagte sie. „Bitte entschuldige, mein Kind, das ich dich so böse angesprochen habe. Aber ich bin eben von deiner Mutter nichts Gutes gewöhnt. Deshalb glaubte ich, sie hätte dich geschickt, um uns anzupumpen oder auszuhorchen." „Das verstehe ich gut, liebe Oma. Es ist auch verdammt schwer, immer alles richtig zu machen, findest du nicht? Aber wenn wir versuchen, gut miteinander umzugehen und zuzuhören, können wir uns doch auch viel besser verstehen lernen. Ich vermisste euch immer sehr und wünsche mir, dass ich viel von euch lernen kann. Ich bin nur gekommen, weil ich bei euch sein möchte. Sonst nichts." Dem Mädchen kullerten die Tränen übers Gesicht. Oma Mathilde nahm sie in die Arme und sagte leise: „Du bist jederzeit willkommen bei uns, mein Kind. Es macht mich sehr froh, dass du gekommen bist. Danke!"

„Darf ich euch auch Fragen zur Familie stellen? Mama hat mir bis heute rein gar nichts erzählt. Entweder sie schlägt mich, oder sie ignoriert meine Existenz. Ich kann mir nicht erklären, warum sie mich nicht liebt. Was mache ich nur falsch? Ich gehe gern zur Schule, habe gute Zensuren. Zu Hause bin ich fleißig und kümmere mich um meine kleinen Brüder. Aber Mama verlangt Sachen von mir, die ich niemals tun werde! Hanna und Alex hassen die Schule und sind selten dort. Vermutlich werden sie keinen guten Schulabschluss schaffen. Worauf wollen sie dann nur ihr Leben aufbauen? Ich verstehe so vieles nicht, und es tut mir weh, mit keinem darüber sprechen zu können. Wisst ihr, was ich meine?" Das Ehepaar wechselte verstohlene Blicke und machte einen sehr bedrückten Eindruck. Fürs Erste sollte es aber einmal genug sein mit Schmerz und Tränen. Von diesem Tage an standen Lea und ihre Großeltern in regem Kontakt. Seltsamerweise wurden aber Gespräche über interne Familienthemen konsequent gemieden. Es kam jedoch immerhin so weit, dass sie das Mädchen mit in den Urlaub nahmen. Leas erstem wohlgemerkt, denn mit den Friedrichs war dies ja damals – im Sommer 1973 – nicht zustande gekommen. Und in heimischer Umgebung war schon gar nicht an Urlaub zu denken!

Dem volkseigenen Betrieb, in dem die Großeltern arbeiteten, war in der Nähe von Berlin eine wunderschöne Feriensiedlung zugewiesen. Lauter kleine Bungalowhäuschen standen darin, von denen eines für zwei herrliche Sommerwochen ihnen gehörte. Für Lea war es unglaublich spannend, einen richtigen Urlaub zu erleben. Noch nie zuvor hatte sie die Hauptstadt des Landes gesehen und stellte unaufhörlich die verschiedensten Fragen. Als die drei einmal die Straße „Unter den Linden" zum Brandenburger Tor dahinspazierten, wurde Oma Mathilde plötzlich traurig-melancholisch. „Ob unser Sohn uns von ‚drüben' jetzt sehen kann? Schau doch, wie zum Greifen nah alles ist und doch unerreichbar fern."

Der unbekannte Onkel

Verwirrt schaute Lea erst zu ihr, dann zu Opa Heinrich. „Wie meinst du das, Oma? Wohnt Onkel Andi etwa hier in Berlin? Ich weiß rein gar nichts über ihn, außer, dass es ihn gibt. Wenn Mama von ihm erzählt, dann regt sie sich immer ziemlich auf. Er sei ein unmöglicher, undankbarer Parasit. Ich weiß nicht einmal genau, was ein Parasit ist, aber das ist jetzt egal. Wann habt ihr denn das letzte Mal von Onkel Andi gehört?" „Na ja, mein Kind, das ist nicht so einfach. Wie du weißt, ist Berlin eine geteilte Stadt. Deshalb sieht man hier überall die Mauern. Erkennst du es? Schau mal da vorn." Opa Heinrich zeigte über den Platz. „Bis zu den Mauern kommen wir gar nicht. Das ist alles Sperrgebiet. Auch durch das Brandenburger Tor kann niemand gehen. Hier verläuft die Grenze zu West-berlin. Und Westberlin gehört zu Westdeutschland, also zu einem anderen Staat. Als Staatsgrenze wird sie natür-lich streng bewacht. Niemand darf hinüber. Also können wir unseren Sohn auch nicht besuchen, verstehst du?"

„Ja, Opa. Danke, das hast du gut erklärt. Ich hatte ja keine Ahnung, dass Onkel Andi in Westberlin lebt. Jetzt verstehe ich auch, warum ich ihn noch nie gesehen habe."

Oma Mathilde führte weiter aus: „Er lebt erst seit An-fang der Siebzigerjahre drüben. Nachdem er mit seinem Architekturstudium fertig war, wollte er nur noch weg. Die Welt sehen, tolle Häuser planen. Da dies in der DDR nicht möglich war, stellte er ganz offiziell einen Ausreiseantrag nach Westdeutschland. Ihm war klar, dass er uns dadurch vielleicht nie wiedersehen würde. Doch es war damals unmöglich für uns, unseren Sohn zu halten. Er musste hinaus. Wir spürten, wie sehr ihn die Gefangenschaft in diesem Land quälte. Ich kann dir aber leider nicht so viel erzählen, da ich selbst nicht weiß, wie sich die Dinge zugetragen haben. Nur ein wenig konnten wir später von ihm erfahren. Wir sahen uns nämlich über Umwege wieder", ergänzte die Großmutter ihre Erklärungen. Die Blicke, die sie dabei vereinzelt mit Opa Heinrich wechselte, beunruhigten die junge Fragende. Was war das für eine seltsame Spannung, die sie da spürte? Wie ein stummes, anklagendes Redeverbot lag sie auf Opa Heinrichs Schultern und drückte ihn unsichtbar zu Boden. Ohne sich abzuwenden, fuhr sie fort. „Lange Zeit wussten wir überhaupt nichts von ihm. Dann kam uns eine Idee. Dir ist sicher bekannt, dass DDR-Bürger ganz normal in die ČSSR reisen dürfen. Westdeutsche können das auch. Also trafen wir uns im tschechischen Karlsbad. Leider klappte das nur einmal, aber so hatten wir Gelegenheit, ein paar Einzelheiten zu erfahren, über die eigentlich keiner sprechen durfte. Ein weiteres Mal trafen wir uns dann bei uns. Erinnerst du dich an den Spaziergang, als wir dir die Stelle zeigten? Oben beim alten Gasthof, unweit der abgesperrten Autobahnstrecke, die für Ostdeutsche verboten ist. Das ist die Transit-Autobahn, auf der westdeutsche Fahrzeuge fahren dürfen, wir aber nicht. Sie ist nur dafür gedacht, Westberlin mit Westdeutschland zu verbinden. Da sie quer durch Ostdeutschland führt, wurde sie für uns Einheimische total abgeriegelt. Dein Onkel aber stieg einmal die Böschung hinab, bis zum alten Gasthof, wo wir uns dann trafen und kurz reden konnten. Das alles war sehr riskant, und wir mussten darauf achten, nicht gehört zu werden, sonst hätte es richtig Ärger gegeben. Ich weiß nicht, wo die Stasi überall ihre Spitzel hat, aber die wissen einfach alles! Und auf uns hat sie sowieso ein sehr wachsames Auge, seit Andis Ausreise."

Die gute Beziehung zwischen Lea und den Großeltern sorgte dafür, dass die Wissbegierige im Laufe der Zeit endlich mehr über ihre angestammte Familie erfuhr.

Darunter waren auch sehr bittere Informationen zur Kindheit und Jugend ihrer Mutter. Dennoch hielt sie es für extrem wichtig, dies alles zu wissen. Nicht um zu verurteilen, sondern um endlich Zusammenhänge herstellen und manche Verhaltensweisen unter den Angehörigen besser verstehen zu können.

Großmutter sprach manchmal so melancholisch liebevoll von ihrem Sohn, dass Lea spürte, wie sehr sie diesen vermisste.

Oft prahlte sie auch ein wenig, wie gehorsam er doch immer gewesen sei und dass ihn sein strebsamer, kluger Geist sehr von dem seiner Schwester unterschied. Überhaupt sei er im Charakter das ganze Gegenteil ihrer missratenen Tochter.

Großvater tadelte sie dann meist mit strafenden Blicken, doch es mangelte ihr schmerzvoll an dem nötigen Feingefühl. Es fiel ihr schlicht nicht auf, dass – wenn sie verächtlich von ihrer Tochter sprach – diese Frau doch Leas Mutter war!

Andreas schien aber tatsächlich von völlig anderer Natur zu sein. Nach gutem Schulabschluss absolvierte er eine Berufsausbildung mit Abitur als Elektrotechniker. Neben dem normalen Joballtag besuchte er eine Abendschule und begann dort ein Maschinenbau-Studium. Dies brach er früh ab; er wechselte zur Hochschule, an der er Student für Architektur wurde. Schlussendlich konnte er dieses Studium als Diplomingenieur erfolgreich abschließen.

Andreas blieb ruhelos. Dass er seine Ideen und beruflichen Ambitionen nicht umsetzen konnte, ließ ihn rebellisch und auch recht überheblich werden. Mit der Zeit distanzierte er sich vom Elternhaus und aller staatlichen Bevormundung. Onkel Andi war der Ansicht, für mehr als dieses triste Dasein geboren zu sein. Er „musste" ausbrechen und tat das dann letztendlich auch.

Lea war neugierig auf diesen unbekannten Onkel. Es gefiel ihr, mit welch unerbittlicher Konsequenz er seine Ziele verfolgte. Und dass er sich sogar der kurzsichtigen Gleichmacherei und staatlich verordneten Menschenverdummung zu widersetzen vermochte. Schade, dass sie ihn nicht persönlich kannte. Sie war überzeugt davon, mit ihm wundervolles Einvernehmen zu finden. Ihre Vorstellung erzählte ihr, dass es eines Tages so passieren würde, sie sich kennenlernten, gut verstanden, den gleichen Wellenschlag spürten. Darauf freute sie sich.

Doch im Moment war sie erst einmal dankbar für die gute Verbindung, die sich zu ihren Großeltern gebildet hatte.

Auch nach dem wundervollen Urlaub, der etwas Vertrautheit sowie eindrucksvolle Erlebnisse und Informationen rund um die Hauptstadt brachte, versuchte das junge Mädchen, sich mehr an den Eltern ihrer Mutter zu orientieren. Doch irgendetwas stimmte da nicht. Der klugen Beobachterin war aber vollkommen unklar, was das sein könnte. Sie würde das noch eine Zeit lang beobachten müssen, um zu verstehen.

Auch entferntere Verwandte oder Menschen aus der elterlichen Jugendzeit lernte sie nun kennen. Überall erntete sie Lob, Anerkennung, Interesse und ehrliche Freude.

‚Diese Familie ist doch gar nicht so übel! Man muss sie nur auch kennen wollen! Und sich ein bisschen Mühe miteinander geben.' Ein großartiges Gefühl, das Lea dazu befähigte, fest an sich zu glauben und selbst für Unmögliches eine Lösung zu erkennen. Denn es gab immer einen Weg! Eine Wortspielerei ihres Kopfes erzählt davon.

‚Gestern noch, da weinte ich.
Frust und Kummer quälten mich.
Aus jetzt mit der Jammerzeit!
Was soll ich mit Selbstmitleid?!
Ändern muss ich, was mich stört!
Sagen, was man nicht gern hört,
wenn es wichtig mir erscheint
und genau die Sache meint!
Vielleicht fällt's nicht ins Gewicht …
wundern darf es jedoch nicht,
dass falls du etwas vermisst,
es dabei gestorben ist.
Wenn sie stimmt, deine Beschwerde,
dass ich gerne trotzig werde,
nehm ich als Kritik das hin,
weil ich nicht vollkommen bin!
Kletter über Hindernisse
oder pfeife auf gewisse.
Bis ich mich ins Kistchen leg,
geh ich einen … meinen Weg!'

Mit ihrer Großtante Emmy freundete sich Lea sofort gut an. Oma Mathildes Schwester hatte nicht die kaltherzige Unduldsamkeit, mit der diese andere Menschen – besonders die eigene Tochter – aburteilte. Tante Emmy war liebenswert nachsichtig, und ihre Augen warmherzig kurzsichtig. Sie litt an Diabetes. Jedoch mit ihrem messerscharfen Galgenhumor lachte sie sich permanent in die eigene Tasche. Sie schien ihre Krankheit kein bisschen ernst zu nehmen, doch das täuschte! Sie hielt sich sehr diszipliniert an spezielle Ernährungspläne und Insulingaben. Sie sagte, der lästige Firlefanz sei viel besser zu ertragen, wenn man ihn in Grund und Boden lachte!

Glücklich darüber zu sehen, welch tolles Kind ihre Nichte Gerlinde hervorgebracht hatte, kamen Berührungsängste gar nicht erst auf.

Neben anderen Vorzügen konnte Lea geduldig zuhören, ohne zu unterbrechen. Das schätzte Emmy ganz besonders an dem Mädchen. Es entstand sofort eine sehr vertraute Gemeinschaft zwischen diesen beiden charismatisch verschiedenen und doch auf eine rätselhafte Weise ähnlichen Menschen.

Die Frau entwickelte sich zum wichtigsten Informanten der ausdauernden, jungen Suchenden. Im Gegenzug bewies Lea bewusst oder unbewusst immer wieder ihre absolute Loyalität und Vertrauenswürdigkeit. Nur durch diese gegenseitige Sicherheit war es möglich, auch sehr tief verborgene und lange zurückliegende Einzelheiten zu erfahren, die bisher nie zutage getreten waren. Plötzlich lösten sich für Lea viele Fragen wie von selbst. Die pikanten Nachrichten führten teilweise zu blankem Entsetzen des Kindes und waren dennoch von erheblicher

Wichtigkeit, dadurch den Grund für das merkwürdige Verhalten von manch engem Familienangehörigen zu erkennen.

Als Lea wieder einmal mit der Oma bei deren Schwester auf Besuch war, lachten und plauderten alle sehr herzlich miteinander. Es gab wie immer leckeren, selbst gebackenen Kuchen und andere schöne Dinge, als plötzlich eine einzige Frage alle Fröhlichkeit aus den Gesichtern wischte.

„Ihr versteht euch so gut. Ich freue mich wirklich sehr darüber", begann Lea, ihr grundlegendes Unverständnis über die sonst so frostigen und nach ihrer Meinung kranken Verhaltensweisen in der Familie einzuleiten.

„Aber warum lieben die Mütter dieser Familie ihre Töchter nicht? Oma Mathilde, du hast keinen Funken Liebe für deine Tochter! Und meine Mutter wiederum nicht für mich! Warum?"

Der Kuchen schien den Anwesenden förmlich im Hals stecken zu bleiben. Totenstille kehrte ein. Die Frauen wechselten verstohlene Blicke, die das Mädchen nicht zu deuten wusste. Es kamen auch nur mehr gequälte Gespräche zustande, die letztendlich zu einem verfrühten Abbruch des Besuches führten.

Der forschenden Jugendlichen aber ließ diese auffällige Veränderung keine Ruhe.

‚Ich muss den Nagel auf den Kopf getroffen haben', grübelte sie und überlegte angestrengt, was sie nun tun könnte, um diesen weiter ins Mark zu treiben. ‚Ich muss Tante Emmy allein besuchen! Im Beisein ihrer Schwester wird sie mir nie verraten, was ich wissen will. Ob dort auch die Erklärung für mein komisches Gefühl liegt, das ich manchmal habe, wenn Oma mit mir spricht?'

Es sollte aber noch ungefähr ein Jahr dauern, bis es der zwölfjährigen Unermüdlichen endlich möglich war, sich allein auf diesen Weg der Erkenntnis zu machen. In ihrem Innersten blieb sie so ruhelos, wie es wohl Onkel Andi auch immer war, solange er in der merkwürdig beklemmenden Gesellschaft lebte.

Was sich zu Hause in erschreckend gewöhnlicher Wiederkehr abspielte, entsprach dem ganzen Gegenteil dessen, was Leas Herz fühlte, der Verstand als nachvollziehbar logisch wahrnahm, den Körper stark und gesund hielt.

Alex ging regelmäßig auf seine Weise „einkaufen" und war der Held des Tages, wenn er die gestohlenen Lebensmittel zu Hause ablieferte. „Bruderherz, was ist aus dir geworden?", flüsterte Lea ihm unglücklich zu, als sie so zusammensaßen. „Hast du nicht eine Höllenangst, dass man dich erwischt?" Er lachte, klopfte ihr freundschaftlich auf die Schulter und erklärte Mutter Gerlinde, dass er beim nächsten Mal bitte seine kleine Schwester mitnehmen wolle. „Sie soll endlich ‚etwas Vernünftiges' lernen, das man im Leben echt brauchen kann!", so sein Ausspruch. Diese winkte kopfschüttelnd ab und fragte nur spöttisch, ob er Lust auf die Polizei hätte. Denn darauf würde es hinauslaufen, wenn „diese Versagerin" mitmischte. Sie würde sie wahrscheinlich sogar selbst alarmieren! Alle lachten, bis auf die Angesprochene, die sich wehrte. „Das ist doch nicht euer Ernst! Ihr baut den Alltag, ja euer ganzes Leben, auf Lug und Trug auf! Könnt ihr überhaupt noch ruhig schlafen?", entrüstete sich die schwer Gekränkte, während sie sich von ihrem Stuhl erhob. Ihre Mutter wurde nun ganz besonders hässlich. „Aber du isst doch auch bei uns, nimmst dir dazu einen Becher Milch oder einen Apfel. Was glaubst du, wer dafür sorgt, dass du dich hier satt essen kannst? Dein großer Bruder Alex! Du regst dich darüber auf, wie er die Sachen beschafft, aber hungrig bleiben willst du trotzdem nicht! Was bist du doch für ein falscher Hase!", verteidigte Gerlinde Müller die „aufopfernde" Kleinkriminalität ihres Sohnes und degradierte dabei die Anklagende zur miesen Trittbrettfahrerin.

„Mutter! Es ist verdammt noch einmal *deine* Aufgabe, für uns zu sorgen und rechtmäßig Geld zu verdienen, damit Alex gar nicht erst stehlen muss!", schrie Lea sich den aufgestauten Frust von der Seele. Eine deftige Ohrfeige schmetterte dafür auf ihre linke Wange, sodass es verdächtig im Nackenwirbel krachte und das Ohr zu summen begann.

Schwer gezeichnet verließ sie sogleich das Geschehen und rannte voller Zorn zu ihrer lieben Oma Erna. Sie war so angewidert von der eigenen Familie. Die alte Frau sah den Kummer sowie die glühende Wange, schaffte es aber, zu vermeiden, darüber zu sprechen oder nachzufragen. Sie hatte ein feines Gespür dafür, was das Kind peinlich berühren – ihm wehtun – würde und nahm sie einfach in die Arme. Nach einer Weile sagte sie mit voller Überzeugung, Lea sei ein ganz besonderes Mädchen, das einen anderen Weg gehen würde, als man ihr täglich vorzeichnete. Sie müsse nur den festen Glauben an sich behalten und mit rechten Mitteln verteidigen.

Die verunsicherte Kämpferin war der alten Frau unendlich dankbar. Plötzlich jedoch überfiel sie die Angst! Ihr wurde bewusst, wie alt diese war, und totale Panik erfasste Lea jetzt, bei dem Gedanken, dass Oma Erna bald sterben könnte. Natürlich sagte sie ihr das nicht. Doch etwas in ihr wusste, dass die Frau verstand. Die liebenswerte, vom Leben gezeichnete Alte hörte ihrem Schweigen zu – jedem einzelnen Wort. Sie spürte diese innere Unruhe, servierte lächelnd einen herrlichen Kakao und erzählte einen Witz, den sie am Morgen bei einer Fernsehshow im Ersten Deutschen Fernsehen gehört hatte. „Hör mir kurz zu, Süße. Gleich lachst du wieder. Hoffentlich kriege ich den noch zusammen … aber der ist zum Glück ganz kurz.

Also: Ein Ehemann erwischt seine Frau mit einem anderen im Schlafzimmer.

Entsetzt ruft er: „Ihr Idioten! Im Konsum gibt's Apfelsinen!!!"

Lachend setzte Lea ihren Kakaobecher ab und wischte sich den schokoladigen Bart in den Ärmel.

„Na, dann warte mal ab, welchen ich dir jetzt präsentiere!", kicherte das Mädchen. „Den hat mir mein älterer Bruder erzählt. Pass auf:

Die Stasi verhört einen Kirchgänger: „Gibst du zu, dass du gerade in der Kirche warst?"

„Ja."

Gibst du auch zu, dass du die Füße von Jesus Christus am Kreuz geküsst hast?"

„Ja."

„Würdest du auch die Füße unseres Genossen Honecker küssen?"

„Sicher, wenn er dort hängen würde …"

Oma Erna hatte ehrlich Mühe, sich zu beruhigen. Ihr Lachen war so herzhaft, dass sogar Tränen übers Gesicht liefen.

Das kuschelige Spiel mit den Katzen und Ernas gelungene Ablenkung machten Mutters Ohrfeige schnell vergessen. Beim Zuhören entdeckte das leidgeprüfte Mädchen etwas Wundervolles. ‚Ich glaube, ich liebe meine Oma Erna, wie keinen anderen Menschen auf der Welt. Sie ist immer so gut zu mir. Antwortet mit den Augen auf meine brennenden Fragen, ohne dass ich sie ihr stellen muss. Was mache ich nur, wenn ich sie einmal nicht mehr habe? Ich habe so Angst, dann wieder ganz allein zu sein. Warum bin ich nur so nervös?'

Das vereinsamte Mädchen suchte zwar Gemeinschaft, doch in dieser Stadt blieb man ein Niemand. Ohne es selbst zu bemerken, arrangierte sie sich perfekt mit dem Alleinsein und lernte es sehr zu schätzen. Wenn es möglich war, wählte sie sich einen stillen Platz mit freier Sicht zum Himmel und hing den Gedanken nach. Ihre tiefsten Wünsche schickte sie hinauf und bat ihn, er möge dafür sorgen, dass sie sich erfüllten.

‚Kannst du mir versprechen, dass es meine liebe Oma Erna einmal gut bei dir hat, wenn die Erde sie nicht mehr behalten will?'

Schon seit immer liebte die Verträumte seine Unendlichkeit, die bizarren Wolkenformationen, das fröhliche Lichtspiel der Sonne und den majestätisch-geheimnisvollen Mond.

‚Wer mag da oben wohnen? Können Verstorbene tatsächlich von dort auf uns hinabblicken? Ob sie auch alles hören, was wir sprechen, und wissen, was wir denken? Dann kennen sie sicher auch meine schlechten Gedanken, wenn ich Mutter zur Hölle wünsche!'

Plötzlich fühlte sich Lea peinlich ertappt und blickte, um Vergebung bittend, stumm nach oben.

‚Ob Gott mir jetzt genau in die Augen schaut? Man erzählt sich ja, dass er im Himmel wohnt, alles hört und sieht. Auch er soll mein Vater sein. Was für ein Unsinn! Die Leute spinnen doch total! Ich kann nur einen Vater haben und bin sogar sicher, dass ich den echten noch nie zu sehen bekam! Aber was verstehe ich schon von all dem religiösen Zeug? Die Unbeflecktheit der Jungfrau Maria ist für meine Begriffe ein wirklich dreistes Märchen! Für wie dumm wird man als Mensch von den Mächtigen der Kirche gehalten? Als Mutter ihres Sohnes Jesus! Dieses Kind kann doch nicht aus dem Nichts in ihren Schoß gefallen sein. Hat sie es nicht am Weihnachtsabend geboren? Dann werden ja alle immer so nett. Gestern noch die schlimmsten Tyrannen und morgen das Gleiche. Doch am Weihnachtstag sind alle nett. Aber *ich* soll der falsche Hase sein! Wie einfach! Die Leute richten sich ihre Wahrheit, so, wie sie diese gerade haben wollen. Scheinheiliges Volk!'

Hin und wieder stieg ein mächtiger Schwall Verbitterung in Lea hoch, wenn sie über Gott und die Welt nachgrübelte.

Sie verstand auch überhaupt nicht, warum der heilige Glaube friedvolle Eintracht herbeibetete, wenn er sie doch selbst gar nicht lebte. Ach, wie oft hatte sie sich gerade über solche Themen den Kopf zerbrochen. Wie war es nur möglich, dass die halbe Menschheit an solche Märchen glaubte, ohne sie zu hinterfragen?

Lea nahm sich vor, einmal eine Kirche zu besuchen. Gern würde sie auch mit gläubigen Menschen über all diese Fragen sprechen. Aber da war niemand weit und breit. Längst hatte sie begriffen, dass Kirche und Staat nichts miteinander zu tun haben wollten. In diesem Land würde sie niemals Antworten bekommen und schon gar nicht zu einem Gott finden, dessen ständige Anwesenheit sie sich einerseits wünschte, jedoch andererseits nicht daran glauben konnte.

‚Warum schützt er mich nicht vor der Willkür des Bösen, das in seinen Kindern steckt? Vielleicht lehnt er mich ja auch ab, weil ich nicht irgendeinem fragwürdigen Ideal entspreche. Ich suche den Glauben, um Halt zu finden, und falle dabei unaufhörlich von einer Katastrophe in die nächste. Befremdend, diese Welt! Dennoch muss ich aufpassen! Ich darf auf keinen Fall verallgemeinern und alle Menschen in einen Topf werfen oder aufgrund ihres Glaubens falsch über sie urteilen! Es gibt viele wundervolle Menschen, von denen manche mir schon sehr geholfen haben. Vermutlich ist es auch ganz wichtig, dass man an etwas glaubt. Ich glaube doch auch an Sachen, die mir Orientierung und Halt geben. Vielleicht haben sich die Menschen deshalb solche Bibelgeschichten ausgedacht. Aber manches finde ich schon sehr realitätsfern und irgendwie total unlogisch. Doch kann es nicht sein, dass sie es einfach nicht besser wussten, wenn die Natur ihnen Rätsel aufgab? Ob ich meine Oma Erna einmal frage?‘

Auf dem Weg zu der gutmütigen, alten Frau trällerte Lea ihr eigenes Liedchen vom Glauben. Vielleicht konnte man ihn sich so besser vorstellen.

„Denkst du an Heiligkeit? Ist sie dir fremd?
Macht sich der Zweifel breit? Bist du gehemmt?
Sag mir, warum …
Du glaubst an dich allein – Logik und Sinn.
Es muss beweisbar sein, was steckt darin.
Sonst ist es dumm …

Gibt es denn keine Kraft – imaginär …
die förmlich alles schafft, leicht oder schwer?
Stell sie dir vor …
Einstein erklärte schon, was Wissen bringt.
Vorstellung spielt den Ton. Neues beginnt.
Kleingeist verlor …
Glaube braucht Fantasie. Auch den Beweis!
Sicher bist du wohl nie! Zweifel spricht leis.
Glaube ist Mensch."

Aufmerksam hörte die alte Dame zu, als das Mädchen bei ihrem Besuch von den vielen seltsamen Dingen zu erzählen begann, die es beschäftigte. Doch auch sie konnte über die Kirche nicht all so viel berichten. Der regelmäßige Besuch derer gehörte nur in frühen Jugendjahren zu ihrem ganz normalen Alltag. Damals sei die Kirche eine machtvolle Institution gewesen, die auch einen großen Teil der Erziehung der heranwachsenden Jugend übernahm und zum Teil mehr Befugnisse besaß als die eigenen Eltern. Unzüchtigkeit und andere Missachtung der Zehn Gebote wurden hart bestraft, denn die Sünde galt als schweres Verbrechen. Erna mochte das übermäßig autoritäre Verhalten ihres zuständigen Pfarrers überhaupt nicht und drückte sich vor der Kirche, so gut es ihr möglich war. Die schlimmen Weltkriege veränderten das Leben dann sowieso grundlegend. Das erfahrene persönliche Leid hätte sie dann vollends von Gott entfernt. Sie war der Meinung, dass er solche Verbrechen an der Menschheit niemals zugelassen hätte, wäre er existent!

„Aber du hast schon recht mit dem, was du sagst, dass jeder Mensch etwas braucht, woran er fest glauben kann.

Bei mir war es das Tanzen im Ballett. Ich bildete mir ein, die schönste und beste Primaballerina weit und breit zu sein. Mein ganzes Leben richtete ich danach aus und verzichtete sogar darauf, eigene Kinder zu bekommen. Doch als ich dann etwas älter war, wollte mich keiner mehr. Durch immer stärker werdende Probleme in den Gelenken musste ich das Tanzen dann ganz aufgeben."

Wenn Oma Erna vom Tanzen erzählte, schien sie wieder jung zu werden. Ihre Augen glänzten in verklärter Verzückung, so als hätte sie sich gerade verliebt. Bestimmt war sie einst eine schöne Frau, dachte sich Lea beim Zuhören und Beobachten der alten Dame.

„Du bist so lieb, Oma Erna. Schade, dass du keine Kinder bekommen hast. Die wären jetzt sicher alle so nette Leute wie du."

„Ach, mein Kind. Du bist ein tolles Mädchen, obwohl man dich schlecht behandelt. Das ist eine viel größere Kunst, glaube mir! Eines Tages wirst du vom Leben dafür reich belohnt. Du wirst schon sehen."

„Nein, Oma Erna! Ich bin nur passiert!" „Meine Existenz ist noch schlimmer als egal, nämlich nicht erwünscht! Warum hat mich Mutter nicht in diesem Heim gelassen, wenn sie mich doch sowieso nicht wollte? Dann hätte ich nicht Abschied nehmen müssen von meinem lieben Freund Roberto und seinen Eltern."

Solch armseliges Mitleid zu sich selbst mochte Lea überhaupt nicht! Es änderte rein gar nichts an den gegebenen Umständen, machte sie aber schwach und hilflos! Jedoch fand sie manchmal nicht die Kraft, dagegen anzukämpfen. War es vielleicht richtiger, es einfach zuzulassen? Hier bei Oma Erna durfte es sein und verschwand dadurch rasch wieder.

Lea schien es, als sei sie auf einer endlosen Suche, bei der sie niemals fündig wurde. Sie fühlte sich fremd in der Wirklichkeit ihres Seins. Ihr einzig treuer Freund blieb der Himmel. Er war immer da. Seine Stille sprach zu ihr, tröstete sie und oft genug verlor sie dabei das Gefühl für Raum und Zeit.

Wenn sie wieder erwachte, kehrte auch die Ernüchterung zurück.

Das Mädchen legte den Kopf in den Schoß der geliebten Oma Erna und weinte. Es sollte das letzte Mal sein, dass sich die beiden sahen. Leas Innerstes wusste das scheinbar, noch bevor es ihr gesagt wurde.

Sie vermochte sich nicht zu erinnern, nach diesem letzten Treffen noch einmal so geweint zu haben. Zusehends verschloss sich ihre Seele wieder nach außen und deren stumme Schreie erstarben unerkannt in der gefühllosen Kälte der Gegenwart.

Heimatlose Vagabunden

Lea hatte nur zwei magere Schuljahre Zeit bekommen, das Leben in dieser großen Stadt kennenzulernen. Die siebte Klassenstufe fand nach wenigen Monaten einen jähen Abbruch, um irgendwo anders fortgeführt zu werden.

Genügte das denn, um Freundschaften zu schließen, die mehr waren als vergängliche Oberflächlichkeit? Natürlich nicht!

Auch der schöne Urlaub mit den Großeltern, die Plaudereien mit Tante Emmy, das aufregende Erlebnis „Familie" waren längst wieder in den Hintergrund vertrieben. Sommer und Herbst 1978 machten Platz für die Klarheit des Winters. Mehr Klarheit, als Lea lieb war!

Mutter Gerlinde rief eines Abends alle ihre Kinder zusammen, um ihr neues Vorhaben zu verkünden. Stolz berichtete sie, einen ganz besonderen Mann kennengelernt zu haben, der sie ehelichen und allen ihren Kindern ein guter Vater sein wolle. Für seine neue Familie besäße er ein geräumiges Haus in ländlicher Umgebung, etwa fünfundzwanzig Kilometer von hier entfernt.

„Aha … wieder einmal ein neuer ‚Gerhard'", ließ Lea provokant vernehmen. „Das bedeutet also, dass wir nicht mehr lange hier wohnen?"

„Ja, du Klugscheißerin! Auch wenn es dir nicht passt, wir ziehen in ein schönes Haus, das wir ganz für uns allein haben werden. In der Ortschaft gibt es eine Schule und alles, was man zum Leben braucht. Sein Name ist übrigens nicht Gerhard, sondern Axel!"

„Axel? Das ist ja witzig. Wie Alex, nur seitenverkehrt", entdeckte die Wortverspielte in einem kurzen Anflug von gequälter Heiterkeit. „Aber wer ist dieser Mann? Habt ihr ihn schon gesehen?", wandte sich dieselbe jetzt an die Geschwister.

Stummes Kopfschütteln starrte ihr in die Augen.

„Du hast ihn uns nie vorgestellt! Ein wildfremder Mann soll unser neuer Vater sein? Da mache ich nicht mit!", protestierte die Störrische mit dem Mut der Verzweiflung. Im Stillen dachte sie an ihre Oma Erna. Unter keinen Umständen wollte sie von ihr Abschied nehmen müssen.

Angesichts der neuen Nachricht war ihr sofort klar, dass sie die liebenswerte Ballettkönigin des Vorkriegsdeutschland nie wieder sehen und sie sich auch nicht mehr um sie kümmern konnte.

Lea hatte instinktiv Angst vor diesem Mann, den sie noch nicht kannte, ihn aber plötzlich als Familienoberhaupt akzeptieren sollte. Bisher waren alle Männer schlecht und brutal, die Mutter an- oder besser abschleppte!

‚Welche Zukunft liegt da vor uns? Was macht Mutter so sicher, dass sie imstande ist, an Ort und Stelle die Zelte abzubrechen, um mit uns allen bei ihm zu wohnen?‘

Gerlinde Müller – inzwischen sehr verärgert – begann schon wieder aufgebracht zu schimpfen!

„Du wirst wohl mitkommen müssen, Gnädigste! Ob du willst oder nicht!"

„Hast du das Haus wenigstens schon gesehen?" Lea ließ nicht locker und würde wohl wie gewohnt am Ende eine Tracht Prügel dafür kassieren.

„Ja natürlich habe ich das! Es wird uns dort gut gehen, und wir haben auch Platz genug", beschwichtigte die launisch Aufbrausende plötzlich sanft.

„Und wann werden wir umziehen?"

„In ein paar Tagen! Deshalb habe ich heute alle zusammengerufen", war die kurze Antwort, die Bände sprach.

„Aber Mutter!", ätzte das Mädchen weiter. „Wir stehen mitten im Schuljahr, und du verfrachtest uns unvorbereitet von A nach B? In der Schule weiß keiner, dass wir morgen nicht mehr da sein werden!"

„Kind! Lass das meine Sorge sein! Ich habe schon alles Nötige veranlasst. Du bist sogar an der neuen Schule bereits angemeldet!"

Nun verschlug es Lea endgültig die Sprache! Sie kannte ihre Mutter ganz anders! Diese kümmerte sich sonst überhaupt nicht darum, was in der Schule vorging. Und jetzt wollte sie schon die Ummeldung erledigt haben? Die bohrende Aufsässige glaubte ihr kein Wort! Doch welche Wahl hatte sie? Der täglichen Unfassbarkeit und all ihren Überraschungen waren sie und ihre Geschwister auf Gedeih und Verderb ausgeliefert!

Bei der heutigen Zusammenkunft war, wie so oft, sie die Einzige, die Fragen stellte. Die wissen wollte, was da nun schon wieder vor ihnen lag. Die Geschwister schien es nicht zu interessieren. War das deren Methode, mit dem immer wiederkehrenden Irrsinn fertigzuwerden? Es berührte sie scheinbar nicht mehr. Lea sah völlige Gleichgültigkeit in ihren Augen. Nein! Es war ihnen sogar egal geworden, was aus ihnen werden – wie ihre Zukunft aussehen würde!

Ratlose Bestürzung machte sich in der Mutigen, aber Hilflosen breit. Bei den Kleinen verstand sie es ja. Ihre zarten Seelen waren noch verspielt kindlich, und Lea wünschte sich so sehr, sie nicht endlos leidend, sondern viel öfter glücklich lachend zu sehen.

Aber wollten Hanna und Alex nicht wissen, wer dieser Mensch war, in dessen Haus sie alle jetzt einzogen? Es kam ihr so vor, als freuten sie sich über die neue Ungewissheit. Lea unterstellte ihnen stumm, dass sie davon ausgingen, solange Chaos herrschte, konnten sie machen, was sie wollten, und es würde nicht einmal jemandem auffallen.

‚Das ist doch nicht meine Familie! Ich werde hier immer fremd, abgelehnt und nicht verstanden sein. An wen kann ich mich wenden? Wer kann helfen? Da ist niemand! Die Großeltern kann ich nur besuchen. Sie kommen nicht, um zu helfen! Es gelänge ihnen vermutlich auch nicht.

Ein vermeintlicher Vater kennt mich wahrscheinlich gar nicht und lebt ein vollkommen anderes Leben. Freunde? Wer will sich schon freiwillig abgeben mit solch schmutzigem, asozialem Gesindel?‘

Die beiden jüngeren Geschwister Max und Lukas taten Lea leid. Mit ihren sechs und neun Jahren waren sie noch zu klein, um eine Meinung zu haben, hatten keine Ahnung von den Geschehnissen und den daraus resultierenden Folgen. Diese Kleinen mussten alles hinnehmen, was es auch war, ob gut oder schlecht! Lukas war ihr besonders ans Herz gewachsen. Die beiden Linkshänder blieben die Einzigen in der Familie, die schockierende Erfahrungen mit Kinderheimen gemacht hatten, sich dort wiederfanden, erneut getrennt wurden und sich jetzt oft verstanden, nur wenn sich ihre Blicke trafen.

Der kleine Max weinte ohne Tränen still vor sich hin. Lea umarmte und tröstete ihn, dass schon alles gut werden würde.

In der Tiefe ihrer Seele verachtete sie Mutter Gerlinde für diesen Schmerz, den sie ihren Kindern permanent zufügte. Nicht die kleinste Spur von Geborgenheit gab es für sie!

‚Selig seien alle Kinder dieser Erde, die in glücklicher Umgebung aufwachsen dürfen. Die keine Angst haben müssen vor dem neuen Tag! Meine eigenen Kinder werden nie solches Leid erfahren!‘

Das schwor sich Lea, selbst noch ein halbes Kind!

Wieder einmal lernten sie den neuen „Vater" erst am Tag des Umzuges kennen. Er musste sehr viel jünger sein als Mutter Gerlinde. Sein schwarzes, lockiges, halblanges Haar wirkte ungepflegt, aber er hatte schöne, ausdrucksstarke, braune Augen. Mit lockeren Sprüchen versuchte er, Verbindung zu allen herzustellen. Auf Lea machte das aber eher den Eindruck grenzenloser Sorglosigkeit. Dennoch sprach sie ihn an.

„Du Axel, darf ich dich etwas fragen?"

Ohne dessen Antwort abzuwarten, plauderte sie weiter. „Woher hast du denn diesen Namen? Ich finde, der passt überhaupt nicht zu dir! Du siehst irgendwie südländisch aus. Unter Axel habe ich mir einen blauäugigen, gut gekleideten Blonden mit Brille vorgestellt, der studiert hat und bestimmt auch gern Bücher liest. Magst du Bücher?"

„Also wenn mich nicht alles täuscht, dann hat mir meine Mutter diesen Namen verpasst", grinste er Lea augenzwinkernd zu.

„Glaubst du wirklich, dass du mit uns allen fertigwirst? Hast du selbst Kinder?" Die bohrenden Fragen des Mädchens gingen ihm sichtlich auf die Nerven.

„Nun hör mir mal zu! Deine Mama hat mich eh schon vor dir gewarnt! Erstens geht dich das nichts an! Zweitens bin ich schon mit ganz anderen Sachen als einer Handvoll Gören klargekommen! Drittens antworte ich auf deine Fragen, wenn du erwachsen geworden bist! Du Knirps hast keine Ahnung, spielst dich dafür aber ganz schön auf! Ende des Gespräches!"

„Hätte ich mir ja denken können! Und ich habe für einen Moment geglaubt, du seist nett. Hab mich wohl geirrt", schnaufte Lea missmutig, beleidigt davon und dachte sich ihren Teil.

‚Diesen Dummkopf soll ich jetzt als autoritären Erzieher akzeptieren? Ist er überhaupt imstande, sich um eine ‚Handvoll Gören' zu kümmern, die plötzlich seine Familie sein soll? Wohl kaum! Dem ist doch gar nicht klar, worauf er sich da einlässt! Mutter wird immer älter und ihre Freunde immer jünger. Was finden sie nur an ihr? Wenn sie sich doch wenigstens ein wenig pflegen würde.'

Aber was hatte das ein halb erwachsenes Küken zu interessieren, das keine Ahnung hatte von den Paarungsspielchen der Geschlechter? Sinnliche Schönheit, duftende Anziehungskraft, schützende Nähe und interessierte Freude – wie sie sich dieses Ding vorstellte, das da Liebe heißt, gab es sicher nur im Film.

Leas Schwester – mit ihren noch nicht ganz vierzehn Jahren um ein mageres Jahr älter als sie – machte dort weiter, wo sie mit Gerhard aufgehört hatte! Und auch Axel schien sich brennend für die frühreife Schöne zu interessieren, was die Jüngere kaum wunderte. Diese wohlgeformte Freizügige war wohl für jeden Mann ein Leckerbissen, und sie geizte nicht mit ihren Reizen. Möglicherweise experimentierte Hanna gerade herum, ob und wann sie einen Mann so weit bekam, dass er ihr alle Wünsche erfüllte. Dieses Verhalten widerte Lea an! Niemals würde diese sich und ihren Körper so billig vermarkten, wie sie das bei ihrer Schwester beobachtete! Aber gut. Mit den unter Umständen weitreichenden Konsequenzen musste ohnehin sie selbst fertigwerden.

Der Umzug lief wie gewohnt chaotisch ab! Nicht gut geplant, noch weniger vorbereitet, einfach nur wild durcheinander! Die Zwischenstation „Großstadt" schien damit vorerst abgehakt.

Lea war kein bisschen neugierig auf das Unbekannte, das da auf alle wartete. Zutiefst verzweifelt dachte sie an Oma Erna und fühlte sich einmal mehr aller Sicherheit beraubt! Gefährliche, orientierungslose Willkür bestimmte das Jetzt! Ihre Hilferufe konnten noch so laut sein. Es würde sie keiner hören! Resigniert ergab sie sich dem seltsamen Schicksal, niemals zu Hause anzukommen – immer auf der Reise zwischen Himmel und Hölle zu sein. Gefangen in einem Labyrinth des Grauens!

Axels schöngeredetes Haus war eine baufällige, alte, schmutzige Bruchbude! Selten zuvor hatte Lea ein so heruntergekommenes Anwesen gesehen! Es war zweigeschossig und stellte seine Gäste zunächst in einen schmucklosen, großen, unmöblierten Vorraum mit Fliesenboden. Im Erdgeschoss befanden sich außerdem der hölzerne, knarrige Aufgang nach oben, ein hofseitig verlaufender Zugang zu einer schlauchförmig-schmalen Küche sowie in ein direkt anschließendes mageres, quadratisches Wohnzimmer. Die mickrigen Fenster der beiden Räume zeigten zur Straße. Das Stockwerk darüber ernüchterte durch drei auffallend niedrige, leere Zimmer, die wohl die zukünftigen Schlafräume werden sollten. Das kleinste von ihnen lag auf der Seite zum Hof, die anderen beiden ebenfalls Richtung Straße. Aber wo gab es hier sanitäre Anlagen? Dass es kein Badezimmer gab, war nicht ungewöhnlich. Diesen Luxus fand man zu DDR-Zeiten selten. Die einzige Reinigungsmöglichkeit mit fließendem Wasser schien das kleine Waschbecken in der Küche zu sein! Nicht einmal ein WC war im ganzen Haus zu entdecken! Als Lea danach fragte, grinste Axel unverschämt frech und zeigte nach draußen in den Hinterhof. Erst jetzt erkannte das Mädchen, dass es dort weitere Räumlichkeiten geben musste, die zu diesem Anwesen gehörten. Neugierig lief es hinaus und erkundete alles, was erreichbar war. Das linke Gebäude dürfte so was wie ein Schuppen sein. Das würde sicher Bruder Alex sehr gefallen. Der daran anschließende Raum sah aus wie die Waschküche. Rechts, gegenüber der Eingangstür, sah man einen feuerbeheizbaren Wasserkessel, in dem man Wäsche kochen konnte. Diverse Körbe und Wannen hingen an der Wand. Den schmutzigen Fliesenboden schmückte in der Mitte ein Abfluss, aus dem übler Geruch nach fauligem Abwasser emporstieg!

Auf der anderen Seite des Hofes fand Lea endlich den Ort für die Notdurft. Ein vor Dreck und Gestank fast nicht benutzbares Plumpsklo, getarnt als wackeliger Bretterverschlag, stand verwaist in einer Ecke. Gleich neben einem großen Silohaufen, der vermutlich als Sammelstelle allen biologischen Abfalls diente.

Die von nicht enden wollendem Ekel Geschüttelte hockte sich zunächst einmal in die freie Botanik, um das kleine Geschäft zu erledigen. Auf das Klo konnte man unmöglich gehen, ohne krank oder von einer Ratte gebissen zu werden!

‚Um Himmels willen! Das ist ja schlimmer als die Hölle!', kreisten verzweifelt-hilflose Gedanken unaufhörlich durch Leas Kopf. ‚Mutter hatte doch gesagt, dass sie sich das Haus zuvor angesehen hat! Sie konnte seinen abartigen Zustand doch nicht übersehen haben! Hier müssen wir jetzt wohnen? In Müll und Gestank, wohin das Auge reicht! Das überlebe ich nicht!'

Mit Entsetzen registrierte die fassungslose Lea den freien Fall in den Abgrund des Lebens! Hatte diese Frau überhaupt noch Steigerungsstufen der Verwahrlosung parat? Schlimmer ging es doch schon nimmer!

Doch das Mädchen hatte ja keine Ahnung, was ihnen im Laufe der Zeit hier noch widerfahren sollte!

Draußen, links neben dem Haus, floss ein kleiner Bach, mit gleichem Geruch wie das Abwasserloch in der Waschküche. Das schien ein Paradies für Ratten und Mäuse zu sein. Sie war sich nicht sicher, aber Lea glaubte voller Schrecken, schon bei der Ankunft solches Getier dort gesehen zu haben.

Dieser erste Tag in dem stinkenden Rattenloch wurde von den Anwesenden gefeiert. Die schockiert nach einer Lösung Suchende war mal wieder die Einzige, die in dieser Kloake der schlimmsten Art nicht wohnen wollte! Aber das Feiern hatte auch etwas Gutes. Es gab Brot, Butter und Wurst. Ja, echt! Es gab richtig was zum Essen! Das war doch ein Grund zum Feiern. Oder nicht?

Völlig am Boden zerstört, machte sich Lea in den Folgetagen erst einmal daran, sich den Ort anzusehen. Er war nicht besonders groß, wirkte gepflegt und etwas verträumt. Ihr erster Gedanke war die Schule. Lea musste sie sehen! Leider konnte sie nicht hinein, da sie gerade geschlossen war. Aber von außen vermittelte sie überschaubare Ordnung und eine unbestimmte Sicherheit, die das Mädchen nicht zu beschreiben wusste. Ungeduldige Freude besetzte das Herz. Hier würde ihr nach dem Unterricht bestimmt niemand auflauern! Vielleicht konnte sie ja sogar Freundschaften schließen. Aber am meisten freute sie sich auf das Lernen! Es lenkte hervorragend ab vom alltäglichen Wahnsinn.

Lea liebte es, sich mit klugen Menschen – ihren Lehrern – auszutauschen, interessiert Fragen zu stellen, die in keinen Lehrbüchern standen. Sie fragte sich still, wie lange es diesmal wohl dauerte, bis sie erneut weiterzogen. Inzwischen hatte sie alle Illusionen begraben, irgendwo so etwas wie eine Heimat zu finden. Wo auch immer sie gerade Station machten, unter Menschen – besonders in der eigenen Familie – blieb sie eine Fremde!

Nur der Himmel, mit all seinen Geheimnissen, war ihre ganze Liebe! Er war immer bei ihr! Von dort spürte sie Kraft durch die grenzenlose Faszination des Unerklärlichen. So gern wollte sie mehr darüber wissen, aber wie sollte das gehen? Lea war ja schon froh, wenn sie jeden Tag problemlos zur Schule kam.

,Wie lang geht eine Ewigkeit?
Wann fing sie einmal an … die Zeit?
Wie viele Kurven hat ein Kreis?
Unendlich ist, was ich nicht weiß!
Wie warm, wie kalt sind all die Sterne?
Wie weit genau ist ihre Ferne?
Der Urknall kann auch Märchen sein!
So Forschern fällt gar manches ein!
Dass der Mensch denkt, ist das nicht dumm?
Bringt doch nur seinesgleichen um!

Zerstört sogar, worauf er steht!
Weiß er, wie Selbsterhaltung geht?
Dass keiner ihm sein Seelchen raube,
schuf Mensch ein Ding, das nennt sich Glaube!
Warum der lebt bis weiß nicht wann,
versteht nur wer, der denken kann!
Ich nicht! Ich frag mich eher, warum
zieht die Sonne nach Westen? Nicht andersrum!
Ich bin unwissend scheinbar in edelster Form!
Es herauszubekommen, gefällt mir enorm!'

Als ob es nicht anders sein konnte, hatte sich Mutter Gerlinde überhaupt nicht um die Anmeldungen in der Schule gekümmert! Die Geschwister hatten zunächst im Sekretariat des Direktors vorzusprechen, der sofort eine Kollegin damit beauftragte, deren Schulzeugnisse anzufordern und mit der anderen Schule die Ummeldung der Kinder abzustimmen. Man erkundigte sich bei der Polizei, ob zumindest behördlich alles geregelt war. Danach wurden sie verschiedenen Klassen zugeteilt. Alex – der Älteste – zum wiederholten Male in Klasse acht, Hanna, die es nicht besser machte als der Bruder und ebenfalls das Schuljahr wiederholen musste, stand nun also auf gleicher Schulstufe wie Lea. Sie hatte so viele Fehltage aufzuweisen, dass es schwer werden würde, diesmal erfolgreicher zu sein und wenigstens Klasse sieben positiv abzuschließen.

Lukas sollte in einer Schule im Nachbarort untergebracht werden, die speziell für die Unterstufe – also die Klassen eins bis vier eingerichtet war. Er musste täglich mit einer Straßenbahn dorthin fahren. Der Ort lag circa sechs Kilometer entfernt und in der DDR besaß kaum jemand ein

Auto – geschweige einen Führerschein, um seine Kinder von A nach B zu bringen. Die Wartezeit auf einen einfachen Pkw lag bei ungefähr zwanzig Jahren! Für den Führerschein konnte man sich erst anmelden, wenn man das Alter von achtzehn Jahren erreicht hatte. Dann dauerte es ungefähr sieben bis acht Jahre, bis man tatsächlich zu Unterricht, Prüfung und Fahrerlaubnis kam.

So blieben Bahn und Bus die Hauptverkehrsmittel, wenn man von einem Ort zum anderen kommen wollte. Aber das war Routine. Die Menschen kannten es nicht anders.

Immer montags versammelte sich das gesamte Schulkollektiv zum allgemeinen Begrüßungsappell auf dem Schulhof. Die Neuen wurden von allen Seiten teils verwundert, teils spöttisch-verächtlich angestarrt. Vermutlich machten sie keinen besonders gepflegten Eindruck, denn bekanntlich war gute Kleidung Mangelware im Hause Müller.

Lea stand vor einem ganz anderen, wirklich großen Problem! Schwester Hanna wurde durch das Sitzenbleiben zur Mitschülerin! Eine Parallelklasse gab es nicht.

Das konnte nicht gut gehen, denn diese Schwestern trennten Welten! Hanna war dumm, verlogen, verrückt nach Jungen, faul und vor allem böse! Sie vereinte alles, was Lea zutiefst verabscheute! Ihre Anwesenheit in der Klasse wurde zu einem Spießrutenlauf der besonderen Art. Nicht nur, dass die jüngere Schwester den Anfeindungen mancher Klassenkollegen ausgesetzt war, nein! Schlimmer noch! Wenn die liebe Hanna mit Abwesenheit glänzte, hatte Lea vor den Lehrern Rede und Antwort zu stehen, was bei ihnen zu Hause eigentlich los sei, warum die Schwester so oft fehle und sie, Lea, müsste doch wissen, wo diese sich jetzt aufhielt etc.

Die aus der Art Geschlagene war äußerst unglücklich und hatte Mühe, sich gut auf das Lernen zu konzentrieren. Natürlich wusste sie, warum Hanna nicht zur Schule kam. Sie hatte anderes im Kopf, trieb sich ungeniert auf der Straße herum! Es machte ihr nichts aus, mit fremden Männern mitzugehen und dort zu übernachten.

Eines Tages wurde die Nachtschwärmerin von Mutter Gerlinde erwischt, als sie sich heimlich von ihr Geld stehlen wollte. Völlig aufgebracht band diese, unter Mithilfe von Alex, die vierzehnjährige Hanna an einem Stuhl fest und begann damit, deren wunderschönes, langes Haar abzuschneiden! Aber nicht so, wie es Friseure tun! Sie umfasste immer ein Büschel Haare und schnitt es so kurz ab, wie sie es schaffte. Ohne Maß und Ziel verunstaltete die kranke Frau ihre Tochter, die sie dann so täglich zur Schule brachte, damit sie nicht weglaufen konnte. Immerhin wurde der schwer Entstellten erlaubt, eine Wollmütze auf dem Kopf zu tragen, denn diese einmalige Frisur war wirklich ein furchtbarer Anblick!

Während des Unterrichts wurde ihr von einem dahintersitzenden Jungen die Kopfbedeckung natürlich heruntergerissen. Zunächst entstand fassungsloses Entsetzen, das sich aber schnell in nicht enden wollendes Gelächter wandelte! Auch wenn Lea ihre Schwester nicht mochte, aber jetzt tat sie ihr unendlich leid! Wie hatte Mutter nur so etwas tun können? Hanna war mit dieser Aktion ihrer ganzen Menschenwürde beraubt! Sie war gerade vierzehn Jahre alt – auf dem Weg zur jungen Frau. Wieder hasste Lea die Mutter dafür! Letztendlich bewirkte dieser Vorfall genau das Gegenteil dessen, was er sollte! Hanna begab sich nun endgültig in hemmungslose Feindschaft und tat bewusst Dinge, die ihre Mutter ärgerten. Auch die Schule schwänzte sie nach Herzenslust weiter. Nach der entsetzlichen Peinlichkeit tauchte sie nicht mehr auf und in der Klasse wurde es wieder ruhiger.

Seltsamerweise ließen die Mitschüler Lea vollkommen in Ruhe. Sie hatten längst begriffen, dass sie anders war, und schätzten sie dafür. Einige mochten sie auch, was das Mädchen bald offen erkennen sollte.

Endlich konnte es in der Schule wieder schön werden. Lea freute sich auf jeden Tag, und es entstanden sogar lockere Freundschaften zwischen ihr und diversen Mitschülern. Die Kinder erkannten rasch, dass sie so gar nicht zu der Familie passte, die erst seit wenigen Monaten im Dorf lebte. Sie schien völlig normal zu sein und wurde so, wie sie war, akzeptiert. Es gab auch Bewunderung, denn in dieser kleinen Ortschaft wusste jeder, in welch unwürdiger Umgebung sie zurechtkommen musste. Die Lehrer waren beeindruckt vom Fleiß, dem ehrlichen Interesse und der kameradschaftlichen Disziplin, die dieses Kind auszeichneten. Manche fragten auch offen, wie sie es schaffte, unter solchen Verhältnissen ganz „normal" zu bleiben.

„Das weiß ich nicht", antwortete sie überrascht. „Ist es nicht ganz normal, ganz normal zu sein?" Über ihre Wortspielereien musste Lea zum Teil selbst lachen. „Ich liebe den Himmel und glaube an mich! Das ist alles", gab sie freimütig zurück. „Wer kann sich schon die Familie aussuchen? Ich habe darauf keinen Einfluss. Aber darauf, was *ich* denke und tue, schon! Ich allein entscheide das!"

Wenn Lea einem fragenden Mitschüler dies zu erklären versuchte, spürte sie immens viel Kraft in sich. Es tat unglaublich gut, die eigenen Ansichten in die richtigen

Worte zu kleiden und überzeugend darzustellen. Mit der Mitteilung an ihr Gegenüber schöpfte sie selbst neuen Mut und Zuversicht. War das nicht ein wundervoller Mechanismus? Lea hatte die erfüllende Freude an der Kommunikation mit anderen Menschen entdeckt.

Schüler wie Lehrer begannen, sie zu mögen und in ihrem unstillbaren Hunger nach Wissen zu fördern. Im Sportunterricht sprach man sie an, ob sie nicht der Sportgemeinschaft Tischtennis beitreten wolle. Natürlich tat sie das und liebte es.

Ihr aufmerksames Mitwirken am Unterrichtsgeschehen sollte die Unermüdliche bald in eine ganz spezielle Funktion bringen. Lea wurde vom Direktor beauftragt, als Agitator für die Schule zu arbeiten. Sie hatte keine Ahnung, was das war, aber ohne es auszuprobieren, konnte sie es wohl auch nicht erfahren.

Darunter war zu verstehen, dass sie Medienberichte verfolgen, Journale durchsehen, ideologisch Interessantes aufbereiten und wöchentlich Wandzeitungen erstellen sollte, die dann öffentlich in der Schule aushingen. Der rein kreative Teil dieser Tätigkeit machte großen Spaß. Bildmaterial, Texte, Schlagworte, Überschriften sammeln und sinnvoll anordnen, einen passenden Hintergrund finden und ansprechende Farben wählen, die unweigerlich das Interesse auf sie zogen, lag ganz in ihrem Sinne. Doch das Inhaltliche wollte Lea immer weniger schmecken. Es häuften sich Fragen in ihr und das sensitiv-kritische Denken erwachte zur vollen Blüte. Immer wieder las die engagierte Jugendliche die gleichen Floskeln und Lobeshymnen über die Politik des Kommunismus. Sie teilte dies aber nicht und fand sogar Argumente, die die Unrichtigkeit dieser unmöglichen Einheitsthesen deutlich machten. Der Grundgedanke von Gerechtigkeit war ja noch absolut in Ordnung. Aber der Slogan „Gerechtigkeit für alle" bedeutete in Wirklichkeit Gleichmacherei! Andersdenken wurde einfach nicht zugelassen! Anstelle von gutem Dialog und Aufklärung gab es Missgunst und unangebrachte Kritik von den Menschen, an denen sich Lea eigentlich orientieren wollte – den Lehrern. Mehrfach bat sie eindringlich darum:

„Dann erklärt es mir doch bitte! Warum straft ihr mich mit Ablehnung? Und was hat das mit meiner Herkunft zu tun?"

Die selbstgefällige Erklärung für die eigenwilligen Denkweisen der Schülerin lag nämlich von Beginn an allen auf der Hand! Sie stammte aus zerrütteten Verhältnissen und konnte gar nicht richtig ticken!

Einigermaßen stur ließ Lea alle denken, was sie wollten, und versuchte dennoch, gute Arbeit abzuliefern. Über Politik und deren Propaganda zu sprechen, unterließ sie einfach, um Konfrontationen aus dem Weg zu gehen.

‚Sollte ich meinen Staatsbürgerkundelehrer vielleicht einmal fragen, mit welchem Recht ein ganzes Volk in einem Land eingesperrt wird, das umgeben ist von Mauern, Stacheldraht, Scharfschützen und Tod, wenn man versucht, es zu verlassen?' Viele solcher Gedanken gingen ihr durch den Kopf. Jedoch war ihr klar, dass es größten Ärger gäbe, sie offen auszusprechen. Je älter Lea wurde, umso spürbarer war der innere Widerstand.

Aber wie kam sie überhaupt zu solchen Informationen?

Zu Hause wurde Westfernsehen geschaut, was eigentlich verboten war, aber jeder praktizierte. Wenn politische

Berichte ausgestrahlt wurden, war ihr weltoffener Verstand ein aufmerksamer Zuhörer.

Es wunderte sie, dass man darüber rein gar nichts erfuhr. Was hatte man zu verbergen? Warum isolierte sich ein schönes, kleines, deutsches Land vom Rest der Welt? Teilte seine wunderschöne Hauptstadt? Sperrte seine Bewohner ein und strafte oder tötete sogar, wenn sie nur hinauswollten?

Eine seltsame Dynamik hatte Lea als Dreizehnjährige entdeckt. Viele Bewohner Ostdeutschlands wussten genau von der Bedrohung, die vom Staatsapparat und seinen Sicherheitsorganen ausging. Doch woher? Es gab keinerlei Berichterstattungen dazu! Kam es doch einmal vor, dass irgendwie bekannt wurde, wenn eine Person über die Grenze flüchten wollte, so wurde diese als asozialer, nicht gesellschaftsfähiger Abschaum abgestempelt, obwohl es gar nicht stimmen mochte. Dieser Mensch wollte nur frei sein!

Ein ganzes Volk sehnte sich nach Freiheit! Doch keiner wagte es, dieses grundlegende Menschenrecht auszusprechen!

Die doch sehr politische Tätigkeit in der Schule ärgerte Lea mehr, als Freude und Erfüllung zu schenken. Mit der Verbreitung solchen Wissens wollte sie nichts zu tun haben und lehnte es schließlich ab, weiter als Agitator zu arbeiten.

So gut es ging, hielt das Mädchen Kontakt zu seinen Großeltern und wollte dieses selbst eingeführte Ritual nicht abbrechen! Es war von hier aber umständlicher, zu ihnen zu gelangen. Lea fuhr zunächst mit einer Straßenbahn eine halbe Stunde bis in die Kreisstadt, um von dort aus die Fahrt mit dem Zug fortzusetzen. Sie hatte auch inzwischen wieder Möglichkeiten gefunden, sich das entsprechende Fahrgeld zu verdienen. In der hiesigen Eisdiele durfte sie von Zeit zu Zeit mit Geschirrwaschen aushelfen und ging sogar der Putzfrau, die sie auf dem Schulgelände kennengelernt hatte, bei der Erledigung ihrer Aufträge zur Hand. Diese war wirklich großzügig, obwohl sie wahrscheinlich selbst ein geringes Einkommen hatte. Doch die gewissenhafte Arbeit und Hilfsbereitschaft der Jugendlichen imponierten ihr offensichtlich.

Oma Mathilde fragte Lea Löcher in den Bauch, wie der neue Stiefvater sich ihnen gegenüber verhielt und ob er ausreichend für die große Familie sorgen konnte.

„Bitte liebe Oma! Lass mich wenigstens hier bei euch für einen Augenblick vergessen, wohin ich dann wieder zurückmuss!", flehte ihre Besucherin. „Ihr dürft auf keinen Fall dorthin kommen, Oma! Man kann dort eigentlich nicht wohnen! Ich helfe mir selbst, indem ich jeden Tag zur Schule gehe, danach zu meiner Sportgemeinschaft und inzwischen arbeite ich auch wieder bei verschiedenen Leuten. So verdiene ich mir das Fahrgeld, um zu euch zu kommen, und bin nicht so häufig zu Hause! Wenn ich zu euch fahren kann, freue ich mich immer schon lange vorher darauf!"

Wie immer machten beide ein sehr betretenes Gesicht, doch Opa Heinrich brachte es auf den Punkt, als er sagte: „Es ist das Leben einer erwachsenen Frau! Sie entscheidet darüber. Nicht wir!"

Lea bat um die Adresse ihrer lieben Tante Emmy. Sie wolle ihr schreiben, denn sie vermisse sie sehr. Oma Mathilde jedoch sagte: „Weißt du, was? Wenn du es einrichten kannst, dann fahren wir kommendes Wochenende zu ihr, und du kannst sie selbst darum bitten. Na? Ist das eine gute Idee?"

Lea freute sich! Damit war es ihr gelungen, die familiären Bande weiterzuknüpfen, die ihr aus den Händen geglitten waren. Ihr großes Interesse an der verborgenen Geschichte derer war ungebrochen, und sie erinnerte sich sehr gut an die wenigen Einzelheiten, die ihr bereits bekannt waren. Sie würde weiter forschen, bis sie Licht am Ende des Tunnels sah!

Tante Emmy war hocherfreut über das Wiedersehen. In der Küche reichte sie der Großnichte eine Einladung zum Geburtstag, der sich am 15. Juli 1979 zum dreiundfünfzigsten Mal jährte. Dadurch hatte Lea einen guten Grund, in den Sommerferien von zu Hause wegzukommen.

„Du wirst aber allein zu mir fahren müssen, denn deine Großmutter weilt zu dieser Zeit bei einem vierwöchigen Kuraufenthalt. Ob Opa Heinrich dich begleitet, müsst ihr unter euch klären. Eingeladen ist er jedenfalls", grinste Emmy ihrer Großnichte verschmitzt ins Gesicht. Man konnte davon ausgehen, dass sie sich bewusst dafür entschieden hatte, dem Mädchen mehr zu erzählen, wobei die Schwester nicht anwesend sein sollte.

Bis dahin dauerte es noch einige Zeit. Lea hatte in der Schule alle Hände voll zu tun, nicht wieder in irgendwelche „freiwilligen" Tätigkeiten hineinzupurzeln, die in politische Verwicklungen führten. Das war alles andere als leicht! Ihr Direktor hatte ursprünglich geplant, sie als großes Vorbild heranzuzüchten, das es durch gezielte Förderung geschafft hatte, wie Phoenix aus der Asche aus einem asozial-kriminellen Milieu in die schützenden Höhen sozialistischer Geborgenheit emporzusteigen! Die

Rechnung ging nicht auf, denn er hatte sie ohne die Heldin gemacht! Lea hatte genug Energie, aus eigener Kraft ihre Leistungen stetig zu verbessern. Dieser vermeintliche Eigensinn wiederum brachte ihr jede Menge Sympathie von Seiten ihrer Mitschüler.

Im Zeugnis der siebten Klasse jedoch erhielt sie für diesen Dickkopf dann eine Vier im Gegenstand „Staatsbürgerkunde". Doch das war ihr herzlich egal!

Vor den Sommerferien fürchtete sie sich! Nicht wegen eines schlechten Zeugnisses, sondern des Umstandes, zwei Monate lang nicht in den Zufluchtsort „Schule" gehen zu können! Auch für Lukas und Max wollte sie sich etwas Gutes überlegen und fragte nach, ob es für die Kinder Ferienspiele gab. Dort wurden die beiden Jungen ganz kurzfristig und unbürokratisch untergebracht, worüber Lea von Herzen dankbar war. Für sich selbst würde sie schon Beschäftigung finden, die abseits von zu Hause lag. Arbeit gab es immer! Und speziell für den fünfzehnten Juli hatte sie schon etwas ganz Besonderes vor!

Tante Emmy war geschieden, hatte zwei erwachsene Söhne, die selbst schon Familien hatten. Sie lebte allein, war es aber nicht gern. Wobei ihr das Feiern an sich widerstrebte. Sie liebte es, den engsten Familienkreis bei sich zu haben, entspannt und locker zu plaudern. Während der Woche blieb dafür meist wenig Zeit, doch welch ein Glück! Der diesjährige Geburtstag fiel auf einen Sonntag.

Opa Heinrich war nun doch mitgekommen, aus Sorge um seine Enkeltochter, die doch nun wirklich schon alt genug war, um allein zu reisen! Aber es machte ihr nichts aus. Sie beide mochten sich gern, und unterwegs gab es viel zu erzählen und zu entdecken.

Der Nachmittagskaffee wurde direkt verbunden mit einer duftenden Grillerei, die bis zum Abend andauern sollte. Als Grillmeister fungierte ihr geschiedener Mann, mit dem sie eine herzliche Freundschaft verband.

Das Wohnobjekt war Emmys privates Eigentum und wurde liebevoll von ihr gepflegt. Im Garten des kleinen, eingeschossigen Backsteinhauses war es schön. Die Hobbygärtnerin experimentierte gern mit den verschiedensten Naturmaterialien, wie Steinen, Baumrinde und Ästen, und zog seltene Pflanzen. Direkt an eine naturbelassene Wiese schloss ein minimalistischer Gartenteich mit diversen Schilfarten an, in welchem es sogar winzige Fische gab. Emmy hatte ein gutes Auge dafür, die Kostbarkeiten der Natur ineinanderfließen zu lassen und ein traumhaftes Ganzes daraus zu schaffen, in welchem man sich gern aufhielt.

Dennoch gab es noch ausreichend unbebaute Fläche, welche ebenfalls sehr naturnah gepflastert und normal mit einer nostalgischen Sitzgruppe aus Holz bestückt war. Nur für heute standen dort einige lange Holzbänke und Tische, die sie sich aus der nahegelegenen Gaststube hatte ausleihen können. Die hübsche Sitzgruppe wanderte auf die Wiese am Teich, zwischen das Schilf. Wie auf watteweichen Wolken musste man dort sitzen. Es sah malerisch schön und mit den cremefarbenen Polstern unglaublich gemütlich aus. Ein idealer Platz für Lea und ihre Großtante, um über sensiblere Themen zu sprechen.

„Hör mir gut zu, meine Kleine. Bitte tu mir den Gefallen und behalte alles, was ich dir sage, streng bei dir! Unsere Familie ist von seltsamer Labilität geprägt, was vermutlich bald erklärbarer für dich sein wird. Aber ich habe Angst, sie zerbricht dann vollends, wenn die Informationen die Runde machen. Kannst du mir deine absolute Verschwiegenheit zusagen?"

„Aber natürlich, Tante Emmy! Habe ich mich jemals schon anders verhalten? Ich genieße es sehr, dass wir uns so vertrauen, und das soll auch so bleiben!", entgegnete das Mädchen sehr ernst. Im Moment war sie nicht einmal zu gespielter Empörung oder irgendwelchen Albernheiten aufgelegt, die sie sonst gewöhnlich mit der herzerfrischenden Frau austauschte.

„Gut. Dann mache es dir bequem, denn es wird besser sein, wenn du sitzt." Lea war irrsinnig gespannt, was sie jetzt zu hören bekam. So schlimm konnte es doch wohl nicht sein, dass ihr die Knie dabei weich würden?

„Du weißt doch, dass unsere Familie ursprünglich aus Ostpreußen stammt." Die Wartende nickte erstaunt. Ostpreußen. Kam es jetzt etwa zur Auferstehung aller Ahnen? Das war doch zu Zeiten des Großen Deutschen Reiches. Jedes Kind weiß, dass das Gebiet inzwischen lange zu Polen gehört.

Emmy fuhr fort. „Wir besaßen dort einen großen Bauernhof. Als der Krieg so gut wie entschieden war, wollten wir diesen verlassen, aus Angst vor den Russen, die im Vormarsch waren. Man ließ uns aber nicht fliehen. Es hieß, wir müssten bleiben, um die Stellung zu halten, und auch, um die Soldaten zu versorgen. Nur ein Teil von uns wurde durchgelassen. Ich war zum Glück auch unter ihnen. Deine Großmutter jedoch musste bleiben. Die Deutschen wurden niedergekämpft, und die Russen besetzten das gesamte Gebiet. Später wurde es zurückerobert, und endlich ließen die Nazis alle noch verbliebenen Bewohner ziehen.

Während der Belagerung ging es ihnen aber furchtbar schlecht. Viele wurden von den russischen Soldaten an Ort und Stelle erschossen. Deine Großmutter wurde vergewaltigt! Deine Mutter, liebe Lea, ist das Produkt der Vergewaltigung durch russische Soldaten! Das ist die Wahrheit!"

Mit schockiert aufgerissenen Augen saß die Jugendliche da und wusste nicht, ob sie das jetzt glauben sollte, während die Tante ihre Geschichte fortsetzte.

„Als die Deutschen das Gebiet wieder besetzt hatten, flüchtete der Rest der Menschen weiter ins Landesinnere von Deutschland. Letzten Endes fanden wir wieder einigermaßen zueinander und blieben dann dort, wo wir bis heute wohnen. Deine Oma erkannte bald, dass sie schwanger war, doch sie hatte keine Wahl. Sie musste das Kind gebären, das sie bereits abgrundtief hasste, noch bevor es das Licht der Welt erblickt hatte. Deine Mutter, Lea! Der Hass zog sich durch das gesamte junge Leben der Armen, die ja nichts für ihre Entstehung konnte. Es prägte sich sehr bald zusätzlich ihr sehr schwieriger Charakter aus. Meine Schwester war mit der Erziehung dieses Bastards, wie sie ihr Kind immer schimpfte, hoffnungslos überfordert und schlug sie manchmal halb tot! Deine Mutter lief oft weg, besuchte kaum die Schule, war extrem aufsässig, unsauber und böse."

„Aber das ist doch auch kein Wunder, wenn sie nie Liebe erfuhr!", floss es aus Lea heraus. Sie spürte tiefes Mitgefühl für die Frau, die ihr selbst bis heute mehr weh als guttat.

„Das ist wohl wahr, mein Kind. Dennoch möchte ich sie nicht in Schutz nehmen, nur weil sie eine schlechte

Kindheit erleben musste. Ab einem gewissen Zeitpunkt sind wir alle für unser eigenes Tun verantwortlich! Jeder entscheidet für sich, welchen Weg sein Leben nehmen soll. Und deine Mutter ist keineswegs dumm! Ganz im Gegenteil. Sie kann unglaublich schnell denken, arbeiten, sich auf neue Situationen einstellen. Das hat sie mehrfach bewiesen. Ihr fehlt es einfach an der nötigen Ausdauer, einem gesunden Stehvermögen und der wichtigen Stabilität bei den Dingen, die sie tut. Deshalb scheitert sie auch immer wieder. Als Kind wurde ihr dein Onkel in jeder Hinsicht vorgezogen. Dabei ist selbst er nicht der Sohn deines Großvaters! Was glaubst du wohl, weshalb er sich dazu entschloss, einen Antrag zu stellen, um in den Westen zu kommen? Er wollte weg von seiner Mutter! Andreas hatte herausgefunden, dass er einen anderen Vater hat, und war bestrebt Kontakt zu diesem zu finden. Seine Mutter versuchte das, mit allen Mitteln zu verhindern! Schlussendlich sah er den einzigen Ausweg, sich von ihr zu lösen, in der Ausreise nach Westdeutschland. Du siehst also, mein Kind, dass auch diese Liebe sich immer mehr zur Hassliebe entwickelte. Mathilde konnte das Leid nie überwinden, das man ihr in der Jugend angetan hat. Verknüpft mit ausgeprägter Rechthaberei und kleinkarierter Engstirnigkeit, lebte sie den tiefen Hass an ihren Kindern aus", schüttelte Emmy nun traurig den Kopf.

Lea sah verzweifelt aus, als sie erzählte, dass sie inzwischen zwar wisse, dass es Mutter als Kind schlecht ergangen sein muss. Jedoch warf diese Information nun ein völlig neues Licht auf das bisher Erlebte!

„Weißt du vielleicht auch ein paar Einzelheiten über Onkel Andis Ausreise? Ich finde das total spannend und wusste bis vor kurzem gar nicht, wo er lebt. Ich habe aber schon gehört, dass es ziemlich unangenehm wird, wenn man sich offen gegen den Staat stellt. Weißt du da mehr?", begann Lea nun zu bohren.

„Ja, ein paar Sachen sind mir bekannt, denn wir standen in guter Verbindung. Die Stasi wird das zwar alles auch wissen, ich vermute nämlich, sie haben alles verfolgt, was Andi sprach oder schrieb. Aber er war immer sehr vorsichtig und achtete auf seine Formulierungen, damit man diese nicht gegen ihn verwenden konnte."

Mit hochgezogenen Augenbrauen erzählte sie nun. „Ich weiß zum Beispiel, dass seine gute Ausbildung von einem Tag auf den anderen keine Anerkennung mehr fand. Er wurde gezwungen, seine Tätigkeit als Lehrbeauftragter aufzugeben. Nach der Antragstellung versetzte man ihn. Dort musste Andi das tun, was man ihm zuwies. Das war sehr schlimm für ihn, denn es waren zum Teil Hilfsarbeiter-Tätigkeiten. Er hatte kein Mitspracherecht, wurde bei allem, was er tat, streng überwacht und konnte nicht einmal den Knopf an seiner Hose öffnen, ohne dass es jemand sah und notierte. Auch seiner Frau erging es so. Aber das geschieht ihr recht! Das ist eine dumme Gans!", räusperte sich die Tante verächtlich abschätzend.

„Eines Tages mussten sie sich beim Volkspolizei-Kreisamt melden. Man sperrte sie für einige Wochen ein, in denen sie, getrennt voneinander, immer wieder verhört wurden. Sie erhielten sogar ein verlockendes Angebot. Sie dürften sofort als Ehepaar in den Westen reisen, wenn sie dort für den sozialistischen Staat als Informanten arbeiteten. Dies lehnten beide ab. Am Ende konnte man ihnen aber eine Staatsfeindlichkeit offensichtlich nicht nachweisen und entließ sie wieder nach Hause. Weitere Monate vergingen, ihre Lage wurde unerträglich. Gezwungenermaßen gingen sie weiter der ungeliebten Arbeit nach. Alle Rechte wurden ihnen aberkannt." Jetzt unterbrach die Zuhörende.

„Aber Tante Emmy. Das alles konnte er dir schreiben? Obwohl man ihn so stark überwacht hat? Verstehe ich nicht." Lea schaute stutzig zu ihr hinüber und wirkte ungläubig.

„Nein, manches erfuhr ich von meiner Schwester. Sie trafen sich wohl einmal in der Tschechoslowakei, wo ihnen Andi bestimmte Einzelheiten erzählte. Möchtest du das noch wissen, oder sollen wir hier erst einmal aufhören?"

„Nein, nein, Tante. Bitte sprich weiter. Ich will alles wissen, was bekannt ist. Ich muss endlich verstehen!", drängte Lea.

„Gut. Bitte sage mir aber, wenn es zu viel für dich wird, in Ordnung? Ich kann mir gut vorstellen, dass du eine Weile damit zu kämpfen hast, all das zu verarbeiten." Dem sorgenvollen Gesichtsausdruck der Frau begegnete das Kind mit einem festen Nicken. Emmy lächelte jetzt.

„Aber was ich dir nun noch erzählen kann, ist etwas Großartiges, das deinem Onkel sehr helfen sollte. Um die schwierige Situation etwas aufzulockern, beschlossen die beiden einen Kurzurlaub in Polen. Auf einem Campingplatz freundete sich Andi mit einem Feriengast an, der aus Schweden stammt. Sie lachten, musizierten, unterhielten sich gut. Es stellte sich heraus, dass dieser Mann einer schwedischen Adelsfamilie angehört, deren Ziel es schon seit vielen Jahren ist, Flüchtlinge und politisch Verfolgte, so gut sie können, zu unterstützen. Nun sprachen die Freunde auch über die aussichtslose Lage von Andi und seiner Frau. Der junge schwedische Urlauber versprach, sofort alle Hebel in Bewegung zu setzen, um ihnen zu helfen. Dies geschah dann auch, doch dein Onkel bekam zunächst gar nichts davon mit. Ihre Wege trennten sich, der Wahnwitz zu Hause setzte sich fort. Plötzlich wurde das Paar erneut zum Volkspolizei-Kreisamt bestellt. Diesmal war die Befürchtung groß, endgültig weggesperrt zu werden. Doch sie wurden auffällig freundlich empfangen. Es wurde ihnen Kaffee angeboten und nicht mit Höflichkeiten gespart. Dein zutiefst misstrauischer Onkel Andi winkte sofort ab, mit der Bemerkung, als Informant nicht infrage zu kommen. Man solle ihn doch endlich in Ruhe lassen! Als sei seine Stimme gerade in einen Honigtopf gefallen, sang der Bedienstete plötzlich schmeichelweich:

„Aber wollen Sie denn nun nicht mehr ausreisen? Bitte! Hier sind ihre gültigen Reisedokumente! Sie haben nun drei Wochen Zeit, das Land zu verlassen. Unser Speditionshof in Berlin wurde bereits damit beauftragt, Ihre Sachen abzuholen und zu lagern, bis Sie die endgültige Versandadresse bekannt geben. Wir wünschen Ihnen alles Gute für die Zukunft. Auf Wiedersehen!"

„Lieber nicht!", hatte er draußen lachend seiner Frau zugeflüstert. Am Abreisetag ging es als Erstes in einem Zug nach Berlin. Dort stiegen sie um und fuhren nach Saßnitz weiter, direkt auf eine Fähre, die sie nach Trelleborg in Schweden brachte. Aus ihrem Waggon mussten sie dabei nicht einmal aussteigen. Unterwegs wurden ihnen die Pässe abgenommen, mit der Bemerkung, sie seien jetzt staatenlos und müssten sich nun um alles Weitere selbst kümmern. In Schweden wartete aber schon ihr Freund auf sie. Sie erhielten Flüchtlingsausweise und waren von nun an freie Menschen. Ja, so war das", nahm Lea nun ein befreit-fröhliches Lächeln bei ihrer Großtante wahr.

„Also das Ende der Geschichte gefällt mir am besten!", schmunzelte sie. „Das ist ja ein Wahnsinn, was du alles weißt, Tante Emmy! Wieso hast du mir nie davon erzählt?"

„Weil es streng verboten ist, über solche Dinge zu reden, Lea! Ich bin mir auch nicht sicher, inwieweit deine Oma Mathilde der Stasi als Informantin dient. Die machen das nämlich so geschickt, dass sie es selbst vielleicht gar nicht merkt! Sie braucht es nur ihrer besten Freundin Martha zu erzählen, die dem Staat und seiner Partei sehr zugeneigt ist. Nachdem sie sich mit Andi in Karlsbad traf, erzählte sie mir das, was ich jetzt an dich weitergeben konnte. Das muss genügen, Lea.

Nach einem nachdenklichen Moment des Schweigens fügte sie noch hinzu: „Seit Mathilde wusste, dass sich ihr Sohn für seinen wirklichen Vater interessiert, machte sie dem Jungen nichts als Schwierigkeiten!"

„Ich bin dir sehr dankbar, liebe Tante Emmy, dass du mir das alles erzählt hast. Ich suche schon seit meiner Rückkehr aus dem Kinderheim nach so vielen Antworten und konnte bis heute keine finden. Das wird mir sicher helfen, mehr Klarheit zu finden. Aber soll ich dir etwas verraten? Mir ging es mit Mutter noch nie gut. Dennoch tut sie mir entsetzlich leid! Dieses Gefühl hatte ich schon sehr oft. Ich spürte, dass etwas ganz Schreckliches passiert sein muss, das sie so krank werden ließ.

Ein Mensch ist nicht von Geburt an böse, oder? Er wird böse gemacht! Bei den Hunden ist es doch auch so."

Vermutlich war es ganz normal, dass Lea nach dieser furchtbaren Erzählung versuchte, ihre Mutter in Schutz zu nehmen. Tante Emmy ließ das aber nur teilweise zu und hämmerte dem Mädchen die mahnenden Worte ins Gewissen, dass keiner das Recht habe, einen anderen oder gar seine eigenen Kinder zu quälen, schlecht zu behandeln, deren Würde zu verletzen! Das solle sie sich für immer einprägen und beherzigen!

„Ja, du hast schon recht, Tante. Aber denk doch mal nach. Wie grauenvoll muss es für Oma Mathilde gewesen sein, als das damals mit ihr geschah? Wenn ich richtig rechne, dann war sie zu dem Zeitpunkt noch keine achtzehn Jahre alt!"

„Ja, Kind. Das ist ganz furchtbar. Ich gebe dir recht. Doch es war Krieg! Dieser hat seine eigenen Gesetze, und Menschenrecht oder Menschenwürde gibt es darin nicht!

Man darf aber um Himmels willen nicht Unschuldige dafür verantworten, was einem selbst Schreckliches widerfuhr!" Lea unterbrach abermals. „Man muss sie aber auch nicht um jeden Preis lieben!"

„Kind! Die Schuldigen sind ganz andere und vermutlich sowieso schon tot! Und ich will auch nicht wissen, was damals die Nazis mit der Familie des Vergewaltigers gemacht haben! Das ist Krieg, mein Kind! Das Schlimmste, was der Mensch dem Menschen antun kann!

Es tut mir leid, dass ich dir das alles sagen muss, meine liebe Lea. Du bist ein wundervolles Mädchen und auffallend anders. Ich mag dich unglaublich gern. Ich folgte deinem tiefen Wunsch nach Wahrheit nur deshalb, weil du ein verdammtes Recht darauf hast! Ich sehe es nicht ein, dass man dich für dumm verkauft, und schon gar nicht, dass du so gequält wirst! Ich wünsche mir von Herzen, dass du deine Stärke beibehältst und dein Leben ins Glück führst! Wie sollst du denn bitte deine Gegenwart verstehen, wenn …", jetzt stimmte Lea ein, sodass sie den Satz gemeinsam beendeten, „… du deine Vergangenheit nicht kennst?"

„Ich habe dich sehr lieb, Tante Emmy." Zarte Tränen standen in Leas Augen. Es waren Tränen der Liebe, der Herzenswärme, einer unbestimmten Erleichterung. Dieses wichtige Wissen würde ihr helfen, alles, was nun kam, mit anderen Augen zu sehen und neu zu bewerten.

Lea hatte in der Schule aber auch mit ganz anderen Problemen zu kämpfen.

Bei einem sehr unangenehmen Zwischenfall mit der Mathematiklehrerin, Frau Pernstein, erlebte sie erstmals deutliche Anteilnahme und Sympathie seitens der Klasse. Frau Pernstein hatte größte Abneigung gegen alle Personen, die nicht in ihr Bild eines „normalen" Menschen passten. Lea pflegte sich zwar immer, so gut sie konnte, dennoch war sie nie besonders gut angezogen. Die Kleidung wirkte zerknittert, kaputt, zu klein oder zu groß. Oft musste das Mädchen auch Sachen der Brüder anziehen, weil nichts anderes da war. Das machte natürlich kein gutes Bild, und Lea war oft dem Spott der Umgebung ausgesetzt. Frau Pernstein quälte auf eine ganz subtile Weise und suchte argwöhnisch jeden noch so kleinen Fehler in Arbeiten, die diese Schülerin lieferte. Sie war davon überzeugt, dass ein solches Kind nur dumm sein konnte! Jemand aus solchen Verhältnissen besuchte nicht freiwillig eine Schule und lernte auch noch gern! Unbewusst machte die schlechte Pädagogin die hilfsbereite Lernwillige für das Versagen oder Fehlverhalten ihrer Schwester verantwortlich. Unterschiede im Umgang mit diesem Abschaum zu machen, fiel ihr nun überhaupt nicht ein!

Bis zu dem Tag, als eine andere Schülerin der Klasse so verärgert war, dass sie aufstand, zum Direktor ging und Bericht erstattete über den neuerlichen Vorfall. Frau Pernstein hatte wieder einmal gesehen, dass Hanna „wie immer" fehlte. Verächtlich machte sie eine resignierte Handbewegung, sah Lea an und sagte dann:

„Du kannst auch gehen und, wenn du willst, deine Schwester suchen! Es ist völlig sinnlos, zu versuchen, Leuten wie euch Wissen zu vermitteln! Ihr versteht es sowieso nie!"

Verzweifelt begann die Angesprochene zu weinen und weigerte sich, den Unterricht zu verlassen. Zumal sich alle auf eine große Schularbeit vorbereiteten. Lea durfte auf keinen Fall auch nur eine Stunde versäumen! Bisher hatte sie immer sehr viel Freude mit mathematischen Themen, die eine großartige Brücke zu physikalischen Zusammenhängen zu sein schienen. Nur eben nüchtern in Zahlen ausgedrückt. Physik war ein Gegenstand, den Lea auf Anhieb liebte. Mit großer Begeisterung verfolgte sie die alltäglichen Wunder der Natur, die alle gesetzmäßig, erklärbar und berechenbar waren.

Die Beschwerde der Klassenkollegin beim Direktor brachte ziemliche Aufregung. Sofort kam er in den Unterricht, erkundigte sich über den Wahrheitsgehalt der Angaben und beurlaubte daraufhin die Kollegin mit sofortiger Wirkung. Sie musste umgehend ihre Mathematikstunde abbrechen und verließ für diesen Tag die Schule. Beim wöchentlichen Schulappell erhielt sie vor dem versammelten Schulkollektiv eine Abmahnung wegen grob fahrlässigen Verhaltens bei der Ausübung ihrer pädagogischen Pflichten.

Plötzlich empfing die tapfere Lea freundschaftliches Lächeln und aufmunternde Blicke, wenn sie sich einmal traute, jemanden anzusehen. Sie selbst fühlte sich elend und schuldig an den Unannehmlichkeiten von Frau Pernstein. Die Klasse jedoch stand ab diesem Tag geschlossen hinter ihr! Sie wurde sogar oft um Rat gefragt, wenn jemand ein Problem beim Lernen hatte. Denn sie wussten inzwischen, dass Lea erst Ruhe gab, wenn eine Lösung in Sicht war. Und was hatte ihr Kopf dazu zu sagen?

,Mich kritisierte einst ein Mann.
„Wie bitte stellst du dich denn an?
Vertraust du nicht auf das Gelingen?
Du wirst es wohl nie sehr weit bringen!“
Ich ließ es mir von ihm dann zeigen.
Vergaß auch nicht, mich zu verneigen,
ganz theatralisch Danke sagen.
Das neu Erlernte selbst zu wagen.
Es funktionierte – welch Magie!
So einfach war das ja noch nie …
Doch ich begann, mit leisem Fluchen,
nach Fehlern bei mir still zu suchen.
Manch einen Irrtum zu erkennen,
bevor ihn jemand würde nennen.
Der Überheblichkeit genug,
war ich dafür zu wenig klug!
Mit Grübeln gab ich mir die Ehre.
Fand dort nur Zweifel, Angst und Leere!
Das Leben kannte einen Trick
und Lächeln streifte meinen Blick.
Was ich vor langer Zeit verloren,
war plötzlich neu für mich geboren.

Gemeinschaft heißt das Zauberwort.
Glück und Erfüllung gibt es dort.
Was du nicht weißt, steht in den Sternen.
Hör aber niemals auf zu lernen!
*Ein **Fehler** ist kein Ding, das quält!*
*Erklärt nur, wo Erfahrung **fehlt**.*
Zeigt ungeahnte Wege auf,
und ordnet neu dann den Verlauf.
Er schafft es, Neugier zu erwecken.
Das Unbekannte zu entdecken.
Ein stetig „Fehler Suchendär" ☺ *...*
ist wohl ein echter Visionär.'

Ja. In der Schule fühlte sie sich sehr wohl. An keinem Ort der Welt war die Heranwachsende lieber als dort! Es herrschte Ordnung, sie konnte lernen, erlebte Freundschaft, Bestätigung und echtes Interesse an der eigenen Person. Das tat so gut.

Zu Hause jedoch setzte sich die Katastrophe fort. Der älteste Bruder Alex besuchte die Schule genauso selten wie Hanna. Dafür fiel er aber immer öfter durch Gewalttaten und Diebstahl auf. Hanna und Alex trieben sich herum, die beiden jüngeren Geschwister litten still vor sich hin. Aus Mangel an Freunden spielten sie oft allein inmitten der stinkenden Müllhalde hinterm Haus. Gerlinde Müller hatte begonnen zusätzlich zum täglichen Alkohol Tabletten einzunehmen. Sie war kaum noch ansprechbar!

Axel – der Mann, dem das Haus gehörte – war längst ausgezogen, um sich selbst zu retten. Er wohnte wieder in seinem Elternhaus, weit davon entfernt, jemals noch einen Fuß in diesen modrig-faulenden Palast zu setzen, solange diese abscheulichen menschgewordenen Maden darin hausten!

Manchmal, wenn Lea ihn aus der Ferne beobachtete, instinktiv wissend, dass sich in diesem Moment das Gespräch um „die da", also sie selbst, drehte, wenn er mit anderen zusammen stand, kamen ihr so viele Gedanken.

‚Der hatte sicher nur schnellen Sex im Kopf und keine Ahnung von dem, was ihn real erwartete. Sonst nichts! War wohl sehr verlockend, gleich zwei Bereitwillige zur Auswahl zu haben. Eine junge und eine alte! Was hat Mutter nur bewogen, sich in die Hände eines solchen Mannes zu begeben? Uns alle in dieses von Ungeziefer wimmelnde Loch zu zwingen. Um jetzt darin ihr klägliches Ende zu finden? Was kann ich nur tun, um mich und die Kleinen vor diesem Sterben zu bewahren?'

Eines Tages stand die Jugendfürsorge vor der Tür. Gerlinde war wegen Vernachlässigung ihrer Kinder angezeigt worden. Sie verweigerte aber jedes Gespräch und ließ auch keinen ins Haus. Aus gutem Grund! Zu einem normalen Dialog war die Frau gar nicht mehr imstande! In der aus ihrem Unrat röchelnden Behausung, hätten es die Besucher vermutlich nicht länger als eine Minute ausgehalten! Deshalb waren sie wohl eher dankbar, sie nicht betreten zu müssen.

Die beiden älteren Geschwister wurden aber ohnehin einige Zeit später aufgegriffen und in einen „Jugendwerkhof" gebracht. So bezeichnete man in der DDR ein geschlossenes Heim für schwer erziehbare Jugendliche mit kriminellen Neigungen. Diese waren meist extrem gewaltbereit, von miserablem Bildungsstand, verhaltensgestört und vollkommen ziellos. Die Insassen dieser Anstalt konnten Schulen besuchen, einen Beruf erlernen und einem geregelten Tagesablauf nachgehen. Nachdem Hanna, wie auch ihr Bruder Alex, nicht einmal die zuletzt besuchten Schulstufen sieben beziehungsweise acht erfolgreich abgeschlossen hatten, so gab es jetzt die Möglichkeit, dies nachzuholen.

Doch im Leben kann sich etwas nur zum Guten wenden, wenn man überhaupt die Bereitschaft dafür hat! Leider Fehlanzeige! Der gute Ansatz hatte einen teuflisch fatalen Effekt! Gleiches Potenzial fand hier zusammen. Es bildeten sich Banden, die später die ideale Grundlage für eine kriminelle Zukunft waren.

Die drei anderen Geschwister blieben von den Behörden unbehelligt. Ihre schulischen Leistungen sowie das Allgemeinverhalten wurden für unauffällig befunden. Möglicherweise waren diese Kinder für den Vorzeigestaat DDR schlichtweg bedeutungslos.

So wurde Lea, ohne es gewünscht zu haben, die Älteste unter den Geschwistern im Haus. Nach Kräften versuchte sie, wenigstens das Leid der beiden kleinen Brüder zu lindern. Die stillen, sensiblen Jungen konnten keiner Fliege etwas zuleide tun, waren jedoch auch extrem von Angst besetzt. Lea riet ihnen, sich zumindest am Tage, nach der Schule, außerhalb von zu Hause aufzuhalten, Freunde zu besuchen, sich für sinnvolle Tätigkeiten anzubieten, um dem täglichen Horror so gut als möglich zu entfliehen. Darüber würden vielleicht auch Kontakte entstehen, denen sie sich anvertrauen konnten. Sie sollten aber nur mit vertrauenswürdigen Personen reden und immer nur über das Nötigste! Wenn sie zum Beispiel etwas brauchten oder wissen wollten, denn sie befürchtete, wenn jemand die Polizei einschaltete, wurden sie getrennt und in Heime verteilt.

Ihre Mutter schien nicht mehr auf dieser Welt zu sein. In den Wachzeiten – gewöhnlich nachts – betrank sie sich mit ihren Saufkumpanen, die auch stets für entsprechenden Nachschub sorgten. Die Frau verließ das Haus nur mehr, wenn es sich nicht vermeiden ließ. Ohne erkennbaren Grund geriet sie sehr oft in unfassbare Zustände von wütender Ekstase, in denen sie mit allem, was sie in die Finger bekam, auf ihre Kinder einprügelte. Lea hatte vor lauter Überlegen und Beschützen der beiden Jungen nicht die Zeit, an Hass zu denken. Vielleicht entsprach es einfach nicht ihrer Natur, denn sie war getrieben von der Suche nach Lösungen und Wegen. Schockierte Fassungslosigkeit war an der Tagesordnung. In der Tiefe aber hatte das Mädchen nur mehr Mitleid für die kranke Frau, die schon lange nicht mehr oder überhaupt nie ihre Mutter war. Offensichtlich hatte diese zu keinem Zeitpunkt den Blick und den Willen für ein schönes Leben entwickeln können.

Für Lea bestand kein Zweifel. Diese bedauernswerte Kreatur muss ihren letzten Rest von Verstand im Alkohol ertränkt haben! Keine Mutter dieser Welt brachte es normal fertig, ihren eigenen Kindern so viel Gewalt anzutun. Das Schlimmste daran war, dass sie ihr keinerlei Grund dazu gaben, außer einfach nur da zu sein!

Schon seit einer Weile konnte die unfreiwillige Jungmutter nichts Essbares mehr im Hause finden! Leise lächelnd fiel ihr ein, wie das damals war. Als der Zufall ihr zu Hilfe kam und es Brote vom Himmel regnete.

‚Ich darf nicht herumsitzen, sondern muss hinausgehen! Mich umsehen, wo ich einfache Arbeiten verrichten kann. Das hat doch schon öfter geklappt. Arbeit gibt es immer!'

In der ersten Not mischte sie wieder – wie früher – aus Mehl und alten Zwiebeln einen ungenießbaren Brei, den sie dann in einer Pfanne zu erhitzen versuchte. Doch es gab auch kein Öl oder Fett zum Braten!

„Egal!", murmelte sie verzweifelt vor sich hin. „Die beiden Kleinen haben Hunger! Ich muss etwas herbeizaubern! Was es auch sei! Dass Mutter etwas einfällt, darauf kann ich wohl vergeblich warten! Ein „Herbert" wäre jetzt fein! Ich werde mich einmal in der Backstube durchfragen, ob ich mich nützlich machen kann. Immerhin habe ich ja schon Berufserfahrung", lächelte sie jetzt etwas deutlicher. Der heutige Tag ihrer „Arbeitssuche", durfte nur von kurzer Dauer sein. Lea musste sich beeilen, rasch wieder zurückzukommen, denn Lukas und Max hatten jetzt absoluten Vorrang! Für verschiedene Nachbarn erledigte sie Einkäufe, holte ein Paket vom Postamt, half einer älteren Dame dabei, das Treppenhaus zu reinigen. Alle waren hocherfreut und entzückt von Leas kindlich-hilfsbereitem Charme. Sie erhielt reichlich Trinkgeld und rannte in Windeseile zum Konsum, um sofort mit frischen Lebensmitteln die Wartenden zu beglücken.

Zu Hause angekommen liefen ihr die beiden Jungen zitternd entgegen.

„Komm gleich mit! Wir müssen dir etwas zeigen!", wimmerte Max. Er rüttelte ungeduldig an Leas Arm. „Aber Max. Nun beruhige dich doch erst einmal. Was willst du in dem ekeligen Hof? Es wird schon dunkel, und ich will nicht schon wieder in irgendwelchen Mist steigen!", redete sie auf ihn ein, als sie schon draußen standen.

„Ist sie tot?"

Augenblicklich verstand Lea die Panik!

Die Mutter der Kinder lag regungslos wie entsorgter Biomüll auf dem dafür vorgesehenen Silohaufen. Alle drei rüttelten kräftig an der Frau. Ganz kurz war ein hauchzartes Stöhnen zu hören.

„Nein, sie lebt!", versuchte Lea, die Brüder zu beruhigen. „Gut, dann werden wir sie jetzt hineinbringen. Glaubt ihr, schaffen wir das? Wir müssen es versuchen. Packt kräftig an, ja? Nachher gibt es eine leckere Belohnung dafür", versprach das schon viel zu erwachsene Kind.

Durch den Alkohol- und Drogen-Cocktail, den sich Gerlinde täglich verabreichte, brach sie regelmäßig zusammen und rührte sich nicht mehr. Lukas und Max mussten wohl oder übel beim Hineintragen helfen. Die Weggetretene war in ihrem besinnungslosen Zustand tonnenschwer! Und die Kinder in einem kraftlosen Alter von nicht ganz vierzehn, elf und acht Jahren! Das Mädchen aber hatte den rettenden Einfall und holte eine lange Leiter aus dem Waschhaus. Darauf wickelte Lea eine Decke, und die Kinder hievten die Reglose dort hinauf. So ließ sie sich viel besser über den Hof nach drinnen zerren.

Anfangs waren sie tatsächlich noch voller Angst, ihre Mutter könnte tot sein und würde nicht mehr aufwachen!

Der kleine Max weinte dann immer so verzweifelt, dass es seiner Schwester fast das Herz zerriss. Womit konnte sie ihn nur ablenken und beruhigen? Hatte sie doch alle Hände voll damit zu tun, das Überleben irgendwie zu sichern. Da kam ihr eine Idee, die wohl wieder einmal ihr Kopf helfend zurechtgelegt hatte.

Nachdem die Komaschlafende auf ein eilig hergerichtetes Lager, im Wohnzimmer, gebettet war, nahm Lea die geliebten Brüder in die Arme und sprach:

„Schaut, was ich für euch organisiert habe! Nun esst ganz in Ruhe, erholt euch erst einmal und hört mir kurz zu, ja? Aber ihr müsst ganz genau zuhören, sonst versteht ihr den Witz nicht. Es ist nämlich etwas Lustiges, damit ich euer Lachen endlich wiedersehe. Wenn es euch gefällt, erzähle ich euch morgen etwas Neues, in Ordnung? Vielleicht bringe ich euch auf bessere Gedanken. Also passt auf:

Die Milchstraße ist eine Autobahn.
Ein Dummkopf wird klug durch den Weisheitszahn.
Den Sand in der Wüste bewohnen die Fische.
Du wohnst auf der Weide, die Kuh sitzt am Tische.
Sie trinkt frische Milch grad' aus deinem Glas.
Du frisst Gänseblümchen und grünes Gras.
Dein Bett ist besetzt, weil die Wolken dort liegen.
Dann wirst eben du durch den Himmel fliegen.
Die Nächte gehören dem Sonnenschein.
Der Eisbär will ein Afrikaner sein.
Wir sitzen dafür mit Bikini im Schnee.
Geben uns eine Abfahrt über den See.
Verspielter Herrgott sitzt oben im All.
Die Erde, sie ist doch für ihn nur ein Ball.
Und wenn er einmal nicht an Heiligkeit denkt,
wird ganz nebenbei fix ein Treffer versenkt.
Verrückt sein ist schön, doch ich hab keine Wahl …
Denn morgen schon ist wieder alles normal.

Na? Wie findet ihr mein Gedicht?", grinste die Ältere den Knirpsen zu, denen sie auch mit vollgestopftem Mund das reine Vergnügen ansah. Von den lachenden Augen nämlich.

Das machte Lea einen Wimpernschlag lang tief glücklich.

‚Danke, meine Kleinen! Das Beste, das ihr mir zurückgeben könnt, ist euer Lachen. Ich kann genau sehen, wenn jede Träne, die ihr vergießt, dieses Lachen trägt. Es erreicht mein durstiges Herz. Ich bin euch so dankbar dafür!'

Kein Dorfbewohner erfuhr von dem täglichen Martyrium! Zu groß war die Angst der Kinder, dass man sie trennte und erneut in ein Heim steckte! Sie mussten es schaffen, nach außen hin keine Auffälligkeiten zu zeigen! Das war total schwer! Der Hunger tat weh! Lea hatte Angst, die Brüder würden zu stehlen beginnen oder sich versprechen. Aber sie waren unglaublich tapfer! Die junge Heldin verschaffte ihnen durch leichte Gelegenheitsarbeiten für die örtliche Backstube und treue Dienste bei diversen Nachbarn immer wieder frisches Gebäck und manchmal sogar kleine Überraschungen. Die Menschen mochten Lea gern. Vermutlich wussten sie sehr wohl, dass in diesem furchtbaren Zuhause etwas nicht stimmte. Vielleicht geschah ihre freundliche Unterstützung aus reinem Mitgefühl. Doch Lea spürte ebenso deren ehrliche Freude und Anerkennung, für die zähe Unermüdlichkeit der jungen Helfenden.

‚Warum schauen die Leute mich manchmal so seltsam an?', überlegte das Mädchen. ‚Sie versinken in meinem Blick und können einen Moment lang gar nicht mehr sprechen.'

Lea hatte unendliches Heimweh, doch sie kannte kein Zuhause! Wie sehr vermisste sie das Gefühl von mütterlicher Geborgenheit und Liebe. Unerreichbare Welten für sie und ihre Brüder! Die große Schwester war glücklich über jedes Lächeln, das sie ihr schenkten, oder wenn sie mit Eifer von lustigen Erlebnissen aus der Schule erzählten. Doch wenn sie verbittert weinten und fragten, was nur aus ihnen werden sollte, dann blutete Leas Herz ganz stark, denn sie kannte keine Antwort, hatte aber die gleichen Fragen.

Unmerklich reifte sie heran, entdeckte teils befremdet ihre Weiblichkeit und überlegte, welcher „normale" Junge sich einmal in sie verlieben könnte angesichts dieses menschlichen Desasters, das ihre Herkunft bedeutete!

‚Werde ich so enden wie meine Mutter? In den stinkenden Abgründen der Hölle? Weil ich der schmutzigen Dynamik nicht entfliehen kann? Nur niederes Gesindel findet zu uns! Kluge, bewundernswerte Menschen jedoch werden für mich in fernen, unerreichbaren Welten bleiben. Das macht mir Angst! Nein! Dann werde ich lieber allein meinen Weg gehen! Mein Herz, mein Kopf, meine Seele sind treue Freunde! *Sie* sind mein Zuhause! Ich muss es gar nicht suchen! Aber ich möchte doch auch Familie haben und endlich geliebt werden. Ob ich diesen Menschen finde?'

Die unermüdliche Lea war im Begriff, eine junge Frau zu werden. Jedoch unbeschwerte Neugier und Freude darauf waren wohl etwas anderes.

Die Rebellion des Andersdenkens

Mensch ist nach Regeln konzipiert,
mit DNA fix definiert.
Details verschlüsselt dort ein Code,
ob kluger Kopf oder Idiot.
Das, was wir wollen, suchen, lieben,
steht alles lange festgeschrieben.
Ob wir uns pflegen, stylen, schminken
oder verwahrlosen und stinken.
Das, was wir gar nicht gerne hätten,
kann doch Erziehung höchstens glätten.
Wann werden endlich wir probieren,
uns, wie wir sind, zu akzeptieren?
Denn wo liegt die Besonderheit?
In unserer Einzigartigkeit!
Der Wille, an uns selbst zu glauben,
macht stark. So kann ihn keiner rauben.
Im Andersdenken liegt viel Kraft,
die Neues, Ungeahntes schafft.
Wenn Rebellion mal Pause macht,
verspielt das Leben wärmt und lacht,
als ob ein Engel mich berührt,
mit sanfter Zärtlichkeit verführt,
dann wüsste ich es gern genau.
Sind seine Augen vielleicht blau?
So wie der Himmel schön und klar.

Diese Gedanken sind wunderbar.
Ins Leben kehre ich zurück.
Mit einem Herzen voller Glück.

Mit klugen Menschen zusammen zu sein, war für Lea immer etwas Besonderes. Sie hatten wundervolles Benehmen, und man konnte so viel von ihnen lernen. Sie selbst erkannte an sich nun auch andere Bedürfnisse und Neigungen. Zu ihrer einfühlsamen Empfindsamkeit und lebendigen Fantasie gesellte sich immer deutlicher ein zart sinnliches, romantisch verspieltes Wesen. Dennoch konnte sie kitschig-übertriebenen Schwüren und Sprüchen oder mit Rosen verzierten Ornamentmalereien und Verzierungen so gar nichts abgewinnen. Lea war ein großer Freund von Struktur, Klarheit, Geradlinigkeit. In Form und Farbe, genauso wie im Umgang mit anderen Menschen.

Ihr schmächtiger Körper jedoch schien mit vierzehn Jahren der einer Achtjährigen geblieben zu sein! Noch war es ihr egal, dass sich kein Mensch für sie interessierte. Sie konnte sowieso nie jemanden zu sich nach Hause einladen. Nicht einmal, um den eigenen Geburtstag zu feiern!

Anlässlich ihrer Jugendweihe, im späten Frühjahr 1980, war es wohl kaum möglich einen Gratulanten dort zu empfangen! Passend dazu kleidete Mutter Gerlinde ihre jugendliche Tochter ganz in Schwarz! Alle waren entsetzt über dieses schrecklich finstere Outfit! Lea genierte sich auch sich so zeigen zu müssen. Doch zutreffender konnte dieser Aufzug ihre Lage nicht beschreiben! Dieses Leben war doch bisher nichts anderes als ein schmerzvolles Trauerspiel! Mit dem nun auch nach außen sichtbaren Look in den Kreis der Erwachsenen aufgenommen zu werden, mochte mancher vielleicht als schlechtes Omen gesehen haben. Für die Betroffene war es die definitive Kampfansage an das bisherige Leben! Höchste Zeit, dieses verkommene Dasein zu Grabe zu tragen! Aufzustehen und einen neuen, schönen Weg zu wählen, der mit dem alten keinerlei Ähnlichkeit hatte!

Lea war überzeugt, dass ihr dies mit der nötigen Geduld gelang! Alles, was sie dafür brauchte, trug sie in sich! Sie liebte die Schule und das Lernen. Der Genuss täglicher Körperpflege ließ sich auch an einem mickrig kleinen Handwaschbecken erreichen. Die Großartigkeit, sich mit Menschen auszutauschen, die viel wussten von den täglichen Wundern des Lebens, konnte ihr auch keiner nehmen. Das alles hatte sie schon! Sie musste dort nur ihren rechten Platz finden!

Lea war anders. Sie hatte keine Ahnung, warum!

Doch sie wusste sehr genau, in das alte Leben gehörte sie NICHT! Mit ihren jetzt vierzehn Jahren spürte sie den starken Willen, es auf keinen Fall in der Form weiterzuführen, wie sie es mit dieser Familie kannte! Wie auch immer es ihr gelang, aber sie war überzeugt, *dass* es so geschah!

Das Mädchen hatte nie einen Vater, sehnte sich aber sehr danach! Nach einem Beschützer – einem Mann, der sie lieb hatte und auf den sie stolz war. Einem Mann, bei dem sie sich sicher fühlte.

Aber es war keiner da! Es musste auch ohne Vaterfigur gehen!

Und die mütterliche Seite? Was war von einer Frau zu erwarten, die sich nicht einmal selbst im Leben zurechtfand, geschweige ihren Kindern das Einfachste und gleichsam Wertvollste der Welt zu geben – Liebe?

Lea stillte ihre elementaren Bedürfnisse, durch die ihr geschenkten Stärken. Durchhalten, Hoffen, Tun und Werden waren gesichert durch Vorstellungskraft, Überlebenswillen, achtsame Geduld und das Vertrauen in sich selbst!

Daraus entstanden Dankbarkeit und Liebe, die sie lebte!

Das Mädchen nutzte die Jugendweihe – symbolische Aufnahme in die Welt der Erwachsenen –, um sich von der Welt ihrer Kindheit wahrhaftig zu verabschieden!

Zurück im normalen Schulalltag kam es eines Tages zu einem erfreulichen Wiedersehen. Musiklehrerin Frau Schumann, die Lea während des Aufenthaltes in der Bezirkshauptstadt schon kennen- und mögen lernte, hatte nun in dieser Schule ihr Lehramt übernommen und stellte sich der Klasse vor.

„Das ist ja wunderbar, dass Sie jetzt hier sind! Sind Sie mir nachgereist?", rief Lea ausgelassen fröhlich. „Wie kommt es, dass Sie immer da sind, wo ich bin?"

„Ganz einfach", erzählte die ebenfalls überraschte Frau. „Mein Mann und ich haben unweit dieses Dorfes ein nettes Bauernhaus gekauft, das wir nun zwar noch ein wenig renovieren müssen, aber es ist viel leichter, das vor Ort zu tun, als ständig hin und her zu fahren. Tja, und jetzt lehre ich hier und finde es ganz toll, dich so wiederzusehen."

„Frau Schumann, werden wir zu Stundenbeginn wieder ein schönes Musikstück hören? Das hat mir so gefallen."

Mit ihrem Gefallen an klassischer Musik blieb Lea unter den Mitschülern zwar die Ausnahme, doch sie war glücklich, dass ihr dies erhalten blieb.

Besonders das Klavier und die herrlichen Stücke von Johann Sebastian Bach oder auch Chopin hatten es Lea angetan. Diese Musik war von göttlicher Dynamik, schenkte

Kraft, Mut und erzählte gefühlvoll von der kosmischen Schönheit des Lebens. Das Mädchen spürte dies und wusste den Zauber für sich zu nutzen. Der Realistin war aber bewusst, eine Musikschule konnte sie wohl nie besuchen oder ein Instrument spielen lernen. Doch diesen herrlichen Klang zu genießen, war schon ein großes Geschenk!

Ihre schreibende Leidenschaft war da viel genügsamer. Die Gedanken trug sie im Kopf. Die Begabung lag in der Seele, und die Finger warteten schon gespannt auf alles, was sie zu Papier bringen durften.

Trotz der häuslichen Gewalt empfand Lea wahrhaftige Liebe zu den Menschen. Es erfüllte sie mit Wärme und Glück, gutzutun und anderen zu helfen. Das war das erklärte Ziel ihres Herzens. Vielleicht war es ja ihre Aufgabe in diesem Leben. Nicht einfach Mensch, sondern menschlich zu sein.

Lass dich doch nicht traurig machen.
Schenk der Welt dein schönes Lachen.
Tausendfach kommt es zurück.
Ist das nicht das wahre Glück?
Trau dich! Greife nach den Sternen.
Höre niemals auf zu lernen.
Selig dankst du deinem Herrn.
Auch der Mensch hat das sehr gern.
Sehnsucht, Träume, Fragen quälen?
Lass Erinnerung erzählen.
Augenblicke voll Magie,
Seelenzauber, schön wie nie.
Das bringt Reichtum in dein Herz,
hilft auch über manchen Schmerz.

Was du denkst, wirst du auch sein.
Du bestimmst das ganz allein.
Darum hör auf dein Gefühl.
Wird es dir dabei zu kühl,
ist dein Denken wohl nicht recht.
Was du tust, bekommt dir schlecht.
Schenkst du dir genug Vertrauen,
kannst du ruhig nach vorne schauen.
Das Verdrängen lohnt sich kaum.
Deshalb lebe deinen Traum!

Auch Leas Faszination für astronomische Themen fand in der Schule Platz. Immerhin wurde ein Jahr lang Astronomie als Gegenstand gelehrt. Ihrer Meinung nach viel zu wenig! Was konnte man schon in einem jämmerlich kurzen Jahr über die Wissenschaft aller Wissenschaften erfahren? Über den Ursprung allen Seins und der Naturgesetze.

Dennoch war sie hellauf begeistert. Manchmal konnte die Lernende physikalische von astronomischen Themen nicht mehr trennen, weil diese für Lea in unmittelbarem Zusammenhang standen.

Die Schule war alles für die ewig Suchende! Sie war Zuflucht, Ordnung, Ruhe, Schönheit und spannendes Abenteuer zugleich.

Die frühe Verbundenheit mit dem Himmel, die das Mädchen tief in sich spürte, brachte Lea zunächst auf den Gedanken, dass es mit Gott zu tun haben musste. Die Christen erzählen sich vom Kind Jesu, der Jungfrau Maria, dem Heiligen Vater und den unerklärlichen Wundern, die in diesem Zusammenhang geschehen sein sollen. Aber waren wir nicht alle ein Wunder? Überhaupt das Leben selbst!

Gleichfalls hörte sie das entschiedene Veto ihrer Logik.

‚Wie kann es sein, dass die halbe Welt an jemanden glaubt, dessen Existenz nicht beweisbar ist? Ich will es wenigstens verstehen! Ist Glaube vielleicht etwas völlig anderes und Gott nur ein Mittel zum Zweck? Eine Menschfigur, die man sich vorstellt, für all das, was man sich nicht erklären kann? Dann muss aber wirklich etwas überaus Mächtiges dahinterstehen, dass sich solcher Glaube über Jahrtausende hält und unter der Weltbevölkerung so verbreitet ist! Vielleicht gehört es ja auch zur Gattung Mensch, dass sie so etwas braucht, als eine Art sicheren Rahmen, um sich nicht verloren zu fühlen? Ist schon seltsam, dass man allein durch Bewusstsein und das Geschenk, denken zu können, zu derartigen Überlegungen kommt. Bei den Tieren ist das „undenkbar". Die haben sicher keinen Gott, den sie sich vorstellen. Es gibt nur das Jetzt! Aber ist es dann wirklich ein Geschenk, das Denken? Was für ein interessantes Thema!', dachte sich das Mädchen.

Schon damals, als sie Oma Erna noch regelmäßig besuchen konnte, hatte Lea sich vorgenommen, irgendwann einmal eine Kirche zu besuchen. Doch sie wollte nicht nur besichtigen. Sie wollte wissen!

So machte sie sich nun erneut auf den Weg. Bisherige Versuche in diese Richtung gingen gründlich daneben!

Sie würde achtsamer sein, denn inzwischen hatte auch sie erkannt, dass die Kirche in der DDR nicht erwünscht war! Im Grunde konnte es ihr ja egal sein, denn sie wuchs ohne Bekenntnis auf. Doch es ließ ihr keine Ruhe. Lea wollte mehr über Religionen erfahren, um sich eine eigene Meinung zu bilden.

Von einer Klassenkollegin erfuhr sie, dass es in der Ortschaft einen Pfarrer gab, der heimlich Jugendstunden für Suchende abhielt, und wie man Kontakt zu ihm fand.

Dabei kam ihr die Arbeit in der Nachbarschaft zugute. Ohne Aufsehen zu erregen, konnte sie anläuten, um ihre Dienste anzubieten. Diesmal jedoch bat sie ganz kleinlaut und vorsichtig den würdigen Herrn, sie doch bitte in die geheime Runde aufzunehmen. Sie wolle unbedingt wissen, warum so viele Menschen schon seit Jahrtausenden an etwas glaubten, das reine Vorstellung war und zum Teil sogar wissenschaftlich belegte Unmöglichkeit enthielt. Um vollkommen glaubwürdig zu erscheinen, nannte sie ihm den Namen des Mädchens, das ihn empfohlen hatte. Vielleicht kannte er sie ja. Sein stummes Nicken bestätigte das.

Diese Jugendstunden machten Spaß! Lea fand nicht den Weg zu Gott, aber die Gemeinschaft in der Gruppe tat unglaublich gut. Natürlich durften sie keinem ein Sterbenswörtchen von den Treffen erzählen. Doch ausgerechnet Lea muss es gewesen sein, die der Idylle ein Ende setzte! Ihre Mutter beauftragte einen ihrer Busenfreunde, die Tochter zu beobachten. Diese hätte schließlich zu Hause ihre Arbeit zu machen!

Eines Tages stellte sie diese zur Rede, wo sie sich immer so lange herumtrieb! Lea erzählte ihr die Geschichte, nebenbei zu arbeiten, um sich und die Brüder mit Essen zu versorgen. Was ja nicht einmal gelogen war!

Die Mutter war aber bereits ins Bild gesetzt. Sie wusste, dass dort, wohin Lea oft ging, der Pfarrer wohnte, bei welchem sich regelmäßig Gruppen von Jugendlichen aufhielten. Zusehends steigerte sie sich bei ihrer Fragerei in wilde Beschimpfungen, die sich in Sekundenschnelle zur Raserei auswuchsen!

„Für wie blöd hältst du mich eigentlich, dass du mich noch frech anzulügen versuchst?"

Mit einem Eisenstab, der gerade herumlag, begann die Besessene, loszuprügeln und schrie außer sich vor Wut!

Die Geschlagene betete, der Irren möge bald die Kraft ausgehen, denn sie schmeckte Blut im Mund. Sicher hatte sie Nasenbluten bekommen.

Irgendwann ließ die Frau genauso überraschend von ihrer exzessiven Erziehungsmaßnahme ab, wie sie damit begonnen hatte.

Die Nase sowie eine Stelle am Kopf fühlten sich nass und geschwollen an. Hoffentlich war sie nicht gebrochen, denn sie tat höllisch weh! Die Schmerzen am Körper nahm sie in den ersten Minuten gar nicht wahr, denn überall war Blut, was Lea schockierte! Vermutlich hatte die Tobsüchtige deshalb abrupt wieder aufgehört und war erschrocken weggegangen.

Gerlinde Müller war unberechenbar, wie eine Wahnsinnige! Das war sie sicher auch, denn ein normaler Mensch bekam so etwas nicht fertig! Der Alkohol und die Drogen hatten ihr bestimmt inzwischen das halbe Hirn zerfressen! Sie schaffte es kaum noch, sich selbst zu regulieren und solche Ausraster zu verhindern. Als hätte eine unsichtbare Hand bei ihr auf einen ganz bestimmten Knopf gedrückt, wurde von einer Sekunde auf die andere ein tollwütiges Tier aus der Frau!

Lea traute sich dann erst einmal nicht zu den schönen Jugendstunden, doch es zog sie dorthin. Als sie es dann doch wieder wagte, fand sie verschlossene Türen! Keiner ihrer Freunde war weit und breit zu sehen. Der Pfarrer war auch nicht da.

‚Scheinbar gibt es keine Treffen mehr', mutmaßte sie traurig.

In der Schule erfuhr die Fassungslose dann von dem eigentlichen Verrat! Die Mitschülerin, welche ihr erst den Tipp gab, hatte sie verpetzt, stand ihr nun in überlegener Manier gegenüber und erzählte den heimtückischen Plan, den jeder hören und sie dafür bewundern sollte!

„Aber Miriam! Warum hast du das gemacht? Was habe ich dir denn getan? Du verrätst nicht nur mich, sondern die ganze Gruppe! Ist dir das denn egal? Was hast du für diese Gemeinheit bekommen? Eine bessere Zensur in der Mathearbeit vielleicht? Wie konnte ich dir nur vertrauen?"

Total enttäuscht über die eigene Leichtgläubigkeit, starrte sie der Verursacherin des Übels in die Augen und wartete auf deren Rechtfertigung, die keine war. Mit höhnischem Grinsen sagte sie:

„Siehst du? So schlau bist du gar nicht, wie du immer tust! Wie leicht konnte ich dir ein Bein stellen, und du bist drübergefallen! Ich bekomme gar nichts! Ich habe es einfach nur gemacht, weil ich dich noch nie leiden konnte! Du und deine Sippschaft seid der Abschaum des ganzen Ortes! Es wird Zeit, dass ihr wieder verschwindet! Ich denke schon lange darüber nach, wie ich dir einen Denkzettel verpassen kann, den du dir für immer merkst! Auf die Nachforschungen deiner Mutter brachte mich der Landstreicher, der sich am Haus des Herrn Pfarrer herumtrieb. Ich fragte ihn, was oder wen er suche, und er gab mir genau die passende Antwort. Ich habe dich durch ihn an deine Mutter verpetzt! Clever, nicht wahr?" Mitschülerin Miriam sonnte sich genüsslich in ihrer eigenen Verdorbenheit!

„Und damit du dir wirklich gut merkst, dass du hier nicht hingehörst, habe ich auch in der Schule davon erzählt!

„Du hast es aus Neid getan!", leuchtete Lea ein. „Es stimmt wohl, was du sagst. Ich bin nicht besonders klug! Mir hätte lange auffallen müssen, dass du dich mit mir nicht wohlfühlst! Weißt du ..." Lea machte eine kleine Pause und schaute Miriam nun fest in die Augen. „Meine Mutter fühlt sich auch nicht wohl mit mir, seit sie mich hat. Aber sie und du, ihr würdet euch vermutlich bestens verstehen! Soll ich sie von dir grüßen?"

Es gab durchaus einige Schulkollegen in der Klasse, die diese Botschaft genau zu verstehen wussten. Die Angesprochene jedoch gehörte nicht dazu! Zu schwachen Verstandes dafür, kniff sie die Augen zusammen und rümpfte verächtlich die Nase, bevor sie sich abwinkend von Lea entfernte.

Deren abartige Mutter indes gab sogar den sonst stets gemiedenen Behörden einen entsprechenden Hinweis!

Der Ehrwürdige durfte sein kirchliches Amt in diesem Dorf nicht mehr fortführen und verließ es bald. Die beteiligten Jugendlichen hatten verschiedene Arbeitseinsätze in der Freizeit zu erledigen. Dazu bekamen sie Uniformzwang! Sie hatten dabei das blaue Hemd der Freien Deutschen Jugend (FDJ) zu tragen, welches sie inzwischen besaßen! Im Alter von vierzehn Jahren wurde man in der DDR automatisch Mitglied in dieser Organisation.

Die heimlich besuchten Jugendstunden waren damit Geschichte und die Suche nach Gott und seiner Nähe vorzeitig beendet! Alles, was Lea blieb, war der verständnislose Blick gen Himmel und ihre traurigen Gedanken.

‚Gott! Wer bist du? Du fliehst, wenn du mich kommen siehst! Willst du wissen, was ich glaube? Das ganze Theater um dich, die Kirchentempel und Glaubenskriege, sind einzig das Mach(t)werk des Menschen! Du dienst ihnen lediglich als Rechtfertigung ihres Tuns! Und soll ich dir noch etwas verraten? An so etwas will ich gar nicht glauben! Du bist nur ein Fantasieprodukt! Ich habe meine eigenen Vorstellungen vom Glauben! Also mach's gut!'

Warum war Lea so anders als die Personen, denen sie entstammte? Diese Frage beschäftigte sie immer mehr, je älter sie wurde. Welchen Einfluss hatte eine Sozialisierung darauf, die ausschließlich im Außen lag? Diese grauenhaften Prägungen, die das Mädchen durch die Herkunft erhielt, konnte sie die je wieder abschütteln oder verändern? Sie identifizierte sich nicht damit. Reichte das aus, um auch langfristig nicht in alte Muster zurückzufallen und darin haften zu bleiben? Lea fühlte sich so fremd! Nun hatte sie erfahren, wie falsch ihre Umgebung sein konnte, nur um sie loszuwerden! Neben den eigenen Geschwistern sah es nicht besser aus!

Welche Ursache hatten diese extremen Unterschiede im Persönlichkeitsbild eines jeden, wenn man doch gleicher Herkunft war und täglich Ähnliches erlebte?

Wem konnte die tief Verunsicherte solche Fragen stellen? Es interessierte sie dabei weniger das eigene Elend als die biochemischen Zusammenhänge solcher Phänomene. Das gab es ja auch in umgekehrter Form. Menschen aus gutem Hause, die eine herrliche Kindheit und wenig Sorgen hatten, entwickelten sich total negativ, obwohl sie es nie vorgelebt bekamen.

Im Moment hatte Lea das reale Hier und Jetzt zu interessieren! Dennoch war es unerlässlich, schon heute zu überlegen, wie sie das Morgen überlebten – ihre kleinen Brüder und sie!

Doch wo lagen die Erklärungen für das Gegensätzliche? Das wollte Lea zu gern wissen!

Seele und Kopf spielten dazu wieder eine melancholische Wortsinfonie ohne Musik.

> *‚Heute ist die Ruhe zu laut und der Lärm zu still!*
> *Ich bin auf der Suche nach allem und finde doch nichts!*
> *Keine Lust nachzudenken und bin voll von Gedanken!*
> *Ich bin traurig! Auch wenn ich fröhlich scheine.*
> *Aufgesetztes Lachen überdeckt inneren Schmerz.*
> *Ich weiß, was ich will, und bin geplagt von Unsicherheit!*
> *Meine Augen sind müde, aber ich kann nicht schlafen.*
> *Verlockender Duft von Freiheit stinkt zum Himmel.*
> *Man sagt, ich sei klug, doch ich hab keine Ahnung.*
> *Kann viel nicht beschreiben, dabei schreib ich so viel.*
> *Ich liebe die Klarheit, wo mir doch so viel unklar ist.*
> *Am besten sieht man, wenn man die Augen schließt.*
> *Gegensätze ziehen sich an, wenn sie im Gleichklang sind?‘*

In Gerlinde Müllers Leben war Axel längst Geschichte, was wohl für ihn auch das Beste war! Wie durch ein Wunder hatte sie schon einen Neuen mit Namen Johannes. Auch er war um einiges jünger als sie. Er sah sogar richtig gut aus. Kurzes, gut geschnittenes, blondes Haar, lustige wasserblaue Kulleraugen und eine herrlich dazu passende Brille mit kreisförmigen Gläsern, in ein Metallgestell gefasst, strahlten der Umgebung entgegen. Der Mann wirkte sportlich, schlank, gepflegt und irgendwie gescheit. Lea konnte es nicht fassen.

‚Wie schafft sie es nur, immer wieder Männer an- oder besser auszuziehen? Und diesmal sogar so einen Schönen! Sie ist unsauber, verlebt und nach meiner Meinung schwer suchtkrank! Das muss er doch sehen! Sie ist doch gar nicht hübsch! Was erwartet er sich nur? Der kann doch viel Bessere haben!'

Die junge Skeptische schüttelte immer wieder den Kopf, wenn sie dieses ungleiche Paar beobachtete.

Johannes schien das Abnormale an seiner neuen Geliebten gleichgültig zu sein, denn übersehen konnte man ihre Auffälligkeiten nicht! Möglicherweise bildete er sich ein, sie heilen zu können. Lea war sich nicht sicher. Immerhin ging er einer geregelten Arbeit nach und schien auch sonst ein normales, geordnetes Leben zu führen. Das gefiel ihr gut. Er machte den Eindruck eines freundlichen, humorvollen, jungen Mannes, der es gut meinte.

In der stinkenden Kloake jedoch, die ihm die gestörte Erobererin als Zuhause vorstellte, wollte er unter keinen Umständen übernachten oder gar leben! Er bestand darauf, mit ihr und den Kindern in der naheliegenden Stadt eine Wohnung zu suchen und dann gemeinsam dort einzuziehen, um ein neues Leben zu beginnen.

Was für ein schöner Plan. Johannes strahlte Energie und sichere Kraft aus. Das Mädchen war beeindruckt und dennoch voller Misstrauen.

‚Ist das jetzt die große Wende? Soll doch noch alles gut werden? Welcher glückliche Zufall hat Mutter zu diesem Mann geführt? Wie kann es sein, dass Johannes es tatsächlich ernst meint? Ob er weiß, was ihm blüht?'

Die zweifelnd Abwartende freute sich natürlich über die neue Entwicklung, die scheinbar allem Irrsinn ein

Ende setzte. Doch wagte sie nicht, tatsächlich daran zu glauben, dass es so passierte. Wie ihre Mutter zu einem gut aussehenden Mann gekommen war, der völlig normal zu sein schien, blieb ihr ein Rätsel. Er musste doch die fatale Zerstörung ihrer Persönlichkeit erkannt haben.

Die grübelnde Lea fand sich wohl oder übel damit ab, keine passenden Antworten zu finden. Das war im Moment auch egal! Ein neuer Mann hieß, sie würden bald umziehen! Endlich rauskommen aus diesem entsetzlichen Loch! Das war das Einzige, das die Jugendliche derzeit beschäftigte.

Und tatsächlich erhielt die kinderreiche Frau in der nahegelegenen Kreisstadt dann sehr rasch eine neue Wohnung. Das vorletzte, neunte Schuljahr, hatte zwar für die inzwischen fünfzehnjährige Lea seine zweite Halbzeit schon angekratzt, doch das tat nichts zur Sache. Nur weg von diesem Ort des Grauens!

Die hübsche Kleinstadt war mit der großen Bezirkshauptstadt nicht vergleichbar. Sie gab ein schönes, gut strukturiertes, sauberes Bild ab und wurde offensichtlich liebevoll gepflegt und instand gehalten. Es gab sogar ein richtiges Schloss, mit wunderschönen Grünanlagen und einem sorgfältig angelegten Park, mit herrlichem, gesunden Baumbestand. Ein romantisch anmutender Schlossgarten, welcher mit Liebe zum Detail fast geometrisch gleiche Muster der verträumt schönen Pflanzen zeigte, rundete die Schönheit des recht weitläufigen Komplexes ab. In früherer Zeit war dieser wohl nur dem Adelsgeschlecht zugänglich. Den Garten nämlich trennte ein hoher, kunstvoll geschwungener Metallzaun von der übrigen Umgebung, die mit ihren Wegen und Straßen dem normalen „Fußvolk" überlassen blieb.

Das neue Zuhause der Müllers lag nur fünf Gehminuten von dort entfernt. Es befand sich im Parterre, in einem von vielen aneinandergereihten, gutbürgerlichen Wohngebäuden. Diese umrahmten rechts wie links eine schnurgerade, auf eine Anhöhe zulaufende Straße, welche ebenfalls in bemerkenswert gutem Zustand war. Das obere Ende dieser bildete ein imposant-schönes Bauwerk, das als Schule und sogar als Mini-Sternwarte für Himmelsbeobachtungen genutzt wurde.

Die neue Bleibe hatte – man stelle sich das vor – eine große, möblierte Küche, mit anschließender Veranda, die zum hinten liegenden Hof zeigte. Dieser wirkte sehr sauber, war modern gepflastert und grenzte direkt an einen wunderschönen und üppig bewachsenen Garten, der aber leider versperrt blieb. Wenn Lea in Erfahrung brachte, wem er gehörte, würde sie sich für Gartenarbeiten anbieten. Sie liebte es so, in bunter Natur zu sein.

Insgesamt wies die Wohnung drei geräumige Kinderzimmer sowie, ebenso groß, ein Wohn- und ein Schlafzimmer auf. Deren Anordnung konnte man sich wie ein U vorstellen. Die offene U-Seite stand für einen nahezu quadratischen Vorraum, den man vom Treppenhaus kommend betrat. Nach links ging es zur hofseitig gelegenen Küche, einem Kinderzimmer und dem dazwischen befindlichen WC. Nach rechts gelangte man zu dem straßenseitig liegenden Wohnzimmer sowie dem späteren Mädchenzimmer von Lea und Hanna. Geradeaus bewegte man sich in ein mittig angelegtes Durchgangszimmer, das dann von Lukas und Max bewohnt wurde.

Die Toilette war ein einzeln absperrbarer Raum, in dem ein modernes, herrlich sauberes WC mit Wasserspülung und ein Handwaschbecken untergebracht waren.

Alle Fenster erweckten einen stabilen, soliden Eindruck, wirkten freundlich hell und groß. Lea machte innerlich Freudensprünge, als sie diesen Traum von einer Wohnung wahrnahm. Das Tollste aber war ein im Kellergeschoss eingerichteter Gemeinschaftsraum, mit verschiedenen Spiel- und Sportmöglichkeiten und einem Sanitärbereich mit WC und zwei Duschkabinen. An der Tür war ein Plan angebracht, in dem die einzelnen Mietparteien eingeteilt waren für die Reinigung dieser Anlage, was einmal pro Woche zu erfolgen hatte. Der Name „Müller" war dort noch nicht lesbar. Aber das würde ganz bestimmt sehr bald von der Hausverwaltung korrigiert. Die kleinen Fensterlichten dieses Kellerraumes waren sauber geputzt und zur besseren Durchlüftung gekippt. Überhaupt roch es gar nicht muffig oder modrig, wie sonst in Kellergewölben üblich. Hier war es hell, trocken, und der Geruch von Seife lag in der Luft. So als ob sich gerade jemand die Hände gewaschen hätte.

„Das ist ja großartig!", riefen die Kinder durcheinander, immer wenn sie wieder etwas Neues, Schönes entdeckt hatten. Die Freude kannte keine Grenzen.

Eine Jugendschutzbehörde förderte die Unterbringung der Familie, denn der bisherige Wohnsitz wurde als unzumutbar eingestuft. Die Erziehungsberechtigte war nicht verheiratet und verfügte über kein eigenes Einkommen. Wie auch? Sie hatte ja keinen erlernten Beruf, und als Putzfrau war sie sich zu schade! Die Miete wurde ebenfalls von diesem Amt übernommen. Lea und die Brüder erhielten Monatskarten für die Bahn, um täglich zur Schule zu gelangen. Zum Glück wurden sie nicht umgeschult. Die Erleichterte wollte von dort nicht weg, wo sie endlich anerkennende Bestätigung bekam und Freundschaften pflegen konnte, die sich entwickelt hatten.

In das furchtbare Haus konnte niemand mehr einziehen! Fortan stand die Ruine leer, verwahrlost, verfallend an seinem Platz, wie eine mahnende Erinnerung an schreckliche Zeiten! Seltsamerweise wurde es aber auch nicht abgerissen, renoviert oder von den krank machenden, Ungeziefer anziehenden Müllbergen gesäubert. Es machte für Lea den Eindruck, als wage sich kein Sterblicher freiwillig über die fauligen Schwellen dieser Rattenhochburg!

Seit die älteren Geschwister die Schule nicht mehr besuchten und Familie Müllers Wohnort nun in der Stadt lag, ging es Lea beim Lernen ausgesprochen gut. Die Leistungen wurden immer besser. Sie nahm zusätzlich an verschiedenen Arbeitskreisen teil und war weiterhin begeistertes Mitglied im Tischtennisverein.

Ihrer Mutter war das ein Dorn im Auge, denn so verlor sie den Zugriff auf die Gratisarbeitskraft, die sich inzwischen nicht mehr ohne Gegenwehr peinigen ließ. Doch diesmal hatte sie keine Handhabe dagegen. Es war nichts Verbotenes, wie die christlichen Jugendstunden vor einiger Zeit. Irgendwann hatte sie sich damit abgefunden, dass die abtrünnige Tochter einen eigenen Weg ging und immer weniger Berührungen mit der Familie hatte. Nichts, was Lea tat oder gern tun wollte, interessierte Gerlinde Müller wirklich. Waren es nun die ausgesprochen guten Leistungen in der Schule, imaginäre Zukunftspläne oder die rein körperliche Entwicklung auf dem Weg zur jungen Frau.

Hanna und Alex waren inzwischen aus dem Jugendwerkhof entlassen und wohnten wieder zu Hause. Alex erhielt in der neuen Wohnung endlich sein eigenes Zimmer. Er war inzwischen siebzehn, sah aber aus, als sei er schon ein erwachsener Dreißigjähriger! Die ungleichen Schwestern, wie auch die jüngeren Brüder, mussten sich wie gewohnt jeweils ein Zimmer teilen.

Während ihres Aufenthaltes in dem Jugendheim hatten die beiden Älteren weder den Schulabschluss nachgeholt, noch eine Berufsausbildung gemacht. Lea nahm an, sie hätten das dort sogar müssen, aber scheinbar irrte sie gewaltig! Beide waren grob, laut und völlig planlos, was ihre eigene Zukunft betraf. Die ältere Schwester – wie konnte es anders sein – machte sich als Erstes daran, dem gut aussehenden Johannes den Kopf zu verdrehen. Diesen jedoch ließ das völlig kalt. Er wies sie sogar offen zurück, mit der Erklärung, für solche Spielchen sei er der Falsche. Auch mit Alex kam er überhaupt nicht zurecht und versuchte hier jeglicher Begegnung aus dem Weg zu gehen. Vermutlich war ihm dessen körperliche Überlegenheit absolut bewusst. Er fürchtete auch die unkontrollierbaren Aggressionen des ältesten aller Geschwister im Hause Müller. Seine Ansichten entsprachen in keiner Weise denen der beiden Ältesten, und es kam des Öfteren zu unangenehmen Reibereien, bei denen Johannes keineswegs ein souveränes Bild vermittelte. Er schien mit diesen schwierigen Charakteren sichtlich überfordert.

Zum Ärger seiner Partnerin verstand er sich aber ausgerechnet mit der ungeliebten Tochter wunderbar. Schon bald bildete sich eine tiefe Freundschaft heraus, von der Gerlinde Müller nichts mitbekam, da diese Tochter deren Interesse nicht hatte.

Manchmal holte der junge Mann Lea von der Schule ab, und sie besuchten die Eisdiele, in welcher sie früher als Geschirrwäscherin arbeitete. Die Besitzer dieses Cafés freuten sich sehr über das Wiedersehen. Das gute Aussehen und Benehmen dieser starken jungen Dame standen ganz im Gegensatz zu den Geschichten über ihre Familie, die im Dorf noch heute gelegentlich die Runde machten. Zu der furchtbaren Ruine des Hauses aber wollte Lea nicht noch einmal gehen, obwohl sie nur ein paar Gassen entfernt lag. Sie erzählte ihrem Freund und neuen Stiefvater auch nur davon, wenn er gezielt danach fragte. Was sich dort ereignet hatte, passierte so, wie es passierte. Niemand konnte es mehr ändern! Lea wollte aber die neue Zeit nicht mit diesem alten Schmutz belasten! Johannes spürte dies anscheinend, denn es kam nur ganz selten vor, dass er etwas dazu wissen wollte. Lea verkniff es sich im Gegenzug, ihr Unverständnis kundzutun über seine Beziehung zur Mutter. Johannes war ein erwachsener Mann. Er wusste, was er tat, auch wenn es für Lea ein großes Rätsel blieb, wie er zu dieser Frau gefunden und beschlossen hatte, zu bleiben!

Auch in der neuen Wohnung häuften sich die Unruhen sowie die täglichen Besuche von Fremden, die sich nicht gut benehmen konnten. Speziell an Abenden, wenn Johannes im Spätdienst war. Es wurde in Größenordnungen getrunken, geraucht und gelärmt! Wenigstens blieben diese Abscheulichen nun nicht mehr über Nacht und mussten auch ihren Unrat selbst entsorgen! Das war schon eine riesige Verbesserung zu früher.

Lea versuchte, dies alles wegzuschalten, indem sie sich verkroch und dem TV-Programm folgte. Das Gerät musste schon heiß gelaufen sein. Bei Müllers stand es im Dauerbetrieb, ohne Beachtung zu finden. Das Mädchen jedoch verfolgte mit großem Interesse speziell Nachrichtensendungen und Reportagen im Westfernsehen. Die Welt hatte viele Gesichter, die zum einen zeigten, wie sehr sie unter dem Menschen litt. Zum anderen war sie so einzigartig schön. Eines Tages würde sie es selber sehen! Lea begab sich auf visuelle Reisen und ließ sich davontragen.

Still und bewegungslos saß sie in einer Ecke am Boden des Wohnzimmers. Voller verträumter Sehnsucht starrte sie auf die Bilder, die im Fernsehen gezeigt wurden.

Von einer fernen, ganz anderen Welt.

Taucher erforschten bizarre Korallenriffe im himmlischen, glasklaren Blau des Pazifik. Die Sonne spiegelte sich im Wasser, und wunderschöne kleine Meeresbewohner, in herrlichsten Farben, waren sichtbar. Wie viele Rätsel mochte die Unterwasserwelt beherbergen, die Mensch noch nicht kennt?

Lea hing ihren Gedanken nach und stellte sich vor, wie das sein musste, wenn man auf grenzenlose Entdeckungsreise ging. Der tiefe Wunsch nach Freiheit bohrte im Herzen der Fünfzehnjährigen.

An den Sandstränden lagen sonnenhungrige Menschen, während sich andere auf den Wellen des Meeres tanzend dem Surfvergnügen hingaben.

Weiter im Landesinneren atmete die Erde. Tropisches Grün, seltene Tiere, fruchtbares Leben auf Vulkanen, deren heiße, gestaltende Hand hier und da noch aktiv tätig war.

Lagunen der Liebe und malerische Wasserfälle, die verborgenen Quellen zu entspringen schienen, streichelten Leas Seele sanft und ein Hauch von Paradies machte die Wirklichkeit vergessen.

Das verträumte Mädchen spürte nichts von den leisen Tränen, die über ihre Wangen flossen. Sie hörte auch ihre

Stimme nicht, als sie wie in Trance verkündete: „Hawaii! Eines Tages werde ich dort sein! Das Paradies auf Erden will ich betreten, nur in Begleitung eines Menschen meines Herzens!"

Alle lachten! Leas Mutter spottete verächtlich.

„Ja Tochter! Morgen reserviere ich schon mal die Flugtickets. Wer ist denn der Mensch deines Herzens? Er sollte erfahren, dass er die DDR verlassen darf, um mit dir nach Hawaii zu reisen. Mir ist noch nicht ganz klar, wie ich dich hier rausbekomme, aber vielleicht frage ich mal bei den Bullen (= Polizei) nach. Dann haben die auch ihren Spaß."

Die abstoßenden Anwesenden kicherten, tranken und witzelten über die Unglückliche, die plötzlich verschämt in ihrer Ecke saß. Für einen kurzen Augenblick war sie so tief in ihre Träume versunken, dass sie die reale Umwelt nicht mehr wahrnahm.

Nicht zum ersten Mal passierte ihr das. Schon mehrfach wurde Lea beim Tagträumen erwischt. Für manche Mitmenschen galt sie als verschlossene Spinnerin, die in ihrer Welt lebte. Die eigensinnige Kleine aber redete sich zu:

‚Ja, lacht nur alle über mich! Eines Tages werde ich glücklich lachend von meiner Trauminsel in den Himmel blicken, während ihr auf verrotteten, grauen Sesseln der Gewohnheit hockt und eure schmutzigen Füße hochlagern müsst, müde vom ständigen Herumtreten auf der würdevollen Seele anderer Menschen.

Oh, wie ich euch verachte!'

Um ehrlich zu sein, erschien Leas Traum zu diesem Zeitpunkt wirklich unerreichbar fern. Kaum vorstellbar, dass sich das große Gefängnis DDR in ein freies, selbst bestimmtes, starkes Deutschland veränderte, in dem man gern lebte. Derzeit aber war es umgeben von meterhohen Mauern, vermintem Gebiet, Stacheldrahtzäunen, Scharfschützen!

Immer, wenn die weltverliebte Interessierte den politischen Berichten im Westfernsehen folgte, stieg unglaubliche Bitterkeit in ihr auf.

‚Mit welchem Recht, verdammt noch mal, wird ein ganzes Volk vom Rest der Welt isoliert, eingepfercht in Betonsilos, bevormundet wie Geisteskranke? Wer maßt sich an, eigenständiges Denken und Tun zu verbieten oder dass man die eigene Meinung laut sagt?'

Im Bewusstsein der Rebellin wuchsen Unverständnis, Zorn und stiller Protest.

Doch alles, was ihr Herz bewohnte, hatte den Status der Unantastbarkeit. Dort lagen ihr Reichtum, ihre Kraft, ihr Glaube. Daran richtete sich lautlos tief ihr ganzes Unterbewusstsein aus.

‚Kann es sein, dass dies der Zusammenhang ist, den Philosophen oft zu beschreiben versuchen, wenn sie sagen: *„Du bist, was du denkst?"* Welche Träume können sich verwirklichen, wenn man gar keine hat?'

Lea war überzeugt, eines Tages auf die andere Seite der Erde zu reisen, um Hawaii zu betreten.

Bei all diesen kraftvollen Gedanken war sie getrieben von dem tiefen Wunsch, endlich zu leben und nicht mehr gelebt zu werden!

Was für eine große Vision!

Es stand außer Frage! Sie würde ihre Reise nach Hawaii planen! Begleitet von den Menschen ihres Herzens.

Sie würde am Meer stehen, lachend zum Himmel hinaufblicken, dankbar sein für diese wundervollen Augenblicke. Vielleicht dachte sie dann kurz zurück an den Spott und das Gelächter ihrer Mutter. Von der sie dann nicht mehr wusste, wie es ihr ging, wo und ob und von wem sie gelebt wurde!

Im Moment jedoch konnte sie nur von dieser wundervollen Welt träumen. Die Realität sprach eine ganz andere Sprache! Die widerlichen Übergriffe der abscheulichen, fremden Besucher gehörten fast genauso zum „normalen" Alltag wie der tägliche Schulbesuch! Der gefährliche Wahn der kranken Frau erwartete Gehorsam von beiden Töchtern! Lea erinnerte sich dunkel an frühe Jahre ihrer Kindheit. Als sie den wildfremden Männern oft nackt auf den Schoß gesetzt wurde und diese schmerzhaft an ihr herumzufingern begannen! Wenn sie älter war, wollte sie so etwas Furchtbares nie wieder zulassen! Doch wie konnte sie jetzt diesem Trauma entrinnen? Ihre Mutter war extrem launenhaft und fiel von einer Sekunde auf die andere in exzessive Zustände! Einmal schien es Lea zu gelingen, ihr das Ausmaß dieser schlimmen Erfahrungen zu erklären. Jedoch im ständigen Beisein dieser verwahrlosten Gesellschaft blieb des Kindes Wunschdenken real einfach nicht erreichbar!

„Jetzt stell dich nicht so zickig an!", keifte ihre Mutter. „Das sind keine bösen Menschen! Sie wollen nur lieb sein! Deine Schwester hat das lange verstanden! Ist das so schwer?" Fast gutmütig redete Gerlinde Müller auf die Jüngere ein.

„Aber Mutter!", versuchte Lea, deren klares Bewusstsein zu erreichen. „Diese Männer sind nicht lieb! Hättest du das jemals zugelassen, dass man dir mit fünfzehn zwischen die Beine greift? Warum erlaubst du ihnen das?"

„Ja", kam es trocken zurück. „Ich ließ es zu und habe es genossen", drangen weitere Einzelheiten an Leas Ohr, die das schockiert-fassungslose Mädchen gar nicht mehr hören wollte!

„Aber du hast jetzt Johannes! Er ist gut aussehend, pflegt sich und kümmert sich um dich. Während ihr hier sauft, geht er arbeiten. Findest du das richtig? Du brauchst doch diese Leute nicht! Schau sie dir an! Sie kommen nur, weil sie sich hier gratis durchsaufen und durchbumsen können! Und dafür verkaufst du sogar deine eigenen Töchter! Du bist wahnsinnig, Mutter!" Dann wandte sie sich der üblen Gesellschaft zu, die das Wortgefecht mit höhnisch-amüsierten Mienen verfolgt hatte. „Und ihr hässlichen Vögel rührt mich ja nicht an!"

„Lasst sie in Ruhe. Die beruhigt sich schon wieder", beschwichtigte die angetrunkene Kettenraucherin ungewohnt sanftmütig.

Fast täglich stritt Lea jetzt mit der Mutter. Sie wollte sich unter keinen Umständen von irgendeinem der stinkenden Flegel anfassen lassen! Die Mutige drohte sogar damit, die Polizei zu verständigen, weil dieses Zuhause kein Zuhause, sondern ein erbärmlicher Albtraum sei!

„Aber Tochter! Wenn du zu den Bullen gehst, wirst du wieder im Heim landen!", bemühte die Erbärmliche den schal aufgewärmten Schnee von gestern, um ihn für sich zu nutzen.

„Mach dich nicht lächerlich, Mutter! Ich werde nirgendwo landen! Du aber vermutlich in die Irrenanstalt gesperrt, wenn man sieht, wie du dich aufführst! Ich kann ihnen gute Geschichten erzählen!", warnte Lea mit todernster Miene.

„Aber ich bin schwanger! Kannst du das wirklich verantworten? Oder willst du nicht doch etwas Rücksicht nehmen?" Berechnendes Lächeln begleitete diese Aussage.

Jetzt explodierte Lea, deren sonst stets ruhiges Beobachten und überlegtes Tun weit größere Wirkung auf das Geschehen hatten als die lautstarke, tägliche Gewalt ihrer Umgebung!

„Was? Du bist schwanger? Aber wäre es dann nicht an der Zeit, dass du einmal Rücksicht auf dein Baby nimmst?! Du qualmst wie eine Verrückte! Du säufst jeden unter den Tisch! Du nimmst irgendwelche Tabletten, die dich dann ins Koma befördern und drei Tage ruhigstellen! Glaubst du, dass das deinem Kind guttut? Es wird entweder behindert sein oder den Wahnsinn gar nicht erst überleben, den du ihm antust!"

Für diese Explosion des lange angestauten Frustes gab es erwartungsgemäß Prügel! Daran war Lea gewöhnt und hoffte wie immer, dass der Kranken bald die Luft ausging. Doch diesmal hatte deren Bosheit eine Überraschung zu bieten, mit der man nicht rechnen konnte. Mit schlimmsten Beschimpfungen warf sie die störende Aufdeckerin ungeliebter Wahrheit kurzerhand vor die Tür!

Es war Abend. Noch ganz verwirrt stellte die unfreiwillig an die Luft Gesetzte fest, dass sie ja gar keine Schuhe trug! Zum Glück war Sommer und herrlich warmes Wetter. Lea genoss die angenehme Restwärme des von der Sonne aufgeheizten Bodens, welche die nackten Füße dankbar aufsogen. Der ganze Körper schmerzte! Sie wusste nicht, wohin sie gehen sollte. Geld hatte die Ratlose keines, sie war kraftlos und matt.

‚Ob ich zu Oma und Opa fahre und dem Schaffner erzähle, dass ich kein Geld für einen Fahrausweis habe? Vielleicht hat er ein Einsehen … oder soll ich zu Fuß gehen? Aber das ist so weit, und ich bin so müde!'

Grübelnd schlich die Obdachlose zum Bahnhof, setzte sich in den Zug, der gerade einfuhr und schlief sofort ein.

Plötzlich rüttelte jemand energisch an ihrem Arm und fragte forsch: „Wohin fährst du eigentlich?" Noch ganz schlaftrunken versuchte Lea sich zu erinnern, was geschehen war.

„Zu den Großeltern fahre ich", stammelte sie verängstigt. „Und wo wohnen die?"

„Bin ich etwa schon vorbeigefahren? Wo sind wir denn? Ich muss bestimmt gleich aussteigen."

„Mädchen! Hier ist Endstation! Weiter geht es nicht!"

Jetzt war sie wieder hellwach und ratlose Tränen rollten über das Gesicht. Der Beamte wurde plötzlich sehr nett. Er bot ihr an, sie zu den Großeltern zu bringen, direkt bis vor die Tür. Das nahm die Verirrte natürlich dankend an. Kalt war es inzwischen. Vor allem an den Füßen! Der Mann verlor keine Zeit. Er sah ihren zitternden Körper, legte ihr provisorisch seine Lederjacke über die Schultern und ließ Lea in einen Streifenwagen einsteigen.

„Du musst keine Angst haben", erklärte er sogleich, um nicht den Anschein zu erwecken, sie würde nun „abgeführt". Das innere Auge der Schiffbrüchigen zeichnete alle Bilder der traumatischen Erinnerungen, als sei es gestern gewesen. Als sie das Fahrzeug bestieg, wiederholten sich Szenen, die sie vergessen glaubte, wie ein Déjà-vu.

„Wir sind Mitarbeiter der Grenzpolizei, die nur dafür sorgen, dass in Grenznähe alles in Ordnung bleibt."

„Meinen Sie, dass keiner versucht, rüberzukommen?",
fragte sie missmutig nach.

„Solche Fälle gibt es bei uns eigentlich nie", entgegnete
der Beamte freundlich. „Die Leute wissen, dass es verboten
ist, sich der Grenze zu nähern. Und wie dir vielleicht bekannt
ist, sind es nur mehr wenige Kilometer bis dorthin. Wir
wollen ihnen einfach nur Ärger ersparen und helfen, wenn
es ein Problem gibt. So wie heute bei dir. Verstehst du?"

„Ja, ich verstehe!", erwiderte Lea sofort. „Ich bin sehr
froh darüber. Danke!"

„Ist schon gut, Kleine. Dafür sind wir ja da!"

Inzwischen waren sie am Ziel angekommen. Der Mann
stieg mit seinem Fahrgast aus, brachte ihn bis zur Tür,
klingelte und wartete, bis jemand öffnete. Er war zivil gekleidet, deshalb bemerkte die Großmutter zunächst nichts.
Er schilderte kurz, wie sie die Jugendliche aufgegriffen
hatten. Identität und Verwandtschaftsgrad wurden überprüft, dann verabschiedete sich der Polizist und verschwand.

Erst jetzt blickte sie mit Bestürzung zu Leas Füßen.

„Kind! Warum bist du ohne Schuhe unterwegs? Das
kann doch nicht wahr sein! Komm sofort mit hinein! Ich
stecke dich erst einmal in ein warmes Bad, dann sehen
wir weiter! Sag jetzt nichts! Komm einfach mit mir. Wir
reden später." Die Gestrandete war viel zu müde zum
Sprechen und irgendwie verstört. Sie wollte nur schlafen
und bitte nicht über zu Hause reden! Ihr war selbst noch
nicht ganz klar, was eigentlich geschehen war. Es war
etwas Zeit nötig, um die Ereignisse zu ordnen.

‚Aber was kann ich ihnen überhaupt erzählen?' Extremes
Unbehagen beschlich sie jetzt! Plötzlich fühlte sie sich
schuldig!

‚*Ich* war es, die Mutter Dinge sagte, die sie in blinde Wut versetzt haben! Ich verdiene es, dafür von ihr des Hauses verwiesen zu werden! Auf keinen Fall darf ich Oma und Opa davon erzählen! Sie könnten Mutter vielleicht um Aufklärung bitten, und sie wird mich umbringen! Was soll ich jetzt nur tun?'

Die von Schuldgefühl Geplagte erzählte ihnen, Mutter sei wütend auf sie, weil sie gestritten haben. Deshalb wolle sie gern für ein paar Tage bei ihnen bleiben, bis diese sich beruhigt hatte. Dann würde Lea nach Hause fahren und sich bei ihr entschuldigen.

„Ja, aber du kannst doch nicht einfach von zu Hause wegbleiben, ohne dass sie weiß, wo du bist!", bemerkte die Großmutter skeptisch.

Wie sollte die Verlorene sich nun rechtfertigen? Sie konnte doch nicht sagen, dass sie aus dem Haus geworfen wurde!

Zum Glück wurde nicht weitergebohrt. Sie würden morgen weiter nachdenken, was zu tun war. Lea durfte sich endlich in ein herrlich sauberes Bett legen und schlafen.

Tags darauf weckte sie der Duft von frischem Gebäck und Kaffee. Wie ungewöhnlich! Normal war doch sie die Erste, die erwachte. Und noch nie begrüßte ein Frühstück ihren Tag! Sofort erinnerte sie sich.

‚Ach ja … ich bin ja bei den Großeltern. Bestimmt werden sie mich jetzt ausfragen. Das schlechte Gewissen sorgte für unangenehmen Druck im Magen.'

Der liebenswerte Großvater hielt sich meist heraus aus allen Gesprächen. Doch heute wirkte er beunruhigt und bestand darauf, Lea zu begleiten, wenn sie wieder nach Hause fuhr. Er wolle unbedingt mit „seiner" Tochter persönlich sprechen, um zu erfahren, was vorgefallen ist, dass ihr Kind abends ohne Schuhe auf die Straße rennt!

Klar, dass die Barfüßige das nun gerade nicht wollte! Alles würde herauskommen, und dann wären Oma und Opa auch böse auf sie, wenn sie bemerkten, dass sie gelogen hatte! Lea beschloss, ihnen alles zu sagen, wie es sich zugetragen hatte. Für das Lügen war sie einfach nicht geschaffen! Fehlte ihr dafür die Fantasie? Sich Geschichten auszudenken, die sich nicht widersprachen? Konnte man das Lügen trainieren? Was für ein absurder Gedanke! Lea schämte sich dafür!

An Unaufrichtigkeit würgte sie so lange, bis sie von ganz allein zur Wahrheit zurückkehrte. Also erzählte sie ihnen, was sie ihrer Mutter an bösen Dingen gesagt hatte, nachdem zur Sprache gekommen war, dass diese ein Baby bekam.

Dennoch verriet die Vorsichtige nur das Notwendigste! Nichts von den täglichen Fremden! Kein Wort über das Kettenrauchen und die Sucht! Oder von den verborgenen Ängsten, vor diesen sexbesessenen Dauergästen. Das alles behielt die Gepeinigte für sich.

Trotzdem waren die Großeltern extrem schockiert! Sie wussten sehr wohl, dass ihre Enkel kein schönes Leben genossen. Gerlinde bekam es ja selbst nicht in den Griff! Doch von irgendwelchen Details hatten sie nichts mitbekommen! Einzelheiten waren ihnen gänzlich unbekannt, da sie den Kontakt zu der unfähigen Tochter so spärlich wie möglich hielten.

Beide tuschelten leise miteinander. Lea konnte nicht hören, welche Strategie sie überlegten. Angstvoll blickte sie dem Moment entgegen, wenn sie ihrer Mutter im Beisein von deren Eltern unter die Augen trat! Rein logisch betrachtet war aber klar, dass sie dieser drohenden Katastrophe nicht ausweichen konnte!

Doch alles kam anders als angenommen. Vermutlich hatte das der friedvolle Opa zu verantworten. Zunächst ließen sie einige Tage vergehen, damit sich die Gemüter allgemein beruhigten. Vielleicht gehörte es auch zu ihrer Taktik. Möglicherweise dachten sie, die Tochter sorgte sich irgendwann um ihr Kind.

In Leas Augen war dies zwar die am weitesten entfernte Gefühlsregung der schwangeren Irren. Doch woher sollten sie es besser wissen? Sie hatten ja ihre eigene Vergangenheit bis heute meisterhaft verdrängt! Dass die realen Zustände eine unmittelbare Folge von vergangenen Vorfällen und Verhaltensweisen sein konnten, überstieg ihre Vorstellungen! Nicht entfernt gab es einen Verdacht, Lea könnte etwas davon wissen! Dabei sollte es auch bleiben!

Dem Mädchen machte es nichts mehr aus, wenn ihre Mutter es schlecht behandelte. Gefühle von Enttäuschung, Resignation und Verachtung waren ihr ständiger Begleiter! Wenn die Frau dies aber mit den jüngeren Geschwistern tat, dann hasste Lea sie dafür! Gleichzeitig fühlte sie sich sehr schlecht für diese Gedanken von Hass und Verachtung.

Was war das nur für ein Leben? Lea verstand es nicht, dennoch liebte sie es! Jeden Tag entdeckte sie seine wundervolle Schönheit in den kleinsten Details des Alltags.

So wie heute!

War ein Wunder geschehen? Die Mutter der Gewalt fiel ihren Eltern plötzlich weinend in die Arme! Nie zuvor – und leider auch danach nicht mehr – hatte Lea dieses Bild gesehen! Kein lautes Wort, kein Streit entstand. Ganz im Gegenteil! Es wurde in ruhigem Ton über alles gesprochen, Gerlinde umarmte die sonst so verhasste Tochter und sah sie mit seltsamen Blicken an. Diese Umarmung war der Leidgeprüften zuwider, aber sie ließ es geschehen. Sie misstraute ihrer Mutter bis ins Mark! Ganz bestimmt würde sie mit ihren quälenden Gewaltexzessen spätestens wieder beginnen, wenn die Großeltern weg waren! Im Moment jedoch trug Lea nur Dankbarkeit in sich für das Geschenk der Versöhnung. Mehr noch! Gemeinsam machten sie sich auf den Weg, Lebensmittel und Gebrauchsgegenstände einzukaufen! Das war äußerst ungewöhnlich! Es wurde schlussendlich vereinbart, dass die werdende Mutter Lea immer zu ihnen schicken konnte, wenn Hilfe nötig war.

Da das Telefon in der DDR für Normalsterbliche noch nicht erfunden war, müsste die Enkelin also immer mit der Bahn zu ihnen kommen.

Diese Vereinbarung spielte sich schnell ein. Klar! Für die genusssüchtige Schwangere war das bei geringstem Aufwand von größtem Nutzen! Lea war es unendlich peinlich, nun den Bettler der Nation zu mimen. Doch schien es ihr, als sei sie bis zu einem gewissen Grad mit schuld an diesem neuen Umstand!

Die Großmutter wurde zusehends ungehaltener und sehr anstrengend! Stets unzufrieden, fordernd, launisch und auf unglaublich herrische Weise, redete sie auf Lea ein! Setzte sie nun ihre alten Handlungsmuster fort, wie sie es schon bei der eigenen Tochter tat? Die um Harmonie bemühte junge Vermittlerin zwischen zwei unversöhnlichen Lagern distanzierte sich bald davon. Sie hasste es, zum Spielball böser Unterstellungen und Vorwürfe zu werden! Es fühlte sich an, als sei allein Lea schuld an den unerträglichen Zuständen! All die Unzufriedenheit über die Entwicklung der ungeliebten Tochter wurde bei der Enkelin abgeladen!

Doch Lea war nicht länger bereit, Verantwortung für deren Eigenversagen zu übernehmen!

Ruhig, aber eindringlich erklärte sie: „Oma! Aufwachen! Falscher Empfänger! Ich bin nicht der Spießrutenläufer für euch! Such deine Schuldige anderswo, aber nicht bei mir!"

Die Großmutter jedoch fühlte sich absolut im Recht! Ihr selbstgerechtes und schwer verletzendes Gerede sorgte bei Lea für Befremden. Hinzu kam, dass ihre Mutter die Situation schamlos ausnutzte und die zwangsgenötigte Botin immer zu den Eltern schickte, wenn sie Geld brauchte. An den Reaktionen der Großeltern bemerkte sie schnell, was in den Briefen stehen musste! Entsprechend groß war die Enttäuschung! Eines Tages, als die volkseigene Zustellerin wieder einmal einen Bettelbrief der Mutter bei ihnen abgab, kochte die Großmutter über vor Wut! Ohne das Geld für eine Rückfahrkarte schickte sie ihre Enkelin postwendend wieder nach Hause!

„Und wer fragt mich, ob ich das gerne mache?", schrie diese verzweifelt. „Wen kümmert meine Würde? Habe ich überhaupt eine? Ich werde nicht mehr zu euch kommen! Sucht euch einen anderen Prügelknaben, für eure miesen Hasstiraden! Ich stehe nicht mehr zur Verfügung!"

Freundschaft via Autobus

Weinend lief sie zu Fuß die fünfundzwanzig Kilometer nach Hause zurück und verfluchte diese schmutzigen Dienste, für die sie sich viel zu lange hergegeben hatte! ‚Warum redet man mir ein schlechtes Gewissen ein? Ich habe doch keinem etwas getan! Warum darf ich nicht wie jeder andere Mensch ganz normal aufwachsen und leben?'

Während des ermüdenden Fußmarsches hatte Lea viel Zeit, über all das nachzudenken, was sie nicht verstand.

Plötzlich wurde sie jäh aus ihrem Grübeln gerissen, als ein leerer, von hinten kommender Autobus mehrmals zu hupen begann! Völlig erschrocken sprang die Erschöpfte zur Seite und landete fast in einem Wassergraben. Einige Meter weiter hielt der Bus und die vordere Einstiegstür öffnete sich. Am Steuer saß Johannes und lachte ihr entgegen, als sie sich endlich etwas vom Schrecken erholt und zu dem Fahrzeug aufgeschlossen hatte.

„Steig ein!", rief er ihr zu. „Ich habe jetzt Feierabend, und wenn du willst, gehen wir gemeinsam nach Hause. Oder hast du noch etwas anderes vor?", fragte er scherzhaft.

„Du bist Busfahrer? Das ist aber eine schöne Überraschung! Warum wusste ich das bis jetzt nicht? Das ist das Beste des Tages, dass du mich hier aufgabelst! Ich bin schon seit Stunden unterwegs und meine Füße brennen!"

Die Aufgeschreckte jammerte wohl heute noch, hätte der freche Fahrer nicht unvermutet die Tür wieder geschlossen, so als wolle er abfahren. Er tat das aber nur, um seinen Zufallsfahrgast zu necken. Nach dem erneuten Öffnen forderte er sie energischer zum Einsteigen auf. Eile war geboten, um den Ikarus – so hieß die Marke der in Ostdeutschland eingesetzten Linien- oder Stadtbusse – pünktlich an die nächste Schicht zu übergeben.

„Du bist noch immer keiner von „ihnen" geworden", stellte Lea fest, die dabei abwesend wirkte.

„Was? Wen meinst du mit „ihnen"? Ich verstehe nicht."

„Die ätzenden sogenannten ‚Freunde', die immer bei uns zu Gast sind. Die meine ich!" Ihr Gesicht trübte sich ein, als sie das sagte.

„Willst du etwa, dass ich so werde wie sie? Jetzt schau doch nicht so traurig!", lächelte er nun aufmunternd herüber, gleichzeitig aufmerksam auf den Straßenverkehr achtend.

„Was findest du nur an ihr? Sie tut dir doch gar nicht gut! Du gehst jeden Tag fleißig zur Arbeit, bringst ihr dein ehrlich verdientes Geld, und sie gibt es aus für Schnaps, Bier und Zigaretten!"

Gerade holte Johannes tief Luft, um etwas zu entgegnen, als sie schon weitersprach.

„Ja, ich weiß schon, was du sagen willst. Sie ist meine Mutter, und ich darf nicht so über sie reden. Das ist ganz schlimm von mir. Ich fühle mich auch wirklich sehr schlecht dabei. Aber es ist doch total ungerecht, was sie mit dir macht! Sie nutzt deine Gutmütigkeit und deinen Fleiß aus! Sonst nichts! Ich mag dich gern, Johannes. Du bist endlich ein Mensch, wie ich mir einen Vater vorstelle. Ein bisschen jung vielleicht", grinste sie ihn schelmisch an. „Immer, wenn du da bist, ist es ruhig, schön und friedlich. Wenn du auf Arbeit oder bei deinen Eltern bist, bricht die

Hölle los, und Chaos herrscht! Ich kann nicht verstehen, dass du das nicht mitbekommst. Und mir bricht das Herz auseinander, wenn ich sehe, was da passiert! Siehst du das denn nicht? Spürst du nicht, dass sie dir nur etwas vorspielt? Wie kommt es, dass sie mit dir tun kann, was sie will? Auch bei Alex machst du einen Rückzieher und lässt dich behandeln wie ein Stück Dreck, nur um Konfrontation zu vermeiden! Das hat doch keine Zukunft, Johannes! Sie werden dich zwischen ihren schäbigen Fingern zerdrücken wie einen gutmütigen Glückskäfer!"

Endlich machte Lea eine Pause in ihrem Monolog, denn scheinbar kam selbst eine Überlebenskünstlerin wie sie nicht ohne das Atmen aus. Doch wartete sie bereits gespannt darauf, was der Mann entgegnen würde, den sie wahrhaftig sehr gern hatte.

„Okay. Lass mich aufzählen, was mir ohne viel Nachdenken einfällt. Das mit deinem Bruder ist in der Tat sehr belastend für mich. Ich habe einfach Angst vor dem Typen! Manchmal ist Defensive der beste Weg der Verteidigung, und bei ihm weiß ich keinen anderen.

Nun zu deiner Mutter. Keine Ahnung, warum, aber ich muss mich irgendwann in sie verliebt haben.

Ich glaube, dass sie krank ist und Hilfe braucht.

Sie hat auch drei wundervolle Kinder, die es wert sind, dass man für sie sorgt.

Wenn sie geheilt ist, dann wirst auch du ihr gutes Herz erkennen, Lea. Das hat sie nämlich. Sie kann es nur nicht zeigen, weil sie als Kind immer sehr gequält worden ist. Sie muss es erst wieder lernen, verstehst du? Und dabei möchte ich ihr helfen. Ich glaube auch, dass sie mich liebt. Manchmal sagt sie es mir und weint dabei."

Die betroffene Zuhörerin war so bewegt, dass auch sie weinte, während sie stumm durch die riesige Frontscheibe hinausschaute.

Jemand stand unsichtbar neben ihr und hörte zu, was sie dem wunderbaren Johannes noch zu sagen hatte. Sie selbst …

„Auch wenn mir fast die Worte fehlen,
will ich von Schönheit dir erzählen,
die zauberhaft mich mit sich nimmt.
Gewohnte Wege neu bestimmt.
Du weißt, was Desinteresse ist.
Es gibt so viel, was du vermisst.
Gemeinschaft, Wärme schweigen still,
weil keiner sie dir geben will.
Dein Wesen fühlt sich kalt und fremd,
was dich in der Entwicklung hemmt.
Doch plötzlich wird dein Sinn erhellt,
als ob ein Stern vom Himmel fällt.
Begegnest einem neuen Leben.
Es kann dir tausend Wunder geben.
In würdevoller Harmonie
erlebst du Dinge, schön wie nie.
Freude, die fast vollkommen scheint,
Worte, die man stets ehrlich meint.
Erlesen klugen Schöpfergeist,
der Stolz und Ehre dir erweist.
Ein Herz voll Fürsorge und Liebe.
Du wünschst dir, dass es bei dir bliebe.
Vertrautheit, rätselhaft und klar,
so wie sie nie erkennbar war.

Wodurch diese Magie entsteht,
dir Neues zeigt, das nicht mehr geht,
ist ein Gesetz, das Leben schreibt,
damit im Gleichgewicht es bleibt.

Es ist so schön, dass es dich gibt, Johannes!

Ich bin manchmal total durcheinander. Ich glaube, auch ich habe Mutter sehr lieb, aber ich erwische mich immer öfter dabei, dass ich sie genauso zu hassen imstande bin! Dann möchte ich am liebsten vor mir selbst weglaufen, kann mich nicht ausstehen und lasse mich prügeln, bis ihr wieder wohler ist. Aber sie tut nicht nur mir weh, sondern auch allen anderen Menschen, die sie für schwächer als sich selbst hält. Dann hasse ich sie und möchte sterben!

Kannst du sie irgendwie dazu überreden, sich behandeln zu lassen? Ich habe keine Ahnung, wie das gemacht wird, aber sie muss aufhören mit dem Alkohol und den Tabletten! Glaubst du, hört sie auf dich, wenn du ihr das sagst?"

„Vielleicht schaffen wir es ja gemeinsam", antwortete der nachdenkliche Fahrzeuglenker. „Wenn sie merkt, dass wir trotz allem, was vorgefallen ist, hinter ihr stehen, dann wird sie vertrauen und an sich arbeiten. Glaubst du nicht auch, dass das klappen kann?"

„Ehrlich gesagt, bin ich da sehr skeptisch", gab Lea zu. „Ohne ärztliche Hilfe wird es auf jeden Fall nicht gehen! Aber du hast recht! Man darf die Hoffnung nie aufgeben!"

Das vertraute Gespräch mit Johannes tat ihr gut. Ob er schon wusste, dass er Vater wurde? Sollte sie es ihm sagen? Nein! Das ging sie nichts an!

Die Jahre 1981 und 1982 sollten in dieser Hinsicht bemerkenswert turbulent werden. Das Erfreulichste zuerst.

Mutter Gerlinde begab sich umgehend auf Entzug von Drogen und Alkohol. Man riet es ihr dringend in der Schwangerenberatung während einer Untersuchung. Sie würde sonst das Kind verlieren!

Johannes und sie heirateten, bevor sie im Oktober 1981 ein gesundes Mädchen gebar, das den Namen Nadine erhielt.

Im Sommer des gleichen Jahres hatte sich Tochter Hanna indes mit Axel – dem früheren Freund ihrer Mutter – eingelassen, wurde schwanger und brachte im Mai 1982, im Alter von siebzehn Jahren, ihre Sarah zur Welt. Nur vier Monate später, im September 1982, war dann Gerlinde wieder an der Reihe, die durch die Heirat mit Johannes jetzt Richter hieß. Sie schenkte ihm einen Sohn mit Namen René. Dieser süße Kleine wurde also bereits als Onkel geboren, da seine Nichte schon vor ihm da war. Sehr kurios!

Unter diesen permanenten „anderen Umständen" von irgendwem aus der Familie war es natürlich nur zu verständlich, dass der Schulabschluss der am wenigsten an der Vermehrung der Menschheit Beteiligten keinerlei Beachtung fand! Während sich Lea auf Prüfungen vorbereitete, hatte sie zwei weitere Geschwister sowie eine Nichte bekommen.

Von dem Werdegang und den verschiedenen Auszeichnungen, die sie erhielt, hatte Mutter Gerlinde keine Ahnung. Die Lernbegeisterte wurde zum Beispiel mit der „Ehrennadel der Gesellschaft für Deutsch-Sowjetische Freundschaft" in Silber geehrt für wiederholt erfolgreiche Teilnahmen an der Russisch-Olympiade. Dies war ein freiwilliger Wettbewerb in den Schulen der DDR, dessen Hauptfokus auf guter Kenntnis und Anwendung der russischen Sprache lag.

Das Prädikat „sehr gut", das sie 1982 als würdige Krönung ihrer zehnklassigen Schulausbildung erreichte, interessierte schlicht und ergreifend keinen Menschen unter der Sonne dieser Welt!

Möglicherweise hatten ihre Angehörigen das Ende der Schule nicht einmal bemerkt, denn sie wurde nicht danach gefragt.

Auch den Ausbildungsplatz für den späteren Beruf suchte Lea vollkommen selbstständig. Viel Auswahl hatte sie dabei nicht! Nicht einmal ein Abitur war mehr möglich! Ihre Vorlieben und Begabungen waren ebenfalls völlig unbrauchbar für den Dienst am Volke! Die sozialistische Planwirtschaft steckte sie dorthin, wo gerade Bedarf bestand. In der Zeit von Leas Schulabschluss lag dieser im rein technischen Bereich. So kam die musisch begabte Einserschülerin zu einer Berufsausbildung für Elektrotechnik/Elektronik, mit Schwerpunkt auf Mess-, Steuer- und Regeltechnik.

Für ihr Leben gern hätte sie Literatur, Musik, Sprachen oder Philosophie studiert, denn das kreativ-künstlerische Wirken und eine weltoffene Kommunikation lagen ihr sehr am Herzen. Die Sehnsucht danach hatte sich im Laufe der Kindheit immer deutlicher in ihr ausgeprägt. Doch ein Studium war undenkbar für jemanden wie sie! Schon viel früher wäre der Besuch einer erweiterten Oberschule notwendig gewesen, um überhaupt zugelassen zu werden. Sie war vergleichbar mit einem Gymnasium. Damals waren Leas Leistungen dafür noch zu schwach. Ein überdurchschnittlicher Notendurchschnitt und staatlich einflussreiche Eltern waren das passende Rüstzeug. Das Dilemma, in welchem diese Schulabgängerin steckte, erwies sich leider als komplett kontraproduktiv für eine wunschgemäße, berufliche Entwicklung!

Skurrile Situationen entstanden aus dem kollektiven Planversagen und der rigiden Fernsteuerung des Berufsweges junger Menschen in der DDR. In Leas Lehrklasse zum Beispiel befanden sich dreiundzwanzig Mädchen, die überwiegend keine Lust auf Technik hatten und nur zwei Jungen.

Leas ausgeprägtes Vorstellungsvermögen half ihr auch in der Ausbildung ungemein. Sie sah die „Stromtierchen" förmlich vor sich, wenn diese sich durch ein viel zu enges Kabel hindurchquetschen mussten, um von Plus nach Minus zu gelangen. Bei einem zu geringen Querschnitt war es doch dann gar kein Wunder, dass die Leitungen heiß wurden und zu glühen begannen!

Schon immer faszinierten Lea die verschiedensten physikalischen Zusammenhänge. In der Elektrotechnik fanden sich wundervolle Verknüpfungen dorthin.

Jedoch ihre Liebe zur Musik und zum Schreiben geriet nun immer mehr in den Hintergrund. Wie konnte sie Musik genießen, wenn sie nicht – in Form von Tonträgern – käuflich zu erwerben war? In Ostdeutschland war es einfach unmöglich, an den neuesten Stand der Technik zu gelangen! Den gab es nur im Westen!

Es bestand nicht die geringste Chance, speziell klassische Musik überhaupt zu hören, denn wenn sie tatsächlich im Radio kam, wurde das Zuhören nicht lange geduldet! Lea verstand das nicht. Diese Musik war für sie so kraftvoll, voller Schönheit und gefühlvoller Poesie. Gedanklich schlussfolgerte sie nach ihrer eigenen Logik:

,Es ist doch gar nicht nötig, diese Kunst zu lieben! Aber sie wenigstens anhören, kann man doch. Vielleicht gefällt sie ja, und man weiß es bloß nicht. Warum begrenzen sich die Menschen von sich aus so stark? Sie haben ja keine Ahnung, um welche großartige Vielfalt sie sich mit ihrer Beschränktheit bringen!'

Wo fand das sensible Ohr des Mädchens die besonderen Werte, die ihr Wesen zu lenken schienen?

Wenn sie ihren Ursprung in der Abstammung hatten, so kannte sie ihre wahren Angehörigen bis heute nicht!

Gerlinde Müller hatte oft behauptet, man hätte Lea damals im Krankenhaus nach deren Geburt vertauscht und ihr untergejubelt. In tiefster Ablehnung musste sie das Kind anerkennen und als ihre Tochter mit nach Hause nehmen.

Aber vielleicht hatte sie ja recht! In sämtlichen Merkmalen der sich bildenden Persönlichkeit war das Kind zu seinem familiären Umfeld vollkommen gegensätzlich!

Gefühle der Isolation waren schon sehr frühe Wegbegleiter. Innerhalb der Zelle „Familie" war die Individuelle der totale Fremdkörper!

Nach außen hin konnten sich Langzeit-Freundschaften nicht bilden. Wohl auch bedingt durch die untragbaren Zustände im Elternhaus und dieses stetige Wandern. Die Zeitabschnitte für das Verweilen an einem Wohnort waren dafür einfach zu kurz!

Auch ihre Interessen konnte sie kaum mit jemandem teilen. Lea verbarg sie vor der Öffentlichkeit und arrangierte sich mit dem Alleinsein. War das nicht seltsam? Stets umgeben von einer großen Familie mit vielen Kindern, verbrachte sie doch die meiste Zeit sehr einsam, mit der unbestimmten, nicht enden wollenden Sehnsucht nach einer eigenen Identität.

Ab September 1982 pendelte Lea als Berufsschülerin täglich mit dem Zug zwischen dem Wohnort und der Bezirkshauptstadt hin und her. An deren Bahnhof angekommen, setzte sich der Weg mit der Straßenbahn fort, wobei sie auch hier noch einmal umsteigen musste, bevor sie endlich das Ziel erreichte.

Mutet das nicht mühsam an? Das werktätige Volk brachte dies auch mit extrem unamüsierten, mürrisch-versteinerten Mienen zum Ausdruck. Besonders in der kalten, lichtarmen Zeit des Winters.

Auf die junge Neugierige machte die träge, graue Masse der stetigen allgemeinen Unlust den Eindruck, als würde sich alles in einem klebrigen, riesigen Leimtopf bewegen, dessen totale Erstarrung drohte! Scheinbar hatte der luftdicht abschließende Deckel, der auf einem ganzen Land ausdrucksloser Slow Motion lag, ja doch hier und da eine undichte Stelle, in die der Wind der Freiheit wehte.

Die fröhlich Lebendige beobachtete alles, was sich ihrem Auge bot, um Genuss daraus zu schöpfen. Und sei er noch so unscheinbar! Wie an einem dieser Tage, an denen das Wetter den Aufstand probte und alles zur Erde sandte, was es zu bieten hatte. Regen, Schnee, Sturm, Kälte und streichelwarme Zärtlichkeit des Sonnenscheins.

Lea war gerade auf dem Weg von der Berufsschule nach Hause.

Die eingefangenen Eindrücke schrieb sie im Zug auf einen Zettel. Sie gefielen ihr, und sie wollte sie nicht vergessen.

Vielleicht war Johannes wieder im Dienst, und sie trafen sich. Das passierte manchmal zufällig. Lea stieg dann in seinen Bus ein und fuhr stundenlang seine Stadtroute mit, während sie sich ausgelassen unterhielten. Das war schön. Sie mochten das beide sehr.

Schade. Heute war leider nichts von ihm zu sehen. Doch von weitem sah sie seine Buslinie heranwackeln, also wartete sie noch einen Moment. Denn aufgeben … würde sie höchstens einen Brief!

Das Glück der Geduldigen blieb ihr treu, und es gab erst einmal die gewohnt herzliche Umarmung. Verwundert schaute Johannes abwärts zu Leas Schuhen.

„Hattet ihr heute in der Schule Wandertag? Wie siehst du denn aus?"

Während der Fahrt erzählte Lea ihrem Lieblingsbusfahrer die Geschichte über den vermeintlichen Wandertag.

„Ich war gerade auf dem Weg nach Hause. Graupelkörner flogen mit Schnee vermischt vom grauen Himmel. Die federleichten Flocken wurden von Sturmböen lustig nach oben und zur Seite gewirbelt wie kleine Wattebällchen.

Der starke Wind neckte mich, riss an meiner Kapuze, weil es eine seiner Lieblingsbeschäftigungen ist, frisch gekämmtes, langes Haar so zu zerwühlen, dass man ausschaut wie Struwwelpeter.

In all dem Durcheinander schien manchmal auch die Sonne und tauchte alles in wunderschöne Glitzerfarben.

Die nassen Autos, Häuser, Menschen, Pfützen auf den Wegen …

Heute war es wohl zu warm für Eis und Schnee. Die gefrorenen weißen Körnchen schossen hinunter und verwandelten sich beim Aufschlagen auf das nasse Grau augenblicklich in Wasser und wurden so ein Teil der matschigen Landschaft. Weiße Glitzerkugeln sprangen noch einmal kurz durch den verspielten Sonnenschein. So als würden sie mir zuzwinkern, bevor sie endgültig verschwanden. Lauter kleine Blitzlichter überall … was für ein fröhliches Schauspiel. Man brauchte nur hinzusehen!

Etwas entfernt beobachtete ich zwei Kinder, wie sie gerade befreit in die Pfützen sprangen, um herauszufinden, wer der Weitenkönig bei der unkontrollierten Wasserverteilung wird.

Die Mutter schrie, die Kinder tobten ausgelassen. Sie konnte nicht zu ihnen, denn dann hätte eine Ladung grauer Munition ihrer Kleidung den Garaus gemacht.

Herrlich! Automatisch lachte ich mit den springenden kleinen Teufeln. Lackenhüpfen gehörte in meiner Kindheit zu den Highlights eines Regentages.

Ich ließ es mir nicht nehmen und machte einen lässigen Sprung, mitten hinein in den Matsch! Die fremden Kinder waren plötzlich kurz still und schauten sich kichernd an.

Als deren Mutter sich näherte, tobten sie sofort weiter. Wir rannten um die Wette im Kreis, und als das Wasserloch endlich ausgeräumt war, inspizierten wir noch aufmerksam einen dicken Regenwurm, dem sicher schrecklich kalt war bei diesem genialen Mistwetter.

Fast hatte ich meinen Zug vergessen. Ich wollte doch nach Hause fahren … wie wäre es also mit etwas Beeilen?

Die beiden Knirpse winkten mir noch lange nach, aber am schönsten waren das gemeinsame Lachen mit ihnen und eine fassungslose fremde Frau. Siehst du? Deshalb sehe ich so aus!"

Johannes lachte schon seit einer Weile so stark, dass ihm sogar Tränen kamen.

„Aber nun weine doch nicht gleich! Das mache ich wieder sauber, und dann bin ich wieder schick!", kicherte sie ihn an.

„Wie lange hast du denn noch Dienst?", fragte die Geschichtenerzählerin spontan. „Wenn es bei dir passt, gehen wir wieder gemeinsam heim. Ist das gut? Dann begleite ich dich noch ein bisschen?"

„Nein. Das geht leider nicht. Ich habe noch den ganzen Abend zu arbeiten. Nachher kommt ein Kollege, um mich zu vertreten. Ich möchte mich vom Arzt anschauen lassen. Habe seit Langem diese ständige Migräne und irgendwie auch das Gefühl, nicht mehr gut zu sehen! Das muss ich prüfen lassen, denn ein blinder Passagier mag noch gehen. Ein Buslenker mit fehlendem Durchblick sicher nicht!

Ich nehme an, wir sehen uns heute nicht mehr, Lea. Also mach's gut. Freue mich schon auf deine nächste Story!", rief er ihr noch zu, als sie ausstieg.

Oberflächlich betrachtet schien das Wunder wahrhaftig geglückt zu sein, dass durch den sanften Einfluss dieses ruhigen, strukturierten Mannes das Leben von Gerlinde Richter – ehemals Müller – ein vollkommen anderes geworden war. Hartnäckig kämpfte sie sich aus der Drogensucht heraus, was teilweise durch Klinikaufenthalte überwacht wurde. Es fanden keine exzessiven Partys mehr statt, und auch vom Alkohol ließ sie ganz rigoros die Finger. Das starke Rauchen aufzugeben, schaffte sie jedoch nicht. Auch die ausgeprägte Kaltherzigkeit, Gewalt- und Wutausbrüche blieben unverändert bestehen. Johannes' Eltern wollten mit dieser Schwiegertochter keine Verbindung haben. Wenn er sie besuchte, nahm er manchmal seine Kinder mit, doch sie waren schwer erschüttert über die Wahl ihres Sohnes, sich ein solches Leben zuzumuten.

Der junge Mann war bald zum Spielball der jähzornigen Willkür seiner Frau geworden. Mehr noch! Sie verhöhnte und verspottete ihn angesichts seiner immer deutlicher werdenden Defizite durch das schlechte Sehen! Offensichtlich fehlte ihm die Kraft oder einfach der Wille, sich wirksam zur Wehr zu setzen. Er war gleichbleibend friedfertig und ließ es ohne Gegenwehr geschehen. Umso ausdauernder und regelmäßiger traten Gerlindes hundsgemeine Attacken zutage!

Lea bekam davon nur mehr einen Bruchteil mit, da sie die meiste Zeit nicht anwesend war. Erst, als der geduldige Mann wegen des schlechten Gesundheitszustandes seinen Job aufgeben musste, nahm sie dessen stilles, fortschreitendes Leid mehr und mehr wahr! Johannes war für das junge Mädchen mehr Freund als Vaterfigur. Sie vermisste die fröhlichen Gespräche und die herrlich unbekümmerten Touren mit ihm im Stadtbus.

Während der Schule war die Jugendliche tagsüber weg und kam erst am frühen Abend zurück. An den praktischen Arbeitstagen wurden die Lehrlinge am zukünftigen Arbeitsplatz bereits voll integriert. Man arbeitete in drei Schichten à acht Stunden. Die Frühschicht ging von 6:00 bis 14:00 Uhr, die Spätschicht von 14:00 bis 22:00 Uhr und die Nachtschicht von 22:00 bis 6:00 Uhr. Ein Arbeitsverbot für unter Achtzehnjährige – Lea war sechzehn – verlor insofern seine Gültigkeit, wenn diese Schichtarbeit im Rahmen der Berufsausbildung stattfand.

Nachts arbeitete die Pendlerin am liebsten. So konnte sie noch viel vom Tage retten. Wenn Lea nach der Schicht, um 7:30 Uhr, zu Hause war, legte sie sich bis mittags schlafen, machte Hausaufgaben und ging, so oft es möglich war, in den nahegelegenen Park, um zu schreiben.

Der Kontakt zur Familie riss nun fast gänzlich ab, da man sich kaum noch begegnete. Die gut Organisierte hatte sich in der Berufsschule erkundigt, ob sie die frei zugängliche Waschküche des Lehrlingswohnheimes nutzen dürfe, um ihre Kleidung zu waschen. Mahlzeiten nahm sie fast ausschließlich direkt an der Arbeitsstelle ein. Im Grunde kam sie nur mehr zum Schlafen nach Hause.

Dennoch stellte sie fest, dass die Veränderung, die ihr Freund Johannes ins Haus gebracht hatte, nachhaltig zu sein schien. Entweder entging es Lea durch ihre ständige Abwesenheit oder der Familienzuwachs sorgte für ausreichend Beschäftigung, aber die Besuche der abartigen Dauertrinker hatten tatsächlich aufgehört! Seltsame Ruhe lag über der einst so schönen Wohnung, die inzwischen gründlich abgewohnt wirkte. Der triefende Schmutz rundherum war einfach widerwärtig! Lea war angeekelt von diesem Zuhause! So gut sie konnte, mied sie vor allem die Küche und die sanitären Anlagen. Aus jedem Winkel erzählte die stinkende Hinterlassenschaft Geschichten von gestern! Von regem Benutzen und fehlendem Putzen!

Der Park jedoch war ein idealer Platz, um den Gedanken freien Lauf zu lassen. Jede Jahreszeit hatte ihren eigenen Reiz. Die verführerisch frische Zartheit des Frühlings ließ alles Leben neu erwachen, das in der strengen, kalten Klarheit des Winters in tiefem Schlaf von ihm träumte.

Der Sommer steckte voller lebendiger Beweglichkeit, und die fröhlichen Farben des würzig duftenden Herbstes waren verspielt wie die Kinder, die lachend ihre Drachen im Wind tanzen ließen.

Lea genoss den herrlichen Duft der Natur nach einem Regen. Manchmal sogar bot sich das ganz besondere

Schauspiel, voller Staunen zu beobachten, wie die unsichtbare Hand des Himmels, in wunderschönen Farben, den Regenbogen in das Grau der Wolken malte. Oh, wie viele Wunder gab es doch zu entdecken in diesem Leben, wenn man nur genau hinsah und sich die Zeit für Beobachtung nahm.

Lea schrieb all diese Schönheit auf, um es später lesen zu können, wenn es ihr nicht so gut ging. Das half oft über Momente hinweg, die von Schmerz und Traurigkeit erfüllt waren und ihr alle Kraft zu rauben drohten.

Den angestauten Kummer schrieb sie sich von der Seele und warf ihn im Anschluss wie gewohnt weg. Sie spürte dann immer ein Gefühl von Freiheit, das sie wiederum ungemein stark bleiben ließ. Einfach loslassen und weitergehen! Das tat enorm gut!

Die Zeit verging rasend schnell. Vertrauliche Dinge konnte Lea mit Johannes nur mehr selten besprechen, denn seitdem ihr Freund seinen Beruf aufgeben musste, verbrachte er die Zeit überwiegend bei seinen Eltern. Dort wurde er besser umsorgt, konnte ruhen und erholte sich schneller. Wenn es ihm wieder besser ging, kehrte er zu Frau und Kindern zurück. Gerlinde hatte bisher die Schwiegereltern noch kein einziges Mal besucht! Die tiefe Abneigung beruhte auf Gegenseitigkeit. Das Ehepaar machte sie auch verantwortlich für den schlechten Gesundheitszustand des Sohnes.

Leas jüngere Geschwister wuchsen heran und entwickelten sich nach den eigenen Neigungen, Gewohnheiten und Erwartungen, die sie an das Leben hatten. Auf elterliche Führung mussten sie genauso verzichten wie die älteren! Ihre Mutter war zeitlebens mit sich selbst genug überfordert!

Für Lea blieb das Schreiben ein ständiger Begleiter. Es eignete sich hervorragend, Wut, Schmerz, Einsamkeit, Traurigkeit und dieses grenzenlose Sich-fremd-Fühlen besser auszuhalten. Es war wie ein magisches Heilmittel. Eine Art Eigentherapie.

Manchmal war sie überzeugt, dass dies ihren Verstand rettete und sie vielleicht deshalb so anders war, als es das Umfeld eigentlich zuließ. Eine bessere Erklärung hatte sie bis jetzt einfach nicht finden können für den totalen Gegensatz zwischen ihrem Denken und dem ihrer angestammten Familie. Diese Fragen würden wohl ein Leben lang offen bleiben.

Die extrem schwierigen Bedingungen auf dem Weg in ein selbstbestimmtes Leben erzwangen es förmlich, rasch zu lernen, wie wichtig es war, in sich hineinzulauschen, Antworten in sich selbst zu finden und das eigene Tun immer wieder kritisch zu hinterfragen.

Eine unbekannte Kraft schien die Jungerwachsene zu lenken und mit ihr in imaginären Kontakt zu treten.

‚Ich habe das Gefühl, in ausweglosen Situationen mit genau dem rettenden Funken Glück beschenkt zu werden, der jetzt nötig ist, um zu überleben! Woher weiß ich, welche Entscheidung die richtige ist? Ich treffe sie ohne dieses Wissen, und sie rettet mich! Ich sehe Licht und Freude, wo alles finster ist! Welche Magie ist das? Ich habe keine Ahnung! In meinem Herzen wohnt unendliche Dankbarkeit für alles Gute, das mich erreicht! Mein Bewusstsein baut Barrieren dorthin, wo ich nicht sein will! Woher kommt die Gewissheit, zu wissen, dass es richtig ist?‘

Abschied

Eines Morgens, im Winter des noch jungen Jahres 1983 – Lea kam gerade von der Nachtschicht – sah sie noch, wie Rettungssanitäter ihren lieben Johannes in einem Krankenwagen verstauten, der mit eingeschaltetem Blaulicht vor dem Haus parkte. Ohne sich nach ihr umzudrehen, fuhren sie mit ihm davon.

Zu Tode erschrocken eilte sie hinein, um Näheres zu erfahren. Ihre Mutter saß zitternd, nur zur Hälfte bekleidet, auf einem Schemel des Vorraumes. Ohne zu zögern, holte die Tochter eine Decke und Hausschuhe für deren eiskalte, nackte Füße.

„Was ist denn passiert?", fragte Lea nun vorsichtig leise.

„Er ist aus dem Bett gestiegen und wollte zur Toilette. Ich weiß nicht, warum, aber anstatt die Tür zu öffnen, lief er gegen den Türrahmen und fiel krachend zu Boden. Von dort rührte er sich nicht mehr, bis sie ihn jetzt abgeholt haben.

Lukas ist bis zur Schule nach oben gelaufen, um eine Telefonzelle zu finden."

„Ich mache dir erst einmal einen heißen Tee. Du musst dich beruhigen und aufwärmen, Mutter! Denk an die Kleinen!

Es wird sicher alles gut werden!"

Die matte Müdigkeit der Nachtschicht war vergessen. Nachdem Lea die noch immer apathisch Bewegungslose einigermaßen versorgt hatte, kümmerte sie sich um die beiden Jüngsten, die inzwischen eineinhalb und ein halbes Jahr alt waren. Sie würde die Kleinen etwas später mit dem Bus zu deren Großeltern bringen und konnte dann auch gleich mit ihnen reden.

Lukas und Max waren mit ihren knapp vierzehn beziehungsweise elf Jahren selbstständig genug, für sich zu sorgen, und machten sich auf den Weg in die Schule.

Nach der ersten Aufregung ging Lea zum Postamt, um von dort aus an ihrer Arbeitsstelle anzurufen. Eine Bescheinigung würde sie nachreichen, sie müsse aber die nächsten zwei Tage freibekommen, um Mutter und Geschwister zu unterstützen. Sollte es nötig werden, nahm sie auch Urlaub.

Die Gesprächspartnerin am Telefon war eine Sekretärin aus der Betriebsgewerkschaftsleitung (BGL). Dorthin war die Hilfesuchende vermittelt worden. Man versprach ihr, die Information an ihren Ausbildungsleiter weiterzugeben. Es hätte alles seine Ordnung.

„Zum Glück ist heute Mittwoch", murmelte Lea vor sich hin und überlegte alles Weitere. „Das heißt, ich habe die restliche Woche und das Wochenende zur Verfügung. Das ist gut. Dann werden wir als Nächstes schauen, wohin sie ihn gebracht haben und wie es ihm geht.

Erst dann fahre ich zu seinen Eltern, um sie zu unterrichten. Ich werde Mutter fragen, wann sie glaubt, Johannes besuchen zu können."

Ins Städtische Krankenhaus hatte man ihn eingeliefert und sofort umfangreichen Untersuchungen unterzogen. Die niederschmetternde Diagnose gab wenig Grund zur Hoffnung, doch Lea hörte innerlich, was Johannes jetzt sagen würde. „Selbst wenn du todkrank bist: So lange du lebst, bist du nicht tot!"

Der lieb gewordene, mutige Ehemann ihrer Mutter trug einen bösartigen Tumor im Kopf, der das gesamte Sehzentrum bereits so gut wie lahmgelegt hatte. Den Erklärungen der Ärzte zufolge durfte man nicht länger warten und musste so rasch als möglich operieren!

Die OP verlief erfolgreich. Der Tumor konnte entfernt werden, ohne die Hirnregionen noch mehr zu schädigen, als sie es eh schon waren. Doch Johannes wurde ein Pflegefall, konnte nun auch nicht mehr sprechen oder sich ohne fremde Hilfe bewegen! Ein halbes Jahr später verstarb er im Alter von nur zweiunddreißig Jahren!

Lea hatte den tiefen Wunsch, auch weiter zu ihrem Freund zu sprechen, sich zu trösten, zu versuchen, mutig an der Seite des Lebens zu bleiben, ohne ihn dabei zu verlieren. Ob sie verrückt war? Mit wem konnte sie über etwas sprechen, das sie selbst nicht verstand? Da sie es nicht besser wusste, wandte sie sich an dessen Eltern, die sie mochten. Sie und die Kleinen waren die Einzigen aus der verrückten Familie, zu denen sie Kontakt hatten. Auch die Erzählungen ihres Sohnes ließen keinen Zweifel daran, dass dieses Mädchen sich in eine völlig andere, gute Richtung entwickelt hatte.

Interessiert und gleichsam gerührt hörten sie aufmerksam zu, was die trauernde Lea ihnen zu erklären versuchte. Es wurde die Idee geboren, Kontakt zu dem örtlichen Bestattungsinstitut aufzunehmen. Vielleicht gab es ja die Möglichkeit, während der Trauerfeier auch ganz persönliche Grußworte an den Verstorbenen zu richten, wenn man die Anwesenden mit einbezog.

In dieser Einrichtung wurde der gesamte Vorgang der Beisetzung geplant.

Nach der Feuerbestattung sollte die Asche des Toten, in einer Urne aufbewahrt, an das Erdreich übergeben werden. Zuvor hielt ein Bestatter eine professionelle Trauerrede, in welcher der Lebens-, Arbeits- und bei vorheriger Krankheit auch der Leidensweg des Verstorbenen beschrieben – und dieser Mensch in all seiner Besonderheit gewürdigt wurde.

Eine eigene, private Ansprache eines Angehörigen oder Freundes musste geprüft werden und nach erfolgter Zustimmung Berücksichtigung finden. Begräbnisse, wie sie in der DDR vollzogen wurden, hatten keinerlei Verbindung zu Kirche und Religion. In den Trauerreden wurde direkter Bezug auf Leben, Umfeld und hinterbliebene Angehörige des Verstorbenen genommen. Es wurde ein genaues Bild darüber gezeichnet, was und wen dieser *jetzt* zurückließ! Das Ganze hatte einen durchwegs weltlichen Charakter, der ohne jegliche Symbolik aus dem Christentum auskam.

Als Lea sich zu einem Beratungsgespräch im Institut einfand, war der Bestatter bereits informiert!

Er wusste, dass die Jugendliche keine direkte Blutsverwandte war. Daher sprach er in sachlich-nüchternem Ton von den bevorstehenden Abläufen. Er bestand darauf, den Text einzusehen, den sie vorbereitet hatte, um zu prüfen, dass dieser keine religiösen Botschaften enthielt.

Die junge Bittstellerin war so angewidert von dem doch spürbaren Mangel an Menschlichkeit und gefühlsarm-bürokratischen Einheitsbrei, der ihren Freund Johannes zur unwichtigen Randnotiz einer Karteikarte machte!

Zu guter Letzt wurde ihr Ansuchen mit der Begründung abgelehnt, die Rede hätte keinerlei Aussagekraft und würde ohnedies den zeitlichen Rahmen der Veranstaltung sprengen!

Eine schmerzvolle, menschenverachtende Erfahrung mehr für die an endlosem Unverständnis Würgende!

Sie lief, so schnell sie konnte, hinaus und übergab sich!

So trat am Tage der Bestattung alles so ein, wie es das immer tat! Selbst der letzte Weg eines Menschen erwies sich als total überwachter, ferngesteuerter Pfad durch tausend unsichtbare Augen und Ohren, die alles registrierten! Und wenn es nur das unerlaubte Atmen an der falschen Stelle war!

Später versammelte sich die Trauergemeinde dann noch zu einem gemeinsamen Essen und gedachte still des Toten.

Ein zierliches Mädchen von siebzehn Jahren erhob sich. Es leitete seine Rede mit einem Gesprächsfetzen ein, der ihm noch in lebhafter Erinnerung war.

„Johannes hat mich etwas ganz Wichtiges gelehrt, das ich euch jetzt sagen möchte. Ich glaube, er spürte, dass er uns bald verlassen muss. Aber ich verstehe es erst jetzt!

Er sagte, bei Freunden und Verwandten würde man sowieso nie vergessen sein. Doch keiner sollte zu lange um einen Toten trauern, sondern nach vorn schauen und sich auf das Leben konzentrieren. Denn solange man lebte, sei man nicht tot! Diesen Satz sagte er so oft zu mir und lächelte jedes Mal dabei."

Die junge Sprecherin machte eine kleine Pause, um sich die Tränen aus den Augen zu wischen. Mit weichen Knien fuhr sie fort.

„Ich habe etwas für mich und euch aufgeschrieben. Ich wünsche mir, dass wir uns dann etwas leichter fühlen. Wer weiß … vielleicht hört und beobachtet er uns ja.

Ich weiß, dass es ganz in seinem Sinne wäre, euch an diesen Gedanken teilhaben zu lassen.“

Endlose Tränen wollten ihr die Sicht nehmen. Abermals mühte sie sich um einen klaren Blick.

„Dieser Tod … er lebt. Neben mir … neben dir.
Streift uns behutsam. Erinnert an das Dasein.
Er kennt uns … jeden einzeln … wartet noch.
Lässt uns leben … lieben.
Dann nimmt er – uns bei der Hand.
Mich … und dich … und uns.
In seine Ewigkeit.
Ich glaube, es tut nicht weh, zu sterben.
Es ängstigt mich nicht …
Doch unendlich der Schmerz und die Furcht,
ihn zu erleben … diesen Tod.
Zurückzubleiben. Leben … zu müssen!
Wenn ein geliebter Mensch gegangen ist.
Das Gesicht des Todes trägt allgegenwärtige Endgültigkeit.
Und unseres?
Trauer! Ohnmacht! Verzweiflung!
Leere in den blutenden Herzen.
In der Stille finden wir zurück zu unseren Lieben.
Sie sind schon vorausgegangen.
Schauen auf uns. In Ruhe und Frieden.
Wir wollen innehalten. Ihrer gedenken, so wie sie waren.
Gerade so, als wären sie jetzt mitten unter uns.
Dieser Tod … nimmt nur ihre Körper.
Ihre Seelen jedoch bleiben in uns unsterblich!“

Lea verneigte sich vor ihrem Freund mit einem Herzen voller Tränen. Dann wandte sie sich ein letztes Mal den Trauergästen zu.

„Es gibt einen Ort, wo es ein Richtig und Falsch und auch das Böse nicht gibt. Dort werden wir uns wiederfinden."

In tiefer Ergriffenheit saßen die Anwesenden und reichten sich still die Hände.

Es mutete seltsam an, wie unterschiedlich die Mitmenschen diesen Verlust verarbeiteten. Seine Eltern vermieden nach wie vor jeglichen Kontakt zur Schwiegertochter, denn für sie war es allein deren Schuld, dass der Sohn so früh gehen musste! Lea durfte auch weiter zu ihnen kommen. Sogar kritische Fragen waren erlaubt, denn sie wurde normal respektiert.

„Dass ihr mit Mutter nichts zu tun haben wollt, kann ich euch gut nachfühlen. Ehrlich! Aber was ist mit seinen Kindern Nadine und René – euren Enkeln? Tragen die etwa am frühen Tod ihres Vaters auch eine Schuld? Im Grunde trägt überhaupt keiner eine Schuld!

Ist es denn ihnen gegenüber nicht besonders grausam, dass sie nicht nur den Papa, sondern auch ihre Großeltern verlieren? Warum macht ihr das? Ihr liebt sie doch genauso, wie ich es tue. Tut ihr euch damit nicht auch selbst weh?"

„Sie sind noch zu klein! Wenn sie zu uns kommen, wird auch ihre Mutter bei uns sein! Das halten wir nicht aus!", kam die hilflose Erklärung zurück.

„Aber das stimmt doch gar nicht! Ich kann die zwei doch mitbringen und gebe sie dann auch wieder zu Hause ab. Sie sind sowieso viel lieber bei mir, weil ich mit ihnen spiele, anstatt zu schreien! Johannes würde sich das ganz bestimmt wünschen. Es sind doch seine Kinder! Eure Enkel!"

„Was bist du nur für ein bemerkenswerter Mensch, Lea?", ließ Johannes' Vater nun nachdenklich leise vernehmen.

„Unser Sohn hat uns recht oft von dir erzählt. Es war ihm – genauso, wie jetzt uns – einfach unverständlich, dass du so komplett aus der Art geschlagen bist! Wie hältst du das denn nur aus? Wo bekommst du Hilfe? Welches Geheimrezept wendest du an, um das gut zu überstehen? Ich halte das eigentlich für unmöglich!"

Lea überlegte eine Antwort. Doch sie wusste einfach keine! Sie zuckte nur die Schultern und sagte. „Unmögliches gibt es doch gar nicht! Irgendwo ist immer ein Weg! Wenn ich den gut finde, dann gehe ich ihn! Meist habe ich auch im richtigen Moment das Glück, auf die richtigen Menschen zu treffen. So wie auf Johannes, und jetzt habe ich euch. Wisst ihr denn nicht, wie froh ich bin, dass ihr da seid?"

Der alte Herr nahm Lea in die Arme und weinte schmerzliche Tränen der Trauer über den Verlust seines Sohnes. Sie selbst blieb auf ganz persönliche Weise mit ihrem verlorenen Freund verbunden. Fast täglich besuchte sie ihn an seiner letzten Ruhestätte, brachte irgendeinen Gegenstand des erlebten Alltags mit und erzählte wie früher von ihren Erlebnissen und Beobachtungen. Fast so, als würde er neben ihr sitzen, plauderte sie mit ihm. In der Vorstellung sah er sie an, lachte mit ihr, stellte Fragen oder lauschte ihren Geschichten und Gedichten.

„Mein Lieber. Heute habe ich dir ein Gedicht mitgebracht, das ich dir viel früher hätte erzählen wollen, als du noch bei mir warst. Warum hattest du es nur so eilig? Nun habe ich keine andere Möglichkeit, als es an den Ort zu schicken, wo wir uns wiedersehen werden. Also hör gut zu.

Welche Freunde sind die rechten?
Wo die guten? Wo die schlechten?
Wenn man das nicht wirklich weiß,
zahlt man oft 'nen hohen Preis!
Das Gefühl in dir muss stimmen.
Sollst vielleicht Geduld aufbringen.
Diese edle Qualität
findet manchmal sich erst spät.
Intellekt, mit kluger Quelle,
lernt von dir und ist zur Stelle.
Kennt ein Freund nur dein Gesicht?
Und dein Wesen etwa nicht?
Sag mir, wem willst du vertrauen?!
Und im Leben auf ihn bauen?
Wer verzeiht und spricht und lacht
mit dir, weil's dich glücklich macht?
Habt ihr euch endlich gefunden,
was sind dann schon ein paar Stunden?
Euch gehört die Ewigkeit.
Unbedeutend wird die Zeit.
Man ergänzt sich in Gedanken
und vertraut ganz ohne Schranken.
Das Warum, es ist nicht wichtig.
Diese Art von Freund ist richtig!

„Ich vermisse dich, Johannes. Hoffentlich geht es dir dort, wo du jetzt bist, besser als auf der Erde."

Freilich stellte es sich für einen Außenstehenden so dar, als sei sie ein bisschen verrückt. Sie führte Selbstgespräche, lachte, weinte, und manchmal sang sie sogar leise ein Lied. Anwesend jedoch war außer ihr und dem geliebten Himmel keiner.

Doch wozu gab es den Friedhof denn sonst? Um in der Stille zu seinen Lieben zu finden, die schon vorausgegangen sind.

Es war ihre Art, den verlorenen Freund erst dann wirklich loszulassen, wenn der rechte Zeitpunkt dafür war und sie nicht mehr so stark darunter litt.

Fliegen müsste man können

Die kinderreiche Verwitwete Gerlinde Richter erfuhr nun sogar spezielle Förderung von staatlicher Seite. Man war sichtlich bemüht, ihr und dem Nachwuchs, trotz des Verlustes, ein gutes Auskommen zu sichern.

Sie gab bekannt, eine bessere Wohnung zu brauchen, und bekam diese! Es sei schließlich unzumutbar, dort zu bleiben, wo die Kinder ständig an den Vater erinnert würden.

Meinte sie damit nicht eher sich selbst? Es wäre nur zu verständlich. Die nun wieder alleinstehende Frau war aber nicht imstande, sich auch nur die geringste Schwäche einzugestehen! Hier erkannte Lea eine Ähnlichkeit mit Oma Mathilde, die ebenfalls mit unbarmherziger Härte vorging. Nicht nur anderen, sondern auch sich selbst gegenüber!

Der neue Wohnbedarf war wohl eher als eine willkommene Ausrede zu werten. Die Knirpse waren noch viel zu klein, um den Tod des Vaters bewusst wahrzunehmen, verhielten sich auch nicht im Geringsten auffällig!

Konnte es sein, dass die Frau vor sich selbst davonlief?

Die Wohnung war reif für eine Generalsanierung! Klar, wenn nicht für regelmäßige Instandhaltung und Pflege Sorge getragen wurde!

Fühlte sie sich dem nicht gewachsen, oder steckte einfach nur ihre träge Faulheit dahinter? Jetzt, wo sie für alles um angemessene Hilfe ansuchen konnte, dürfte das doch zu schaffen sein.

Die siebzehnjährige Lea kümmerte sich um die Kleinen, wann immer es ihre Zeit erlaubte. Das entlastete die Mutter, und sie lagen dem Mädchen sowieso am Herzen. Mit ihnen beiden fuhr sie oft zu Johannes' Eltern, denn dort war es sauber und das harmonische Miteinander tat allen gut.

Die Stadtverwaltung hielt sich sehr konsequent an die zugesagte Unterstützung. Eine andere Wohnung war bald bezugsfertig hergerichtet. Sie befand sich wieder im Erdgeschoss, aber in weit schlechterer Lage als die bisherige, direkt an einer unerträglich lauten Kreuzung!

Immerhin hatte Lea nun ein eigenes Zimmer, das aber genau in diese Richtung zeigte!

Vor dem Fenster fuhren in kurzen Abständen tagein, tagaus Straßenbahnen vorbei. Ihre Haltestelle befand sich nur einen Steinwurf entfernt auf der anderen Straßenseite. Selbst bei geschlossenem Fenster schien es, als würden sie nicht den Schienen folgen, sondern geradewegs durchs Bett tosen und kreischen! Wenn man darin ruhte, spürte man deutlich die betriebsame Vibration der eisernen Poltergeister.

Bis auf Küche und Badezimmer – diese lagen wohltuend ruhig in entgegengesetzter Richtung, zum Innenhof – waren auch die vier übrigen Zimmer, bedingt durch die Eckhausstruktur des Wohngebäudes, von diesem enormen Lärmpegel betroffen. Sie schlossen paarweise jeweils links und rechts an Leas Eckzimmer an.

Dennoch wirkte die neue Niederlassung der streunerhaften Familie solide, geräumig, hell und schön. Erstmalig verfügte man nun über ein funktionales Badezimmer mit Fenster, integriertem WC, Waschbecken, Badewanne, Anschluss für eine Waschmaschine sowie ausreichend Platz für diverse Kleinmöbel.

Die Küche war teilmöbliert. Nicht so komfortabel wie die vorherige, jedoch gab es einen funktionierenden Gasherd, einen zusätzlichen Kleinofen, Spüle mit 5-Liter-Elektroboiler und etwas veraltete Küchenschränke. Das matte Altgelb der Schranktüren harmonierte gut mit dem dunklen Braun der Arbeitsplatte. Es wirkte aber insgesamt altmodisch und irgendwie unrein. Alles Mobiliar stand auf einem ebenfalls schon recht adeligen gelb, grün und braun gemusterten Kunststoffboden. Ziemlich hässlich, dennoch zweckmäßig eingerichtet. Also in Ordnung!

Sogar eine kleine, fensterlose Speisekammer war zu entdecken, die um eine Stufe erhöht zum übrigen Boden lag. Die winzigen, darin eingebauten Regale waren sauber und konnten gute Verwendung finden.

Der Hinterhof, in den man vom Küchenfenster aus einsehen konnte, erwies sich als kleiner, versteckter Garten mit zwei Obstbäumen, etwas Wiese und einer heruntergekommenen Sitzgruppe aus Holz, die man mit Geschick und Freude sicher wieder in neue Gemütlichkeit verhandwerkeln konnte. Vorausgesetzt, man wollte das!

Die Haltestelle direkt vor dem Haus hatte aber auch ihre Vorteile. Lukas und Max erreichten so sehr bequem ihre Bahn, die sie zur Schule brachte.

Das liebevolle Zusammenhalten, das die drei Geschwister einst miteinander verband, schien sich mit dem Älterwerden der Kinder in Luft aufzulösen. Die Jungen suchten die Nähe zur Schwester nicht mehr und waren mit ihren vierzehn und elf Jahren scheinbar alt genug geworden, selbstständig ihren weiteren Weg zu bestimmen. Auch sie lebten sorglos in den Tag hinein, ohne ein gutes Gefühl für Regeln, Grenzen, Verhaltensweisen zu entwickeln. Von der Gewaltneigung, wie sie der älteste Bruder Alex hatte, war zum Glück nichts erkennbar. Doch ein Verantwortungsbewusstsein für das eigene Handeln und mehr noch – für die fatalen Unterlassungen, vermisste Lea bei ihnen wie bei allen anderen Mitgliedern dieser Familie!

Für das Misslingen von etwas fand man immer einen Schuldigen, aber niemals sich selbst!

Das Morgen kümmerte hier keinen! Hatten diese Menschen denn überhaupt keine Ziele, die sie erreichen wollten?

Die älter werdende Lea beobachtete mit Sorge die Entwicklung ihrer Geschwister.

Alex war jetzt neunzehn und ein Landstreicher geworden, wie es schon Gerlindes stetige Abendbesucher vorgelebt hatten. Kellerdiebstähle, Betrug und krumme Tauschgeschäfte bildeten die Einkommensquelle seiner Existenz. Ins Gefängnis kam er schlussendlich wegen schwerer Körperverletzung! Er und Lea hatten sich rein gar nichts mehr zu sagen und gingen sich aus dem Weg. Sie aus Angst, er vermutlich aus einer Art schlechtem Gewissen der kleinen Schwester gegenüber. Sie mochten sich noch immer, hatten sich aber schon vor langer Zeit in verschiedene Richtungen entwickelt und dabei verloren.

Schwester Hanna, mit achtzehn Jahren zum zweiten Male Mutter geworden, stand im Leben ohne erlernten Beruf und stabile Perspektive für die Zukunft!

Axel hatte sie nach wiederholten Streitigkeiten verlassen und erkannte auch die Vaterschaft nicht an. Weder für das erste noch für das zweite Kind! Hanna schien das nicht weiter zu kümmern. Sie hing bei ihrer Mutter herum, und beide lebten vollkommen planlos in den Tag hinein!

Für Lea war das ein unvorstellbares Leben! So durfte das eigene niemals aussehen! Lieber wollte sie tot sein!

Sie war entsetzt über die Hoffnungslosigkeit, in die sich ihre Familie wiederholt hineinmanövrierte. Deren Geist schien von einer unfassbaren Gleichgültigkeit gegenüber ihrem Dasein erfasst zu sein!

Unter diesen immer unerträglicher werdenden Zuständen versuchte die Jugendliche nach Kräften, einen normalen Alltag zwischen dem Leben zu Hause und ihrem eigenen für sich zu gestalten. Denn offensichtlich hatte er zwei Gesichter.

Wie in einem Theaterstück schlüpfte die Darstellende einmal in die Rolle der heimatlosen Überlebenskünstlerin und einmal in die der zielstrebigen, erfolgreichen, clever Agierenden. Niemals aber würde man sie in einer statischen, zu Veränderung unfähigen Opferrolle finden! Niemals!!

Von ihrer Ausbildungsstelle hatte sie als Auszeichnung für sehr gute Lernergebnisse zum Abschluss des ersten Lehrjahres 1983 einen Aufenthalt in Polen erhalten, dem sie freudig entgegensah. Er bedeutete gleichzeitig das erstmalige Verlassen dieses Staates!

Endlich mal ein Stück Welt sehen! Warschau war ganz bestimmt eine wunderschöne Stadt mit großartigen Kirchen und Gebäuden.

Doch es gab noch einen viel wichtigeren Grund für Lea, sich so für dieses Land zu interessieren! Seit 1980 galt die Volksrepublik als rebellisch und aufständisch gegenüber staatlicher Bevormundung und kommunistischen

Vorschriften. Soweit sie informiert war, wurden sogar die Grenzen dorthin geschlossen, und man kam als Privatperson nicht mehr ohne Weiteres in die abtrünnige Republik.

Lea dachte lange darüber nach, warum man ausgerechnet in solch unruhigen Zeiten, ganz offiziell, junge DDR-Bürger nach Polen reisen ließ. Aber vielleicht gab es ja irgendein Abkommen zwischen den Betrieben. Ihr war bekannt, dass es eine gute Zusammenarbeit zwischen ihrem Ausbildungsbetrieb und einem polnischen Zulieferer gab.

Egal! Sie wollte auf jeden Fall einmal hinüberschauen, wenn sie schon diese Möglichkeit bekam!

Angeblich arbeiteten die Polen nicht gern und führten ein zügelloses Leben! Höchst interessant, dass die junge Neugierige sich nun ein eigenes Bild darüber machen konnte!

Drei weitere Lehrlinge aus anderen Berufsschulen und ein erwachsener Betreuer warteten bereits am vereinbarten Treffpunkt, wo Lea sich hinzugesellte. Nach kurzer Bekanntmachung fuhr ein alter Kleinbus vor, um seine Passagiere aufzunehmen. Leider gestaltete sich die Anreise äußerst unbequem.

‚Das Innere der schrottreifen Kiste hätte auch mal wieder etwas Pflege nötig!‘, dachte sich das Mädchen beim Platznehmen auf einem der ungemütlich harten Sitze in der vordersten Reihe. ‚Die Sitze in Johannes’ Stadtbus waren wenigstens immer weich und alles sauber‘, missmutete sie weiter, bis ihr die Frage entglitt: „Sieht so ein polnischer Reisebus aus? Den hätte man ja wenigstens einmal putzen können!“

Die männliche Aufsichtsperson wandte den Blick zu ihr und schien ihrer Meinung zu sein, denn auch er wirkte einigermaßen enttäuscht.

„Also von Reisebus kann man wohl nicht sprechen! Dieses Vehikel ist ein Betriebsfahrzeug unserer polnischen Partner, von denen wir eingeladen wurden. Es befindet sich gerade auf dem Rückweg und sammelt uns dabei gleich ein."

Lea träumte ja davon, endlich einmal ein Flugzeug besteigen und wahrhaftig fliegen zu können. Sie wusste aber nicht genau, ob die ostdeutsche Fluglinie „Interflug" auch den Flughafen in Warschau anflog und ob man als normaler DDR-Bürger überhaupt mit dem Flugzeug reisen durfte. Noch nie hatte sie eine Flughafenanlage gesehen. Es musste traumhaft sein, die Maschinen aus nächster Nähe zu betrachten. Wie atemberaubend schön wäre es, sie beim Starten und Landen zu beobachten. Immer wenn sich die Verträumte solche Bilder vorstellte, kribbelte es aufgeregt in ihrem Bauch, als sei sie verliebt. Vermutlich gab es auch nicht umwerfend viele Mitbürger, die Flug-reise-Erfahrungen zum Besten geben konnten. Die meisten Leute, mit denen Lea bisher auf das Thema Fliegen zu sprechen kam, waren genauso ahnungslos wie sie selbst!

Um die Neugier zu besänftigen, fragte sie mutig, frisch und frech den erwachsenen Begleiter, ob man als Normal-bürger auch mit dem Flugzeug nach Warschau reisen konnte. Doch sie erhielt von ihm nur ein mildes Lächeln, garniert mit der Bemerkung: „Was stellst du dir vor? Ge-hörst du zum Politbüro? Wirklich fliegen wirst *du* in einem anderen Leben! In diesem sicher nicht!"

Zum Verständnis: Das Politbüro war der politisch ein-flussreichste Kern in der DDR, der Zensur- sowie Ver-fügungsgewalt im sozialistischen In- und Ausland hatte. Er war das eigentliche Machtorgan der Sozialistischen

Einheitspartei Deutschlands, der SED und wurde von dessen ZK, dem Zentralkomitee, gewählt. Also nicht vom Volk! Wie es nach außen immer propagiert wurde. Die politisch aktiven Machtorgane in Ostdeutschland waren ein spezielles Volk im Volke, mit eigenem Lebensstandard, Regeln und Befugnissen, die Normalbürgern streng vorenthalten blieben.

Das Empfangskomitee in Polen bestand aus einer zu auffällig, aber hübsch geschminkten, gut figurierten Blondine in kurzem Mini und einem salopp gekleideten Herrn mit Dauergrinsen im Gesicht. Sie mochten schätzungsweise vierzig sein und unterhielten sich ausschließlich in polnischer Sprache. Lea kam sich ziemlich überflüssig vor.

Auch die drei anderen Jugendlichen schauten einigermaßen dumm aus der Wäsche, während sich der erwachsene „Reiseführer" augenscheinlich bruchstückehaft auf Polnisch in das Gespräch einmischte.

Ein Stadtausflug fiel leider vollständig aus! Den Grund dafür nannte man nicht.

Am Tage saßen sie in irgendeiner betrieblichen Kantine, in der reges Kommen und Gehen herrschte.

Abends ging man mit den Gästen in eine Nachtbar. Dies war doch sicher ganz nach dem Geschmack junger Menschen. Lea sah zum ersten Mal in ihrem Leben professionell strippende, leicht bekleidete Damen, die sich zu lasziv anmutenden Musikklängen ekelhaft rekelten!

Die eingeladene Reisegruppe aus dem, gegen solche Darbietungen, ausgesprochen prüden ostdeutschen Nachbarland, war sichtlich überrascht. Gastfreundlich freizügig wurde unablässig Wodka angeboten. Die verwirrten jungen Leute sahen zu ihrem Betreuer hinüber, der ihnen sogar erklärte, dass es sehr unhöflich sei, die Freundlichkeit abzulehnen! Sie fragten jetzt leise und dennoch hörbar, ob das Lokal ein Puff sei oder so etwas Ähnliches. Es handelte sich aber angeblich um eine ganz normale Nachtbar. Das sei total üblich in Warschau.

Wie fast zu erwarten, war der männliche Teil der Gruppe begeistert und verbuchte das Erlebnis als echtes Abenteuer, ohne Zensur. Das einzige Mädchen saß verstört herum und fragte sich, was das alles überhaupt sollte! Sie aß nichts, trank nichts, spürte immer mehr enttäuschte Abwehr gegen das nächtliche Theater. Dieses unwürdige Zur-Schau-Stellen nackter Weiblichkeit tat ihrer Seele weh!

‚Warum müssen Frauen ihre intime Schönheit so widerlich zu Markte tragen? Wer oder was veranlasst sie dazu? Sie lächeln verführerisch, doch ich sehe tranceartig abwesende Kälte in ihren Augen. Ob sie Drogen nehmen, um das auszuhalten? Sie scheinen sich von dem, was sie gerade tun, vollkommen abzukoppeln. Vielleicht nehmen sie es ja nicht einmal wahr. Wie traurig ist das? Ich wünschte, sie würden das nicht machen. Ihre wunderschönen Körper verkaufen an ein zahlendes Publikum der schmutzigen Lust!‘

Lea wollte ihre Ruhe haben. Der Folgetag war gleichzeitig der Abreisetag. Von der schönen Stadt würde sie also nichts mehr sehen.

Als die jungen Leute auf den klapprigen Bus warteten, der sie wieder zurückbringen sollte, ärgerte sich die übermüdet Frierende still: ‚In dem Ding kann man vom Fliegen nur träumen.‘ Und für alle hörbar, ätzte sie beim Einsteigen laut: „Super! Wir haben ja echt viel von diesem Land gesehen! Ich bin beeindruckt!"

Wieder zu Hause, hatte sie keine Lust, über das niveaulose Programm zu berichten. Vielleicht genierte sie sich ja sogar dafür. Frauen, die sich öffentlich auszogen! Deren Beruf das zu sein schien! Für solch eine Welt hatte sie kein Verständnis oder entwickelte gar Neugier auf sie.

Mit September 1983 war auch schon das zweite Jahr ihrer Berufsausbildung angebrochen.

‚Komisch‘, dachte sich das Mädchen. ‚Gerade eben ging ich noch zur Schule. Das Erlernen eines Berufes kommt mir vor wie ein kleiner Zwischenspurt, ohne an wirkliche Grenzen zu kommen. Nichts weiter als die Aufwärmphase für … Ja, wofür eigentlich? Was werde ich danach tun?

Wie schade. Kunst und Literatur werden wohl aus anderem schöpfen als aus meinen Fähigkeiten. Aber egal! Ich baue mir ein stabiles, eigenes Leben auf, und dann sehen wir weiter.‘

Eines schönen spätsommerlichen Nachmittages stürmte Hanna in das Zimmer ihrer Schwester, die sich aber keineswegs stören ließ. Gerade war sie aus der Berufsschule zurück und studierte die neuen Stundenpläne für das dritte Schulhalbjahr. Seltsamerweise hatten sie schon jetzt einen Zettel bekommen, auf welchem alle voraussichtlichen Prüfungstermine in den einzelnen Gegenständen gelistet waren. Möglicherweise, um sich früh genug damit auseinanderzusetzen, das eine oder andere noch aufzubessern. Lea nahm diese Ausbildung nicht ernst. Sie verging viel zu schnell, als sich wahrhaft mit dem zu identifizieren, was man da eigentlich tat. Was sollte das sein? Innerhalb kürzester Zeit besaß man eine Qualifikation, die nicht einmal zusätzliches Lernen erforderte. Der Beruf wurde einem quasi nachgeworfen!

Das Mädchen fühlte sich unterfordert, doch die praktische Arbeit mit den späteren Kollegen machte großen Spaß.

Das kommende Frühjahr stand also ganz im Zeichen von Prüfungsstress, denn es bedeutete den Abschluss des kompletten theoretischen Ausbildungsteiles. Das vierte Lehrhalbjahr bestand dann demzufolge nur mehr aus rein praktischer Tätigkeit.

„In Ordnung. Soll so sein", brummelte die in Gedanken Vertiefte vor sich hin.

Hanna fühlte sich inzwischen gemüßigt, an ihre Anwesenheit zu erinnern, denn die verfluchte Streberin hatte sie offenbar nicht wahrgenommen. Daher fragte sie auch erst gar nicht nach, ob sie störte. Das würde mit Sicherheit ein „Ja" herausfordern! So zwang sie ihrer kleinen Schwester das Gespräch förmlich auf!

„Stell dir vor, ich habe einen kennengelernt. Der schaut unglaublich gut aus und will mich heiraten. Die beiden Kinder seien ihm egal."

„Aha", entgegnete die Jüngere wenig interessiert. „Und warum erzählst du mir das? Hast du etwa dein Schwesterherz entdeckt? Oder willst du was von mir? Soll ich die Kinder behalten, weil du mit ihm ausgehen willst? Kein Problem. Soweit das in meine freien Tage passt, kann ich das gern machen. Sonst noch was?"

Verständnislos schauten sich die beiden an. Ja! Was war eigentlich über Hanna gekommen, dass sie sich der ungeliebten Schwester anvertraute, von der eigentlich keiner wusste, was sie trieb, wann sie kam oder ging. Passierte der Kontaktversuch aus Neugier oder nur aus einer Laune heraus? Sie wusste es selbst nicht.

Die Ältere zuckte die Schultern und war schon am Hinausgehen, als sie stehen blieb, sich umdrehte und vor Freude strahlend verkündete:

„Weißt du, was, kleine Schwester? Wir beide werden mal gemeinsam ausgehen! Du und ich! Was hältst du davon?"

Lea traute ihren Augen und Ohren nicht! Was war denn mit der los? Stand die unter Drogen oder was?

„Ist das dein Ernst? Ich weiß zwar nicht, was du im Schilde führst, aber wenn es dich freut, dann gehen wir eben einmal gemeinsam aus. In Ordnung! Und wann?"

„Was hältst du vom kommenden Wochenende? Ich möchte so gern einmal eine Diskothek besuchen und so richtig abtanzen! Am Samstag wäre etwas in der Stadthalle. Hast du Lust?"

Zum ersten Mal seit Menschengedenken vereinbarten diese beiden verfeindeten Schwestern in einvernehmlicher Vorfreude einen gemeinsamen Abendausflug. Der Jüngeren war das Ganze nicht geheuer, jedoch wollte sie keinem Vorurteil die Chance geben, sondern sich bewertungsfrei darauf freuen, ihre Schwester auf eine ganz neue Art kennenzulernen. Wer weiß, wofür das gut war.

Es gefiel ihr auch, dass Hanna von sich aus kam, kein böses Wort hatte und so wirkte, wie es sich Lea immer gewünscht hätte. Wie eine geliebte Schwester, der man gern vertraute.

Vielleicht war ja der neue Mann daran schuld. Ihre Mutter hatte sich in der Zeit mit Johannes auch sehr gewandelt, war ruhiger geworden und wandte sich vor allem ernsthaft dem Drogenentzug zu. Nach seinem Tod holte sie die Vergangenheit jedoch wieder ein. Alte Gewohnheiten kehrten genauso zurück wie die Besuche vermeintlicher Freunde, die nur kamen, um gratis zu saufen, zu lärmen, zu nächtigen!

Der Discobesuch mit Hanna sollte der einzige gemeinsame Ausflug bleiben. Aber immerhin fand er statt. Die kleine Schwester war begeistert vom Outfit der Älteren. Sie sah umwerfend gut aus und würde sicher der Star des Abends sein. Ihr schwarzes, inzwischen wieder langes Haar glänzte und fiel manchmal verführerisch locker in das feurig junge Gesicht der Schönen. Eine schwarze Seidenbluse, mit zarter Spitze an Dekolleté und Ärmelabschlüssen, schmiegte sich an ihre wohlgeformte, etwas üppig-weibliche Oberweite. Komplettiert wurde das nach außen perfekte Ebenbild einer Traumfrau durch einen sehr gewagten, kurzen, weinroten Minirock aus Leder und halsbrecherisch hohe, rote Schuhe, in denen schwarz gestrumpfte, schön geformte Beine steckten. Hanna war ein Traum von einer jungen Frau. Kein Mensch, der sie nicht kannte, käme auf die Idee, dass diese Schönheit schon zwei Kinder hatte.

„Du bist wunderschön, große Schwester!", lächelte Lea ihr anerkennend entgegen, als sie tanzten.

„Kann schon sein, kleine Schwester. Aber du wirst pausenlos beobachtet! Hast du das noch nicht gesehen? Schau mal da hinüber!", kicherte sie zurück.

Der jüngeren Unscheinbaren war es tatsächlich nicht aufgefallen. Das genierte sie ungemein. Sie war es einfach nicht gewohnt, angestarrt zu werden. Bestimmt machte sie den Eindruck eines billigen Flittchens. Neben ihrer Schwester war sie ein glanzloses Naturprodukt. Unverfälscht, ungeschminkt, in engen Jeans, weißem Top und leichten Schuhen. Doch das Tanzen machte extrem viel

Spaß. Oft genug schloss Lea einfach die Augen und ließ sich ein wenig treiben, vom coolen Sound und der heißen Luft, die das Blut zum Kochen brachte.

Als sie das wieder tat, hatte sich Hanna scheinbar mit den Beobachtern Zeichen gegeben. Plötzlich stand der junge Mann, der eben noch mit den Augen an der verträumt Tanzenden klebte, zum Greifen nah an Hannas Stelle. Er entschuldigte sich umständlich und erklärte, ihre natürliche Frische sei ihm gleich zu Beginn aufgefallen. Er sei aber einfach zu ungeschickt, eine Bekanntschaft zu schließen, und schaue immer nur. Er stellte angeblich fest, dass sie eine der wenigen war, die keinen Farbtopf oder Kostümverleih bemühen musste, um sich schön zu machen. Sie sei einfach natürlich schön und genieße das. Das gefiele ihm sehr. Deshalb konnte er die Augen nicht mehr von ihr lassen. Sie möge ihm verzeihen.

„Mein Name ist Sven. Ich bin achtzehn Jahre alt und eigentlich kein Discobesucher. Habe mich von meinem Bruder überreden lassen, da er heute seinen zwanzigsten Geburtstag feiert."

Verlegen lächelte er ihr entgegen und wartete auf die Antwort.

„Was hältst du davon, wenn wir nach oben an die Bar gehen? Dort kann man sich besser unterhalten", schlug er vor.

Die Schüchterne schaute sich suchend nach der Schwester um, konnte sie aber im tanzenden Durcheinander nicht entdecken.

„Mach dir keine Sorgen. Henry wird ihr sicher sagen, dass wir zur Bar gegangen sind. Er weiß, dass ich nicht so gerne tanze."

Nun nickte die etwas hilflos Dreinschauende, Sven nahm sie bei der Hand und lotste sie aus dem Menschengetümmel.

Sein sportlich frisiertes, kurz geschnittenes, blondes Haar erinnerte sie an Johannes. Auch seine Augen wirkten fröhlich, aufmerksam. Sie waren nicht von dem auffallenden hellen Blau, doch so kugelrund wie die ihres lieben verstorbenen Freundes.

„Hast du eine Brille?", wollte Lea wissen.

„Nein. Bis jetzt brauche ich keine. Warum fragst du?"

„Ach nur so. Du erinnerst mich an einen lieben Menschen. Er trug immer eine kugelrunde Brille, die sehr lustig aussah. Er wusste sehr viel, denn was er am liebsten tat, war Lesen oder anderen beim Erzählen zuhören. Ich habe mich total gern mit ihm unterhalten."

Die Erzählende kam gar nicht mehr aus dem Schwärmen heraus, bis Sven dann fragte:

„Aber warum erzählst du alles in der Vergangenheit? Seht ihr euch nicht mehr?"

„Er ist tot! Es ist noch nicht lange her und tut noch sehr weh. Ein Gehirntumor! Ich gehe immer zu ihm auf den Friedhof. Dort unterhalten wir uns wie früher. Die Leute denken sicher, ich bin verrückt, denn wie sieht das aus, wenn man erzählt, lacht, singt oder manchmal auch weint, wenn gar niemand da ist?"

„Ach nein. Das glaube ich nicht." Sven klang plötzlich leise und betroffen. „Man geht ja deshalb dorthin. Um dem Menschen nahe zu sein, den man verloren hat. Und jeder trauert bestimmt auf seine eigene Weise. Ich finde es sehr gut, was du machst.

Tut mir sehr leid. Entschuldige, dass ich weiter nach ihm gefragt habe. Ich wollte dich nicht traurig stimmen." Besorgt und liebenswert einfühlsam wirkte der junge Mann. Jetzt erkannte Lea seine Augenfarbe. Es war ein graugrünes Gemisch aus jungenhafter Neugier und fürsorglichem Interesse.

Das Mädchen mochte es, wie er sich um sie kümmerte, ohne aber aufdringlich zu sein. Sie fühlte sich bemerkenswert geborgen und wohl in seiner Gegenwart. Es wurden keinerlei Zärtlichkeiten in Form von Küssen oder Streicheleien gewechselt. Dennoch war das erste Kennenlernen geprägt von zärtlich achtsamem Zuhören, Fragen, Antworten, stillem einander Betrachten und Schweigen. Das war sehr schön. Zaghafte erste Vertrautheit entstand, ohne dass eine Erklärung notwendig war.

Jedoch wurde den jungfräulichen Schmetterlingen im Bauch der Angebeteten rasch übel von dem fauligen Geruch ihrer abgestorbenen Wurzeln.

Was sollte Lea mit einem Freund anfangen? Nach Hause einladen oder ihn der Familie vorstellen, war undenkbar! Wo konnte sie Zeit mit ihm verbringen? Es gab kaum Gelegenheit und schon gar nicht den geborgenen Rahmen dafür!

Nein! Weitere Treffen durfte es auf keinen Fall geben! Aber wie machte sie ihm das nur klar?

‚Ach was! Der Abend ist zum Tanzen und Plaudern da! Bei Tageslicht verliert sich sowieso alles. Es ist nichts weiter als eine nette Bekanntschaft‘, redete sich Lea ein und wusste irgendwie, dass sie sich damit fest in die Tasche log!

„Gehen wir wieder hinunter? Ich möchte nach meiner Schwester Ausschau halten. Mir ist nicht gut. Ich glaube, ich gehe dann nach Hause“, versuchte sie, sich davonzuschleichen.

„In Ordnung!", kam es verständnisvoll zurück. „Mir gefällt es hier auch nicht besonders, da ich nicht gern tanze und kein guter Unterhalter bin. Wenn du nicht mehr da bist, verliert die Veranstaltung für mich jeden Glanz."

Die auf Distanz Bedachte ging gar nicht auf die Nettigkeiten ihres neuen Bekannten ein. Sie genierten sie auf seltsame Art. So etwas wollte sie nicht hören, da ihr jegliche Erfahrung fehlte, wie damit umzugehen war.

Wie es der Zufall wollte, begegneten sich die Geschwister im Vorraum des Gebäudes, wo sich auch die Garderoben befanden. Hanna war mit Küssen und Befummeln von Svens Bruder Henry beschäftigt und ließ sich dabei alle Zeit der Welt.

„Lasst euch nicht stören. Ich fühle mich nicht wohl und gehe schon. Finde auch allein nach Hause." Während Lea ihre Garderobenmarke abgab, um zu ihrer Jacke zu kommen, fragte Sven nun doch etwas aufdringlich:

„Darf ich dich denn nicht begleiten? Ich wollte doch auch gerade gehen."

„Nein danke! Ich bin kein Baby mehr und brauche keinen Aufpasser an meiner Seite! Lass mich bitte in Ruhe!"

Das war deutlich! Der schroff abgefertigte Bursche stand verstört fragend da und schaute seiner süßen Unnahbaren dabei zu, wie sie den Ort des Geschehens verlassen wollte.

„Sagst du mir wenigstens noch deinen Namen? Sehen wir uns wieder? Das würde mich wirklich freuen." Einigermaßen enttäuscht wartete er auf eine Antwort.

Als hätte sie die Vorstellungsrede ihres neuen Freundes auf Band aufgenommen, betätigte sie den imaginären Wiedergabeknopf und wiederholte seinen Text.

„Mein Name ist Lea. Ich bin siebzehn Jahre alt und eigentlich kein Discobesucher. Habe mich von meiner Schwester überreden lassen, da es noch nie vorkam, dass wir gemeinsam etwas unternahmen." Abschließend fügte sie noch hinzu: „Nun schau nicht so traurig! Was hast du dir denn erhofft? Dass wir so aneinanderkleben wie unsere älteren Brüder und Schwestern? War doch eine nette Bekanntschaft oder nicht? Nun ist der Abend zu Ende, alle gehen heim, und morgen ist ein neuer Tag", zog die Unterkühlte kurz und bündig Bilanz zu den vergangenen Stunden. Daraufhin entschwand sie in die Nacht ohne Sterne.

Unterwegs drehte sie sich noch einige Male um, fühlte sich beobachtet und verfolgt. Doch es war wohl eher das schlechte Gewissen, das sie schleppend hinter sich herzog!

‚Einen netten Menschen wie Sven so abweisend kalt zu behandeln … War das notwendig? Aber wenigstens habe ich ihn erfolgreich abgeschüttelt! Nicht auszudenken, wenn er mich begleitet und auch noch meine Adresse herausbekommen hätte! Dass Hanna sich gleich wieder einem Mann an den Hals wirft, sieht ihr ähnlich! Von wegen, sie ist schwer verliebt! Wenn der überaus gut aussehende Liebhaber, von dem sie erzählte, sie wirklich heiraten will, na dann zum Wohl! Ich werde das wohl nie verstehen! Aber es kann mir ja auch egal sein!'

Das Grübeln nahm kein Ende, bis die verschämt Reflektierende endlich „allein" in ihrem Bett lag und das vertraut gewordene lautstarke Vibrieren der metallenen Schienenungeheuer ihr Schlaflied sangen.

Dem jungen Mann ließ das merkwürdige Erlebnis ebenfalls keine Ruhe. Er sann darüber nach, wie er ein

Wiedersehen zustande brachte, denn dieses Mädchen interessierte ihn.

Sollte er öfter zum Friedhof gehen? Doch es gab nicht einmal vermeintliche Verwandte, um deren letzte Ruhestätte er sich kümmern konnte. Bis auf den Großvater, dessen Grab er gar nicht kannte, waren alle noch quicklebendig. Ihm kam die Idee, seinen Bruder zu fragen. Dieser war immerhin weit erfolgreicher in Sachen Annäherung.

Ostdeutsche Jugendliebe hin, Herzklopf-Verabredung her: Es gab weder Telefon, noch Internet oder den bequemen Taxidienst von Mama oder Papa, um schnell in Verbindung zu kommen!

Wer beim ersten Rendezvous nicht clever genug war, seine Kontaktdaten auszutauschen, der hatte gute Karten für ein Scheitern von etwas, das doch gerade erst beginnen wollte!

Aber auf Henry war Verlass! Mit amüsierter Verwunderung registrierte er, dass sich das jüngere Pärchen an dem Abend tatsächlich ohne weitere Verabredung getrennt haben musste.

„Habt ihr etwa gestritten? Man rennt doch nicht so planlos auseinander, um sich dann den Kopf zu zerbrechen, wie man wieder zusammenkommt! Ach Bruderherz, wo warst du nur wieder mit deinen Gedanken?", rempelte er Sven grinsend an, bevor er weitersprach.

„Bei mir war es zwar ganz anders als bei dir, aber irgendwie auch wieder nicht. Um ehrlich zu sein, ich hatte dann keine Lust mehr auf meine Eroberung! Sie war ermüdend einfallslos, hat über alles gelacht, das nicht einmal lustig war. Manche Fragen, die ich ihr stellte, beantwortete sie so unglücklich, dass mir klar wurde, sie verstand sie erst gar nicht.

Ja, sie sah gut aus, das ist wahr! Aber sie langweilte mich sehr rasch. Willst du dich wirklich mit der kleinen Schwester verabreden? Dir wird es nicht viel besser ergehen."

„Danke für deine Warnung, erhabener zwanzigjähriger Weiser!" Jetzt spottete Sven retour, und es machte beiden sichtlich Spaß, sich gegenseitig auf den Arm zu nehmen.

„Nein! Sie ist anders! Ich weiß das! Außerdem interessiert sie mich. Ich möchte selbst herausfinden, ob sie wirklich nichts von mir wissen will. Wir beide hatten nämlich, im Gegensatz zu euch, ein gutes Gespräch, und mir schien, sie hat Interesse für die kuriosesten Dinge. Zumindest wusste sie über vieles Bescheid. Sogar über Fußball, stell dir vor!"

„Echt wahr? Das klingt ja wirklich gut. Wir kamen erst gar nicht viel zum Reden. Ich hielt es bald für überflüssig, da sie nur komisches Zeug erzählte. Das Herumschmusen war irgendwie effizienter bei der großen Schwester. Das konnte sie wirklich ausgezeichnet, das muss ich ihr lassen!"

„Habt ihr euch denn nicht wieder verabredet?" Sven schaute seinen Bruder gespannt an.

„Verabredet? Nein, um Himmels willen! Die hat schon zwei Kinder und keinen Vater dazu! Ich bin doch nicht verrückt, mache ihr noch eines und habe dann schlagartig drei! Selber schuld, wenn sie mir das alles erzählt! Ich hab's dann mit der Angst bekommen und schlich mich freiwillig, auf schnellstem Weg davon.

Sie hätte mich mit Sicherheit ins Bett bekommen, das sage ich dir! Wenn ich mich recht erinnere, sehen wir uns höchstens durch einen Zufall wieder, aber nicht gewollt. Ich kann dir also leider nicht sagen, wo die Hübschen wohnen. Tut mir leid.

Aber wie ist es mit deiner Kleinen? Hat die vielleicht auch schon Kinder?"

Jetzt schaute Sven seinen Bruder einigermaßen ungläubig, doch auch um eine Spur verunsichert an. Er wäre nie auf die Idee gekommen, so etwas zu fragen. Seine Lea hatte ihm kein einziges persönliches Detail aus ihrem Leben verraten, außer, dass sie eine Schwester hatte und nicht gern Diskotheken besuchte. Warum war sie nur so schnell verschwunden? Irgendetwas stimmte da nicht. Er würde ihr aber ganz sicher nicht hinterherjagen wie die Katze der Maus. Dann war es eben nicht. Doch es beschäftigte ihn.

Die ungeübte Nachtausflüglerin widmete sich indes längst wieder ihrem Alltag. Das dritte Lehrhalbjahr flog wie im Zeitraffer dahin. Auf die bevorstehenden Prüfungen bereitete sie sich nun doch aufmerksam vor. Je besser sie das tat, umso lockerer konnte sie den Dingen entgegensehen. Sie verabscheute nichts mehr als Anspannung, Stress und Angst!

Auch ihr achtzehnter Geburtstag rückte immer näher. Gerne würde sie ihn richtig feiern. Am liebsten mit ihrer Bekanntschaft von neulich. Oder wie lange war das jetzt schon her? Durch den hoch konzentrierten Fokus auf Schule und Arbeit verlor sie ein wenig das Zeitgefühl für alles andere. Dennoch war Sven nicht vergessen. Schade, dass sie ihn nun schon eine Weile nicht mehr gesehen hatte. Hoffentlich ging es ihm gut.

Inzwischen kam es häufiger zu Anfragen vonseiten des ausbildenden Betriebes, ob Lea nicht Mitglied „unserer" Arbeiter- und Bauernpartei, der Sozialistischen Einheitspartei Deutschlands, werden möchte. Sie sei ein Vorbild für alle jungen Menschen und käme aus der Arbeiterklasse. Damit erfülle sie alle Voraussetzungen, die erwartet wurden. Als Kandidatin der SED hätte die Lernbegeisterte auch viel mehr Möglichkeiten, sich gut zu entwickeln und Förderungen zu erhalten.

Eigensinnig, wie sie nun einmal war, wollte sie das nicht! Ihr war viel mehr daran gelegen, aus eigener Kraft eine akzeptierte Persönlichkeit zu werden! Die sozialistische Politik schmeckte Lea nicht! Diese Inakzeptanz gegenüber Andersdenkenden, vor allem aber die Tatsache, dass ein ganzes Volk eingesperrt wurde, waren für das Mädchen unhaltbare Zustände selbstgerechter Verherrlichung! Das durfte sie natürlich nie offen aussprechen! Dennoch lebte diese Rebellion in ihr und würde hoffentlich nie zum Ausbruch kommen! Die Folgen mussten fatal sein!

Durch ihr interessiertes Wesen, die Vorkommnisse in der eigenen Familie und den Zugang zu westlichen TV- und Rundfunk-Medien konnte sie viel erfahren über die Praktiken des Staatsapparates und die Allmacht dieser „Einheits"-Partei.

Darüber zu sprechen war gefährlich! Im Handumdrehen wäre aus dem jungen Vorbild für die Arbeiterklasse ein Staatsfeind geworden, den man mundtot gemacht hätte! Kritik oder eine Weigerung offen zu bekunden, war fahrlässig und dumm! Also versuchte es Lea mit der Ausrede, sie würde sich noch nicht reif genug fühlen, der Partei beizutreten. Man solle sie doch erst einmal ihre Berufsausbildung abschließen lassen, dann würde man weitersehen.

Dies wurde zunächst akzeptiert. Die leicht Verkrampfte war erst einmal beruhigt.

Mittlerweile galt alle Theorie in der Ausbildung als abgeschlossen. Entsprechende Prüfungen waren erledigt.

Auch hier hatte Lea ausgezeichnete Leistungen erzielt. Im Frühjahr 1984 zeichnete man sie deshalb erneut mit einer Kurzreise aus. Diesmal sollte es in die ČSSR gehen. Nicht nur das Wetter, auch die Unternehmungen waren ausgesprochen schön. Besonders der ausgiebige Bummel durch die Hauptstadt Prag gefiel der Begeisterten. Der Spaziergang führte auch über die Karlsbrücke, hin zum zentral gelegenen Wenzelsplatz.

Augenblicklich erinnerte sich das Mädchen mit Wehmut an Tante Theas Erzählungen, als sie einmal mit Roberto hier waren. Genauso, wie sie jetzt, gingen sie über die Karlsbrücke und der verspielt fröhliche Freund aus vergangenen Tagen kokettierte darauf mit jedem kunstvollen, steinernen Zeitzeugen der Geschichte.

Für Lea machte es den Anschein, als würde Roberto jeden Augenblick hinter einer der Statuen hervorspringen und sie in die Arme nehmen. Was für eine romantische Vorstellung das doch war.

Für die geplante Besichtigung eines Betriebsgeländes reichte zum Glück die Zeit nicht aus.

Lea hatte ihren geringen verfügbaren Geldbetrag bis zum Schluss aufgehoben.

Die Sparsame kaufte in der Innenstadt sechs Weingläser, gefertigt aus dem begehrten böhmischen Kristall. Sie selbst hatte für solchen Kitsch ja gar nichts übrig. Doch ihre Mutter schwärmte davon. Das war doch ein schönes Geschenk!

Warum sie dieses innere Bedürfnis hatte, wusste sie nicht genau. Die Frau verachtete sie zutiefst! Wie kam das Mädchen nur dazu, sie trotz allem überraschen zu wollen? Ihr eine Freude zu machen.

‚Mutter wird sich darüber freuen, da bin ich mir sicher. Vielleicht plaudern wir ja dann endlich einmal ganz entspannt. Das wäre wunderbar. Sie hatte immer so ein schweres Leben. Ich will sie glücklich lächeln sehen und freue mich schon aufs Heimkommen.'

Doch das Wiedersehen nahm einen völlig anderen Verlauf! Gerlinde Richter machte keine Anstalten, den Karton zu öffnen, mit dem sich ihre Tochter die ganze Zeit auf vorsichtigste Weise – damit ja kein Glas zerbrach – abgeschleppt hatte!

„Möchtest du dir denn mein Geschenk nicht wenigstens ansehen? Ich habe mich schon so darauf gefreut, es dir zu zeigen, und jetzt beachtest du es nicht! Schau doch mal hinein, ob dir die Gläser gefallen könnten." Sichtlich gezeichnet hatte Lea Mühe, ihre enttäuschten Tränen zurückzuhalten. Sie hatte diesen Moment wohl viel zu hoch bewertet und Wunder erwartet.

„Du willst doch was von mir oder führst was im Schilde, dass du mir etwas mitbringst! Hast doch sonst auch nichts für mich übrig! Also wieso jetzt plötzlich?"

„Aber Mama, sonst habe ich ja auch nicht die Gelegenheit dazu. Ich wollt dir einfach eine Freude machen, sonst nichts."

„Was bist du doch für ein falscher Fünfziger! Das habe ich schon immer gesagt, und ich habe recht! Du willst dir damit wohl Anerkennung erkaufen, oder wie? Ich hab nichts! Du kriegst nichts! Ich will den Plunder nicht! Geh mir aus den Augen!"

Mit eisiger Miene schob die Frau das Mitbringsel achtlos unter den Stuhl, auf dem die sprachlos schockierte Lea saß.

Diese sprang auf und rannte ins Freie. Sie heulte laut schimpfend, während sie lief und lief. Irgendwohin. Augen für ihre Umgebung hatte sie keine mehr. Vor totaler Erschöpfung musste sie sich übergeben, wischte sich die Reste mit dem Ärmel vom Mund und rannte weiter.

„Ich laufe jetzt, so lange und so schnell ich kann, bis ich tot umfalle!", schrie sie gen Himmel. Mit einem Mal blieb sie stehen, ging in die Hocke, verschlug die Arme auf den Knien, grub das Gesicht in die entstandene Mulde und weinte die erschütterndsten Tränen, an die sich ihr zerrissenes Herz erinnern konnte. Lange kauerte sie so. Nach einer Weile kippte sie zur Seite und blieb einfach liegen wie ein verwahrloster Straßenköter.

Es dauerte eine Zeit, bis sie die vom Boden an ihr hinaufkriechende, kühle Feuchte wieder in die Gegenwart zurückholte. Nun nahm sie auch den Geruch von Erde und Gras wahr. Just in diesem Moment fühlte es sich so an, als hätte ihr jemand gerade in den Hintern getreten und „Steh auf!" geschrien! Es war nur der Ball eines kleinen Jungen, der ihn blitzschnell und mit aufgerissenen Augen an sich riss, bevor er wieder zu seiner Mutter lief.

Lea wollte aufspringen, doch sie schien festgeklebt und in dieser zusammengeklappten Körperstatur eingefroren. Nur mühsam schaffte sie es, sich aufzurichten. Kleidung und Schuhe waren vollkommen verdreckt. Auch in den Haaren hingen Erdkrumen, kleine Steine und ein Laubblatt vom letzten Herbst. Vom linken Ärmel ihres dünnen Strickpullis stach ihr der saure Geruch von Erbrochenem in die Nase, und Reste davon zogen ihre Spur auf dem hellblauen Gewebe. „Ich bin der Abschaum der Welt! Kommt alle her und schaut ihn euch an", ließ sie eine monoton-mechanische Stimme vernehmen. Diese klang wie die eines Roboters mit fast leeren Batterien. Doch selbst für das Ekeln vor sich selbst war sie zu kraft- oder willenlos.

In der Tat blickten sie vorüberziehende Passanten teils verwundert, verächtlich, ausweichend und mit verzerrt angewiderten Gesichtern an und drehten sich noch oft nach ihr um.

„Haha, so kann man auch Aufmerksamkeit schinden!", lachte sie in bitterster Kälte. „Jetzt kaufe ich mir noch eine Flasche Schnaps, setze mich wieder auf den Boden und saufe sie aus! Dann bin ich eine von euch und endlich willkommen zu Hause! Mist! Ich habe ja nicht einmal Geld bei mir! Aber brauche ich das? Ich klaue, was ich haben will! Alex macht's doch auch so."

Die Verzweifelte hatte alles stehen und liegen gelassen und war einfach nur losgerannt. War das gestern oder heute? Wie lange lag das bloß zurück? Lea hatte keinerlei Gefühl, wie spät und welcher Tag überhaupt war. Was konnte da in ihrem Hirn denn nur passiert sein? Blackout?

Zumindest erinnerte sie sich noch daran, wo sie wohnte. Da sie entsetzlich fror und nicht wusste, wohin sie sich wenden sollte, schlich sie an den Ort des Erbrechens zurück, um sich sogleich in ihrem Bett zu verkriechen. An der Wohnungstür angekommen, hörte sie drinnen ihre erbärmliche Mutter mit irgendwem laut lachen, schimpfen und erzählen. ‚Über wen ziehen die denn wieder her?', dachte sie sich, als im gleichen Augenblick ihr Name fiel.

„Ich sage dir, meine übergescheite Tochter Lea zieht uns noch alle über den Tisch! Die kann nicht nur lügen, sondern richtig Theater dazu spielen. Das muss man sich vorstellen.

Kommt die zur Tür herein und tut so, als würde sie mir gleich um den Hals fallen wollen! Faselt davon, sie hätte mir etwas Schönes mitgebracht, und schon beim Aussuchen will sie sich ausgemalt haben, wie ich mich freuen würde, es dann zu sehen." Sie zeigte auf einen kleinen Karton am Boden. „Möchte wissen, wo sie die Dinger wirklich herhat und ob es stimmt, dass sie in Prag war. Bitte, die war erst vor einem halben Jahr in Polen und soll nun schon wieder ausgezeichnet worden sein? Für wie blöd hält die mich eigentlich?" Gerlinde Richter wollte gar nicht mehr aufhören, mit dem Gekeife! Lea dachte bei sich: ‚Die hat bestimmt schon Schaum vor dem Mund' Doch seltsamerweise erreichten sie die Beleidigungen nicht mehr. Körper und Geist mussten auf einen ‚alles egal'-Modus umgesprungen sein, denn ihr war wirklich völlig egal, was man über sie sprach. Hauptsache, man ließ sie in Ruhe!

Die unbekannte Stimme sagte:

„Vielleicht wollte sie sich bei dir einschleimen. Wenn sie so oft im Ausland ist, frag sie doch mal, ob sie dort anschaffen geht. Würde ja nicht auffallen, und dann hätte sie auch das nötige Geld, um dir solche teuren Geschenke zu machen."

„Lea und anschaffen? Nimmst du mich auf den Arm? Für die ist ‚6' nur eine Zahl. Eine andere Bedeutung dafür kennt die nicht!", gab ihre Mutter laut lachend zum Besten.

„Kennst du ihren Alltag? Nein! Weißt du, wo sie sich jeden Tag herumtreibt? Nein! Dann wundert es mich nicht, dass du jetzt überrascht bist! Täusche dich nicht in ihr! Die scheint mir ein ganz gerissenes Luder zu sein!"

‚Was ist denn das für eine Hexe?', überlegte Lea, während sie lautlos in ihr Zimmer schlich. Die vermeintliche Hure von internationalem Format legte sich kopfschüttelnd ins Bett.

‚Warum komme ich nur auf solch realitätsferne Gedanken, meine abartige Mutter tatsächlich erfreuen zu können? Sie hat schon meinen lieben Johannes auf dem Gewissen! Mit mir hat sie sicher das Gleiche vor!'

Von draußen drang indes ein Rascheln und zartes Klimpern an Leas Ohr, als plötzlich wieder Gerlinde das Wort ergriff.

„Schön sind sie schon. Also Geschmack hat sie, das muss man ihr lassen. Wie viel gibst du mir denn pro Glas? Du musst aber alle sechs nehmen. Ich will erstens das Zeug nicht mehr vor mir sehen, und zweitens brauch ich Geld!"

‚Aha. Deshalb habe ich naives Kind also sechs Gläser böhmisches Kristall aus eigener Tasche bezahlt, sie von Prag nach Hause geschleppt, um dann mit ansehen zu müssen, wie Mutter das Geschenk verkauft! Hat Alex nicht damals gesagt, sie macht alles zu Geld, was sie in die Finger bekommt? Wie konnte ich das vergessen? Ich bin selbst schuld! Wie komme ich dazu, zu glauben, sie freut sich ehrlich? Warum bin ich nur so dumm? Warum kann sie mir nicht ein bisschen mehr egal sein?

Du Unmögliche da draußen! Bist du wirklich meine Mutter? Warum tust du mir so weh?'

Etwas war heute in Lea gestorben! Dennoch! Die verzweifelte Ernüchterung war auch gut. Um zu lernen!

Bald schon sollte es endgültig damit vorbei sein, Versuche der Annäherung zu wagen. Nicht etwa, weil Lea die Hoffnung aufgab! Das würde wohl nie eintreten.

Nein! Ein ganz anderes Ereignis war die Ursache dafür, dass es kein weiteres Mal geben sollte, das sie dazu verleitete, auch nur irgendetwas für ihre Mutter oder Geschwister zu tun!

Mit Leas Älterwerden war für Außenstehende nun immer weniger erkennbar, welch schrecklicher Hölle sie als Kind und Jugendliche zu entfliehen schaffte. Sie selbst schwieg darüber. Ihr war bewusst, für alles, was sie tat, war nur sie allein verantwortlich! Ihr kritischer Blick hinter die „heile Welt"-Fassade ostdeutscher Gegenwart blieb aufmerksam und suchend.

Auch die regimetreuen SED-Genossen ihres Ausbildungsbetriebes schienen nicht an mangelndem Einfallsreichtum zu leiden! Sie wussten, der Theorieteil der Ausbildung war bereits erledigt und bis zum Lehrabschluss gab es nur mehr praktische Arbeit zu erbringen.

Aufgrund sehr guter Leistungen durfte die Wunschkandidatin dann tatsächlich ein halbes Jahr früher als vorgesehen die Lehrzeit beenden. Mehr noch! Für ausgezeichnete Leistungen im Sozialistischen Berufswettbewerb wurde ihr zum Abschluss der Berufsausbildung die Karl-Liebknecht-Medaille verliehen.

Lea profitierte nicht unwesentlich von dem frühen Lehrabschluss! Sie bezog nun nicht mehr das normale Lehrlings-Endgeld, das die Kosten für die Monatskarte und tägliches Mittagessen deckte, bevor der spärliche Restbetrag von der darauf lauernden Mutter einkassiert wurde. Die verfrühte Facharbeiterin erhielt nun bereits das gute Gehalt eines solchen sowie alle damit einhergehenden Berechtigungen und Absicherungen.

Spätestens jetzt wurde die Studierwillige erneut gefragt, ob sie denn nun als Kandidatin der SED aufgenommen werden wolle, zumal ihre Anmeldung für ein Elektrotechnik-Studium bereits beim zuständigen Minister liegen und auf seine Unterschrift warten würde.

Jetzt war Lea echt in der Klemme! Die Ausflucht, erst einmal das Studium absolvieren zu wollen, wurde dieses Mal mit den Worten abgeschmettert:

„Entweder, Sie stehen uns als Kandidatin der SED und Vorbild für die Jugend zur Verfügung, oder Ihr Antrag für das Studium wird nicht genehmigt!"

Aber was war das? Plötzlich legte sich eine unendliche, tief befriedigende Ruhe in das Gemüt der Kämpferin. Sie hatte schon die ganze Zeit das Gefühl, man würde sie bald in die Enge treiben, um ihr Zugeständnis zu erpressen! Nicht einmal Enttäuschung regte sich in ihr, als sie mit unerklärlicher Gelassenheit sagte:

„Ach wissen Sie … ich hätte sowieso viel lieber Philosophie, Literatur oder Kunst studiert. Gut! Dann gehe ich eben arbeiten!" Leise lächelnd und schon auch ein wenig überrascht über die eigene Courage, saß sie nun da. Sich völlig bewusst, in diesem Leben wohl nicht zu studieren! Aber mit der sicheren Klarheit im Herzen, dass es richtig war! Niemals würde sie sich verkaufen! Nicht körperlich und schon gar nicht geistig!

Das Studium kam tatsächlich nie zustande! Lea war ein ganz normaler Facharbeiter, hatte eine vernünftige Berufsausbildung mit hervorragenden Leistungen abgeschlossen. Das war doch völlig in Ordnung, oder nicht? Sie machte sich darüber nicht viele Gedanken und war glücklich, eigenes Geld zu verdienen, das noch dazu ein wirklich gutes Einkommen darstellte.

Ihre Mutter hatte sich nicht für die Ausbildung der Tochter interessiert und auch deren erfolgreichen Abschluss nicht mitbekommen. Sie bestand darauf, dass Lea ihr das monatliche Lehrlingsgeld ausbezahlte, kannte aber selbst diesen Betrag nicht genau. Die Clevere war klug genug, zumindest ihre Aufwendungen zurückzubehalten, und die stumpfsinnig bequeme Mutter bemerkte es nicht! Auf die berechtigte Frage ihrer Tochter, zu Beginn der Ausbildung, wie diese die Fahrtkosten aufbringen sollte, um zur Arbeit zu gelangen, hatte die Frau lakonisch geantwortet, das sei nicht ihr Problem! Sie glaube doch nicht im Ernst, auf ewig gratis untergebracht und verköstigt zu werden!

Doch mehr als das Lehrlingsgeld verlangte sie nicht. Für Lea ein sicheres Zeichen, dass der Gierigen entgangen sein musste, dass sie längst ein volles Gehalt bezog.

So weit, so gut. Die Jungerwachsene hatte schon viel erreicht für ein stabiles, gutes Fundament des eigenen Lebensplanes. Aber wer würde diesen mit ihr entwerfen? Wo war er, der wunderbar höfliche zurückhaltend Nette, den sie am einzigen bisher erlebten Discoabend kennenlernte? Interessierte sie ihn so wenig, dass er gar nicht nach ihr suchte? Nein, nein! Sie musste schon gerecht bleiben! Wie sollte er sie denn auch finden? Schließlich war sie damals die Feige, die sich schnell aus dem Staube gemacht hatte!

Sie würde ihn wohl nie wiedersehen. Dumm gelaufen!

Dieses Mal half die technische Rückständigkeit ostdeutschen Herdentriebes dem Zufall beim zufällig sein.

Kaum ein Privathaushalt besaß einen eigenen Pkw. Wer zur Arbeit, in die Schule oder wo auch immer hinfuhr, hatte nur die Wahl zwischen Bus, Bahn oder zu Fuß gehen. Lea pendelte nun schon seit Beginn ihrer Lehrzeit mit den Zügen der Deutschen Reichsbahn zwischen ihrem Wohnort und der Bezirkshauptstadt hin und her, benutzte in beiden Städten Straßenbahnen, um weiterzukommen, kannte inzwischen alle Gesichter und Geschichten ihrer Pendlergemeinde, denn sie wiederholten sich tagein, tagaus. Jede Veränderung – und war sie noch so gering – wurde sogleich bemerkt. Wenn sich ein neuer Fahrgast anschickte, dieser „Kommune" beizutreten, wurde er neugierig-misstrauisch in allem, was er tat, beobachtet. Zum Teil wurde sogar leise gemutmaßt, wohin er wohl wollte, zu wem er gehörte, ob der womöglich nun immer mitfahren würde.

Es war wirklich spannend und aberwitzig, wie sich die alteingesessene Gemeinschaft gegenüber einem Eindringling verhielt. Meist waren es immer die gleichen extrovertiert Neugierigen, die dem Spuk dann ein Ende machten, indem sie den Neuling einfach ansprachen, wer er sei und wohin er fahre.

Die DDR war eben in jeder Beziehung ein „Land vor unserer Zeit", mit Gewohnheiten, die dem Westen völlig fremd sein mussten. Wobei das Pendeln sicher auch dort ähnlich ablief. Wo die Gewohnheit ihre Umgebung durch stetige Wiederkehr lähmend einschläferte, dort riss die kleinste Veränderung alle Murmeltiere aus dem Schlaf!

Einmal war es Sven, der die apathische Morgenruhe allein durch seine Anwesenheit durcheinanderbrachte. Wie kam der junge Mann dazu, in aller Frühe ein frisches, munteres Lächeln zu zeigen? Das war womöglich auch noch ansteckend! Und was tat er jetzt? Er lief auch noch auf Lea zu, um ein Gespräch zu beginnen? Na, das konnte ja heiter werden. Aber sicher nicht ruhig!

Die Überraschte freute sich ehrlich und begann sofort mit der lebendigen Unterhaltung, die sie nicht einmal beim Aussteigen nach der Ankunft unterbrachen.

„Wie kommt es, dass du so früh unterwegs bist?", wollte sie dann noch wissen.

„Ich darf an einem Kurs teilnehmen und muss dann noch durch die halbe Stadt, bis ich endlich da bin. Daher fahre ich lieber rechtzeitig los. Er beginnt um sieben, und so kann ich mir noch ein kleines Frühstück organisieren. Und du? Fährst du etwa immer so früh?"

„Nein. Ich habe die Woche Frühschicht. Diese beginnt um sechs, und ich muss mich noch umziehen", erzählte sie ohne eine Spur von Müdigkeit.

„Wie lange arbeitest du denn?", fragte Sven weiter. „Wollen wir nachmittags auf ein Eis gehen? Ich kenne in der Nähe des Stadtzentrums eine gute Eisdiele, die ich schon ewig nicht mehr besuchen konnte, da ich sehr selten in die Bezirkshauptstadt komme."

Ihm war die große Erleichterung anzumerken, seine liebe Bekanntschaft erneut getroffen zu haben. Das konnte nur ein gutes Zeichen sein!

„Ich habe gegen zwei Feierabend. Um vier fährt mein Zug. Aber für dich würde ich auch einen späteren nehmen." Jetzt lächelte sie hinreißend charmant zu ihm hinüber.

„Wie lange dauert denn deine Schulung?"

„Bis um vier. Aber bis ich wieder in der Stadtmitte bin, wird es schon fünf sein. Das wird zu spät für dich. Schade!"

„Dann lass uns doch zu Hause auf ein Eis gehen", schlug Lea pfiffig vor. „Ich kann mich noch etwas ausruhen, frisch machen, und wir treffen uns in der Eisbar Angerer. Kennst du die?"

„Ganz bestimmt kenne ich die. Ich wohne nicht weit von dort. Das ist ja wunderbar. Wenn du magst, stelle ich dich auch meinen Eltern vor", platzte der Bursche ungewollt heraus. Doch er erntete sogleich die Quittung für sein forsches Herangehen.

„Nein! Auf keinen Fall! Dann lassen wir das lieber", drohte die Rätselhafte, dem Glücklichen erneut zu entweichen.

„Gut", sagte er schnell. Dann bleibt es beim Eis? In Ordnung? Ich freue mich doch so sehr, dass wir uns wieder getroffen haben. Das müssen wir feiern, findest du nicht? Im kleinen Kreis, mit einem Eis!"

Jetzt strahlte ihn die in das Wortspiel Verliebte an.

„Gereimt hast du.
Ich gebe zu.
Gefällt mir gut.
Das macht mir Mut.
Ein Eis ist fein.
Ich sag nicht Nein!"

Dem nachdenklich Erwartungsfrohen ging auf dem Weg durch das Getümmel der Stadt ein Licht auf.

War das etwa ein guter Zugang zu ihr? Wie ungewöhnlich und gleichsam faszinierend. Es gefiel ihm, obwohl ihm persönlich ein Talent in diese Richtung gänzlich fremd war. Aber vielleicht hatte er es ja bisher nur nicht entdeckt, wer weiß.

Die Vorfreude auf den Nachmittag verlieh den beiden Flügel. Sven verträumte sein Seminar total und war nur körperlich anwesend. Er machte keinerlei Aufzeichnungen und würde später Probleme damit haben, dessen Inhalte sinngemäß wiederzugeben.

Bei Lea verhielt sich das vollkommen anders. Hoch konzentriert folgte sie ihren Aufgaben und empfand bei der Erledigung echtes Wohlbefinden. Die tiefe Sicherheit, beste Qualität zu erzeugen, ließ sie sehr souverän und ruhig wirken. Eine ruhige Hand war in ihrem Beruf unbedingt notwendig für ein gutes Gelingen. Jedoch lachte sie heute unaufhörlich still in sich hinein. Wer sie ansprach, erntete fröhlich-schelmische Bemerkungen, begleitet von dem Augenzwinkern kecker Frische, wie sie junge Mädchen gern zeigten. Während der Mittagspause dachte sie angestrengt darüber nach, was sie bei ihrem Treffen wohl anziehen könnte. Sie wollte zum einen beeindrucken, zum anderen nicht aufdringlich wirken, durch das, was sie trug.

‚Ich werde meinem Stil folgen und einfach sein, wie ich bin. Wie immer. Ganz natürlich. Das ist am wenigsten anstrengend und steht mir am besten, glaube ich. Ob ich ihm von meiner Familie erzähle? Vermutlich läuft er mir gleich davon. Aber ich wüsste dann wenigstens, dass er nicht der Richtige ist. Oder ist es noch zu früh dafür? Keine Ahnung! Ach, am besten, ich lasse das ganz locker auf mich zukommen. Es ergibt sich von selbst, und wenn nicht, dann zwinge ich es auch nicht herbei und warte noch.‘

Völlig in die Gedanken an ihr Rendezvous vertieft, vergaß sie das Essen, aber sie hatte sowieso keinen Hunger.

Auf dem Heimweg beschloss sie, einen Zug später nach Hause zu fahren, bummelte über den großen, städtischen Marktplatz mit der wunderschönen Domkirche im Hintergrund und genoss den Sonnenschein dieses Tages. Etwas Schickes zum Anziehen musste her, denn noch immer hatte sie nicht viel zur Auswahl. Das katastrophale Aufwachsen unter unwürdigsten Bedingungen lehrte sie, sorgsam mit ihrem Geld umzugehen, und Angespartes gab es ja auch noch nicht. Musste sie denn das Genießen erst lernen? Irgendwie fehlte dieses Gefühl nämlich. Freimütig und lustvoll neue Kleidung oder Schuhe zu kaufen, stand nicht auf Leas To-do-Liste für Lebensfreude. Freundinnen oder Kolleginnen schwärmten stets davon, doch Lea wusste nie, warum eigentlich. Sie empfand das dauernde An- und Auskleiden beim Anprobieren total mühsam und lästig.

Heute aber freute sie sich darauf und fand auch bald ein hübsches, zartblaues Sommerkleid, mit ganz schmalen roten Spitzenabschlüssen an Dekolleté und knielangem Saumrand. Das ansprechend-feminine Kleidungsstück war optisch zweigeteilt. Ein figurbetont geschnittenes Oberteil mündete auf Beckenhöhe durch ein dezentes, ebenso schmales, rotes Spitzenbändchen, welches vorn ein kleines Schleifchen hielt, in den sanft fließenden Rock. Die Ärmel waren nur ansatzweise erkennbar und bedeckten gerade so die nackte Schulter. Der Stoff fühlte sich sommerleicht und weich an. ‚Genau das Richtige‘, dachte sich die praktisch veranlagte Lea. Sie besaß sogar ein Paar Schuhe dazu, das bisher nur selten zum Einsatz kam, da es für ihren sonst üblichen, eher sportlichen Kleidungsstil meist zu damenhaft wirkte. Für dieses schöne Kleid waren die roten Ausgehschuhe mit halbhohem Absatz aber perfekt.

Die Eisenbahn, in der die etwas müde Gewordene endlich saß, um zu ihrer Verabredung zu kommen, verdiente den Namen Bummelzug! Sie schlich von einem

Bahnhof zum anderen, und Lea kam es doppelt so lange vor als sonst.

Plötzlich aber war sie wieder hellwach!

‚Wir haben für heute doch gar keine Zeit ausgemacht!‘ Fieberhaft dachte sie nach, ob es ihr entfallen sein könnte. Doch sie war sicher, keiner von beiden hatte an dieses winzige, aber umso wichtigere Detail gedacht! Im Geiste überlegte Lea eine wahrscheinliche Zeitkalkulation. ‚Er hat gesagt, der Kurs geht bis um vier. Er würde eine Stunde bis ins Zentrum brauchen. Gut. Wenn er Glück hat, erreicht er den Zug um halb sechs. Das ist ein Schnellzug. Dann ist er um sechs da. Ich gebe ihm eine halbe Stunde dazu. Er wird also nicht vor halb sieben in der Eisbar nach mir suchen. Das ist doch prima! Dann kann ich mich trotz Einkaufsbummel noch frisch machen, mein neues Kleid anziehen und komme nicht zu spät.‘

Ihre Überlegung stimmte fast genau. Unauffällig schaute sich die zuerst Eingetroffene im Lokal um, setzte sich an einen kleinen Tisch für zwei Personen und blätterte in der spärlichen Angebotsliste herum. Darin waren zwar nur drei Eissorten zu finden, doch diese mit Raffinesse zu immer neuen Kreationen zusammengestellt. Die verblüffende Gabe, aus wenig oder nichts etwas zu machen, hatten viele Bewohner dieses Landes entwickelt. Notgedrungen mussten sie das!

Die Wartende entschied sich für einen Schwedenbecher, bestellte aber erst, nachdem Sven wenige Minuten nach ihr das Eiscafé betrat. Drei Kugeln Vanilleeis, Apfelmus, Eierlikör und Schlagsahne. Das klang süß und lecker. Sie machte sich aber einen Spaß daraus, darauf zu lauern, was er wohl auswählte. Hatten sie vielleicht den gleichen Geschmack?

„Du siehst ja ganz bezaubernd aus, Lea! Ich sehe dich zum ersten Mal in einem Kleid. Es ist wunderschön. Ich hatte leider nicht mehr die Gelegenheit, mich für dich hübsch zu machen. Bin direkt vom Zug hierhergelaufen, um dich zu suchen. Ich hatte große Befürchtungen, dass wir uns verfehlen, denn ich kann mich nicht an die Zeit erinnern, die wir vereinbart haben."

„Du hast Glück. Ich bin erst beim dritten Eisbecher!" Der hübsch gekleidete Frechdachs lachte laut los, als sie das erschrockene Gesicht ihres Begleiters registrierte.

„Hey! Das war ein Witz! Entspann dich! Ich sitze genau seit fünf Minuten hier! Ich war genauso erschrocken wie du, als ich krampfhaft darüber nachdachte, welche Uhrzeit wir ausgemacht haben. Gar keine ist die Antwort! Wir haben es beide vergessen!"

Nun erhob sie sich, mit der Ausrede, das WC zu besuchen. In Wirklichkeit bestellte sie heimlich ihren Schwedenbecher. Es wäre zu lustig, wenn er es auch tat. Ja, es war nur ein Spiel, aber das machte ihr Spaß.

Wenig später saßen zwei junge Leute in der Eisbar Angerer, an einem Tisch für zwei Personen, an ihrem Schwedenbecher. Man konnte meinen, es gab nichts anderes!

„Darf ich dich bitte heute nach Hause bringen?", bettelte der junge Mann vorsichtig, sehr sanft und höflich. Dann fügte er hinzu: „Ich müsste nur einen Abstecher zu unserem Garten machen. Meine Mutter trug mir heute Morgen auf, etwas Gemüse mitzubringen. Vater hätte es schon bereitgestellt, ich muss es nur abholen. Der Garten ist wenige Minuten von hier entfernt. Bitte begleite mich, und ich bringe dich dann nach Hause. So können wir den herrlichen Abend noch für einen Spaziergang nutzen. Ist das in Ordnung für dich?"

„In Ordnung. Früher oder später wirst du es eh tun", lächelte sie unsicher beunruhigt.

„Was ist mit dir? Warum darf ich nicht wissen, wo du wohnst? Mir ist das bei unserem ersten Treffen schon aufgefallen. Aber es verwirrte mich extrem und du warst auch schon weg! Bitte entschuldige, Lea. Ich will auf keinen Fall aufdringlich sein oder was auch immer du denkst. Alles, was ich möchte, ist, dass wir in Verbindung sind und ich für dich da sein kann, wenn du mich brauchst."

Erleichtert strich Sven seinen winzigen Eisbart in die Serviette. So viel Mut hatte er lange nicht mehr gezeigt. Er resultierte wohl aus der Angst, sie könnte ihm noch einmal, von einer Sekunde auf die andere, verloren gehen.

„Bitte lass mir etwas Zeit, mit dir über bestimmte Sachen zu reden, ja? Es ist mir im Moment noch zu früh dafür." Die aufrichtige Bitte der eben noch unbeschwert Lachenden verwandelte ihr Gesicht in eine steinerne Miene trauriger Ratlosigkeit. Der Bursche spürte diese Beklemmung sehr deutlich und fragte nicht weiter nach. Der heutige Nachmittag sollte ihnen beiden gehören und nicht ihren Sorgen oder Ängsten!

‚Sie hat so schöne Augen', dachte er bei sich. ‚Voller Tiefe, Wärme und Sehnsucht. Blau, wie der Ozean. Ihre Melancholie zieht mich an. Ob sie es schafft, mir zu vertrauen? Mir ist noch nicht bekannt, wovor, doch was es auch sein mag, ich will sie vor allem beschützen, sofern sie es erlaubt!'

„Ihr habt also sogar einen Garten?", beendete Lea die erwartungsvolle Stille.

„Ja. Es ist das Hobby meines Vaters. Er baut verschiedenes Gemüse an. Fläche zum Erholen gibt es dort nicht. Dafür aber Kartoffeln, Möhren, Bohnen, Erbsen, Kürbis, Gurken, Zwiebeln, Lauch und sogar Spargel! Er muss alles, was im Boden wächst, ausprobieren und freut sich dann wie ein Kind, wenn es gut gedeiht. Wenn er nicht an der Arbeit ist, dann in seinem Garten! Heute ist er zur Ausnahme bei einem Brigadeabend an seiner Arbeitsstelle. Nach Hause kommt er nur zum Essen, Fernsehen und Schlafen. Das klingt gesund, nicht wahr? Er gleicht das aus mit starkem Rauchen! Das ist das Einzige, das mich an meinem Vater stört. Sonst ist er schwer in Ordnung!

Neben meinem Bruder, den du ja nun schon kennst, habe ich noch zwei Schwestern. Martina ist zwölf, Tanja fünfzehn Jahre alt."

Der Erzählende hütete sich davor, zu erwähnen, dass sie sich sicher bald kennenlernten! Alles, was nach zu frühem Kontakt roch, schlug seine scheue Freundin sofort in die Flucht! Er würde noch herausbekommen, warum. Aber nicht heute!

„Spielst du Schach?", zog ihn eine forschende Frage wieder in das Hier und Jetzt.

„Das wäre nämlich toll. Ich lernte es als kleines Mädchen und spielte seither nie wieder. Blutige Anfängerin also. Aber ich möchte es sehr gern wieder spielen."

„Leider!", verriet sein kopfschüttelndes Gesicht nun überraschtes Staunen. „Da muss ich passen. Hast du Lust, es mir zu zeigen?"

„Aber nur, wenn du wirklich Interesse hast. Ich müsste mir nämlich erst einmal ein schönes Spielbrett und Figuren kaufen. Zumindest weiß ich die Regeln. Die Kniffe beim

Ziehen und Schlagen kommen dann schon von ganz allein."

Unvermittelt beendete sie die Erklärung und betrachtete ihr Gegenüber prüfend.

„Nun schau nicht so gequält. Es war nur eine Frage! Ganz spontan. Kein Problem, wenn du nicht spielst."

Lea winkte die Kellnerin herbei und bat um die Rechnung.

„Bitte fühl dich eingeladen", mischte sich der Kavalier ein. „Ich habe dich schließlich gefragt, ob wir heute auf ein Eis gehen. Schon vergessen?"

Der gemeinsame Spaziergang war wunderbar. Sie genossen ihr beobachtendes Schweigen ebenso wie manche Plauderei über Job und Alltag. Sven war von Beruf Forstarbeiter. Dadurch kannte er sich sehr gut aus mit Baum und Wald. Er berichtete von der fast aussichtslosen Mühe, den Borkenkäfer – einen Schädling, der den gesunden Baumbestand massiv bedrohte – in seinem zerstörerischen Tun aufzuhalten. Die interessiert Zuhörende fragte nach, wie man den Befall erkannte, wie Mensch sich verhalten sollte, um indirekt mitzuhelfen, die Ausbreitung einzudämmen. Immer neue Fragen fielen ihr ein, denn in die Natur war sie verliebt. Großartig, dass er einer solchen Tätigkeit nachging.

Im Garten angekommen, der sich am Ende einer übersichtlich strukturierten Kleingartenanlage befand, wartete ein kleines Behältnis aus emailliertem Blech, gefüllt mit Möhren und Zwiebeln, auf Abholung. Daneben lag ein Kohlkopf mit eigenwillig gewelltem Blattwerk.

„In eurer Küche rieche ich Wirsingsuppe", lachte die mutmaßende Spaziergängerin.

Die Verlockung lag nahe, sie darauf einzuladen, doch er verkniff es sich, in guter Erinnerung daran, wie sie auf den Vorschlag der Bekanntmachung in seiner Familie reagierte. Es hatte Zeit.

Abendsonne tauchte die Umgebung in goldenes Licht, als sie durch den Park gingen, um Lea nach Hause zu bringen. Dabei zeigte sie Sven ihren Stammplatz, an dem sie sich aufhielt, so oft es möglich war.

„Lass uns dort ein wenig Platz nehmen. Ich möchte jetzt noch nicht zurück ins echte Leben. Ich fliege gerade so schön", lächelte sie verträumt. Sie setzten sich auf ihre Lieblingsbank, und zaghaft kuschelte sie sich zu ihm.

„Weißt du, in meiner Vorstellung fliege ich sehr gern. Ich stehe ganz weit oben auf dem Gipfel eines Berges. Über mir ist nur mehr Himmel. Ich breite die Arme aus wie ein Adler seine Flügel. Laufe auf den Abgrund zu, lege den Oberkörper gegen den Wind und hebe ab. Schwerelos lasse ich mich treiben. Ich bekomme ein herrliches Gefühl von Freiheit, spiele ein wenig mit der inneren Balance und dem Unvorhersehbaren von Mutter Natur. Doch ich scheine unverwundbar, denn ich werde gehalten von unsichtbarer Hand. Stehe über allem, was da unter mir geschieht, bei meinen Brüdern und Schwestern auf der Erde. Wenn ich aus dem Traum erwache, ist es manchmal schon spät. Doch es vermisst mich niemand. Es ist vollkommen egal, wo ich wann und wie lange bin. Es interessiert keinen. In mir trage ich aber die herrlichen Bilder und die Gewissheit, es kann mir nichts passieren. Das ist so gut. Verstehst du?"

Ununterbrochen hatte der verzauberte junge Mann sie im Seitenprofil betrachtet. Fasziniert von ihrer Erzählung sagte er dann:

„Schade, dass ich es nie so wiedergeben kann, wie du gerade eben. Das war wunderschön. Ich möchte das am liebsten jeden Tag hören. Deine Stimme klingt dazu so weich. Du hast unglaubliche Energie. Sie scheint von einer Qualität zu sein, die mir bis jetzt nicht bekannt war. Einfach magisch! Du hast ja keine Ahnung, wie schön du bist!"

Das Mädchen errötete. Sie spürte förmlich, wie ihr das Blut in die Wangen schoss. Ihr Herz schlug wild, als hätte es gerade eben besagten Gipfel erklommen.

Sven streichelte behutsam eine seidige Haarpartie aus ihrem Gesicht und berührte dabei für eine winzige Sekunde ihre Stirn und den Nacken. Die Genießerin legte den Kopf ein wenig zur Seite und schloss die Augen.

‚Was für ein schöner Moment. Sein Geruch ist atemberaubend gut. Er muss ganz nah sein, denn ich kann die Wärme seiner Haut, seinen Atem und Herzschlag deutlich fühlen.'

Lea tastete sich blind und extrem vorsichtig zu seiner Hand, hielt sie für kurze Zeit, bevor die Entdeckungsreise sie Richtung Brustkorb, zu Schulter und Nacken des wunderbaren Begleiters führte, um dann mit den Fingerspitzen die Umrisse des Ohres zu erkunden.

Ihre Lippen begegneten sich. Aufgeschreckt scheu wichen sie zurück, um sich erneut, um eine Spur sanfter, zu berühren. Es blieb zunächst bei zärtlich verspielten Lippenbekenntnissen, die dafür aber überaus genussvoll und behutsam waren.

Da war dieses unbekannte Kitzeln im Bauch und eine seltsame Lust auf mehr Berührung. Warum meldete sich keine Angst? Wo waren Leas Verstand und die notwendige Vorsicht geblieben?

Als sich das Paar beim Abschied zum ersten Mal küsste, hätte sich die bis in die Haarspitzen Verliebte gewünscht, dass die Zeit anhielt. Diesen Augenblick würde sie im Leben nicht mehr vergessen! Glücklich beseelt schlief sie heute ein und vermochte nicht einmal, das Rumpeln der lauten Straßenbahnen wahrzunehmen. Am Morgen strahlte sie den Spiegel ihrer Seele an, und am Weg zur Arbeit reimte sie in den Wind, was ihr gerade einfiel.

An Tagen wie diesem umarmt mich die Welt.
Vermag nicht zu sagen, was mir so gefällt.
Die Engel noch schlafen, ich küsse sie leis.
Und mich küsst das Glück, von dem ich nicht weiß,
woher es gekommen, wie lange es bleibt ...
und welche Geschichte es heut für mich schreibt.
Es lächelt mich an, macht Lust auf den Tag.
Mein Herz, es erzählt, wie sehr es dich mag.
An Tagen wie diesem bin ich ganz bei mir.
Doch sag mir, mein Freund, wie ist das bei dir?
Erkennst du die Sonne, auch wenn sie nicht da?
Erzählt dir der Mond, den ich eben noch sah?
Begleiten die Sterne dich überall hin?
Und geht es dir gut, wenn ich bei dir bin?
An Tagen wie diesem spür ich deine Hand
und unser gemeinsames, schützendes Band ...

Alles erschien für die von beschwingter Leichtigkeit Getragene in einem ganz neuen Licht. Ihr fiel vor allem diese allgemeine Freundlichkeit unter den Menschen auf. Wohin sie auch schaute, in fast jedem Gesicht fand sie ein

Lächeln. Sie fühlte sich einfach großartig! Schade, dass man dieses Empfinden nicht konservieren konnte.

Von da an besuchte sie ihr Freund regelmäßig, je nachdem, wie es sich mit ihrer Schichtarbeit vereinbaren ließ. Sven kam jedoch nie mit hinein, und Lea forderte ihn auch nicht dazu auf. Er zeigte sich geduldig ruhig. Sie würde selbst entscheiden, wann der richtige Zeitpunkt war.

So schlugen sie jedes Mal entweder Wurzeln vor der Tür oder gingen spazieren. Einige Wochen ging das so. Lea wurde unruhig. Sollte sie sich langsam trauen, zu *ver*trauen? Brachte sie den Mut auf, den Geliebten in die dunklen Geheimnisse ihrer maroden Herkunft einzuweihen? Zumindest ansatzweise tat sie es, denn der bestehende Zustand eignete sich keinesfalls für das Planen einer gemeinsamen Zukunft. Einmal mehr wurde ihr bewusst, dass sie diese schwere Last nie loswurde!

Doch ihr schmutziges Zuhause schien ihm gleichgültig zu sein. Er wirkte oft erschüttert über manche Einzelheit, zeigte Anteilnahme und Interesse für sie als Mensch. Niemals aber würde er ein Gespräch mit ihrer Mutter oder anderen Angehörigen führen. Mit solchen Grenzgängern der Gesellschaft wollte er nichts zu tun haben! Das kränkte die feinfühlig Empfindsame. Auch wenn sie sie im Inneren ablehnte, so war das dennoch ihre Herkunft. Wer konnte sich diese schon aussuchen? Sie gehörte zu ihrem Leben, war ein Teil von ihr.

Wenn er ihre Zukunft war, so durfte er ihre Wurzeln nicht ignorieren, wollte er sie wirklich als Ganzes kennen.

Die Ursachen ihrer tiefen Verletztheit lagen nicht bei ihm. Das war ihr mehr als bewusst. Im Grunde traf auch ihre Mutter keine Schuld für deren grenzenloses Versagen bei der Erziehung ihrer Kinder. Ebenso wenig die Großmutter, der Hass und Gewalt an ihrem Kind – Leas Mutter – näherlagen als Liebe und Fürsorge.

Der furchtbare Ursprung allen Übels lag in den unfassbar grausamen Ereignissen eines Weltkrieges, wie ihn die Menschheit bis dahin in einer solchen Brutalität noch nie an sich selbst verbrochen hatte!

Der Jungerwachsenen, ohne geborgene Kindheit, ohne behütendes Zuhause, leuchtete ein, dass dieses schwere Erbe unabänderlich war! Keine Frage! Das erbärmliche Fehlverhalten der handelnden Personen, Vergewaltigungen, Hasstiraden, Quälereien an wieder Unschuldigen waren schwer zu verurteilen! Die Verantwortung dafür war diesen Menschen auch keineswegs abzunehmen! Doch, um diesen entsetzlichen Teufelskreis ein für alle Mal zu durchbrechen, blieb nur eine Alternative! Das Geschehene anzunehmen, wie es war, Hintergründe zu erforschen und verstehen zu *wollen!* Dem Verzeihen im Herzen die Zeit zu geben, die es zum Reifen brauchte. Um überhaupt imstande zu sein, diesen unsagbaren Schmerz für immer loszulassen.

Wirklich frei zu sein!

Doch wem konnte sie diese Gedanken schon verständlich machen? Auch bei Sven traf sie auf eine vorgefertigte Meinung. Gesindel war abzulehnen! Noch dazu, wenn es seinem geliebten Mädchen das Leben so zur Hölle machte.

Die Erklärungen der Leidgeprüften zu dem Irrwitz ihres Lebensweges klangen nicht nach Rache, Wut oder Hass. Sie entschuldigte auch nicht im Geringsten, was man ihr angetan hatte! Aber wie war es möglich, dass sie verzieh? Alles, was der Bursche bis jetzt von ihr erfahren hatte, erzeugte schon bei reinem Zuhören totales Unverständnis, Zorn und abgrundtiefe Abscheu gegen solche Menschen!

Doch ihrer Aussage nach konnten es die Beteiligten nicht besser, als so, wie sie handelten, da sie selbst eine schwere Last zu tragen hatten und nicht fähig waren, sich davon zu befreien.

Diese Meinung teilte Sven in keiner Weise mit ihr! Mit Ausnahme seiner Lea mied und verachtete er diese Familie, sprach es aber nicht offen aus.

Es widersprach jedem normalen Menschenverstand, was dort geschah! Zeitweise geriet er sogar in Wut, wenn er die Bestürzung seiner geliebten Freundin und demgegenüber die eigene Ohnmacht wahrnahm. Für ihn stand fest, ihr ein völlig neues, gutes und sicheres Leben zu ermöglichen. Selbst wenn der Weg ein sehr weiter werden würde.

Sollte er mit seinen Gedanken über diese Leute recht behalten? Alles deutete schwer darauf hin, als …

Raus hier! Aber schnell!

Als Lea eines Tages von der Arbeit nach Hause kam, wartete schon Post auf sie. Ein Brief ihrer Mutter, mit einer ganz klaren Aussage, lag auf dem Bett.

„Raus hier! Aber schnell!" – funkelte es ihr auf dem Kuvert drohend entgegen! Die Überraschte stellte eine erste Hypothese an.

‚Sicher hat sie von irgendwem erfahren, dass ich kein Lehrling mehr bin und die Frechheit besitze, mein Geld großteils für mich zu behalten. Aber eigentlich kann sie das nicht wissen! Es sei denn, sie hat in meinem Zimmer herumgeschnüffelt und etwas gefunden.'

In dem Schreiben wurde die Tochter aufgefordert, unverzüglich das Zimmer zu räumen! Es würde für den „Knastbruder" Alex dringender gebraucht. Sie müsse daher sofort ausziehen! Weiter stand geschrieben, Lea hätte sowieso nie zur Familie gepasst und sich abgesondert. Keiner wüsste, was sie überhaupt den ganzen Tag machte, wenn sie nicht da war. Es wäre also höchste Zeit, getrennte Wege zu gehen!

Diese Frau – angeblich leibliche Mutter der Delogierten – gab ihr eine Woche Zeit, alle ihre Sachen zusammenzupacken und zu verschwinden! Ohne auch nur ein Wort mit ihr darüber gesprochen – oder sie wenigstens vorgewarnt zu haben! Unter Tränen stellte die Verzweifelte ihre Mutter zur Rede. Jedoch wollte diese nicht mit ihr reden! Kurz, knapp und eiskalt sagte sie:

„Alles, was ich noch in diesem Zimmer finde, nachdem du gegangen bist, wird vernichtet!"

„Um Himmels willen, Mutter! Was habe ich dir getan? Warum tust du mir das an? Wohin soll ich denn jetzt gehen? Ich bin doch genauso wie alle anderen dein Kind und habe kein anderes Zuhause!", versuchte das Mädchen, sie umzustimmen. Vergeblich! Längst schon hatte sich die Herzlose von ihr abgewandt und tat so, als sei sie nie hier gewesen!

Anwesende Fremde schauten seltsam lächelnd durch sie hindurch, wie durch ein Stück Pergament.

Zutiefst niedergeschlagen erzählte sie Sven von dem Desaster, zeigte ihm den Brief und war nicht mehr fähig, nachzudenken, was sie jetzt tun konnte, um zumindest einen Platz zum Schlafen zu finden!

„Wie soll ich nur meine Sachen transportieren? In diesem Haushalt gibt es keine Koffer oder Taschen! Alles liegt ungeordnet herum! Meine Bücher, all die Aufzeichnungen und Dokumente – wie kann ich denn nur meine persönlichen Sachen retten? Stell dir vor, sie hat mir bereits angedroht, dass sie alles vernichten wird, was sie noch findet! Innerhalb einer Woche muss ich nicht nur irgendwelche Behältnisse finden, sondern auch einen Platz, um das Ganze zu lagern! Und vielleicht jemanden, der mir beim Tragen hilft. Eine Woche ist schnell vorbei, und ich muss doch auch arbeiten!"

Sven war voller bestürzter Ratlosigkeit. Er hatte seinen Eltern noch nicht viel über seine Freundin erzählt. Sie wussten lediglich, dass er sehr verliebt war, was ja unter jungen Leuten häufiger vorkam.

Jetzt war er gezwungen, zwei Dinge gleichzeitig zu tun! Sie ihnen vorstellen und erklären, dass sie sofort bei ihnen einziehen müsse, da sie kein Dach über dem Kopf hätte. Sie würden erfahren, aus welchen unmöglichen Verhältnissen sie stammte und es möglicherweise ablehnen, dieses gestrandete Geschöpf aufzunehmen. Aber welche Wahl hatte er? Sven ließ sein Mädchen nicht im Stich! Mit aller Konsequenz war er für sie da! Sie wagte aber nicht, daran zu glauben! Extrem verunsichert, voller Angst, Scham und gehemmt im Denken und Tun, trat sie seinen Eltern erstmals unter die Augen. Svens Vater, ein gutmütig wirkender, untersetzter Mann mittleren Alters, war wundervoll! Ständig musste er sich das eigenwillig naturgewellte, hellbraune Haar aus der hohen Stirn streichen, damit die fröhlichen grünbraunen Augen, mit einem verschmitzten Funkeln, auch ja nichts vom Geschehen verpassten. Mit kleinen Scherzen, erlösendem Lachen und ehrlicher Anteilnahme an ihrer Geschichte, nahm er sie schließlich in seine kurzen, aber kräftigen Arme, drückte sie an seinen fülligen Leib und begrüßte sie als seine dritte Tochter. Bitterste Tränen quollen plötzlich hervor. Lea konnte sie nicht aufhalten, weinte und schluchzte so stark, dass sie zum Sprechen nicht mehr imstande war. Sie selbst hatte nie einen Vater! Nicht einmal einen schlechten! Und jetzt begegnete ihr ein Mann, den sie noch gar nicht kannte, der warmherzig, freundlich zu ihr war und sein Zuhause als das ihre erklärte! Einerseits war das Mädchen überglücklich, dies erleben zu dürfen. Andererseits quälte sie ein tiefes Gefühl von Entwurzelung! Es glich einer Nussschale auf tosender See, die, dem Untergang nahe, doch immer wieder durch die Gesetze der Natur nach oben kam.

Vollkommen anders hingegen verhielt es sich mit der Mutter des jungen Mannes, der sich scheinbar zu früh gefreut hatte über den positiven Verlauf dieses besonderen Kennenlernens. Sie war klein, von schmaler Gestalt und das Lachen schien ihr fremd. Mit strengem, abschätzenden Blick und verkrampft wirkenden schmalen Lippen, über denen sie ihre unglaublich magere kleine Nase räusperte, musterte sie den unfreiwilligen Familienzuwachs.

Etwas schien sie an Lea zu stören, welche aber nicht zu sagen vermochte, was das sein konnte. Sie sprachen nur wenig miteinander. Vielleicht hielt sie die „neue Tochter" ja für einen Eindringling in ihr geregeltes, ruhiges Leben. Welche Frau hatte es schon gern, wenn wie aus dem Nichts eine weibliche Person kam, die alles zu verändern drohte. Ihr Mann mochte sie auf Anhieb gern. Vielleicht sah sie die junge Attraktive ja sogar als Konkurrentin.

Lea spürte starkes Unbehagen. Sie sehnte sich so sehr nach mütterlicher Fürsorge. Doch sie verstand auch das Abwehrverhalten der Frau gegenüber dieser Unbekannten. Gedanken drehten sich im Kreis und hämmerten dem Mädchen gegen die Schläfen.

‚Bitte! Ich brauche Hilfe! Auf keinen Fall will ich in einer anderen Familie Unfrieden stiften! Ich schätze euer harmonisches Miteinander. Ich möchte es auch einmal so haben, wenn ich Mann und Kinder habe. Aber im Moment habe ich nicht einmal einen Platz zum Schlafen und ein Dach über dem Kopf!'

„Es tut mir leid, dass ich so plötzlich in euer Leben eindringe!", hörte sie sich dann selbst sagen, ohne dass sie es zuvor hatte steuern können. Es musste ihre Seele sein, die da sprach.

Svens Mutter fühlte sich vermutlich ertappt bei ihren schlechten Gedanken über eine Schwiegertochter in spe.

„Wir werden uns schon irgendwie zusammenraufen", murmelte sie einen Ansatz von Entschuldigung. „Du wirst vorübergehend in Henrys Zimmer bleiben müssen, denn ein Gästezimmer haben wir nicht, und alle Räume sind bereits belegt. Es muss auch eine schnelle Lösung gefunden werden, denn noch eine Person mehr passt schlicht und einfach nicht in die Wohnung!"

Diese nüchterne Feststellung äußerte sie in abgeklärter Ruhe, ohne die geringste Emotion dabei. Lea fröstelte und wollte am liebsten sofort gehen. Aber wohin? Die Frau war ihr nicht sympathisch. Unangenehme Abneigung lag da zwischen ihnen. Vertrauen konnte sich hier wohl nicht aufbauen. Lea hatte das Gefühl, sich entschuldigen zu müssen, überhaupt existent zu sein!

Die beiden Schwestern ihres Freundes waren unkomplizierte Mädchen. Fleißig, aufmerksam, hilfsbereit, sodass man sie einfach mögen musste. Es war schön, mit ihnen zu plaudern, passierte wohltuend ungezwungen und fröhlich. Äußerlich waren sie sehr verschieden. Die eine war recht groß, übergewichtig, hatte eine laute, aber herzliche Stimme und schien auch im Wesen recht unempfindlich und spontan zu sein. Ihr roter Kurzhaarschopf und die bemerkenswert weiße Haut komplettierten diese etwas derbe Erscheinung.

Die andere hingegen war um einiges kleiner, schlank und machte den Anschein einer intellektuell Verbissenen. Ihr braun gewelltes, halblanges Haar band sie meist zu einem Knoten, der etwas windschief zerzaust am Hinterkopf hing.

„Und wo ist Henry?", wandte sich Lea an Sven.

„Ach, unser Bruderherz ist gerade bei der Armee. Er muss in Summe eineinhalb Jahre abdienen und hat noch ein ganzes Jahr vor sich, der Arme! Er ist nur selten da. Hab keine Angst. Du nimmst ihm sein Bett nicht weg. Es wird zurzeit eh nicht benutzt", versuchte er ein aufmunterndes Lächeln.

Zumindest für diese Nacht war die noch immer schwer Schockierte untergebracht. Sie fühlte sich aber hundsmiserabel und konnte unter keinen Umständen hier ihr Lager aufschlagen! Ihr musste etwas einfallen! Doch es war gut, etwas Zeit gewonnen zu haben.

Sven trommelte ein paar Freunde zusammen, die Lea beim Transportieren ihrer Habseligkeiten helfen sollten. Doch die unmögliche Frau ließ ihre Tochter kein weiteres Mal die Wohnung betreten! Ein paar Kisten, die diese noch geschafft hatte zusammenzupacken, standen vor dem Haus. Alle anderen Gegenstände, Unmengen von Büchern, Dokumenten, ihr Schulaufsatz aus der Deutschprüfung, Kleidungsstücke, was immer es sonst noch war, sah die wie vor den Kopf Geschlagene nie wieder! Aus einer Woche Räumfrist war sage und schreibe ein einziger Tag geworden!

In Svens Familie wurde sie integriert, so gut es gelingen konnte. Dafür war sie allen Beteiligten aus tiefstem Herzen dankbar. Vor allem die Mädchen mochten sich von Beginn an gern. In die Nähe des Vaters traute sie sich anfangs nicht. Dieser war aber so herzlich, naturverbunden, offen und ehrlich, dass sich das anfängliche Misstrauen sehr rasch in vertraute Verbundenheit wandelte. Lea fühlte sich tatsächlich wie eine Tochter, mit einem echten, liebenden Vater! Klingt das nicht nach etwas ganz Normalem, Selbstverständlichem? Das war es keineswegs, wie wir inzwischen wissen!

Mit Erschrecken stellte Lea fest, dass sie keine Ahnung hatte, wie eine Mutter-Tochter-Beziehung überhaupt funktionierte. Es machte sehr viel Spaß, gemeinsam Arbeiten im Haushalt zu erledigen, und manchmal ergab sich dadurch die Möglichkeit, ein wenig ins Plaudern zu kommen. Dabei verriet die junge Frau der älteren ihre Liebe zu Musik, Literatur und dem Schreiben, was sie aber bis jetzt nie recht leben konnte.

Pragmatisch erklärte die im Beruf als Kindergärtnerin Tätige: „Wir tragen doch alle die verschiedensten Träume in uns, die sich nie erfüllen. Du siehst doch, der Alltag verlangt ganz andere Dinge von uns." Als wäre das Gespräch die lästigste Nebensache der Welt, lief sie ohne Unterbrechung geschäftig durch die Wohnung, sprang zum Ofen, um in der Suppe zu rühren, zeigte kaum Beteiligung in ihren schmalen, immer gleich strengen Gesichtszügen.

Die interessiert Zuhörende widersprach jedes Mal, wenn sie sich über solche Themen austauschten.

„Das stimmt schon. Ich gebe dir aber nur teilweise recht. Alltag hin oder her! Das ist doch kein Grund, mit dem Träumen aufzuhören!"

Einmal eskalierte das Gespräch, das meist geprägt war von Geringschätzung einer Mutter, die von sich selbst glaubte, alles zu wissen und richtig zu machen. Ihre wohl geratenen Kinder waren schließlich der Beweis dafür!

Lea beharrte während der Diskussion auf ihrer Meinung: „Ich glaube, dass manches einfach nur sehr viel Geduld braucht. Der richtige Zeitpunkt muss erst kommen, damit es sich erfüllen kann. Das kann vielleicht sehr lange sein. Ich habe das Gefühl, es schon einige Male so erlebt zu haben. Möglicherweise kommt es auch nur darauf an, wie wichtig mir selbst etwas ist. Ist es wichtig genug, dann mache ich meinen Traum zum Ziel und versuche, es zu erreichen. Was denkst du darüber?"

„Das sind doch alles Hirngespinste! Und wie weit bist du damit gekommen?", entgegnete die ach so erfahrene Erzieherin. „Wie lange willst du dich denn durch das Leben träumen, bis du erkennst, dass du handeln musst?"

Lea wurde zornig! Sie verstand das als Angriff auf ihre Person.

„Willst du sagen, ich bin ein Tunichtgut? Eine Faulenzerin? Neben meinen Überzeugungen und Tagträumen gehe ich arbeiten, habe einen Beruf erlernt, die Schule besucht! Überall mit sehr guten Leistungen! Was willst du mir sagen? Dass ich nichts tauge, weil ich aus einem miesen Elternhaus stamme?"

Zutiefst verletzt verließ sie zornig die Küche und ging hinaus, an die frische Luft.

‚Mit diesem Drachen halte ich es nicht aus! Ich muss weg von dort! Ich werde zu Oma und Opa fahren und mit ihnen sprechen. Vielleicht kann ich ja bei ihnen wohnen, bis ich etwas Eigenes habe. Aber dann fängt Oma Mathilde wieder mit ihren Schuldzuweisungen und Vorwürfen an! Das geht ja auch nicht! Was mache ich denn jetzt?'

Der Zorn hatte sich in Ratlosigkeit gewandelt. Doch Lea spürte auch Stolz in sich und redete sich zu.

„Ich bin gut, so wie ich bin! Egal, ob Leute das Gegenteil behaupten! Sie kennen mich nur nicht. Deshalb denken sie so. Ich werde das schaffen! Auch wenn es im Moment nicht so aussieht."

Am Abend entschuldigte sich Svens Mutter. Sie hatte ihrem Mann von dem Zwischenfall erzählt und erklärt, dass sie das ganz anders gemeint hatte, als es verstanden wurde. Dieser jedoch wies seine Frau energisch zurecht und bestand darauf, die Sache zu klären. Schließlich sei sie die Pädagogin und nicht er!

Lea war überrascht und sagte:

„Als ich draußen spazieren ging, setzte ich mich auf meinen Lieblingsplatz im Park. Um mich zu beruhigen, schrieb ich ein kleines Gedicht. Wollt ihr es hören? Ich lese es euch gern vor. Aber bitte seht es nicht als Provokation! Ich träume sehr gern, und es gehört einfach zu meinem Leben."

Alle sahen sie nun verwundert an.

„Du schreibst Gedichte?", entfuhr es Svens Mutter. „Das wusste ich ja noch gar nicht. Das ist aber schön. Ich bin sehr interessiert. Vielleicht kannst du mir ja mal etwas für die Kleinen im Kindergarten schreiben. Hättest du Lust dazu?"

Die sonst kühl reservierte Frau schaute sie an und zeigte doch tatsächlich ein nettes Lächeln. Was sie da sagte, freute das Mädchen, und aller Ärger war vergessen.

„Danke! Ja, sehr gern schreibe ich etwas für die Kinder. Aber hört erst einmal zu. Bin gespannt, wie euch mein kleiner Reim gefällt.

Träume sind, das ist mir klar, nicht real! Nur scheinbar wahr.
Manches Feuer wird entfacht, in der Stille einer Nacht.
Was du täglich suchst im Leben, Fantasie kann dir das geben.
Und bedeutet es dir viel,
machst du manchen Traum zum Ziel!
Vorstellung ist eine Kraft, die für dich Visionen schafft.
Was mal sein kann. Wie das geht.
Siehst den Weg dorthin konkret.

Machst eine Idee daraus, schaut es auch schwer lösbar aus.
Ein genialer Plan muss her! Unlösbar ist das nicht mehr!
So entsteht Veränderung. Manches bekommt neuen Schwung.
Es ist längst schon Wirklichkeit,
was nicht echt war lange Zeit.
Und du sagst, ein Mensch versäumt nur sein Leben,
wenn er träumt?
Berge er dabei versetzt! Neue Denkanstöße schätzt!
Du glaubst nur, was du auch siehst?
Oft sind Schlüsse, die du ziehst,
alt, verstaubt und nicht modern! Neues hast du ja nicht gern.
Träume sind ein erster Schritt in die Zukunft!
Komm! Mach mit!"

„Das ist ja wunderschön!", lobte ausgerechnet die sonst so hölzern Wirkende, welche noch am Vormittag nur tadelnde Worte zum Thema Träume fand. Dem gefühlvollen Vater des Hauses standen Tränen in den Augen. Erschrocken wollte Lea den Grund dafür wissen. Sie mochte diesen Mann sehr gern, der vermutlich längst ihre besondere Tiefe und das hohe Maß an sozialer Intelligenz wahrgenommen hatte.

„Mach dir bitte keine Sorgen, liebe Lea! Ich bin nur sehr gerührt und wirklich ergriffen, was du, angesichts der furchtbaren Bedingungen, unter denen du schon leiden musstest, für ein großartiger Mensch bist. Bitte erhalte dir dieses ,Suchen'. Es ist von ganz besonderem Wert und wird dich auch in schlimmer Not schützen! Aber vermutlich hast du das schon lange vor mir selbst herausgefunden. Sonst wärest du nicht so, wie du heute bist! Vielen Dank, dass du uns an deinen großen Gedanken teilhaben lässt. Das ehrt mich zutiefst. Daher die Tränen."

„Aber warum bedankst du dich denn?" Lea schien völlig verwirrt zu sein. „Ich habe euch zu danken! Dafür, dass ihr mich ohne großes Hin und Her aufgenommen habt! Dass ich bei euch wohnen, essen, schlafen darf! Was wäre aus mir geworden ohne die Menschen, die mir immer wieder helfen! Das sind doch – ich meine, ihr seid die wahren Helden! Nicht ich!"

Jetzt heulten auch die Mädchen. In diesem wundervollen Augenblick herrschte einzig die Liebe unter den Anwesenden. Was für ein schöner Moment …

Dennoch war das Herz der eloquent Veranlagten durch die Ereignisse der jüngsten Vergangenheit schwer angeschlagen. In ihrer Seele herrschte tiefe Unsicherheit. Die Gequälte hatte Mühe, sich neu zu orientieren in dem Chaos, das sich Leben nannte. Wer war sie? Wohin gehörte sie? War sie ein Kind des Windes? Er wehte sie von einem Ort zum anderen, ohne dass sie sesshaft werden konnte. Und nun sollte es ganz an ihr liegen, ob sich diese Muster wiederholten.

Natürlich war sie sich darüber im Klaren, wie viel Glück es bedeutete, überhaupt von diesen Menschen aufgenommen worden zu sein! Die tragischen Ereignisse in ihrem Leben hatten erneut zu ganz entscheidender Veränderung geführt. Gerade stand sie noch auf der Straße. Einen Augenblick später lernte sie diese wunderbare Familie kennen, kannte sich aber kein bisschen aus mit den Verhaltensregeln in einer ganz normalen solchen! Konnte man das vielleicht lernen?

Wieder fragte sie sich, welche rätselhafte Magie hier wohl am Werke war, um sie mit schützender Hand behutsam zu leiten, zu lenken, ihr den richtigen Weg zu weisen. Trotz mancher Unstimmigkeit spürte sie tiefe Dankbarkeit, die sie den neuen Eltern mit kleinen Aufmerksamkeiten, einem glücklichen Lächeln oder einer spontanen Umarmung zeigte. Das wiederum erzeugte in ihnen gleichfalls tiefe Freude. Ein wirkliches Gefühl der Zugehörigkeit wollte sich dennoch nicht einstellen. Etwas unerklärlich Störendes verhinderte dies. Doch eine neue Erkenntnis verankerte sich in Leas Unterbewusstsein und ersetzte altes, schädliches Zeug aus der Vergangenheit, durch neue, wundervoll wohltuende Energie.

,Sind nicht genau das die geheimnisvollen und gleichfalls einfachen Mechanismen von Leben in Glück, Frieden und Freude? Wir brauchen nur höflich, zuvorkommend, interessiert, aufmerksam gegenüber uns selbst und unseren Mitmenschen zu sein. Es ist ganz einfach, Dankbarkeit zu zeigen, und wenn sie erkannt wird, verwandelt sie sich in pure Liebe. Dafür ist es doch immer wert, zu leben! Egal, unter welchen Umständen man aufwachsen muss!

Ich darf es erkennen und lernen. Aber an wen kann ich meinen Dank richten? An den lieben Gott? Der schnell die Kirchen zusperrt, wenn ich hineingehen will? Dort oben, an meinem geliebten Himmel, muss der Platz sein, zu dem ich gehöre. Von dieser Stelle werde ich unsichtbar gehalten. Es kann mir gar nichts passieren, solange der Himmel über mir ist. Ich bin hierhergekommen, um wieder dorthin zu gehen. Und wenn ich gehe, dann doch nur, um wiederzukommen. Irgendwann, irgendwo, als irgendwer oder -was.'

Wenn sich Lea in solche Gedanken verlor, fühlte sie sich nicht allein, sondern geborgen. Es war ein viel stärkeres Gefühl als die Sehnsucht nach der Gemeinschaft mit

Menschen. Es war auch irgendwie tröstend. Dennoch vermisste sie etwas auf schmerzliche Weise. Dieses göttliche Gefühl vermochte es nicht, ihr die Wärme und die Liebe zu ersetzen, die sie schon immer entbehren musste. Einen Menschen, dem sie ihr ganzes Vertrauen schenken, bei dem sie sich bedenkenlos anlehnen, einfach sicher fühlen konnte. Jemand, der glücklich war über ihre Gegenwart und ihr das auch zeigte. Ihr Herz war voll davon, und all die Liebe strömte unaufhörlich nach außen. Doch scheinbar wollte sie keiner haben!

Ihre Mutter hatte die Achtzehnjährige mit dem brutalen Rauswurf gezwungen, das Leben ab sofort vollkommen in die eigenen Hände zu nehmen. Deren Vorgehen mochte zwar eiskalt und unmenschlich gewesen sein, doch etwas Besseres konnte dem Mädchen im Grunde nicht passieren!

Mit tiefer Konsequenz brach sie an diesem Tag – im Frühsommer des Jahres 1984 – alle Kontakte zur eigenen Familie ab. Die einzige Ausnahme blieben ihre Großeltern und der unbekannte Onkel.

In Gedanken schrieb sie ein letztes Resümee über die unwürdige Vergangenheit, die es abzustreifen galt.

‚Mutter! Ich habe keinen Hass auf dich. Du tust mir leid, und ich wünschte, es wäre dir besser gelungen, mit deinen Kindern durchs Leben zu gehen. Es hat dich hoffnungslos überfordert, nur deshalb ist es uns – deinen Kindern – so schlecht mit dir gegangen! Trotzdem will ich dich nie wiedersehen! Es würde mir das Herz zerreißen, mich um den Verstand bringen, heftig an meinem bitter erkämpften seelischen Gleichgewicht rütteln!

Nein, Mutter! Ich will nicht wissen, wo und von wem du geliebt wirst! Vom Teufel vielleicht? Denn Leben ist das nicht! Deine ungeliebte Tochter, die du nie wolltest und die dir immer fremd war, ist glücklicher ohne dich!

Danke für das große Geschenk „Leben", das du mir gemacht hast!

Mach's gut. Für immer!'

> *Auch wenn du mich nicht wirklich liebst.*
> *Die Schuld dem Zufall für mich gibst.*
> *ICH LEBE! Wohl nicht ohne Grund!*
> *Bin dankbar, glücklich und gesund.*
> *Fühl mich zu keiner Zeit allein.*
> *Darf hier und jetzt auf Erden sein.*
> *Kann lernen, lachen, lieben, leben.*
> *Was soll es Größeres noch geben?*
> *Was du nie wolltest, macht doch Sinn.*
> *Drum danke, Mama, dass ich bin!*

Durch das unvermittelte Verkürzen der Räumfrist von ursprünglich einer Woche auf einen Tag verlor die Betroffene wichtige Dokumente und Aufzeichnungen, alle ihre Bücher, ja quasi all das, was sie mit einem Mal Tragen nicht imstande gewesen war, in Sicherheit zu bringen.

Was ging nur in dieser Frau vor, dass sie ihrem Kind auf so feindselige Art und Weise begegnete? Den Geschwistern ging es ähnlich. Mit dem Unterschied, dass diese sich widerstandslos anpassen konnten und daher weit weniger Aggression erfuhren. Denn es gefiel der kranken Mutter, wenn man tat, was sie verlangte. Manchmal hatte es sogar den Anschein, sie liebte sie dafür. Die andersartige Lea jedoch schaffte das nicht einmal ansatzweise! Mit dieser Art Leben konnte sie sich einfach nicht identifizieren, was zuerst in offene Rebellion mündete, sich aber später in mühsame Reflexion und hartnäckige Ursachenforschung wandelte, um es verstehen zu können. Die zugefügte Qual verstärkte die Suche nach dem Warum! Doch keiner würde es schaffen, sie zu brechen oder einen Menschen ohne Ziele aus ihr zu machen!

Ja – natürlich hatte diese Kämpferin immer wieder Glück im Unglück. Aber war es nicht so, dass sie ihr Denken und Handeln automatisch in die richtige Richtung führten? Dies bestimmte einzig sie selbst! Eine entscheidende Erkenntnis, die Lea schon frühzeitig erlangte!

Das Grundübel – die unselige Herkunft – war von ihr nicht änderbar! Ihre Zukunft jedoch hatte nur sie allein in den Händen! Immer und jetzt war der richtige Zeitpunkt für die notwendigen Schritte dorthin! Es lag in ihrer Verantwortung!

Von solch starkem Bewusstsein war Lea erfüllt und vertraute vollkommen auf dessen Richtigkeit und Umsetzbarkeit! Denn es gab immer einen Weg!

Für ihre Mutter empfand sie weder Hass noch Rachegefühle. Tiefes Mitleid machte ihr das Herz schwer. Wie gern würde sie ihr von der eigenen Kraft geben, von der Freude an diesem Leben. Doch dafür fehlte es der bedauernswerten Frau an jeglicher gesunden Grundhaltung!

Lea war Realistin genug, zu erkennen, dass ein Aufopfern, als vermeintlicher Retter, nicht in ihren verfügbaren Möglichkeiten stand. Sie würde selbst daran zugrunde gehen! Daher stellte sie keinen weiteren Versuch einer Rückkehr an und wählte stattdessen diesen konsequenten Weg einer Trennung für immer!

Gerlinde Richter hatte sieben Kinder in die Welt gesetzt, von denen es nur ein einziges, wie durch ein Wunder, schaffte, sich zu einem stabilen, sozial gefestigten Menschen zu entwickeln.

Dem nicht genug, setzte die liebestolle Hanna die traurige Tradition der Mutter fort und bekam Kinder am laufenden Band, ohne gut für sie sorgen zu können! Wie Lea Jahre später erfuhr, war Hanna mit dreiundzwanzig Jahren bereits fünfmal Mutter geworden! Dass man unter diesen Umständen keine Zeit zum Erlernen eines Berufes hatte, lag freilich auf der Hand. Was für ein Irrsinn!

Aber das durfte die entwurzelte und dennoch hoffnungsfrohe junge Frau nicht weiter beschäftigen! Etwas Neues, Besseres lag vor ihr.

Für Lea war eines immer ganz klar:

Der Himmel hatte sie zur Erde geschickt mit dem Auftrag, Liebe zu leben! Das war das erklärte Ziel. Egal, wie viele Leben dafür nötig seien, sie würde es immer wieder tun!

– Liebe leben –!

Vielleicht war es eine seiner Prüfungen, in solch abartige Verhältnisse hineingeboren zu werden. Im Leben gleicht sich alles aus. Gutes hat ebenso einen Teil Schlechtes. Und in allem Schlechten dieser Welt steckt immer auch das Gute!

Wenn du dir ganz sicher bist, dass es für dich wichtig ist,
an Gedanken festzuhalten, ganz real sie zu gestalten,
setze diese Ziele um. Suche nicht nach dem Warum.
Viele sagen: „Geht doch nicht!"
Was DU glaubst, ist von Gewicht.

Zweifel werden dadurch still. Alles geht, wenn man es will!
Oft stehst du damit allein, willst es aber gar nicht sein.
Überlege, wer dich kennt, auch Kritik beim Namen nennt,
dir aber zur Seite steht, ganz egal wohin es geht.
Ist dein Weg noch unbekannt, lass dich nehmen bei der Hand.
Oder geh alleine weiter. Nachher bist du dann gescheiter.
Doch erst musst du es versuchen, willst Erfolge du verbuchen.
Was hält Leben gut in Schwung? Doch nur die Veränderung!
Stellt die Welt sich gegen dich, begegne ruhig ihr.
Freundschaftlich.
In dir weißt du, es wird gut. Braucht es auch all deinen Mut.

Nach kurzer Zeit schon beruhigte sich die allgemeine Lage an Leas neuer Zufluchtsstätte. Es blieb auch kaum Gelegenheit, in der Vergangenheit zu verharren. Der gegenwärtige Tag forderte alle Aufmerksamkeit. Lea empfand das sogar als heilend und war ganz froh, ständig abgelenkt zu sein.

Die tiefe Zerrüttung in ihrem Inneren nahm sie gar nicht wahr, denn sie entwickelte sich zu einer Meisterin der Verdrängung! Ob das gut war?

Das frisch verliebte Paar spürte von dieser verdeckten Disharmonie zunächst nichts.

Sie vermieden es, Bekannten oder dem Freundeskreis von ihrer jungen Liebe zu erzählen. Dies störte die romantisch Veranlagte dann aber doch sehr. Sie verstand es nicht, noch keinen von Svens Freunden zu kennen. Schleichend kam das Gefühl auf, es war ihm peinlich, wenn herauskam, dass sie aus einer solch asozialen Familie stammte. Was sollte er dann sagen?

Ebenfalls war von Beginn an klar, dass sich beide Familien nie kennenlernen würden!

Lea sprach mit Sven darüber, wie sehr sie das belastete. Es könne keiner etwas dafür, aber sie fand einfach ihren rechten Platz nicht. Alles hatte so schnell gehen müssen, und die Verunsicherung sei sehr groß. Es fühlte sich an, als würde sie draußen stehen und nur zusehen, jedoch nicht dazugehören.

„Sag mal, schämst du dich für mich?", fragte sie nun ganz direkt.

„Nein, um Himmels willen! Wie kommst du denn darauf?" Sein erschrockenes Gesicht verriet, wie unerwartet ihn diese Frage traf.

„Ich gebe zu, es ist erst eine kurze Zeit, dass wir zusammen sind. Und währenddessen ging es einigermaßen turbulent zu. Aber warum kenne ich noch keinen einzigen deiner Freunde? Wir gehen nicht gemeinsam weg oder treffen uns mit ihnen. Hast du Angst, mich vorstellen zu müssen? Anfangs hattest du es doch gerade damit so eilig. Aber da wusstest du auch noch nichts über mich. Es fühlt sich für mich seltsam an. Kannst du mir eine Erklärung dafür geben? Vielleicht ist das alles ja nur Spinnerei von mir."

Scheinbar wusste er keine, denn eine Antwort blieb aus. Er fand aber ein viel besseres Argument.

„Darf ich dir etwas verraten? Eigentlich wollte ich dich damit überraschen, aber ich glaube, ich muss es dir jetzt gleich sagen. So lange sind wir ja nun auch noch nicht zusammen, und bei meinen Eltern geben wir nicht gerade ein Liebespaar ab. Schlafen in getrennten Zimmern, rennen täglich zur Arbeit, sehen uns daher nicht oft.

Ich weiß nicht, wie du es aufnimmst, was ich dir gleich sagen werde."

Der Gemeine legte eine künstliche Denkpause ein und studierte die vortrefflich sichtbare Ungeduld seiner Angebeteten.

„Nun sag schon, du Schurke! Macht es erst spannend und grinst dann nur stumm!", brummte sie, gespielt verärgert.

„Meine Großmutter – ich wollte sie dir demnächst vorstellen, denn sie hat mich schon mehrfach dazu aufgefordert …"

„Was? Du hast sogar mit deiner Oma schon über mich gesprochen? Warum hast du mir davon nie etwas erzählt?", fühlte sich Lea insgeheim geschmeichelt.

„Ach, das weiß ich doch nicht. Es gab wohl keine passende Gelegenheit dafür. Wir rennen doch pausenlos mit der Zeit um die Wette durch unseren Alltag und merken das nicht einmal!

Nun, um die Geschichte fertig zu erzählen – oder willst du sie nun nicht mehr hören?" Jetzt grinste er wieder so unverschämt frech. „Mach mich nicht an!", log sie mit beleidigter Miene. Denn genau das tat er mit diesen Spielchen. Und wie er das tat!

„Die liebe Frau fährt für ein paar Wochen weg, da sie einen neuen Verehrer hat, den sie bei einem Rentnerausflug kennenlernte. Die Vorstellungsrunde muss also warten.

Ich wurde von ihr beauftragt, ihre Wohnung zu hüten, bis sie wieder zurückkommt. Zu Hause sagte ich meinen Eltern, ich würde während dieser Zeit dort wohnen, da es für mich sehr viel einfacher sei, neben dem Job den Haushalt der Oma in Ordnung zu halten. Ich erklärte ihnen, dass ich das mit dir gemeinsam vorhätte. Sie willigten ein, aber nur unter der Bedingung, dass sie nicht gleich zu Großeltern gemacht werden." Er lachte laut los, aber Lea fand das gar nicht witzig!

„Schön, dass ich auch gefragt wurde!" Diesmal schien es echter Ärger zu sein und das Spiel vorbei!

In Wahrheit war sie bisher noch nie mit einem Mann allein, wo andere sie nicht sahen. Sie spürte Verunsicherung, doch ihr Sven scherzte weiter.

„Nun frage ich dich: Willst du, liebe Lea, mit diesem Mann das Haus seiner Oma pflegen, in guten wie in schlechten Zeiten? So antworte mit Ja!"

Er kniete vor ihr nieder, gerade so, als würde er ihr einen feierlichen Heiratsantrag machen. Die Auserwählte lachte schon wieder, nahm ihn aber kein bisschen ernst! Ein wenig verwirrt stotterte er weiter:

„Du und ich in einer Wohnung. Wie ein richtiges Ehepaar. Das wird ganz bestimmt eine wunderschöne Zeit. Also was sagst du?"

„Wo sind die Ringe?" Nun war sie es, die ihn kräftig auf den Arm nahm. „Ja!"

Ohne besagte Großmutter zu kennen, mochte Lea die alte Dame. Sie fühlte eine Art anonyme Sympathie dieser Frau zu dem jungen Paar.

Erst jetzt wurde ihr klar, was dieses „Ja" bedeutete.

Dort waren dann nur *er* und *sie!* Vollkommen ungestört.

Ihr schlug das Herz bis zum Hals, als ihr „Angetrauter" in spe sie am darauf folgenden Wochenende bat, ein paar Sachen und Toilettenartikel zusammenzupacken, um vorübergehend zur Oma umzusiedeln.

„Sven, wollen wir nicht unterwegs noch ein wenig einkaufen?", schlug sie übernervös vor.

„Ich nehme an, deine Großmutter hat nicht viel im Haus, und wir wollen es uns doch richtig schön machen."

Ganz leise flüsterte sie ihm zu:

„Denkst du bitte auch an das Spezielle? Du weißt schon. Wir haben noch nie miteinander … und ich habe keine Ahnung, ob es überhaupt passiert. Aber wir müssen darauf gefasst sein."

Verlegen und verwirrt schaute sie nun in der Gegend herum, um ja nicht seinem Blick zu begegnen.

„Darf ich dich etwas fragen?", sagte er jetzt kleinlaut und ebenso unsicher.

„Hast du schon mal?"

Lea schluckte aufgeregt und konnte nicht mehr sprechen. Ein dicker Kloß saß in ihrem Hals. Sie schüttelte zaghaft den Kopf.

„Ich habe ein bisschen Angst davor. Das tut bestimmt weh", würgte sie hervor.

„Ich habe auch noch nicht. Keine Ahnung, wie man mit den Dingern umgeht. Ist mir irgendwie peinlich, wenn ich daran denke. Aber weißt du, was? Wir sollten es nicht zerreden. Wir halten den gewohnten Abstand, kaufen das Zeug und sind vorbereitet, wenn doch … Ist das so in Ordnung für dich? Ich will nicht, dass du denkst, ich locke dich dorthin, nur, um dich flachzulegen! Es hat sich ganz genau so zugetragen, wie ich es dir erzählte. Glaubst du mir das?"

Auch Svens Stimme klang seltsam nervös. Das kannte seine Liebste gar nicht an ihm. Erleichtert umarmten sie sich, denn beiden war klar, dass sie darüber sprechen mussten! Doch wie man das anstellte, über etwas zu reden, das wahrscheinlich jeder gern tat, doch niemand aussprach, war eine spannende erste Lektion in Sachen Liebe. Wie es aussah, hatten sie diese einmal bravourös gemeistert.

In der Wohnung von Oma Gertraud – so der Name der Frau – gefiel es Lea überhaupt nicht. Sie war klein, roch muffig und stand voll mit alten, schrottreifen Möbeln. Die winzige, in Grau gehaltene Küche wirkte unaufgeräumt. Das Bett im altertümlichen Schlafzimmer war abgezogen, ein kleiner Wäschehaufen lag daneben, die Vorhänge des Fensters noch geschlossen.

Das Wohnzimmer hingegen war recht hübsch eingerichtet und hatte sogar einen kleinen Balkon. Die cremefarbene Polstercouch schien noch neu zu sein. Sie wirkte unberührt und lud ein zu Gemütlichkeit. Ihr gegenüber stand ein funktioneller, regalförmiger Schrankverbau, der sich über die komplette Wand zog. Darin waren ein TV-Gerät, ein Radioempfänger und jede Menge Bücher untergebracht. Hoch interessiert lief die Lesesüchtige gleich mal los, um sich anzusehen, mit welcher Literatur sich Oma Gertraud beschäftigte. Es handelte sich überwiegend um Bücher in altdeutscher Schrift. Von außen wirkten sie edel und sehr gut erhalten. Die Innenseiten jedoch waren von filigranem, gelblichem Papier. Aus Angst, versehentlich etwas zu zerreißen, wandte sich die Neugierige lieber anderen Dingen zu, als Sven sie von hinten umarmte.

„Ich bin so glücklich darüber, dass wir die Möglichkeit bekommen haben, endlich einmal ungestört zusammen zu sein. Nur wir sind hier und sonst niemand.“

Das Wohlbefinden seiner Freundin war dem jungen Mann ein ehrliches Anliegen. Sie konnte es deutlich fühlen, schmiegte sich an ihn und flüsterte:

„Genießen wir es einfach. Es ist perfekt, so wie es ist. Das Morgen ist jetzt nicht wichtig."

Sie küssten sich leidenschaftlich und voller Zärtlichkeit. Ihre Berührungen zeigten sich mit einem ganz neuen Gesicht. Von inniger Vertrautheit, freudiger Neugier und mutigen Körperspaziergängen, an denen sich alle Sinne beteiligten. Es war so wunderschön. Sie ließen geschehen, was geschah, und spürten dieses starke, endlose Verlangen.

Spätestens jetzt mussten sie sich Einhalt gebieten, wollten sie sicher sein, dass das erste Mal ohne Folgen blieb.

Ihr extrem ungeschicktes Vorgehen überspielten sie mit Witz und Humor. Der erste Akt kam nicht zustande, das Paar jedoch lachte die halbe Nacht über das lustvolle Versagen.

Ja. Lea empfand erstmals tiefes Glück, bis hinunter in die Zehenspitzen. Sie fühlte sich sicher und geborgen wie nie zuvor in ihrem Leben. Es reichte vollkommen aus, dass er bei ihr war. Sie kuschelten sich eng aneinander. Sein Herzschlag schien ihren Leib zu durchdringen, um sich mit dem ihren zu verbinden. Ohne sexuell wirklich vereint gewesen zu sein, waren diese beiden jungen Körper dennoch ein Ganzes geworden.

Zwei Wochen lang konnten sie das gemeinsame Wohnen genießen und die anfänglichen Pannen perfektionieren. Wenn sie es gerade nicht taten, entrümpelten sie die Räume, putzten Fenster, reinigten Möbel und andere Gegenstände. Einfach, weil es ihnen Spaß machte.

Die alte Dame kehrte zurück und erkannte ihre Wohnung nicht wieder. Nun lernte sie endlich das junge Mädchen kennen. Sie mochten sich sofort, das war ein guter Anfang. Oma Gertraud war eine rüstige Rentnerin von siebenundsiebzig Jahren, mit auffällig vollem, grau-braunem, kurz gewellten Haar. Die grünbraunen Augen wirkten kein bisschen verlebt, sondern lebendig, fröhlich, mit einem Hauch von Spitzbub. Doch war sie geplagt von schwerer Altersdiabetes. Beide Beine waren von den Füßen bis unter die Knie in Bandagen verpackt, und das Gehen fiel ihr schwer. Sie klagte nicht darüber. Auch das Sehvermögen schien schon sehr mangelhaft zu sein, denn ohne ihre starken Brillengläser war sie so gut wie blind.

Das mochte die Erklärung für ihren unaufgeräumten Haushalt sein, denn irgendwie passte das nicht zu ihren sonstigen Eigenschaften. Sie hatte noch eine Menge Feuer im Herzen und sprühte vor Energie. Das gefiel Lea total. Eine solch fröhliche, lebenslustige Frau wollte sie im Alter auch einmal sein!

Nebenbei ließ die alte Dame verlauten, dass es öfter vorkommen könnte und sie verreiste, denn Omas neuer Liebhaber schien ein flotter Hirsch zu sein. Sie war Feuer und Flamme für ihn und schwärmte in einem fort.

„Wenn ihr wollt, könnt ihr jederzeit bei mir wohnen, wenn ich auf Reisen bin. Wie ich sehe, seid ihr tüchtig und sorgt hier für alles Notwendige. Das ist schön zu wissen. Sven, du solltest deine liebe Frau nun aber auch deinen Eltern vorstellen! Das gehört sich einfach!", schaute sie etwas tadelnd-energisch zu ihm hinüber, als sie bei einer Tasse Kaffee zusammensaßen.

„Liebe Oma, du hast recht!", grinste er sie an. „Wir haben das quasi im Schnelldurchlauf erledigt, und sie wohnt sogar bei uns! Jetzt schaust du aber!" Schlagfertig gab sie zurück, dass sie sich das eh hätte denken können. Heut-zutage musste man nicht mehr mit der Kirche ums Kreuz rennen, um endlich den ersten erlaubten Sex zu haben. Alles war zum Glück viel einfacher geworden.

„Aber Oma!", protestierte Sven gespielt empört. „Lea schläft im Zimmer von Henry und ich in meinem! Also ist keine Rede von Sex, ja?"

Jetzt schmunzelte sie verwegen und setzte ihren aufgeweckten Lausbubenblick auf. „Seht ihr. Deshalb dachte ich mir, ich verreise einfach mal und überlasse euch Tisch und Bett! Alles darauf Folgende durfte mich dann aber doch nicht weiter interessieren. Schade eigentlich", kicherte sie in ihre Kaffeetasse.

Das verlegene Pärchen legte durch die herrliche Lockerheit der alten Dame die anfängliche Steifheit ab und kuschelte sich viel befreiter zueinander hin. Ein schönes Gefühl war das. Sie wurden nicht wie Kinder betrachtet, die etwas Unartiges taten, sondern wie ganz normale Erwachsene, die zusammengehörten.

Willkommen im Leben

Zurück in elterlichen Gefilden, brachte Sven den Mut auf, mit seinen Eltern zu sprechen. Er wolle mit Lea in seinem Zimmer wohnen, denn durch ihre Schichtarbeit würden sie sich ohnehin nicht oft sehen, könnten aber so besser zusammen sein. Immerhin wäre dann Henrys Zimmer nicht weiter belegt.

Diese vertrauensvolle Offenheit des Sohnes gefiel beiden. Die Hals über Kopf in deren Leben gestolperte Lea war inzwischen ein voll integriertes Mitglied der Familie. Es gab keinen Grund, der Zweisamkeit des jungen Paares plötzlich im Wege zu stehen. Dennoch bestand speziell die Mutter des Hauses darauf, dass man sich intensiver um eine eigene Wohnung bemühen sollte. Das beengte Miteinander würde unweigerlich immer auf neue Konflikte hinauslaufen.

Die Liebenden verstanden das zwar nicht, doch sie versprachen ihr Bestes.

Sven und Lea unternahmen viele Versuche, zu einer eigenen Wohnung zu kommen. In der DDR bedeutete das zuerst einmal, einen Wohnungsantrag beim zuständigen Wohnungsamt der Stadt zu stellen. Hierbei war wichtig, dass Ansuchende schon im entsprechenden Gemeindegebiet wohnhaft waren. Stammte man nämlich aus einem anderen Teil Ostdeutschlands, so war es üblich, keine sogenannte Zuzugsgenehmigung zu erteilen. Der Betreffende konnte ja schließlich dort bleiben, wo er herkam! Für seinen Zuzug hatte er eine prüfbare Begründung zu liefern, wie zum Beispiel den Arbeitsort oder eine Heirat.

Zum Glück schied zumindest dies für eine mögliche Ablehnung aus. Doch das half wenig! Es gab noch genug andere Begründungen. Die einfachste und generellste hieß „Wohnungsmangel"!

Der Dienstag war der ultimative Amtstag für das Wohnraum suchende Volk.

Die beiden Geduldigen reihten sich also immer dienstags in die Warteschlange ein, um sich dann von dem Büropersonal launische Frechheiten anzuhören! Den Begriff Wertschätzung kannte man dort nicht!

Das hörte sich dann ungefähr so an: „Was wollen *SIE* eigentlich hier? Sie sind nicht verheiratet, haben keine Kinder, dafür aber ausreichend Wohnraum bei den Eltern! Wir haben hier eine Menge Dringlichkeitsfälle! *SIE* gehören mit Sicherheit nicht dazu! Auf Wiedersehen!"

Ausschließlich an dieser behördlichen Einrichtung wurde über die Vergabe entschieden, wer eine Wohnung in welcher Größe erhielt und ob überhaupt!

Ein privater Wohnungsmarkt existierte nicht! Die wenigen, die Häuser tatsächlich ihr Eigen nennen durften, waren Besitzer von Altgebäuden mit meist verfallender Bausubstanz. Da aber die Preise für Mieten rein staatlich festgelegt und extrem niedrig gehalten wurden, hatten Eigentümer solcher Immobilien weder die Möglichkeit, kostendeckend zu vermieten, noch dringend notwendige Instandhaltungen zu finanzieren! In den Ballungsräumen der Industrie hingegen schossen einfallslose Plattenbauten aus Beton wie Pilze aus dem Boden. Sie waren dem werktätigen Volk vorbehalten, das für regionale Großbetriebe zusammengezogen wurde. Die Gegend rund um Jena ist ein gutes Beispiel dafür.

In diesem sprichwörtlich „mehr Schein, als Sein"-Land kam es tatsächlich zu dem grotesken Bild von immer mehr werdenden, verfallend-unbewohnbaren Altbauten und demgegenüber rapide ansteigendem Wohnraumbedarf in der Bevölkerung. Die daraus entstehende Obdachlosigkeit war latent, jedoch nicht öffentlich sichtbar, da Leben auf der Straße eine Straftat darstellte. Betroffene mussten Wege finden, unentdeckt zu bleiben! Man half sich selbst! Immer häufiger durch illegales „Schwarzwohnen". Denn leer stehende, sanierungsbedürftige Altwohnungen gab es ja!

Das ausdauernde Pärchen bekam – wie so viele Ansuchende vor und nach ihnen – schwarz auf weiß die Bestätigung, in keiner Weise die Kriterien zu erfüllen, die notwendig waren, um bei der Wohnraumvergabe Beachtung zu finden.

Der Wohnungsantrag wurde abgelehnt, mit folgenden Begründungen:

- Es besteht Wohnungsmangel.
- Ansuchendes Paar ist nicht verheiratet.
- Ansuchendes Paar hat keine Kinder.
- Ausreichend Wohnraum bei den Eltern ist vorhanden.

Lea kam sogar auf die ungewöhnliche Idee, Svens Eltern sollten sie verstoßen und hinauswerfen! Sie würde mit ihrem Dilemma zum Wohnungsamt gehen, erklären, dass sie von der eigenen Mutter auf die Straße gesetzt, von dem Freund inzwischen wieder getrennt war und nun obdachlos sei!

Obdachlosigkeit gab es in der DDR offiziell nicht! Man würde ihr helfen „müssen", hatte sie überlegt. Doch die Mutige, die ja nicht einmal wirklich log, befürchtete zu Recht staatlich verhängte Strafe! Asozialität, zu der Obdachlosigkeit zählte, wurde im sozialistischen Vorzeigeparadies konsequent kriminalisiert!

Wenn Lea diesen Weg ging, wurde mit Sicherheit die Polizei eingeschaltet! Sie selbst konnte zwar einen sauberen Lebenswandel im Sinne der machthabenden Ideologie nachweisen, denn sie ging sehr erfolgreich einer geregelten Arbeit nach. Jedoch ihre Mutter würde sofort hinter Gitter und Leas Geschwister in Heime kommen! So schlimm die Verhältnisse dort auch waren, aber das wollte sie ihnen unter keinen Umständen antun!

Die Diktatur kriminalisierte alles, was nach Problem roch! Man musste gar keine Straftat begehen, um als kriminell zu gelten! Eine fehlende Wohnmöglichkeit genügte bereits!

Im gesellschaftlichen Leben war das A und O, regelmäßig Schule und Arbeit zu besuchen. Etwas völlig Normales. Doch so verlor der Staat auch nie die Kontrolle über sein Volk!

Leas Mutter hingegen entzog sich auf ihre Weise dieser Art staatliche Überwachung und wirkte wie ein U-Boot! Sie ging weder einer geregelten Arbeit nach, noch kümmerten sie irgendwelche Regeln und Vorschriften! Fremde Personen wohnten bei ihr, ohne einen eigenen Wohnsitz zu haben.

Sven war strikt dagegen, den Versuch mit der Obdachlosigkeit zu wagen. Solche Aktionen konnten ihn leicht in ein schlechtes Licht rücken, das ihm beruflich schadete. Der Ehrgeizige hatte noch viel vor, wovon seine Freundin nicht das Geringste wusste.

Ja! Wohnraum war knapp, im Arbeiter- und Bauern-Staat.

Wer noch dazu unter Vitamin B-Mangel litt – B wie Beziehungen –, der hatte so gut wie keine Aussicht auf eine eigene Wohnung.

Die um Harmonie bemühten jungen Leute gingen zunächst weiter ihren Jobs nach, arrangierten sich so gut als möglich mit Svens Eltern und versorgten alle gemeinsam den Haushalt als Großfamilie. Das umtriebige Wesen von Oma Gertraud sorgte zumindest zeitweise für entspannte Momente zu zweit.

Sofern es ihre Zeit erlaubte, zog es die Naturverbundene in den Gemüsegarten. Ihr neuer Vater gab viele Tipps und Tricks für Aussaat und Pflege der verschiedenen Pflanzen, wies auf Besonderheiten hin und staunte über ihre Geschicklichkeit im Umgang mit den teilweise sehr unhandlichen Werkzeugen. Es gefiel ihm gut, wie die nach außen hin zarte, doch in Wahrheit kräftig zupackende junge Frau zu Werke ging. Offensichtlich war sie sehr talentiert für Gartenarbeit jeder Art. Voll von ehrlicher Freude verkündete er:

„Weißt du, was, Lea?", strich er sich mit erdverkrusteten Händen über den nicht übermäßigen, aber deutlich erkennbaren Bierbauch. „Ich habe sofort gespürt, dass du ein tüchtiges, interessiertes Mädel bist. Ich würde mir wünschen, meine eigenen Töchter ließen sich hier im Garten sehen, um mit mir seine Schönheit zu bewundern.

Bei dir habe ich das Gefühl, du hörst den Pflanzen beim Wachsen zu. Als ob eine besondere Melodie in der Luft liegt, tanzt du durch die Beete, hebst kraftvoll und dennoch sorgsam zart die jungen Kartoffeln aus dem Boden, um sie ja nicht zu verletzen. Du liebst, was dich umgibt, nicht wahr? Ich sehe es an allem, was du tust, wie du es tust und deinem steten Lächeln dabei. Das ist so schön."

Das schüttere Haar war dem untersetzten Mann in das sonnengebräunte Gesicht gefallen.

Lea lachte verlegen. „Du bist ja ein richtiger Poet. So schöne Worte habe ich lange nicht gehört, danke!"

So stand er vor ihr. Glücklich strahlend, mit feuchten Augen und einer Zigarette in der schmutzigen Gärtnerhand.

Zum einen freudig berührt, zum anderen schon wieder hoch interessiert an der richtigen Lagerung von Obst, das unbeschadet über den Winter kommen sollte, ging Lea nicht weiter auf seine Lobeshymne ein. Es war ihr peinlich. Es fühlte sich auch nicht ganz fair an, was er gesagt hatte. Seine Töchter machten auf sie den Eindruck, sehr hilfsbereite, fleißige Menschen zu sein. War ihm das etwa noch nicht aufgefallen? Warum also diese Unzufriedenheit? Weil sie etwas nicht in der gleichen Weise verkörperten wie er? Es hatte doch jeder seine eigenen Vorlieben und Stärken. Bei diesem wundervollen Mann lagen sie in seiner Gärtner-Leidenschaft. Seine Mädchen hatten mit Sicherheit Vorzüge, von denen wiederum er selbst nur träumen konnte! Sobald Lea ihren lieb gewordenen Schwiegervater in spe besser einschätzen und kennen durfte, wollte sie mit ihm darüber sprechen. Im Moment traute sie sich noch nicht an diesen leisen Widerspruch heran. Meist zog es unangenehme Konsequenzen nach sich, wenn sie ihn aussprach.

„Ich helfe dir einfach sehr gern in deinem schönen Garten. Das macht mir wirklich großen Spaß und ist ein guter Ausgleich zu meiner Arbeit. Dort kann ich nicht in der Natur draußen sein. Wo ich herkomme, hatten wir nie einen richtigen Gemüsegarten. Sonst hätte ich wohl die meiste Zeit dort verbracht. Schade, dass Sven so selten mitkommt. Es würde auch ihm guttun. Aber er ist ja jeden Tag im Wald. Was gibt es Schöneres?", stellte sie logisch realisierend fest.

„Sag, und diese Gedichte … fallen sie dir so nebenbei ein?", fragte er nun. „Kannst du das schon immer? Es fasziniert mich sehr, aber ich würde keine zwei Zeilen zustande bringen!", gab er verschmitzt lächelnd zu.

„Das mag schon sein, aber dafür versorgst du eine ganze Familie über das Jahr mit frischem Obst und Gemüse! Also was ist wertvoller? Wenn man tut, was du kannst? Oder wenn man sich hinsetzt und Gedichte schreibt, von denen noch nie jemand satt wurde?" Gespannt darauf wartend, was der Mann sagen würde, schaute sie ihm nun direkt in die Augen.

„Das ist ein unfairer Vergleich!", stellte er fest. „Schließlich sitzt du nicht nur herum und schreibst Gedichte, sondern zeigst, wie ausgezeichnet du arbeiten und dich für vielerlei Dinge begeistern kannst! Du hast einen bodenständigen Beruf und gutes Einkommen."

„Gut. Das stimmt", sagte Lea. „Das ist aber bei dir ebenso der Fall! Du schuftest in deinem Garten, gehst jeden Tag auf deine Arbeit, wo du sogar irgendein Chef bist, was ich so mitbekommen habe. Das heißt, die Leute verlassen sich auf dich! Das finde ich stark!"

„Also ich muss schon sagen: Mit dir zu diskutieren, ist gar nicht so leicht!", atmete der Angesprochene kurz durch. Beide saßen da und lachten amüsiert über diese Unterhaltung.

„Deine künstlerische Begabung halte ich für außergewöhnlich und wunderschön. Dennoch zeigst du ungeahnte Vielseitigkeit. Hat dir noch keiner gesagt, wie großartig du in Wahrheit bist, du kleines Mädchen?"

„Danke! Schachmatt!", stellte Lea fest, die sich ehrlich freute über dieses liebevolle Kompliment.

„Das ehrt mich sehr, und jetzt schäme ich mich ein bisschen. Das ist sehr lieb, was du sagst. Nur weiß ich nicht, was ich darauf antworten kann."

„Dann genieße es einfach, in Ordnung? Ich bin auf jeden Fall sehr froh, dich zu kennen. Auch meine Frau hast du schon ziemlich um den Finger gewickelt. Wir sprechen oft über dich. Was hältst du denn von ihrem Vorschlag, für die Kinder einmal etwas zu schreiben? Ich glaube, damit punktest du bei ihr unglaublich", grinste er jetzt anerkennend.

„Ich will doch gar nicht ‚punkten', wie du es bezeichnest. Aber sehr gerne möchte ich mich einmal an so einer Arbeit versuchen. Ich liebe es, für oder mit Kindern etwas zu tun. Sie sind das Beste, das es im Leben gibt!

Hör doch mal diesem zu. Das habe ich einmal geschrieben, weil ich es genauso in mir spürte. So wünschte ich es mir immer und hoffe, diesen Wunsch an meine eigenen Kinder weiterzugeben und wahr werden zu lassen.

Kinder lieben bedingungslos.
Legen Vertrauen in deinen Schoß.
Fragen am liebsten nach dem Warum.
Lachen und sind nur beim Schlafen stumm.
Schenken dir Freude, sind unbeschwert.
Wenn du sie ernst nimmst, wirst du verehrt.
Kinder brauchen Geborgenheit.
Urteilen mit viel Ehrlichkeit.
Trösten dich mit süßem Charme.
Liegen gern in deinem Arm.
Streiten! Wollen am stärksten sein.
Stehen füreinander ein.
Schaffen es, dir zu verzeihen,
in Geheimes einzuweihen.
Dank und Achtung erntest du,
gibst du auch mal Fehler zu.
Ein Kind ist ein echter Held!
Das Genialste auf der Welt!"

Hatte das die unentdeckte Künstlerin rein zufällig gesagt? War es Intuition?

Es dauerte nicht mehr lange, und sie spürte extreme Veränderungen im eigenen Wohlbefinden und an der Weiblichkeit ihres Körpers. Es war wohl besser, einen Arzt aufzusuchen und sich Gewissheit zu holen, ob diese Vorahnung stimmte.

Tatsächlich! Unter Leas Herzen wuchs winziges Leben heran! Im ersten Moment wusste sie nicht, ob sie sich freuen oder ängstigen sollte. Mit ihren gerade einmal achtzehn Jahren und froh, all dem Wahnsinn entkommen zu sein, blieb nicht wirklich viel Zeit zum Durchatmen.

Tausend Gedanken gleichzeitig wirbelten durch ihren Kopf, als sie sich auf den Weg der Offenbarung machte! So fühlte es sich also an, dieses „Wie sage ich es meinen Eltern?" Fieberhaft dachte sie nach und geriet fast in Panik.

‚Es sind doch eh schon alle zusammengerückt. Wir sind noch keine Eheleute und überhaupt zu jung, um selbst Eltern zu sein! Außer, dass sie einem den Spaß verderben, sind die blöden Kondome auch nicht das, was sie versprechen! Wie konnte das nur passieren? Am Ende glaubt er noch, ich habe mit einem anderen …'

In ihrem Magen braute sich Übelkeit zusammen, als er sich mit dem Verdauen der neuen Nachricht beschäftigen musste.

‚Wie alt soll man eigentlich sein, bis man Kinder in die Welt setzt? Wie werden mein Freund, seine Eltern und Geschwister auf diese Neuigkeit reagieren? Das macht mir Angst! Gleichfalls fühle ich mich wunderbar mit dir, mein Kleines.'

Mit einer Mischung von Glückseligkeit und Sorge vor dem Neuen, Ungewissen, suchte sie erst einmal ihren Lieblingsplatz im Park auf, legte sanft die Hände auf ihren Bauch und schloss die Augen. Jetzt war sie ganz bei ihrem Kind, von dem sie noch nicht wusste, ob es ein Junge oder ein Mädchen war.

‚Wie wird es sich anfühlen, wenn du mir zum ersten Mal mit deinen Augen in die meinen schaust? Kannst du mich da drinnen auch schon hören? Spürst du meine Hand, wenn sie dich streichelt? Hab keine Angst, mein Kleines. Du kannst in aller Ruhe wachsen. Ich sorge für dich und werde dich beschützen. Solange ich bin!'

Das Herz der leicht Erschöpften spürte vom ersten Augenblick an tiefe Verbundenheit zu dem kleinen Menschen, der ein Teil von ihr war. Was für kraftvolle Mechanismen die Natur doch in Gang setzte, wenn es um den Fortbestand des Lebens ging. Lea wusste, sie würde dieses Kind immer lieben und mit allen verfügbaren Mitteln schützen, wenn es notwendig wurde.

Über Svens Reaktion war sie dennoch bestürzt! Seine Verwirrtheit konnte sie ja noch verstehen. Ihr ging es ja nicht anders. Er konnte sich nicht freuen. Doch viel schlimmer empfand sie es, dass er sich dafür zu genieren schien, wenn er es seinen Eltern sagen musste.

„So ein Mist! Jetzt ist die auch noch schwanger!", rutschte es ihm über die Lippen. Die werdende Mutter geriet in Wut.

„Ja, stell dir vor! Und „*DIE*" wird die Mutter deines Kindes! Denn du bist der Vater! Windbestäubung gibt es bei uns Menschen nämlich nicht!"

„Und wie sagen wir das jetzt meinen Eltern? Hast du dir das vielleicht auch überlegt?", schnauzte er ratlos herum.

„Ich würde vorschlagen, mit dem Mund sagen wir es! So macht man das, wenn man sprechen will. Mit dem Mund!", ätzte die schwer Gekränkte. Unter Tränen erhob sie sich rasch und rannte aufs WC, um sich zu übergeben.

„Was ist denn bei euch los?", wollte die fünfzehnjährige Tanja wissen. Sie war die kleinere von den beiden Mädchen – die vermeintlich Intellektuelle.

„Ich mache gerade meine Hausaufgaben, und ihr lärmt nur herum! Habt ihr etwa gestritten? Ich habe gesehen, wie Lea weinend an mir vorbeirannte."

„Ach, lass mich in Ruhe!", wimmelte er nun auch seine Schwester unfreundlich ab. Dieser aber tat es total leid, die Freundin in einem solch gequälten Zustand wahrzunehmen. Sie wartete in der Küche auf sie, denn dort musste sie hindurchgehen, um wieder in Svens Zimmer zu gelangen.

„Lea. Bitte, was ist denn mit dir? Du schaust ja gar nicht gut aus. Bist du krank? Habt ihr gestritten? Kann ich etwas für dich tun?" Besorgt reichte ihr das Mädchen ein Taschentuch. Die mit der Situation völlig Überforderte weinte endlos.

„Danke", nahm sie es kraftlos in Empfang.

„Sehr lieb von dir. Es geht mir wirklich nicht gut, aber wir haben nicht gestritten. Ich war nur dumm mit dem, was ich zu ihm gesagt habe. Sicher hat ihn das verletzt. Ich lasse ihn erst einmal allein im Zimmer, dann kann er sich beruhigen. Kommst du mit zu deinem Vater in den Garten? Deine Gesellschaft ist jetzt sicher ganz angenehm für mich."

„Aber natürlich mache ich das! Papa wird schön schauen, wenn er mich sieht! Ich gehe vielleicht zweimal im Jahr in den Garten. Zu mehr kann ich mich nicht aufraffen."

„Das ist schade", antwortete die Pflanzen-Liebhaberin. „Es ist doch sehr schön in eurem Garten. Warum gehst du so selten hin?"

„Ach, weißt du … Papa arbeitet doch nur und hat kein Ohr und kein Auge für mich, wenn ich zu ihm komme. Ich fühle mich dann immer ziemlich überflüssig, da ich es auch nicht wage, ihm zu helfen. Ich mache sowieso nur alles falsch!"

Lea dachte nach, wie sie es vielleicht selbst probieren würde, und gab ihr einen Tipp.

„Also wenn du mich fragst, dann freut er sich sicher total, wenn du Interesse zeigst für seine Pflanzen. Stell ihm diverse Fragen dazu. Dann merkt er, dass du wirklich etwas darüber wissen willst. Und dann sagst du ihm, er solle dir zeigen, wie das oder das geht, damit du ihm helfen kannst. Sofern du willst, natürlich! Du wirst sehen, im Handumdrehen werdet ihr ein super Team sein, in eurer grünen Oase." Jetzt lächelte die Verfasserin dieses tollkühnen Planes ermutigend und atmete befreit durch. Das erfrischende Gespräch mit Tanja tat so gut. Und diese setzte sogleich um, was soeben noch wie reine Theorie klang. Der mehr als erstaunte Vater witterte sehr wohl, welchen Ursprung die Veränderung am Verhalten seiner Tochter haben mochte. Doch er nutzte die Gunst der Stunde, erklärte, teilte ein, holte zur allgemeinen Erfrischung kühle Getränke aus dem Schuppen und setzte sich dann mit den zwei begeisterten Helferinnen in die winzige Wiese unterm Apfelbaum, um locker und vergnügt zu plaudern.

Zum Abschied umarmte Tanja ihren Vater so ungestüm, dass er nicht wusste, wie ihm geschah.

„Was habe ich doch für eine großartige, schöne Tochter! Ganz herzliches Dankeschön für eure wunderbare Hilfe! Ihr habt mir damit das Fußballspiel gerettet, das ich mir heute drüben am großen Sportplatz ansehen möchte! Es beginnt nämlich in zwanzig Minuten. Habt ihr Lust mitzukommen? Meine Freunde werden schön schauen, wenn ich zwei junge, hübsche Fräuleins mitbringe."

„Nein danke!", winkten die Mädchen lachend ab. „Wir machen uns auf den Heimweg. War schön, ein bisschen zu helfen. Hat Spaß gemacht", ließ die große Tochter vernehmen.

Unterwegs nach Hause legte sie zufrieden den Arm um Leas Schulter. „Was würde ich nur ohne dich machen? Danke für deinen klugen Rat, Lea! Woher wusstest du nur, dass er richtig ist?"

„Ich wusste es nicht! Ich habe dir nur das gesagt, was ich gemacht hätte, wäre ich in deiner Lage gewesen. Dass es wirklich funktionierte, ist einfach Glück! Aber wenn man es nicht versucht, wird man nie wissen, wie ein Ergebnis sein wird! Denkst du nicht auch? Außerdem hast nämlich *du* heute *mir* geholfen! Erinnerst du dich?"

„Ja, schon möglich. Aber trotzdem! Das klingt immer so einfach und total logisch, was du sagst. Kaum macht man es so, stellt sich heraus, dass es genau das Richtige war. Kann man das irgendwo lernen?", platzte Tanja bewundernd heraus.

„Ach was! Lass mal die Kirche im Dorf! Morgen bin wieder ich die Ahnungslose, die dich um Rat fragt! Ist doch einfach toll, wenn wir uns gegenseitig helfen, oder nicht? Jetzt bist du froh und ich ebenso! Und morgen machen wir's wieder so." Lea konnte es einfach nicht lassen, ihre Gefühle und Ansichten mit Wortspielereien auszudrücken, gab diese in eine imaginäre Sprechblase und schüttelte so lange daran, bis alles im Gleichklang war.

Bis zum Wochenende sollte es noch dauern, dass die Familie endlich beisammensaß und die frohe Botschaft präsentiert werden konnte. Seither hatten Sven und Lea kaum ein Wort gewechselt!

Wenig überraschend, teilte die Nachricht ihre Empfänger in zwei Lager. Zu dem bedrückten Schock von Sven gesellte sich massive Ablehnung von Seiten seiner Mutter. Demgegenüber totale Freude bei den Schwestern und auffallend überraschtes Verhalten des Vaters. Er sagte zunächst gar nichts, zog schweigend seine Jacke an und ging eine halbe Stunde draußen spazieren. Danach verfiel er etwas verkrampft wieder in seine witzige Art und erklärte: „Okay! Ich wollte zwar erst mit fünfundvierzig Opa werden, und bis dahin fehlen noch ein paar Jahre. Aber was soll's. Umso früher habe ich Übung darin." Damit gelang es ihm erneut, die allgemein angespannte Lage aufzuweichen.

Zukunftspläne, welche die bereits erprobten Eltern für die Jungen entwarfen, waren dann das zentrale Thema des Abends. Mitspracherecht duldete man dabei kaum! Wie sich das Leben ihrer Kinder entwickeln würde, konnte schließlich nicht anders sein als die bereits gemachte Erfahrung über das eigene!

„Dann müsst ihr aber jetzt auch bald heiraten!", sagte Svens Mutter. „Wir werden euch, so gut es geht, unterstützen. Ihr könnt auch so lange hier wohnen, wie es nötig ist. Aber bitte kümmert euch um eine eigene Wohnung!"

Lea erklärte, umgehend das Wohnungsamt aufzusuchen, um einen neuen Antrag zu stellen. Die Dringlichkeit für eigenen Wohnraum lag ja nun klar auf der Hand. Solange sie keine Eheleute waren, konnte es unter Umständen sein, dass sie als werdende Mutter unter einen Schutzparagrafen fiel. Darüber wolle sie sich erkundigen. Ebenfalls war die Bekanntgabe an ihrer Arbeitsstelle notwendig, da das Dreischichtsystem für Schwangere nicht zulässig sei.

Martina unterbrach endlich das immer nüchtern-emotionsloser werdende Gespräch und lenkte die Aufmerksamkeit auf das unsichtbare, aber sehr wohl anwesende

Baby. Mit ihren zwölf Jahren wirkte sie noch ziemlich kindlich verspielt. Doch vielleicht tat sie das auch bewusst, um zu gefallen. Immer wenn sie sich so verhielt, kamen Lächeln und Streicheleinheiten von den Anwesenden, mit Ausnahme der älteren Schwester. Diese verdrehte dann meist die Augen und unterstellte aufgesetzte Dümmlichkeit! Sie solle das doch endlich aufgeben, da es einfach nur nervtötend geschmacklos wirke und ihrem Alter schon gar nicht entspräche.

Dennoch eilte Martina zu Lea, legte die Hand auf deren Bauch und grinste. „Glaubst du, spürt es das jetzt?" Stilles Nicken kurbelte ihre Fantasie an.

„Wie soll es denn einmal heißen? Darf ich seinen Namen aussuchen? Hoffentlich wird es ein Mädchen. Jungen sind blöd! Dann würde ich sie Franziska nennen. Wie gefällt euch der Name?" Abwartend ging ihr Blick von einem zum anderen. „Der Name ist zu lang!", kam es von Tanja.

„Dann schlag du doch einen vor!", keifte die Beleidigte zurück.

„Nun hört doch mit der ewigen Zankerei auf! Könnt ihr nicht wenigstens für eine halbe Stunde mal ohne Streit auskommen? Geht bitte in die Küche. Dort steht genug Arbeit für euch!", schimpfte die Köchin des Hauses.

Der Einzige, der noch kein Wort von sich gegeben hatte, war Sven! Nicht nur das! Seine Freundin beschlich tiefes Unwohlsein. Er schien ihren Blicken auszuweichen. Wenn das nicht gelang, dann glaubte sie, Vorwurf zu erkennen! Plötzlich schämte sie sich ihrer Mutterschaft ganz entsetzlich! Just im gleichen Augenblick spürte sie ziehende Schmerzen im Unterleib, sagte aber nichts. Wenn sie jetzt auch noch bedauert würde, das wäre der Gipfel der Schmach! Der Körper antwortete mit Übelkeit! Die von Schuldgefühl Geplagte lief zur Toilette, um es herauszuwürgen. Als ob Kotzen die Lösung wäre! Doch für den Moment brachte es Erleichterung.

Abends lagen sie im Bett stumm nebeneinander. Er wagte es nicht einmal mehr, sie überhaupt zu berühren! So als ob eine Schwangerschaft etwas Ansteckendes war, vor dem man sich schützen musste!

Als er ihr den Rücken zudrehte, um zu schlafen, und plötzlich eines ihrer Beine zu ihm wanderte, stand er auf, holte sich eine Wolldecke und setzte sich demonstrativ in seinen TV-Sessel.

„Ah, ich verstehe. Vorsicht! *DIE* hat Lepra! Oder zumindest eine widerliche Geschlechtskrankheit! Soll ich dir morgen einen Mundschutz und Handschuhe besorgen? Du solltest unbedingt sofort die Hände waschen! Hast mich zwar schon seit Wochen nicht mehr angefasst, doch die Gefahr lauert im kleinsten Detail, wie man weiß!

Ob du dich auf dein Kind freust, erübrigt sich wohl! Ich werde morgen zu meinen Großeltern fahren und sie bitten, mich aufzunehmen. Schlimmer als hier bei dir kann es dort auch nicht sein!", sagte sie mit fester Stimme.

„Bist du jetzt von allen guten Geistern verlassen?" Wieder wusste er außer würdelosen Kränkungen nichts wirklich Hilfreiches zu sagen.

„Erst jubelst du mir heimlich ein Kind unter, dann verkündest du es in der ganzen Welt, und dann machst du dich still und heimlich aus dem Staub? Kommt nicht infrage! Du wirst schön hierbleiben! Sonst bin ja ich der Depp der Nation!"

„Du kannst mich zu gar nichts zwingen, Sven! Wenn ich gehen will, dann werde ich es tun! Das Baby unter meinem Herzen hört seinen Vater jetzt vermutlich. Zumindest spürt es deine Ablehnung! Von wegen untergejubelt! Du hast mir das Kind gemacht, und wir hatten unseren Spaß dabei! Aber mehr als Sex hattest du scheinbar nie im Sinn! Ich war naiv, dir zu vertrauen. Aber ja, wir sind selbst noch halbe Kinder! Wir waren leichtsinnig und haben zu wenig aufgepasst. Kondome schützen eben nicht zu hundert Prozent! Schon gar nicht, wenn man sich so dumm anstellt wie wir!"

„Du hättest nur zum Arzt gehen und dir die Pille holen müssen! Dann wäre jetzt alles in bester Ordnung. Warum hast du das nicht gemacht?"

„Damit du nicht weiter gedankenlos vögeln kannst! Deswegen!

Weil ich mir nicht gern von fremden Menschen unten herumfummeln lasse! Deswegen!

Es war mir genauso peinlich wie dir, als wir über die ekelhaften Gummis sprachen!

Wie wäre es, wenn auch du Verantwortung für das übernimmst, was wir da gemacht haben? Zu anstrengend, was? Ich habe es mir schon manchmal selbst besorgt. Aber komischerweise ist nie ein Kind daraus entstanden! Es braucht wohl doch einen Mann auch dafür!

Aber ich verstehe schon. Als Frau kann ich vor der Konsequenz unserer Lust nicht davonlaufen! Ich werde das Kind zur Welt bringen. Mit oder ohne dich! Ich werde zu ihm stehen! Ich wollte nicht, dass es passiert. Aber ich habe an uns geglaubt. Für mich wird es immer ein Kind der Liebe bleiben!"

Lea weinte inzwischen wieder, als Svens Mutter herein-kam. Die Eltern hatten ihr Schlafzimmer gleich nebenan und hatten sicher viel mitbekommen.

Wortlos nahm sie das Mädchen bei der Hand und führte sie hinaus in die Küche. Dort machte die Frau ihr einen Tee und nahm sie schweigend in den Arm.

„Du wirst sehen, es wird bald alles gut sein. Gib ihm etwas Zeit. Er ist total durcheinander."

Die Verzweifelte nickte verstehend. „Danke Mama! Danke, dass du jetzt da bist! Es tut so weh …"

Zum ersten Mal war ihr das Wort „Mama" über die Lippen gekommen. Wie wunderbar. Nicht ihr Kopf hatte es gedacht. Die Seele fühlte und der Mund sprach es.

„Darf ich von Frau zu Frau mit dir sprechen?" Das nickende Einverständnis abwartend, fuhr sie fort.

„Weißt du, es belastet mich sehr, meine jugend-liche Frische einzubüßen. Ich will schön sein für den Mann, den ich liebe. Doch ich werde bald ganz hässlich aussehen, mit der Zeit immer runder und unförmiger sein! Dann will er mich schon gar nicht mehr! In der Schwangerenberatung haben wir Bilder gesehen von Frauen, die hochschwanger sind oder gerade entbinden. Ich war schwer schockiert, da mir nicht im Entferntesten klar war, was da eigentlich in meinem Körper jetzt passiert. Und dass von dort ein ganzer Mensch irgend-wie auch wieder herausmuss. Ich habe entsetzliche Angst vor alldem! Doch ich liebe auch dieses kleine Wesen von ganzem Herzen. Ich versprach ihm, es zu schützen, solange ich bin. Es ist doch vollkommen auf mich angewiesen!"

Svens Mutter hörte sehr aufmerksam zu.

„Es ist leider so, dass wir Frauen mit diesem Prozess allein fertigwerden müssen. Aber eines möchte ich dir sagen, liebe Tochter: Wir werden dich nicht alleinlassen! Du kannst uns voll und ganz vertrauen. Schau nur immer auf dich, sodass es dir und unserem Enkel stets gut geht! Alles andere werden wir, wirst du schaffen! In Ordnung?"

„Das ist das Schönste, das du mir bis jetzt gesagt hast! Ich danke dir von Herzen dafür und verspreche, eurem Enkel immer eine gute Mama zu sein!"

„Das ist schön. Komm her …" Noch einmal umarmten sie sich herzlich. Bevor Lea wieder hineinging, flüsterte die Mutter noch: „Mit deinem Schatz wird Papa morgen reden. Alles wird gut."

„Was habt ihr denn geredet? Verstehst du dich plötzlich sogar mit meiner Mutter?", ätzte Sven munter weiter.

„Wenn du mir weiter so dumm kommst, dann unterhalte dich doch von nun an mit deiner Motorsäge! Ich habe dir bis auf Weiteres nichts mehr zu sagen! Mich vor dir zu entschuldigen, von dir schwanger zu sein, erst recht nicht!"

„Nun tu nicht beleidigt. Ich kann es mir einfach überhaupt nicht vorstellen, Vater zu sein. Wir haben weder Wohnung noch ausreichend Platz für ein Kind! Das überfordert mich!"

„Aber wir haben beide unseren Beruf und ein gutes Einkommen! Du hast eine wunderbare Familie, die uns helfen will. Was verlangst du noch? Du musst das Kind noch nicht einmal gebären, da dieses Vergnügen naturgemäß uns Frauen vorbehalten ist. Sonst noch einen Wunsch? Und das mit der Wohnung wird nun bestimmt viel schneller gehen. Es ist ja ein Grund vorhanden! Lass uns endlich Ruhe geben. Deine Eltern wollen schlafen und ich auch. Gute Nacht!"

Der junge Mann aber blieb skeptisch und ängstlich, ratlos. Selbst das Gespräch mit seinem Vater brachte nicht viel Verbesserung. Es war einfach zu viel für ihn!

Würde Lea etwa genauso enden wie Mutter und Hanna? Kinder haben, aber keinen Vater für sie?

Noch hatte sie Zeit für den letzten Ausweg! Die Abtreibung!

Die freie Entscheidung einer Betroffenen über einen Schwangerschaftsabbruch war in der DDR sehr einfach umzusetzen, stand nicht unter Strafe und war sogar im Gesetz verankert. War das Kind nicht gewünscht, *musste* Frau es nicht bekommen! Sie erhielt die Möglichkeit, es in den ersten zwölf Schwangerschaftswochen völlig problemlos und medizinisch einwandfrei abzutreiben.

‚Das ist ja mal wieder typisch!', ärgerte sich Lea im Stillen. ‚Für alles Unmenschliche braucht es ein Gesetz, um es legitimieren zu können! Andererseits mag es aber trotzdem nicht unnötig sein, da es Frauen mündig und unabhängig bleiben lässt.

Aber ich würde mein Kind umbringen! Niemals werde ich meinem Kind schaden! Niemals!'

Die dunkle Vergangenheit wagte es dreist, ihren Leib zu umklammern, und drohte, wachsendes Leben darin im Keim zu ersticken! Ein Kind, das durch sie das Licht der Welt erblickte, sollte umsorgt und glücklich aufwachsen können! Die verantwortungsvolle junge Frau musste die alte Zeit hinter sich lassen! In dieses ziellose, unwürdige Muster passte ihr Geist einfach nicht hinein! Doch war sie davon mehr geprägt, als sie es selbst wahrnehmen und man nach außen hin erkennen konnte!

Die überaus schwierigen ersten Monate der anderen Umstände vergingen schnell und für jedermann sichtbar.

Sven hatte mit seinem Vater überlegt, das Zimmer umzubauen und neu einzurichten. Es musste Platz für ein Kinderbett geschaffen werden. Lea, die nun bis zum Eintritt des gesetzlichen Mutterschutzes, welcher sechs Wochen vor dem errechneten Geburtstermin begann, schichtbefreit normalen Tagdienst verrichtete, marschierte jeden Dienstag zum verhassten Wohnungsamt und stellte sich geduldig in die Warteschlange. Dort war keine Spur von Bevorzugung! Es gab noch andere Frauen, die in Erwartung eines Kindes waren und bereits welche hatten, die lärmend durch die Gänge rannten. Kein leichtes Los für diese Frauen!

Doch trotz allgemeiner Bemühungen der Familie und Vorbereitungen auf den neuen Erdenbürger wuchs Leas seelisches Unbehagen.

Mit wachsendem Leibesumfang spürte sie seltsames Befremden bei ihrem Liebsten ihr gegenüber. Dabei sehnte sie sich doch gerade jetzt dessen Geborgenheit so herbei. Ihr war schon klar, dass man als werdende Mutter nicht gerade eine sexuell anziehende Schönheit ist. Aber sie wollte keinen Sex! Der tat weh und würde vermutlich auch dem ungeborenen Leben nicht guttun. Sie wollte nur in den Arm genommen, liebevoll umsorgt werden. Es wuchs ein Kind in ihr – *sein* Kind! Ein kleines Wunder – ein hoffentlich gesunder Mensch.

Sven konnte von Beginn an keine Beziehung zu ihm aufbauen. Vielleicht fehlte ihm auch ein gewisses Vorstellungsvermögen für sein Kind. Die Schwangere hatte sogar das Gefühl, dass es ihn ekelte, wenn er sie nackt sah.

Von warmherziger, beschützender Liebe war absolut nichts zu spüren. Das verletzte sie extrem im Empfinden ihrer Weiblichkeit. Das Selbstwertgefühl der werdenden Mutter schwand immer mehr, bis sie ihren Anblick selbst nicht mehr ertragen konnte und sich wünschte, dass es bald vorbei war.

Martina und Tanja aber verliehen ihrer großen Vorfreude auf das Ungeborene fast täglich Ausdruck, indem sie sich lustige Spiele ausdachten und farbenfrohes, babygerechtes Spielzeug zu sammeln begannen.

Leas Bauch wuchs und wuchs. Ihre Haut glänzte vor Überspannung. Irgendwann war ihr Dehnvermögen so ausgeschöpft, dass sie zu reißen begann. Überall auf der riesigen Kugel bildeten sich blaue Streifen und machten ihren Anblick nochmals um einiges unansehnlicher.

Schuhe konnte sie schon seit Langem nicht mehr selbstständig wechseln. Manchmal, wenn abends alle im Wohnzimmer versammelt plauderten, stellte Martina eine kleine Holzpuppe auf Leas Bauch. Gespannt warteten sie nun, was passieren würde. Als ob der verspielte Knirps drinnen schon darauf wartete, stieß er oder sie kräftig von innen gegen die Bauchwand. Der Gegenstand schoss herunter, die Anwesenden lachten laut und begeistert über diese herrlich sichtbare Lebendigkeit eines unsichtbaren Wesens.

Der Geburtstermin rückte näher. Gerade hatte die Hochschwangere ihren neunzehnten Geburtstag gefeiert, denn inzwischen brach das Frühjahr 1985 herein.

Ihrem Kind jedoch schien es in ihr gut zu gefallen. Hatte es denn kein bisschen Neugier auf diese Welt?

Der jungen Frau ging es noch immer ausgezeichnet. Es gab keinerlei Anzeichen für eine bevorstehende Geburt. Aber welcher Art sollten die auch sein? Die Erstgebärende wusste es nicht und machte sich auch kaum Gedanken darüber. Der kleine Mensch in ihr würde schon herauspurzeln, wenn es ihm zu eng wurde. Möglicherweise wurde aus ihm einmal ein Fußballer, denn er führte sich auf wie der Welt bester Stürmer aller Zeiten!

Sven beteiligte sich kaum an dem großen Ereignis, dass es bald einen neuen Menschen auf Erden gab, der ihn zum Vater machte. Er kümmerte sich inzwischen um seine Karriere. Jedoch nicht in seinem erlernten Beruf, sondern mit etwas, das zu einem weiteren schweren Konflikt des Paares wurde.

Er arbeitete auch als Parteimitglied und wurde entsprechend gefördert. Darüber sprach er mit seiner Freundin nie, denn er kannte ihre kritischen Ansichten nur zu gut. Oft schon war es deshalb zu Auseinandersetzungen zwischen ihnen gekommen.

Nun sollte er durch ein Parteistudium zu einem Funktionär ausgebildet werden! Es handelte sich hierbei um ein mehrjähriges Direktstudium in der Bezirkshauptstadt. Er musste also seinen Beruf aufgeben. Das nun wieder sehr beschränkte Einkommen als Student konnte auf keinen Fall ausreichen, um für seine Familie aufzukommen!

Dennoch nahm er diese Förderpläne an, ohne sich vorher mit seiner Partnerin darüber abgestimmt zu haben!

Dementsprechend groß waren dann die Verwunderung und Enttäuschung, als der werdende Vater Lea mitteilte, dass er zum Geburtstermin seines Kindes leider nicht anwesend sein könne, da er im Ausland weile!

Man schenkte dem Beispiel gebenden SED-Zögling zur Anerkennung seiner „Verdienste" für den Arbeiter- und Bauern-Staat eine Reise ins kapitalistische Ausland. Dummerweise fiel diese genau auf den Geburtstermin seines Kindes! Sven durfte für zehn Tage nach Frankreich fahren.

Unter normalen Umständen war das für DDR-Bürger eine völlige Unmöglichkeit!

Er trat die Reise an und begründete es damit, dass ein Ostdeutscher nicht ein zweites Mal die Chance bekam, in den Westen fahren zu dürfen! Damit hatte er zweifellos recht! Doch in gleichem Maße kränkte es die Zurück- bleibende schwer!

Sein Kind ließ sich Zeit, bis er zurückkam!

Wollte es seinen Vater in Ruhe heimkehren lassen, damit er den besonderen Augenblick auch ja nicht versäumte?

Die junge Mutter amüsierte das.

Sven verdrehte bei deren Anblick zwar kopfschüttelnd die Augen, aber scheinbar hatte dieses Baby bereits seinen eigenen Kopf und war genauso stur wie seine Mama!

Bereits zwei Wochen lag es über dem errechneten Ge- burtstermin und sträubte sich zur Welt zu kommen. Die Ärzte entschieden dann das Einleiten der Geburt, was der jungen Frau überhaupt nicht gefiel! Sie hatte Angst um ihr Kind! Ihr selbst ging es noch immer sehr gut. Sicher hatte man sich im Termin verrechnet! Aber was konnte sie schon tun?

Dem Kleinen – es war ein Junge – wurde auf die Welt geholfen, nachdem man seine Mama fast zwei Tage bis zur völligen Entkräftung kämpfen ließ!

Er war das gesündeste Kind der Welt! Lea war mächtig stolz auf diese Leistung, einem so schönen Menschen das Leben geschenkt zu haben.

„Sei gegrüßt, mein Wunderbarer. Willkommen auf der Erde!" In diesem magischen Augenblick ihrer ersten Begegnung waren sie nicht von dieser Welt! Sie schwebten auf einer viel höheren Ebene, zeitlos und für immer verbunden, durch das Universum. Jetzt und hier gab es nur sie und ihren Sohn! So unglaublich schön war es also, ihm das erste Mal in die Augen zu schauen.

An der rechten Seite seines Kopfes entdeckte Lea ein Stück über dem Ohr einen hellen Fleck zwischen den sonst dunkel aussehenden, feucht-klebrigen Haaren eines Neugeborenen.

‚Was für ein witziges Markenzeichen', sagte sie zu sich selbst. ‚Schon das, mein Kleiner, macht dich zu einem unverwechselbaren Unikat unter allen Menschen! Ach, wie schön du doch bist!'

Erste neugierige Besucher ließen nicht lange auf sich warten, denn sie hatten schon eine Zeit lang ungeduldig ausgeharrt. Die erschöpft Euphorische konnte sich kaum noch wach halten, doch ihr Körper schien von Glückshormonen so überschwemmt, dass sie es im Moment nicht spürte.

„Darf ich euch einen neuen Bewohner der Erde vorstellen? Ich habe ihm den Namen Jan gegeben."

Die Überglückliche wählte diesen Namen aus tiefer Verehrung für ihren unvergessenen Freund und Berater Johannes, der einst für kurze Zeit als ihr Stiefvater fungierte, bevor er leider viel zu früh verstarb.

Den Gesichtern von Sven und seiner Familie war reine Freude und glückliches Lächeln zu entnehmen. Vor allem Svens Vater wirkte sehr ergriffen und weinte einfach drauflos. Er verliebte sich sofort in sein erstes Enkelkind, was für alle Zeit so bleiben sollte.

Nun war Lea also selbst Mutter! Ein Kreis hatte sich geschlossen, und doch würde alles anders sein als in ihrer Kindheit! Voll von zärtlicher Liebe, konnte sie es jetzt schon gar nicht mehr verstehen, dass sie selbst ohne diese – dafür aber in Hunger, Armut, Schmutz und Gewalt aufwachsen musste!

Die Geburt ihres Kindes führte zu grundlegender Veränderung in Leas Wahrnehmung und Empfinden.

Die eigene, furchtbare Vergangenheit nahm plötzlich einen neutralen Platz ein in ihrem Bewusstsein. Sie fühlte sich nicht mehr schuldig an schlechten Erlebnissen, die von ihr ja gar nicht beeinflussbar waren.

Einmal mehr blickte sie zum Himmel. Nichts konnte passieren, denn er war da. Alles war gut.

Sie flüsterte ihm zu, es möge ihr so oft wie möglich gelingen, auch die *stummen* Schreie ihres Kindes zu hören und zu verstehen, um ihm wirksam helfen zu können auf seinem Weg.

Leas Herz war überzeugt, dass diese Aufgabe gelingen würde, denn es war geprägt von Liebe, Hoffnung und Dankbarkeit für das Wunder Leben.

Um- und Aufbruch in eine neue Zeit

Die junge Mutter und ihr Baby durften erst nach zehn Tagen das Krankenhaus verlassen. Zu stark geschwächt waren beide durch die Komplikationen während der Entbindung.

Mit großer Freude und Anteilnahme wurden sie empfangen. Auch der frischgebackene Onkel Henry sowie Oma Gertraud waren anwesend. Die betagte Frau hatte extra zum Empfang ihres Urenkels eine beschwerliche Reise auf sich genommen, da sie, wie so oft, bei ihrem Freund weilte.

Von allen Seiten gab es Geschenke, tolle Babykleidung, bunte Rasseln und diverse Alltagsgegenstände, wie Babybadewanne und Kinderwagen. Letzterer wurde ein persönliches Geschenk des Opas an seinen Enkelsohn. „Hier ist dein erster Ferrari, mein Kleiner!", lachte er ihn glücklich an.

Rasch stellte sich der neue Alltag ein. Henry war nur auf Kurzbesuch gekommen und bald wieder verschwunden. Seine Dienstzeit bei der Nationalen Volksarmee konnte nun nicht mehr lange sein. Spätestens dann gab es gröbere Probleme mit der Platzaufteilung, in der schon jetzt viel zu kleinen Wohnung von Svens Eltern.

Das junge Paar, noch immer nicht verheiratet, bemühte sich verstärkt um den nun dringend benötigten Wohnraum, kam auch auf eine Dringlichkeitsliste, jedoch fehlte noch der Trauschein! Die ostdeutsche Behördendiktatur schrieb die Gesetze vor! Wer sie nicht befolgte, hatte eben das Nachsehen!

Lea und Sven legten sogar den Hochzeitstermin vor, den sie mit dem städtischen Standesamt bereits fixiert hatten. Dies nützte aber rein gar nichts! Solange sie keine Eheleute waren, gab es keine Wohnung!

„Eigentlich will ich dich gar nicht heiraten!", sprach Lea offen aus, was Sven nicht zu sagen wagte. Ihm ging es ebenso. Er schlief nicht mit ihr, aus berechtigter Angst, sie könnte gleich wieder schwanger werden. Durch die Stillzeit wollte sich der normale Regelzyklus einfach nicht einstellen. In ihrer angestammten Familie glänzten alle Frauen mit überhöhter Fruchtbarkeit, das war mehr als beklemmend!

Doch er hatte auch keine Lust auf das Kind, beschäftigte sich daher kaum mit ihm.

Seine offene Ablehnung gegenüber dem Baby tötete alle kläglichen Reste von Verständnis oder noch vorhandener Liebe in seiner Partnerin ab. Lea gegenüber verhielt er sich extrem distanziert und zeigte keinerlei Interesse daran, an ihrem Leben teilzuhaben!

Dennoch gaben sie sich das Jawort, als es so weit war. Der Mädchenname Müller verschwand, und Lea wurde Svens Familienname Ludwig verpasst, was ihr überhaupt nicht gefiel! Eine Hochzeit ohne den kleinsten Funken Liebe zwischen ihnen! Sie diente allein dem Zweck! Das konnte nichts Gutes bedeuten, doch sie fühlten sich dazu gezwungen, es zu tun.

In der DDR waren solche Vernunftehen an der Tagesordnung! Man hatte kaum eine andere Wahl, wenn man zu einem eigenständigen Leben und dem dazu notwendigen Wohnraum gelangen wollte.

Seit der Geburt des Jungen waren fünf Monate vergangen, als der Mutterschutz endete, der im Jahr 1985 magere sechsundzwanzig Wochen, also sechs vor und zwanzig nach der Geburt, betrug. Lea wurde wieder in das normale Berufsleben eingegliedert und hatte alle Not damit, da die Brust noch immer Muttermilch produzierte!

Für Jan hatte dies zur Folge, dass er weitere Betreuung in einer staatlichen Kinderkrippe erhielt und nicht mehr zu Hause.

Mit dem Dreischichtsystem und dem täglichen Pendeln kam die junge Mutter aus Zeitgründen nun überhaupt nicht mehr zurecht. In der DDR war es nur schwer möglich, den Arbeitsplatz aus eigenem Antrieb zu wechseln. Auch dies wurde zentral geregelt und entschieden. Aber wo genau, das wusste Lea nicht. Sie sprach mit einem Kollegen aus der Betriebsgewerkschaftsleitung, der ihr Gesuch entgegennahm und weiterleitete. Sie habe sich neben dem Job um ihr Kleinkind zu kümmern, könne das aber unter den gegebenen Umständen nicht gewährleisten. Familiäre Gründe wurden immer akzeptiert, solange sie beweisbar waren.

Die große Last, welche auf der ganzen Familie lag, würde demnach bald etwas leichter werden. Ähnlich einem eingespielten Team, unterstützte diese die jungen Leute, wo sie konnte. Man teilte die Sorgen wie auch die tiefe Freude mit dem Kleinen.

Mit Beginn des Jahres 1986 musste Lea endlich nicht mehr pendeln und konnte am Wohnort ihren Job verrichten. Das Ganze in Normalschicht tagsüber, bevor sie dann ihr Kind aus der Einrichtung abholte. Dadurch lockerte sich der Alltagsstress spürbar, und alle waren erleichtert. Vor allem Lea selbst. Nun hatte sie zwar nicht wesentlich mehr Zeit für ihren Sohn, da eine Normalschicht gegenüber einer im Dreischichtsystem täglich um eine Dreiviertelstunde länger war. Doch Fahrzeiten fielen nun weg, und es half ungemein, auch nachts zu Hause zu sein.

Wenn Lea ihren Kleinen zur Kinderkrippe brachte, hatte sie meist wenig Zeit und eilte von dort direkt zur Arbeitsstelle. Doch wenn sie ihn abholte, machten sie sehr oft einen Abstecher zu Oma Gertraud, da der Heimweg direkt an ihrer Wohnung vorbeiführte. Es entwickelte sich zu einem freudigen Ritual. Man erkannte schon von Weitem, ob sie zu Hause war, denn sie schaute immer schon erwartungsfroh aus dem Fenster und winkte ihnen entgegen.

Jan wurde von der ganzen Familie seines Vaters geliebt und verwöhnt. Nur von ihm persönlich leider nicht, und keiner verstand, warum das so war! Vermutlich nicht einmal der Mann selbst!

Das Kind wuchs schnell heran und kam dem Kindergartenalter immer näher. Sven jedoch nahm kaum Notiz davon! Morgens fuhr er zur Arbeit, ohne sich wenigstens von Jan zu verabschieden. Abends kam er nach Hause, unterhielt sich mit seinem Vater über das eine oder andere internationale Sportereignis und saß mit ihm bis zum Schlafengehen vor dem Fernseher. Lea schien nicht mehr zu existieren! Selbst die große Veränderung in ihrem beruflichen Alltag wurde nicht besprochen oder kommentiert. Sven sprach mit seiner Frau genauso wenig wie mit der eigenen Mutter.

Vermutlich war das normal in dieser Familie. Der jungen Frau aber brach es das Herz. Innerlich beschloss sie, ihre fernere Zukunft nicht mit diesem Mann zu teilen. Über kurz oder lang würde sie ihn verlassen, denn nicht einmal seinem Sohn gegenüber konnte er Zuneigung zeigen! Wie gut wäre es jetzt, eine Mutter zu haben, an deren Schulter sie sich ausweinen, ihren Kummer teilen, um Rat fragen konnte. Doch da war niemand!

Im Mai 1988 – Jan war inzwischen drei Jahre alt – war es endlich soweit! Im Osten der Stadt sollte eine 3-Zimmer-Altbauwohnung verfügbar sein, für deren Nachmiete die Jungfamilie vorgesehen war.

Schön und gemütlich dürfte es vor Ort aber zuletzt gewesen sein, als Deutschland noch einen Kaiser hatte und keiner ahnte, was die DDR für ein Ding war. Außen bröckelte die Fassade. Der ungepflegte Vorgarten erschien flächenmäßig größer als der graue, pflanzenlose Hinterhof, den durch die enge Bebauung rundherum kaum ein Sonnenstrahl erreichte.

Innen konnte man von angenehmen Wohnverhältnissen nur träumen! Fast jede Tätigkeit musste auf vorsintflutlich-altertümliche Weise, umständlich, kraft- und zeitaufwendig, erledigt werden! Das erste gemeinsame Heim von Sven, Lea und ihrem Kind befand sich im Erdgeschoss eines heruntergekommenen 8-Parteien-Mietshauses. Es gab kein Badezimmer, und das WC lag außerhalb der Wohnung, eine Treppe tiefer, auf Höhe des Kellerabganges. Das nicht beheizbare Schlafzimmer befand sich, wie die Küche, nach hinten zum Hof und war in einem schäbigen Zustand. Ohne notdürftige Renovierung würde man sich hier unmöglich wohlfühlen oder gar entspannen können!

In der schlauchartigen, engen Küche diente ein minimalistischer Gasherd, auf dem zwei Töpfe Platz fanden, als karge Kochstelle. Ein kleiner Küchenschrank passte gerade noch hinein. Lea brachte sogar das Kunststück fertig, die neue Waschmaschine direkt unter dem Küchenfenster zu platzieren, denn nicht weit davon entfernt gab es einen Wasseranschluss dafür. Die Waschlauge jedoch musste über das Waschbecken abfließen, da ein Abwasseranschluss fehlte. Kurzerhand versah sie die Wand mit einem stabilen Haken, hängte den Schlauch seitlich an das Becken und band ihn an dem Haken fest. Platz für eine Spüle, einen Tisch, einen Ofen gab es nicht. Benutztes Geschirr konnte entweder in einer Schüssel oder in besagtem keramischen Handwaschbecken abgewaschen werden, das sich in der hinteren Ecke, rechts neben dem Fenster befand. Die auf Sauberkeit Bedachte entschied sich für die Schüssel, welche sie zum Ausleeren immer zum WC trug. Warmes Wasser hatte man sich natürlich selbst herzustellen, denn auch ein Boiler war Fehlanzeige.

Von irrwitzigen Sparmaßnahmen erzählte die Raffinesse, mit der diese Bleibe wieder einigermaßen bewohnbar gemacht worden war. Die uralten Fenster Richtung Hof machten einen zerfallenden Eindruck. Ihr feuchtes, vom Wurm zerfressenes Holz schien schon so altersschwach, dass es vermutlich nicht einmal einem neuen Anstrich standhielt! Im Winter entstanden zentimeterdicke Eisschichten auf dem Einfachglas.

Jedoch Richtung Straße fand man schöne, neuwertige Holzfenster vor, von sauberer, fester Substanz. Diese waren sogar doppelt verglast.

Als Kinderzimmer diente ein so schmaler Raum, dass dort nicht einmal ein normal breites Bett, geschweige ein Schrank Platz fanden! Lediglich das Gitterbett konnte linksseitig aufgestellt werden. Zum Glück lag der winzige Verschlag gleich neben dem einzig beheizbaren Wohnzimmer, sodass man nur die Tür offen stehen lassen musste, damit es darin warm wurde.

Geheizt wurde mit gewöhnlichen Braunkohlebriketts, durch einen in der DDR recht verbreiteten, sogenannten „Automatik-Ofen". Das Wort „Automatik" täuschte! Das war sicher zur Volksverdummung gedacht! Natürlich ließ sich rein gar nichts auf Knopfdruck bewerkstelligen! Sämtliche Arbeiten an dem Gerät passierten per Handbetrieb!

Wollte man heizen, so hieß es:
- Kohlen aus dem Keller holen,
- den Ofen reinigen,
- Asche hinaus in den Aschekübel leeren, der vor dem Haus platziert war,
- etwas Papier, Holz, ein paar Kohlestücke und ein Zündholz für das Ingangsetzen bereithalten!

Das einzig Schöne an dem Vehikel waren die feuerfesten Glasscheiben im Vorderteil. Das Märchen wärmendromantischer Kaminatmosphäre wurde damit vorgetäuscht.

Immerhin war das WC schon mit Wasserspülung, und es gab elektrischen Strom. Also was wollte man mehr. Jeder Anspruch auf modernes Wohnen, mit diversen technischen Erleichterungen, wurde auf Sternzeit verschoben. Welche Auswahlmöglichkeiten hatte man schon? Die Zuweisung einer Wohnung war gleichzusetzen mit einem Lottogewinn! Daher hieß es nicht jammern, sondern das Beste daraus machen. Und genau das hatte Lea vor!

Bald schon lernte sie die alleinstehende Frau von nebenan kennen. Deren Sohn Nico war im gleichen Alter wie Jan, und die Kinder verstanden sich prächtig.

Es stellte sich heraus, dass die nachbarliche Wohnung in noch schlechterem Zustand war! An den Wänden zog sich Schimmel nach oben. Das Wohnzimmer hatte auch nicht solch neuwertige Fenster, sondern noch die einfach verglasten alten!

Christine, wie die Nachbarin hieß, zeigte nicht den einfallsreichen Elan, wie ihn Lea hatte. Mit ihrem Sohn beschäftigte sie sich kaum. Schweigend saß sie vor dem Fernsehgerät und schien vollkommen abwesend zu sein, denn manchmal bemerkte sie nicht einmal, dass Nico die Tür geöffnet hatte, um Jan und Lea hereinzulassen.

Das tat der gerade erst Hinzugezogenen entsetzlich leid, denn sie liebte Kinder über alles. Sie schlug daher vor, dass Nico, wann immer er wollte, nach nebenan kommen dürfe, um mit Jan zu spielen.

Lea gewöhnte sich an ihren Kleinen im Wohnzimmer zu waschen, da alle anderen Räume einfach zu kalt dafür waren. Sie stellte täglich das benötigte Warmwasser und die kleine Babywanne auf, füllte sie, und Jan planschte fröhlich darin. Diese Prozedur war mühsam, denn die Wanne musste wiederum per Hand und eimerweise entleert werden. Sohnemann aber fühlte sich wohl. Er und seine Mama hatten immer jede Menge Spaß. Das war die Hauptsache!

Aber Moment! Gab es da nicht auch noch einen Ehemann und Vater? Ja natürlich gab es den. Nur eben nicht in diesem Haushalt! Seit September 1987 war er nämlich zum Studenten mutiert und wohnte in der Bezirkshauptstadt in einem Studentenwohnheim seiner Bildungseinrichtung. Aber keinem gewöhnlichen, denn es handelte sich um ein Parteistudium. Die Studierenden waren abgeschirmt von der Außenwelt in den Einrichtungen der Bezirksparteischule untergebracht.

Für Lea brachte Svens ständige Abwesenheit aus ihrer Sicht überwiegend Vorteile! Es gab keinen Streit, und sie konnte das viel zu kleine Kinderzimmer als reines Spielzimmer umfunktionieren. Jan wurde kurzerhand im großen Bett einquartiert und musste lediglich an den Wochenenden in sein Gitterbettchen umsiedeln.

Die junge Mutter ärgerte es nur manchmal, dass Sven nicht da war, um seiner Familie den Alltag zu erleichtern. Eigentlich war sie froh, ihn nicht auch noch am Hals zu haben, denn er brachte sich gewöhnlich nur wenig ein.

An den Nachmittagen aber, wenn sie von der Arbeit zur Kindereinrichtung und weiter zum Einkaufen oder anderen Erledigungen hastete, reichte oft die Zeit nicht aus. Lea kam erst um 16:45 aus dem Betrieb, um 17:15 verließ sie mit Jan den Kindergarten, rannte mit dem Kleinkind zum Konsum, der aber um 18:00 Uhr schloss! Nicht selten standen sie unverrichteter Dinge davor! Wenn sie dann nach Hause kamen, war es kalt in der Wohnung. Das „Feuerritual" ging in seine tägliche Wiederholung. Kohlen aus dem Keller holen, Asche aus dem Ofen, alle Utensilien zum In-Gang-Setzen zurechtlegen, anzünden und warten, bis es endlich so warm wurde, dass Jan baden konnte.

Jeden Abend schauten sie gemeinsam das Sandmännchen im Fernsehen. Mit Herrn Fuchs und Frau Elster, Pittiplatsch und seinen „Platsch-Quatsch"-Sprüchen, Schnatterinchen, Moppi, Meister Nadelöhr oder anderen Helden vom TV-„Abendgruß". Danach wurde die Flimmerkiste ausgeschaltet, die zwei machten es sich im großen Bett gemütlich, und Lea las noch eine Geschichte vor. Darauf freuten sich beide immer schon am Tage. Es wurde ein fester Bestandteil ihrer Gute-Nacht-Zeremonie.

Nachbarsjunge Nico besuchte den gleichen Kindergarten und war sogar der Gruppe zugeteilt, in der auch Jan steckte. Den Kindern gefiel das. So konnten sie über die häusliche Zeit hinaus miteinander spielen und sich kennenlernen. Es passierte immer öfter, dass Nico gleich nach dem Kindergarten zu Jan abbog und sich die restliche Zeit bis zum Schlafengehen dort aufhielt. Sie sahen dann zusammen den Abendgruß, vergnügten sich und lauschten der Geschichte, die Lea vorlas, bevor sich der kleine Nachbar wieder zu seiner Mama schlich.

An grauen, verregneten Sommertagen, wenn nicht geheizt werden musste, passierte es manchmal, dass sie mit Gummistiefeln und Regenmantel ausgestattet durch die trübe Wasserlandschaft sprangen, um im Wettstreit die überall reichlich vorhandenen Pfützen auszuräumen.

In Erinnerung an die Geschichte, die sie einst ihrem lieben Johannes erzählt hatte, liefen Lea dann unterm Lachen gleichsam Tränen über die Wangen. Sie glaubte, ihr Sohn könne es durch den Regen nicht sehen. Doch einmal kam der inzwischen Vierjährige erschrocken zu ihr, schmiegte das Köpfchen an ihre Beine und fragte leise: „Aber Mama, warum weinst du denn?"

„Ach mein Schatz, mach dir keine Sorgen. Es sind Tränen der Freude und Dankbarkeit, dass ich so ein wundervolles Kind habe. Ich liebe dich sehr, Jan." Abgeleitet aus dem Namen „Johannes". Wie sie ihren Freund doch vermisste.

Immer deutlicher erkannte die junge Frau ein überaus waches Bewusstsein an ihrem Kind. Es schien von unstillbarem Interesse für seine Umwelt und nächste Umgebung beseelt zu sein, denn es häuften sich seine bemerkenswert feinsinnigen Fragen.

Zweifellos war es ein stressiger Alltag und nichts für verwöhnte Untätige. Doch Zeit zum Träumen, Lachen, Spielen, Toben, Witzemachen, Glücklichsein blieb allemal! Lea hatte die dunkle Vergangenheit ihrer Herkunft total vergessen, ging mit großer Freude ihrer Arbeit und den Erlebnissen mit ihrem Sohn nach. Mit Sven jedoch tauschte sie sich kaum aus, da sie sich ohnehin nur an den Wochenenden sahen, wo sie sich beeilen musste, dass seine Wäsche gewaschen und bis zum Montagmorgen wieder trocken bereitlag. Das Befremden zwischen ihnen beiden wurde zu einem unüberwindbaren Zwiespalt. Sven hatte sich durch das Direktstudium extrem verändert, in seinen Ansichten und Haltungen anderen Menschen gegenüber.

Die aktuelle politische Entwicklung, in den benachbarten Ostblockstaaten und zunehmend auch innerhalb der DDR, verschärfte die gegenseitigen Meinungsverschiedenheiten noch. Die junge Kritische sprach an, was ihr störend, falsch oder einfach unwahr erschien. Dadurch kam es immer häufiger zu Wortgefechten, und ihr wurde klar, dass sie aus ideologischer Sicht völlig gegensätzlich dachten. So erfuhr sie zum Beispiel, dass Sven nach dem Abschluss des Studiums als Bürgermeister in einem Dorf eingesetzt werden sollte, und regte sich fürchterlich darüber auf.

„Du glaubst doch nicht im Ernst, dass ich mit dir mitgehen werde, wenn du in irgendeinem Kaff als Bürgermeister tätig wirst, obwohl du dort nicht aufgewachsen bist und keinen Menschen kennst! Das ist der totale Unsinn! Ich habe in einem Dorf gelebt! Die Leute werden dir nicht glauben, was du sagst, und sie haben recht damit! Du hast keine Ahnung vom Leben auf dem Land! Von dem Müll, der in deinen vermeintlichen Lehrbüchern steht, wächst kein Korn auf dem Feld und kein Vieh im Stall! Nur das Unverständnis in den Menschen! Das sind Märchen für die Großen! Deshalb verstehen wir uns auch überhaupt nicht mehr!

Erinnerst du dich noch an die Zeiten, als du mir von deinem herrlichen Wald erzählt hast? Da liebte ich dich! Doch was davon ist geblieben? Welcher Gehirnwäsche haben sie dich unterzogen? Glaubst du das Zeug, das man dir eingetrichtert hat? Weißt du, was? Nur weil du es glaubst, muss es nicht richtig sein!"

Einmal mehr redete sich Lea in einen heißen Zorn hinein.

Sven argumentierte fast emotionslos, ja gelangweilt. Teilweise realitätsfern, menschenverachtend oder sogar drohend und beleidigend, verhielt er sich gegenüber seiner Frau.

„Wenn du nicht mitgehst oder dich von mir trennen willst, wirst du auch dein Kind verlieren! Ich habe mehr Macht, als du denkst! Also schalt lieber dein Hirn ein, bevor du dich um Kopf und Kragen redest!"

„Was willst du damit sagen, ich verliere mein Kind?"

Plötzlich griff tief sitzende Angst nach ihr!

Sven ging aber nicht weiter darauf ein und multiplizierte diese dadurch auf ein fast unerträgliches Maß.

Die liebende Mutter schreckte nachts oft auf und vergewisserte sich, ob ihr Sohn noch da – und alles in Ordnung war. An normalen Arbeitstagen traute sie sich nicht ihn im Kindergarten zurückzulassen, um sich ihrem Job zu widmen. Sie hatte noch sehr genau vor Augen, wie machtlos ihre Tante Hilde gegenüber der Volkspolizei war, als Lea an diese übergeben wurde! Totale Unruhe zerriss das mühsam verheilte Nervenkleid aus längst vergessen geglaubten Kindertagen.

,Was, wenn sie meinen Kleinen auch so aus dem Kindergarten verschleppen, wie sie es damals mit mir taten? Wo werde ich sein, wenn er nach mir ruft und ich ihn nicht höre? Ob es Mutter damals ähnlich ging? Vielleicht war sie anfangs noch gar nicht so verdorben, und man hatte ihr nur übel mitgespielt. Aber nein … sie hasste mich ja schon, als sie mich noch in sich trug … Ich muss mein Kind schützen! Wen kann ich um Hilfe bitten?'

Lea kam nicht mehr dazu, weiter darüber nachzudenken, wie sie diese Bedrohlichkeit abwenden konnte.

Sie wurde jäh aus dem Grübeln gerissen, als sich im Rundfunk am laufenden Band unglaubliche Berichte über massenhaftes Flüchten von DDR-Bürgern über Ungarn nach Österreich überschlugen. Ungarn galt ja schon lange als reformwilligster Staat des Ostblocks und lockerte als erster seine Grenzen in den Westen. Schon der ganze Sommer 1989 war geprägt von Meldungen über immer größer werdende Lücken im „Eisernen Vorhang", dem bis dahin massiv wirkenden Wall der Isolation zwischen Ost und West. Als im Juli 1989 die DDR-Sommerferien begannen, kannten die Menschen nur mehr ein Ziel – Ungarn! Beim „Paneuropäischen Picknick" nahe Sopron, das die Völkerverbundenheit in Europa zum Ausdruck bringen sollte, ergriffen viele von ihnen die Gelegenheit, von dort aus nach Österreich zu flüchten. Die ungarischen Behörden machten kaum noch Vermerke in die Pässe Aufgegriffener. Schlussendlich wurden für im Land befindliche DDR-Flüchtlinge, am 11. September 1989 die Grenzen offiziell geöffnet.

Innerhalb weniger Tage flohen Abertausende Menschen über diesen Weg in die Freiheit. Um dem Flüchtlingsstrom Einhalt zu gebieten, versuchte die DDR-Führung mit einem generellen Einreiseverbot nach Ungarn etwas zu stoppen, das längst nicht mehr aufzuhalten war!

In der Folge kam es zur Besetzung der bundesdeutschen Botschaften in Warschau und Prag. Sanitäre Anlagen in diesen Gebäuden waren für einen solchen Ansturm nicht ausreichend. Eine normale Versorgung der dort ausharrenden Menschen gestaltete sich als schwierig. Endlich, am 30. September 1989, verkündete dann auch Bundesaußenminister Hans-Dietrich Genscher, vom Balkon der Prager Botschaft aus, die offizielle Ausreiseerlaubnis für alle in den Botschaften befindlichen Flüchtlinge.

Die allgemeine Flüchtlingswelle hielt an. Die DDR-Führung ließ inzwischen auch die Grenze zur ČSSR schließen und war schon mit diesem Problem hoffnungslos überfordert! Hinzu kamen aber auch die sich kraftvoll formierenden oppositionellen Kräfte im Inland. Immer mehr Menschen gingen auf die Straßen und demonstrierten. Der Triumph einer halbwegs gewaltfreien, friedlichen Revolution schien greifbar nahe. Dennoch drohte über aller enthusiastischen Begeisterung das Damoklesschwert einer Diktatur, die in den letzten Zügen lag und der durchaus

ein blutig-brutales Niederschlagen weiterer staatsfeind-
licher Aktionen zuzutrauen war! Die Nationale Volksarmee (NVA) wurde zu diesem Zwecke sogar in erhöhte
Gefechtsbereitschaft versetzt! Knisternde Gefahr lag in der
Luft, denn immerhin stand am 7. Oktober 1989 der vier-
zigste Jahrestag der DDR-Gründung bevor!

Der Amtsantritt von Michail Gorbatschow im März
1985 in der Sowjetunion war der unmissverständliche
Auslöser all dessen, was sich wenige Jahre später wie eine
Lawine in Bewegung setzen sollte. Sein Name stand für
„Glasnost“, was so viel heißt wie „Offenheit, Transparenz,
Öffentlichkeit“.

„Gorbi“, wie er liebevoll im Volksmund genannt wurde,
vertrat mit seiner Politik die Unabhängigkeit und Selbstbestimmung eines jeden Landes. Er leitete einen Stopp
des sowjetischen Führungsanspruches seit dem Ende des
Zweiten Weltkrieges in allen Ostblockstaaten ein.

Das ostdeutsche Volk, das in seiner Heimat blieb und nicht
geflüchtet war, erhob sich zu einer eindrucksvollen Armee
der Friedvollen! In Leipzig kam es jetzt regelmäßig zu den
legendären Montagsdemos. Überall im ostdeutschen Land
war die friedliche Revolution in vollem Gange. Auf dem
Berliner Alexanderplatz formierte sich am 4. November 1989
die unglaubliche Zahl von über 500 000 Menschen, die
für Reisefreiheit und ein neues, vereintes Deutschland ein-
traten, anstelle des Kunstfehlers DDR, dem nicht einmal
ein verwurzelter Nationenstatus gebührte.

Was für eine überaus spannende Zeit von immenser
historischer Bedeutung in der deutschen Geschichte!

Lea verfolgte alle Ereignisse mit großem Interesse,
jedoch auch in zurückhaltend-überlegter Manier. Eine

Demo zu besuchen, kam für sie nicht infrage! Zu groß war die Angst, ihr Kind oder sich selbst zu gefährden. Es blieb auch kaum Zeit, sich an solchen Veranstaltungen zu beteiligen. Doch zu Hause lief das Fernsehgerät nun länger als üblich. Sie musste auf dem Laufenden bleiben und verglich permanent diese mit den realen Eindrücken eines jeden Tages. Einmal entdeckte sie auf einem Plakat der demonstrierenden Menge die Aufschrift: „Visafrei nach Hawaii". Augenblicklich begann sie triumphierend zu lachen. Da war er wieder – ihr ewiger Traum! Für den sie belacht, beleidigt, verflucht worden war. Sie hatte es immer gewusst! Dieser Traum würde wahr werden! Jetzt konnte sie ihn zu einem echten Ziel machen!

Waren das nicht großartige Aussichten? Aber alles zu seiner Zeit!

In dieser bewegenden Phase der totalen Veränderung spielten sich skurrile Szenen ab. Über manche konnte Lea ja wirklich schmunzeln. Andere wiederum machten die verantwortungsvolle Mutter einfach nur fassungslos betroffen! Wenn sie zum Beispiel nach der Arbeit in den Kindergarten ging, um ihren Sohn abzuholen. Eine Kindergärtnerin nahm sie zur Seite und schilderte die Unfassbarkeit, die sich neuerdings fast täglich vor Ort abspielte.

„Wissen Sie, ich muss Ihnen etwas ganz Furchtbares erzählen. Wiederholt bleiben bei uns Kinder zurück, die von ihren Eltern einfach nicht mehr abgeholt werden! Wir warten dann bis in den späten Abend hinein und informieren dann die Polizei, um diese nach den Eltern suchen zu lassen. Die Mütter und Väter verschwinden einfach und lassen ihre Kinder hier zurück! Die Polizei teilte uns mit, dass sich dies auch in anderen Einrichtungen wiederholt! Dieser verfluchte Aufbruch – ist es nicht eher ein Abbruch? Er produziert massenhaft Waisenkinder, ohne dass der Tod ins Spiel kommen muss! Verstehen Sie?"

Die Pädagogin stand tief erschüttert vor der jungen Frau und wirkte am Boden zerstört. In ihrer Niedergeschlagenheit fügte sie hinzu:

„Wie kann es sein, dass eine Mutter ihr Kind der Ungewissheit überlässt und sich aus dem Staube macht, so als hätte sie nie eines gehabt?"

Lea umarmte die Frau schweigend. Ihre Knie zitterten, der Kopf tat weh. Alle Bilder aus der eigenen Kindheit erwachten wieder. Wie viel war ein Kind eigentlich wert?

‚Welche Art Menschen hat dieser unnatürliche Staat DDR da bloß herangezüchtet?', dachte sie sich. ‚Die so etwas tun, sind keine Menschen! Die abartigen Individuen verdienen es auch nicht, als Tiere bezeichnet zu werden, denn diese lassen ihren Nachwuchs niemals im Stich! Lieber sterben sie! Welch hohen Preis ist man bereit zu zahlen für die vermeintliche Freiheit? Wo haben sie nur ihre Menschlichkeit und das Gewissen verloren? Kann es sich hier um ein bisher kaum erkanntes Muster handeln, das den Menschen ebenfalls grundlegend vom Tier unterscheidet? Für den eigenen Vorteil, die Kurzsichtigkeit fragwürdiger Macht, verzichtet er auf das wichtigste Grundprinzip des Lebens – den Selbsterhalt! Oder wofür sind Kriege gut? Oder die folgenschwere Missachtung lebensnotwendiger Ressourcen unserer Erde! Oder das Zurücklassen des eigenen Kindes … Was sind wir Menschen doch für primitive Selbstzerstörer!'

Am Morgen des 6. November kam Lea wie gewohnt zur Arbeit. Sie musste eine Weile suchen, bis endlich jemand sichtbar wurde. Völlig verwirrt fragte sie Werner, der für das Zentrallager zuständig war, wo alle für die Produktion notwendigen Gerätschaften und Werkzeuge aufbewahrt wurden.

„Wo sind denn alle? Wieso ist keiner da? Habe ich mich in der Zeit vertan? Bin ich zu früh?"

Der Befragte wirkte genauso planlos wie sie. Dieses Mal jedoch war seine unbeholfene Art, welche Lea schon oft zu lustigen Streichen verleitet hatte, nur zu verständlich!

„Ich habe keine Ahnung!", stammelte er ratlos. „Vielleicht ist was passiert. Warten wir am besten, bis der Boss da ist. Der weiß vermutlich mehr als wir."

„Hast recht, Werner. Ich organisiere uns mal einen Kaffee, in Ordnung? Dann wartet es sich besser."

Lea verschwand in Richtung Kantine und auch dort herrschte pure Aufregung. Angeblich war die halbe Belegschaft nicht zum Dienst erschienen.

Zurück am Arbeitsplatz, sah sie den Chef mit einer kleinen Gruppe zu spät Gekommener ins Gespräch vertieft und gesellte sich dazu.

„Sie sind abgehauen!", mutmaßte der verstörte Mario, einer von Leas Kollegen. „Heute Morgen kam der Bus nicht. Als ich Thomas traf, glaubte ich erst, alles sei wie immer. Ich wollte ihn gerade fragen, ob wir zu Fuß zur Arbeit gingen, wenn der Bus nicht kam, denn so weit ist es ja nicht. Er hatte keine Zeit, mit mir zu sprechen, außer zu rufen: ‚Komm mit! Diese Chance bekommst du nie wieder!' Ich wusste nicht, was er meinte. Er hetzte eilig an mir vorbei, zwängte sich in einen überfüllten Trabi und fuhr davon. In den Westen, vermute ich! Wohin sonst?"

Lea fiel wieder ein, was sie im Fernsehen verfolgt hatte.

„Waren nicht deshalb so viele Menschen am Alex in Berlin versammelt? Sie haben lauthals für Reisefreiheit demonstriert! Vielleicht ist ein neues Gesetz in Kraft getreten, von dem wir noch nichts wissen", mutmaßte sie.

Aus anderen Betriebsteilen kamen ähnliche Meldungen. Das ganze Land schien auf der Flucht, aus Angst, die verhasste Vergangenheit würde sie einholen! Die Grenzen im benachbarten Ausland blieben ganz bestimmt nicht mehr lange offen, und dann wären sie wieder eingesperrt! Also musste man sich beeilen, um das gelobte Land zu erreichen.

An normales Arbeiten war natürlich nicht zu denken! Die fünfunddreißigköpfige Jugendbrigade dieses Betriebsteiles war auf sage und schreibe sieben geschrumpft! Sie kauerten um das Radiogerät und lauschten den aktuellen Meldungen. Unvorstellbar, was sich draußen abspielte. Alles fühlte sich seltsam rahmenlos an. Als befände sich die ganze Republik in einem totalen Kontrollvakuum. Jeder tat, was er wollte. Nur mehr wenige gingen, soweit möglich, ihrem gewohnten Tagesablauf nach. Es gab keinerlei Einschreiten der so gefürchteten Sicherheitsbehörden. Vielleicht gab es ja gar keine mehr.

„Chef, wenn jetzt das totale Chaos ausbricht und es keine geregelten Abläufe mehr gibt ... wenn die Leute nicht mehr zur Arbeit kommen und spurlos verschwinden ... was wird aus den Betrieben? Machen die dann zu, aus Mangel an Beschäftigten?", fragte Lea, die mit ihren Gedanken bereits in die Zukunft unterwegs war.

„Dann bricht doch auch der klägliche Rest der eh schon bankrotten Wirtschaft zusammen! Es wird bald kein Brot, keine Butter, Schuhe, Kleidung, sonst was mehr geben, denn wir haben doch kaum etwas importiert! Alles wurde im Land produziert! Wer tut das, wenn keiner mehr da ist? Und mal ehrlich! Was soll ich im Westen, wenn ich gar kein Geld habe, um mir etwas zu kaufen?"

„Leute, lasst uns für heute mal nach Hause gehen", erwiderte der Brigadeleiter ratlos. „Unter diesen Umständen bringen wir sowieso nichts zustande. Also macht euch einen netten Abend, und wir sehen uns morgen wieder. Sofern ihr noch da seid!"

Eigentlich hätte es bis zum normalen Feierabend noch ein paar Stunden gedauert. Lea freute sich. An diesem Montag konnte sie es einmal gemütlich angehen. Der Konsum war zum Glück normal geöffnet. Sie erledigte den Einkauf, heizte sogar zu Hause schon ein und machte sich erst dann auf den Weg in den Kindergarten. Wenn Jan Lust hatte, konnten sie noch einen Abstecher auf den Spielplatz machen. Es war einfach wunderbar, sich mit ihm Geschichten auszudenken oder über Gott und die Welt zu unterhalten. Dieser kleine Kerl schien die Neugier auf das Leben gepachtet zu haben. Oder sollte sich in ihm eine neue Generation herausbilden, deren Vorstellungen und Bewertungen ganz andere waren, als sie Lea kannte? Fühlte sie sich etwa jetzt schon alt neben diesem kleinen, aufgeweckten Sprössling? Sie zählte doch erst junge dreiundzwanzig Jahre! Konnte man sich denn da schon wie ein Gestriger fühlen? Oder war es das neue Zeitalter der völligen Veränderung, das gerade voll im Gange war?

Aber egal. Wie immer war es herrlich, mit dem Sohn die Zeit zu teilen. Was waren Kinder doch für ein großartiges Geschenk! Daheim würde es heute schon schön warm sein.

Als die zwei am Abend zu Hause eintrafen, staunten sie nicht schlecht. Ein verstörter Sven saß wie versteinert vor dem Fernsehgerät und vermochte nicht zu glauben, was er sah! Er wirkte niedergeschlagen. Sein Sohn sprang ihm auf den Schoß, und Lea begann ein vorsichtiges Gespräch.

„So eine Überraschung! Was ist denn los? Es ist Montag! Du bist doch heute Morgen erst weggefahren. Hast du etwas Wichtiges vergessen?"

„Nein! Das Studium hat sich erledigt! Die Schule wurde geschlossen. Aus! Vorbei!" Er wirkte extrem gereizt! Dass er ausgerechnet mit *ihr* weiter darüber sprach, kam nicht infrage! Das war mehr als offensichtlich! Den kleinen Jan hatte er längst von sich geschoben, der sich sogleich ins Spielzimmer verkroch. Wütend schnaufend erhob sich Sven, schob die eingerollten Zehen in seine Straßenschuhe, schnappte sich seinen Mantel und verschwand durch die Wohnungseingangstür. Im Hinausgehen warf er ihr noch zu, er ginge zu seinen Eltern, sie brauche nicht auf ihn zu warten.

„In Ordnung", murmelte Lea schadenfroh. Endlich hatte es ein Ende mit dem verlogenen Schein von recht und billig! Innerlich feierte die gestern noch mit den Erpressungsversuchen ihres Mannes Konfrontierte!

„Ha! *Der* wird mir mein Kind jedenfalls nicht mehr entreißen können! Hinweggeschlichen hat sie sich, seine ach so große Macht!"

Er erkannte vermutlich diesen plötzlichen Verlust, was ihn zum Kochen brachte, ohne dass sie sprechen musste! Allein ihr Blick genügte und starrte ihm unerträglich provokant entgegen. Lea hatte inzwischen längst begriffen, dass sie zwar noch Eheleute, jedoch erbitterte Gegner waren! Auf politischem, ideologischem und letztendlich rein menschlichem Gebiet.

Beschwingt und gleichfalls bis aufs Äußerste gespannt, was wohl zukünftig noch an Kuriositäten auftreten würde, kuschelte sie sich lächelnd zu ihrem Sohn, der am Boden des Kinderzimmers saß. Gemeinsam blätterten sie in einem Bilderbuch und erfanden zu allem, was sie betrachteten, lustige Fantasiegeschichten.

Plötzlich lief der zufriedenen jungen Mutter ein zarter Schauer über den Rücken. Sie spürte, wie sich an Armen und Beinen die feinen Härchen aufstellten. Doch nicht aus Angst, Ekel oder anderen schlechten Gefühlen. Eine geheimnisvolle, unglaublich starke Energie von Verbundenheit strömte da sanft durch ihren Körper und ließ das Herz schneller schlagen.

Vor ihren Augen präsentierte sich eine lachende Ameise, die eine majestätische Krone auf dem Kopf trug und ihnen mit einem vierblättrigen Kleeblatt in der Hand zuwinkte. Es war ganz genau das gleiche Bild wie im Waschraum des Kinderheimes vor beinahe zwanzig Jahren! Da war sie wieder! Ihre Ameisenkönigin!

‚Hatte Frau Niemand nicht gesagt, sie würde nur auf mich warten, um mein Freund zu sein?‘, erinnerte sich das erwachsen gewordene Kind. ‚Sie begleitet mich scheinbar wirklich auf meinem Weg. Wie wunderbar.‘ Lea war verzaubert. Seit dem Erlebnis von damals fühlte sie sich eins mit dieser Figur, die für Ordnung, Fleiß und Gemeinschaft stand.

Gestern noch eine winzige Ameise, immer auf der Hut, nicht zertreten zu werden.

Heute eine stolze Königin, die keine Krone brauchte, um zu glänzen, und das Glück stets auf ihrer Seite hatte! Was für ein gutes Gefühl das doch war.

Am Dienstagmorgen, auf dem gewohnten Weg zur Arbeit, reimte sich ihr Kopf mal wieder ein Gedicht zusammen. Es schien ihm ein Bedürfnis, diese ungewohnt flächendeckende Aufbruchstimmung auf seine Weise zu verarbeiten.

Die spärliche Kollegenschaft, die sich dem verlockenden Ruf der Freiheit widersetzt hatte, arbeitete inzwischen vollkommen eigenständig. Der Brigadeleiter wollte als das nicht mehr angesehen werden und stellte sich mit ihnen auf die gleiche disziplinarische Ebene. Ja! Auch das gab es! Einen Chef, der einfach Mensch blieb! Es gab keine Kläger und keine Richter mehr! Und was mit den „Volkseigenen Betrieben" passierte, wusste auch keiner! Man hatte die Wahl zwischen kopfloser Flucht, mit nichts in der Hand, ohne Arbeit, Geld und Heim, in den verheißungsvollen Westen. Oder dem überlegten Durchhalten und besonnenen Handeln an Ort und Stelle.

Sie entschieden sich für Letzteres und gingen gemeinsam durch diese unglaublich spannende, turbulente, teilweise auch tragische Wendezeit.

„Hey Leute", rief Lea munter, als sie am Arbeitsplatz angekommen war. „Habt ihr die Story des Tages schon vernommen? Seit gestern gibt es ein neues Reisegesetz! Angeblich erhalten wir die Erlaubnis, in den Westen zu fahren! Ich nehme an, das hängt davon ab, wie klar die Sicht, wie gut die Luft, ob Sonnenschein und vor allem, ob die Behörde gut geschlafen und überhaupt Zeit hat für das Anliegen des Bürgers! Wer's glaubt, wird selig! Wer gerade beim Abhauen ist, wird sich totlachen!

Auf dem Weg zu euch habe ich vor lauter guter Laune ein bisschen herumgereimt. Wollt ihr es hören? Aber wehe, ihr lacht mich aus!"

Natürlich kicherten alle sofort los und erwarteten wohl irgendwas Witziges.

„Schluss mit lustig!", beschwerte sie sich gespielt ärgerlich. „Das ist ernst zu nehmende Kunst, ja? Ich muss schon bitten!", schauspielerte sie mit einer so übertriebenen Fratze, dass das Gelächter in die zweite Runde ging. Bis es endlich einigermaßen ruhig wurde.

„Also … was uns alle im Moment am meisten beschäftigt …"

Wie ein Magier theatralisch Spannung erzeugend, senkte sie die Stimme zur flüsternden Offenbarung eines streng gehüteten Geheimnisses …

Das Unbekannte …

Du kannst es nicht riechen, hören, sehen.
Mit ihm schon gar nicht sichergehen,
ob es so ist wie vorgestellt,
es existiert in unserer Welt.
Doch du willst mehr darüber wissen?
Dann wirst du es erkunden müssen.
Das Unbekannte macht dir Angst?
Erzähle mir, wovor du bangst.
Dass du dem nicht gewachsen bist?
Es zu komplex und schwierig ist?
Du glaubst, es bleibt ergebnislos?
Wie kam der Mensch der Steinzeit bloß
so weit, dass heut er fliegt zum Mond?
Weil sich das Unbekannte lohnt,

es voller Neugier zu entdecken.
Für Neues seinen Geist zu wecken.
Oh ja, es stimmt. Es gibt sehr viele
gewagte, ehrgeizige Ziele.
Auch kleine, simple, unscheinbare.
Doch gar keines ist nicht das Wahre!
Du bist zum Leben auserwählt,
was zu den schönsten Wundern zählt.
Dieses Geschenk ist äußerst selten.
In unbekannten fremden Welten
möglicherweise gar nicht da.
Vielleicht jedoch auch ziemlich nah.
Im Leben ist das Interessante
am meisten doch das Unbekannte.

Einen Moment lang herrschte Stille. Man konnte förmlich mit den Augen verfolgen, wie sich in jedem Einzelnen die tollsten Visionen bildeten. Mit ihrer etwas mystischen Vortragsart hatte Lea die Zuhörenden fast in eine Art Trance versetzt und stand selbst grinsend, bewegungslos da, nicht wissend, wie sie ihre Kollegen wieder zurück ins echte Leben beamen sollte.

Zum Glück kam Werner gerade hereingestolpert, der dabei polternd einen Hammer gegen den Türrahmen fallen ließ.

„Oh. Entschuldigung. Habe ich etwa eine Besprechung verschlafen?", stammelte er verlegen. Alle lachten wieder laut, mancher warf der „Künstlerin" ein bewundernd-bestätigendes Daumenhoch zu, und man tauchte wieder ein in das Geschehen des Tages.

Am späten Nachmittag dieses 7. November 1989 holte Lea wie gewohnt ihren Sohn ab, als eine Kindergärtnerin sie ansprach, ob sie wisse, wo der kleine Nico sei. Sie wären doch Nachbarn und er schon den zweiten Tag nicht da gewesen. Die Ahnungslose zuckte die Schultern, überlegte und wurde kurz stutzig!

„Komisch! Jetzt erst fällt mir auf, dass ich Christine auch schon seit dem Wochenende nicht mehr gesehen habe. Aber gut. Heute ist Dienstag. Vielleicht sind sie ja bei den Eltern. Möglicherweise sind sie auch verreist. Aber dann hätten sie sich sicher von mir verabschiedet, denn wir verstehen uns recht gut. Ich habe sogar einen Schlüssel zu ihrer Wohnung, da ich manchmal bei Christine einheize, wenn sie mir sagt, dass es später werden kann.

Wenn Sie wollen, frage ich mal bei ihren Eltern nach. Das sind nette Leute, die ich zwar nur flüchtig kenne, aber sie können uns bestimmt Auskunft geben. Sie wohnen unweit vom Konsum. Dort muss ich sowieso heute … nein, das wird nichts mehr!", sagte sie skeptisch, als sie die fortgeschrittene Stunde wahrnahm, „… aber auf jeden Fall morgen vorbeischauen."

Mit dieser Abmachung im Rucksack gingen Jan und seine Mutter direkt nach Hause. Es war schon später als sonst und daheim noch kalt.

Das geliebte Abendritual vollzogen sie trotzdem in Gemütlichkeit und Ruhe.

Während die junge Frau den Abwasch erledigte, gingen ihr die Worte der Kindergärtnerin nicht aus dem Sinn. Seltsame Unruhe erfasste sie, wo auch immer deren Ursache lag.

„Ich werde dann drüben einfach mal nachsehen", murmelte sie kurz entschlossen vor sich hin. „Vielleicht hat sie mir ja einen Zettel hingelegt, damit ich Bescheid weiß."

Als sie gerade dabei war, die Schüssel mit dem Abwaschwasser zum WC zu bringen, erstarrte sie! Das Behältnis flog in hohem Bogen durch die Luft, und die Flüssigkeit ergoss sich über dem hässlich gefliesten Boden des eiskalten Treppenhauses.

Das Gesicht eines krank und erschöpft wirkenden Kindes drückte sich gegen die altmodisch verzierte Glasfläche der Tür zur Nachbarwohnung. Seine müden Augen schienen ausdruckslos jeder einzelnen Bewegung von draußen zu folgen.

„Nico!" Überhastet eilig lief sie zu ihm, doch die Tür war verschlossen. Im gleichen Moment fiel ihr ein, dass sie ja einen Schlüssel besaß, holte diesen herbei und betrat nun vorsichtig die Räume. Reflexartig hob sie den Kleinen auf den Arm und schaute sich um. „Christine, bist du da? Bitte antworte!" Lea glaubte, ihr sei etwas Schlimmes zugestoßen. Sie lief in jedes Zimmer und erkannte, dass der etwa fünfjährige Junge mutterseelenallein war. Er sagte nichts und schaute nur, legte aber sein Köpfchen an Leas Schulter, was wohl so viel bedeutete wie: ‚Gut, dass du da bist.'

Sein Schlafanzug stank nach Urin und Kot! Erst jetzt entdeckte Lea sein Töpfchen, das aber bereits übergelaufen war. Eine Rolle Klopapier lag völlig aufgeweicht daneben, ohne abgewickelt worden zu sein.

Es blieb keine Zeit, weiter nach Hinweisen zu suchen. Der Kleine musste schleunigst versorgt und schlafen gelegt werden!

„Nico, mein Freund, was hältst du davon, wenn wir zu Jan hinübergehen und du heute Nacht bei uns bleibst? Es kann zwar sein, dass er schon eingeschlafen ist, aber das macht ja nichts. Ich setze dich in die Badewanne, wir spielen ein wenig, und wenn du Lust hast, dann lese ich dir wieder eine Geschichte vor. Abgemacht?" Der Bub schaute sie zufrieden nickend an, und seine ersten Worte wurden hörbar.

„Ich habe großen Durst und ein bisschen Hunger, Tante Lea."

‚Na, wenigstens hat er keine Angst', dachte sie sich im Stillen. ‚Möchte wissen, was hier passiert ist! Aber jetzt ist mal nur der Kleine wichtig! Es wird sich alles aufklären!'

In besonnener Ruhe umsorgte sie das Kind, badete ihn, ließ ihn essen und trinken, zog ihm einen Schlafanzug von Jan an. Sie versuchte zu scherzen, ihn ein wenig zu kitzeln, verlor aber kein Wort über die Ereignisse der jüngsten Vergangenheit. „Zeit zum Schlafen, mein Schatz. Was ist dir lieber? Möchtest du ins Gitterbett oder ins große, zu Jan? Dort ist genug Platz für uns alle drei. Wenn ich mit aller Arbeit fertig bin, komme ich zu euch, und wir kuscheln uns zusammen."

„Das klingt schön, Tante Lea. Ich will nicht alleine sein. Ich habe so viel Angst."

„Das verstehe ich vollkommen, Nico! Ich habe auch immer Angst, wenn ich allein bin. Die Geschichte kann ich dann aber nur flüstern, da Jan schon ins Land der Träume unterwegs ist."

Das verstörte Kind umklammerte seine Tante Lea fester, als sie es kannte, und sie trug ihn dorthin, wo sein Spielkamerad nur mehr die Nasenspitze und den Haarschopf erkennen ließ.

Kaum hatte Lea mit dem Vorlesen begonnen, war Nico eingeschlafen. Er muss völlig erschöpft gewesen sein.

‚Puh! Das heutige Abendprogramm hat es aber in sich!‘, überlegte die unter der Vielbeschäftigung Grübelnde. Zuerst wandte sie sich dem Treppenhaus zu. Der Boden musste komplett aufgewischt werden! Ihr gefroren fast die Hände dabei! Sie legte für die Kinder saubere Kleidung für den Folgetag bereit – Nico würde einfach etwas von Jan anziehen, denn sie wollte drüben nicht herumschnüffeln.

Dennoch ging sie dann noch einmal dort hinein, um nachzusehen, ob nicht doch irgendwo ein Zettel oder welcher Hinweis auch immer zu finden war. Nichts!

Morgen würde sie zuerst zu ihrer Arbeitsstelle gehen und den Chef um ein paar Tage Urlaub bitten. Die Umstände hierfür erklärte sie ihm schon. Ihr war noch nicht klar, ob sie zuerst die Kinder in den Kindergarten bringen und dann zu Christines Eltern gehen sollte, oder umgekehrt. Sie befürchtete nämlich, Nico könnte in staatliche Obhut gegeben werden und sie würden sich verlieren. Für das Kind wäre das sicher ein großer Schock!

Sie entschied daher, zuerst mit der Familie ihrer verschollenen Nachbarin Kontakt aufzunehmen.

Von ihrem Vorgesetzten erntete Lea vollstes Verständnis, nachdem sie ihm die Lage nur ganz kurz geschildert hatte, damit Nico nicht allzu viel aufschnappte.

„Lass uns kurz überlegen." Er räusperte sich, während er mit der rechten Hand über seinen spärlichen Stoppelbart fuhr. „Schau her. Heute ist Mittwoch. Genügt es dir, wenn du den Rest dieser Woche freibekommst und am Montag, den 13. 11. wieder da bist? Oder sollen wir die ganze kommende Woche Urlaub schreiben? Hier geht es im Moment sowieso drunter und drüber, und die Auszeit wirst du mit den Kindern sicher gut nutzen können.

Meinetwegen reicht es, wenn du am 20. 11. wieder zum Dienst erscheinst."

„Nein, das ist mir zu lange!", gab Lea zurück. Der Rest dieser Woche genügt vollkommen, um alles einigermaßen zu regeln! Am 13. 11. bin ich zurück, in Ordnung? Danke, dass es überhaupt so spontan möglich ist!" Schmunzelnd wendete sie sich den Kindern zu, welche geduldig neben ihr herliefen und die Umgebung studierten. „Euch beiden gefällt das doch bestimmt, ein paar Tage freizuhaben, oder?

Warte Chef! Ich komme mit dir mit. Will den anderen schnell Bescheid sagen. Nicht dass sie denken, ich sei auch abgehauen!"

Zu viert marschierten sie schweigend den Gang entlang, bis sie die Werkstatt betraten, in welcher ruhig und konzentriert gearbeitet wurde. Dass sich ihr Heimatland gerade in etwas auflöste, das keiner kannte, schien auf einem anderen Planeten zu passieren, jedoch nicht hier, in diesem Raum.

„Grüß euch, Kollegen. Schaut mal, wen ich heute mitgebracht habe. Deshalb will ich mich auch nicht lange aufhalten. Hört mir bitte einen Moment zu", versuchte Lea, die Aufmerksamkeit auf sich zu lenken. Sie erklärte kurz ihren Plan, für den Rest der Woche freizunehmen, verabschiedete sich eilig und schickte sich an, den Raum zu verlassen, als ihr die heißeste Information seit dem Abend wieder einfiel.

„Ach, was ich noch sagen wollte. Habt ihr gestern die Tagesschau gesehen? Unser Land hat keine Regierung mehr! Alle ,Willi Stophs' sind zurückgetreten! Na, was sagt ihr dazu? Also ich sage, es kann nur besser werden! Was schaut ihr denn so ungläubig? Hört euch die Nachrichten an, dann habt ihr die Bestätigung! Seit gestern sind wir offiziell ‚out of control'. Aber ich muss jetzt los. Wünsche euch noch eine schöne Woche! Bis Montag! Ich haue nicht ab! Versprochen! Ihr auch nicht, in Ordnung?"

Als Nächstes machte sich Lea mit den beiden Kindern auf zum Haus von Nicos Großeltern. Ein schlichtes, aber gut erhaltenes Anwesen, das von seinen Besitzern liebevoll gepflegt wurde.

Diese waren entsetzt! Geistesgegenwärtig lenkte der alte Herr die Kinder in den Garten, wo sie in bunten Laubhaufen herumspringen und die unverhoffte Freizeit genießen konnten.

„Aber schauen Sie, junge Frau!", zeigte die Großmutter Lea zitternd eine Karte. „Die haben wir von ihr bekommen. Aus Ungarn. Darauf schreibt sie zwar, dass sie nach Österreich will und nicht mehr zurückkommt. Aber es gehe ihr gut, alles sei in Ordnung. Nie im Leben wären wir darauf gekommen, dass sie ohne Nico losgezogen ist! Und sie hat es hier auch mit keinem Wort erwähnt! Um Himmels willen! Das ist eine Katastrophe!"

Die alte Dame weinte hemmungslos, der Großvater indes zog die finsterste Miene, die man sich vorstellen konnte.

Die junge Zuhörende aber blieb erstaunlich gefasst.

„Nun beruhigen Sie sich doch bitte! Ich brauche Ihre Kraft jetzt für Ihren Enkel! Eine Katastrophe wird es schon mal gar nicht geben, denn Sie sind da und ich war da, als Nico allein in der Wohnung saß. Kaum vorstellbar, wenn auch Sie nicht mehr auffindbar gewesen wären! Dann hätte ich ihn den Behörden übergeben müssen, von wo aus es dann vermutlich direkt in ein Heim gegangen wäre! Das geht im Moment vielen Kindern so, deren Eltern einfach abhauen! Ich denke, Christine hat genau kalkuliert, dass ich mich um ihn kümmern würde. Die Kinder verstanden sich gut, und sie war auch im Bewusstsein dessen, dass ich einen Schlüssel zur Wohnung habe. Sie ging also davon aus, Nico würde schon versorgt werden. Dass sie nicht einmal einen Zettel hinterließ und auch Ihnen rein gar nichts bekannt gab, finde ich allerdings höchst verantwortungslos und eigentlich auch kriminell! Denn es bedrohte massiv das Leben dieses Kindes! Ganz abgesehen davon, dass ich es als grobe Vernachlässigung einstufe. Aber ich bin kein Jurist und will mich damit auch nicht beschäftigen. Es ist schon so unfassbar genug! Zu verschwinden, selbst auf die Gefahr hin, der Kleine könnte verhungern, verdursten, erfrieren! In der Wohnung war es nämlich extrem kalt, als ich Nico zu mir nahm!

Darf ich Sie auch bitten, dort aufzuräumen? Ich habe mich nur um ihn gekümmert, in der Wohnung aber nichts angerührt! Vor allem sein Töpfchen müsste dringend ausgeleert werden. Es war schon übervoll, und das stinkt natürlich gewaltig!"

Das mit dieser Situation völlig überforderte Ehepaar bedankte sich unter Tränen für Leas aufopferungsvolles Tun.

„Bitte hören Sie mir zu!", gab sie mit sanftem, aber eindringlichem Appell zurück.

„Wenn ich nichts auf dieser merkwürdigen Welt für selbstverständlich halte – Menschlichkeit und Nächstenliebe sind es für mich! Ich brauche dafür keine Kirche, die es mir scheinheilig vorbetet! Sie müssen entschuldigen, aber ich bin ohne Bekenntnis aufgewachsen, habe die Nähe zu Gott sogar gesucht, um zu verstehen. Doch es hat wohl nicht sollen sein, wie man so schön sagt. Aber zurück zu ihrem Enkelsohn. Ich würde immer wieder so handeln, ohne nachzudenken! Das dürfen Sie mir glauben! Es sind die Gesetze des Lebens! Lassen Sie uns gemeinsam für das Glück dieser kleinen Menschen sorgen. Dann werden auch wir glücklich sein. Glauben Sie nicht?"

„Was sind Sie doch für eine wundervolle junge Frau!", verneigte sich Nicos Großvater vor Lea, der dieses ehrliche Kompliment aber schon wieder peinlich war.

„Nein, nur ein Mensch, der liebt. Aber vielen Dank!

Dies ist mein Sinn, warum ich bin. Und jetzt bin ich überaus glücklich, dass Sie da sind für Ihren Enkel. Ich kenne Zeiten aus meinem Leben, in denen es anders war und eben keineswegs selbstverständlich, dass der eine für den anderen da war.

Darf ich Sie dennoch um etwas bitten? Könnte ich meinen Sohn am Vormittag bei Ihnen lassen? Die Jungen spielen so schön miteinander, das wird Nico gut ablenken. Ich kann indes in den Kindergarten gehen und bekannt geben, dass alles in Ordnung ist und der Bub sich bei den Großeltern befindet. Die Erzieherinnen machen sich nämlich auch schon große Sorgen, da sie nicht wissen, wie es Nico geht."

„Aber das ist doch selbstverständlich, wenn ich das kleine Zauberwort noch einmal bemühen darf", schmunzelte der alte Herr jetzt. „Versprechen Sie mir, nachher mit uns gemütlich Kaffee zu trinken und ein wenig zu plaudern?"

„Na selbstverständlich!", lachte Lea zurück, stimmte sich kurz mit Jan ab und machte sich auf den Weg.

Die Erzieherinnen waren sichtlich erleichtert über die frohe Botschaft. Dennoch rieten sie dazu, die Abgängigkeit der Mutter bei der Volkspolizei zu melden. Es könne ihr ja im schlimmsten Falle etwas zugestoßen sein, was jedoch die Postkarte an deren Eltern bereits widerlegte. Doch das verschwieg Lea den Kindergärtnerinnen.

Sie eilte nach Hause, um einzuheizen und die Reste dessen wegzuräumen, was sie am Abend vorher nicht mehr geschafft hatte angesichts der besonderen Umstände.

Dann endlich konnte sie sich wieder zu den Kindern und Nicos Großeltern in Bewegung setzen.

Gemeinsam verbrachten sie den ganzen restlichen Tag des 8. November, an dem sich nun auch das gesamte Politbüro des ZK der SED aufgelöst hatte! Die DDR war jetzt quasi über Nacht ein völlig führungsloser Staat geworden!

Wie mussten sich die Menschen fühlen, die in dieses Land hineingeboren und inzwischen zu jungen Erwachsenen herangereift waren? Wohin gehörten sie? Welcher Nationalität entstammten sie? Auch Lea zählte zu dieser Generation. Einer Generation ohne Wurzeln! Doch sie hatte die ihren woanders gefunden. In etwas Höherem. Der Ursprünglichkeit allen Seins. Sicher geerdet und verbunden mit dem Himmel. Dem Einzigen, der stets für sie da war, sie schützte und hielt. Ihm schenkte sie ihr ganzes Vertrauen, das der Mensch nicht genug zu würdigen wusste. Himmel war Leben!

„Sagten Sie nicht, Sie haben für den Rest der Woche Urlaub?", erkundigte sich die Großmutter des Jungen. „Wollen Sie nicht die paar Tage bei uns bleiben? Wir haben ein nettes Gästezimmer, das ich immer vergebens putze, da es nie benutzt wird. Wir bekommen leider selten Besuch. Das wäre uns eine große Freude, nicht wahr, Willi?", wandte sie sich kurz ihrem Gatten zu. „Und schauen Sie doch, wie gut es den Kindern miteinander geht."

Lea war erstaunt über diese spontane Einladung. Kannte man sich doch bisher wirklich nur durch ein flüchtiges „Guten Tag" und „Guten Weg". Nach einem Moment des Nachdenkens willigte sie ein, denn sie fühlte sich hier sichtlich wohl. Dann müsse sie aber noch einmal losgehen, um die nötigen Utensilien und etwas Kleidung zu organisieren.

Am Abend des gleichen Tages saßen sie beisammen, verfolgten gespannt die Berichterstattung im Fernsehen und hatten sich viel zu erzählen. Schönes und Trauriges, besondere Stationen ihres bewegten Lebens. Selbst ganz Vertrautes kam zur Sprache. Lea hatte den Eindruck, die beiden waren ihrer Tochter immer gute, liebevolle Eltern. Umso unverständlicher erschien ihr das rücksichtslose Verhalten der Verschwundenen. Aber irgendwelche verborgenen Störungen ihrer Beziehung zueinander gingen den interessiert fragenden Gast ja nun wirklich nichts an!

„Aber nun sagen Sie einmal, junge Dame: Wie ist eigentlich Ihr vollständiger Name? Das ist ja nicht zu glauben! Wir sitzen hier, als kennten wir uns schon hundert Jahre. Doch wir haben uns nicht einmal einander vorgestellt!", lachte Nicos Großvater. „Ja, Himmel! Sie haben recht!", entgegnete die Angesprochene überrascht. „Das Chaos in unserem Land scheint sich bis in jedes Wohnzimmer, jedes Gespräch, jeden Gedanken zu schleichen. Die Ereignisse überschlagen sich, und man vergisst vollkommen, dass man sich gerade eben noch gar nicht kannte! Seltsam."

„Nun, dann lassen Sie uns das schnell richtigstellen!", schlug er vor. „Mein Name, verehrteste Lea, ist Wilhelm-Gustav Fink. Sie dürfen gern Willi und Du zu mir sagen, weil das alle machen. Ich bin gelernter Maschinenbau-Schlosser, aber zum Glück seit zehn Jahren Rentner.

Diese wunderschöne Frau hier neben mir, die Sie ab sofort sicher auch duzen dürfen, ist meine seit dem Jahre Schnee Angetraute Elisabeth Fink, geborene Drossel … äh … ich meine Sperling … ach nein … jetzt im Ernst: Emmerich. So, das stimmt aber nun." Alle lachten über den zufriedenen Witzbold. Die Frau streckte die Hand aus und lächelte verschmitzt: „Sag Betty zu mir."

„Ihr seid sehr glücklich miteinander, nicht wahr? Das ist schön." Bewusst brachte sie das unwürdige Tun der Tochter nicht ins Spiel. Dafür war der Abend einfach zu schön. „Mein vollständiger Name ist Lea Ludwig, Mädchenname Müller. Auf der Arbeit sagen sie aber immer Lea Lustig zu mir, die Scherzkekse! Weil ich so gern lache." Und lacht … „Ich erlernte den Beruf des Elektrotechnikers, hätte aber viel lieber Kunst oder Literatur studiert. Ich lese und schreibe nämlich für mein Leben gern."

Willi hatte, während er interessiert zuhörte, aus der Schrankbar eine Flasche „Goldbrand" und drei Cognac-gläser geholt, von denen jedes in einer anderen, zarten Glasfarbe schimmerte. Goldbrand – auch „Goldi" ge-nannt – stand für einen in der DDR erhältlichen Wein-brandersatz.

„Erheben wir also unser Glas auf ein Land vor unserer Zeit, das keiner kennt. Man sagt auch DDR dazu."

Das alte Ehepaar und die junge Frau harmonierten so gut miteinander, als sei Lea schon immer eine eigene Tochter gewesen. Das tat beiden Seiten gut. Die Alten schienen in ihrer wundervollen Herzlichkeit von der Welt vergessen, die Junge, in ihrer freudvollen Frische, kannte so etwas wie Geborgenheit nicht. Sie schlief in einem traumhaft bequemen, duftend reinen Bett, unmittelbar neben dem Fenster. Weiter hinten, an der Wand des hübsch eingerichteten Zimmers, campierte Jan in einem Spielzeugzelt, das sie am Tage aufgestellt hatten. Es war sein Wunsch, darin zu nächtigen. Dies sei total spannend, wie bei den echten Indianern. Eine Luftmatratze und Bettzeug wurden hineinverfrachtet, dem Kind gefiel der Schlafplatz außerordentlich. Alles war in bester Ordnung.

Der 9. November brach an. Die Familien Fink und Ludwig entschlossen sich zu einem kleinen Stadtausflug mit Abstecher zu einer nahegelegenen neu errichteten Spielplatzanlage. Die Ausflügler – Kinder wie Erwachsene – saßen zeitvergessen in einer Sandkiste und bauten bizarre „Luftschlösser" ihrer Fantasie. Vom Geschehen des Tages bekamen sie so gut wie gar nichts mit. Noch nicht!

Dann das Unfassbare, das man kaum zu träumen wagte, geschweige denn zu erleben wähnte! In gewohnt ruhiger, sachlich-neutraler Manier meldete die Tagesschau im Ersten Deutschen Fernsehen um 20:15 Uhr: „DDR öffnet die Grenze." Dazu gab es Live-Zusammenschnitte aus einer Pressekonferenz mit dem Ersten Sekretär der SED-Bezirksleitung Berlin, Günter Schabowski. Die neue Regelung der uneingeschränkten Reisefreiheit für *jeden* DDR-Bürger in das Territorium der BRD und Westberlins, über jede beliebige, vorhandene Grenzstelle, trete ab *sofort* in Kraft! Man wollte damit dem ungebrochenen Flüchtlingsstrom zum Beispiel über die ČSSR ein Ende setzen.

„Habt ihr das gehört?", blieb Lea der Bissen im Munde stecken, den sie gerade schlucken wollte, als sie beim Abendessen saßen. „Heißt das, jeder kann gehen, wohin er will?

Wir sind richtig frei?" Ihre Stimme zitterte vor Aufregung. „Dann lerne ich bald meinen Onkel Andi kennen! Dann werdet ihr, liebe Betty, lieber Willi, vielleicht bald eure Tochter wiedersehen. Dann reise ich irgendwann nach Hawaii und mach einen Abstecher nach New York dabei.

Das ist so wunderbar, wunderbar. Jetzt werden meine Träume wahr", tanzte die Überglückliche ungestüm durch das Wohnzimmer der Gastgeber und zog selbige samt Kinder mit in diesen Freudentaumel. Bis sie lachend und weinend zugleich, ihren geliebten kleinen Jan umarmend, auf den Teppich sank, um zur Ruhe zu kommen. Denn sonst würde ihr das Herz aus der Brust springen, so stark schlug es dagegen.

Es stellte sich heraus, dass das „*sofort*" ein „Versprecher" Schabowskis sein musste. Ursprünglich war das Inkrafttreten der neuen Regelung eigentlich erst für den Folgetag, um 4:00 Uhr Früh geplant! Schon eine Viertelstunde nach der Übertragung im Fernsehen drangen erste Menschengruppen bis zum Grenzübergang „Bornholmer Straße" in Berlin vor. In kürzester Zeit wurde die Menschenmenge riesig. Die Grenze jedoch, die den Ostberliner Stadtteil Pankow vom Westberliner Stadtteil Wedding trennte, blieb, ungeachtet der offiziellen Meldung über die neue Reisefreiheit, verschlossen! Keiner wusste recht, ob es sich vielleicht nur um einen Irrtum oder gar einen schlechten Scherz handelte, denn entsprechende Befehle blieben aus. Erst am späten Abend, eine halbe Stunde vor Mitternacht, öffneten die Grenzsoldaten nach eigenem Ermessen den Schlagbaum, ohne eine entsprechende Anweisung dafür erhalten zu haben. Die Situation hatte ein bedrohliches Ausmaß erreicht. Anordnungen von der befehlshabenden

Stelle blieben nun gänzlich aus. Alle Kontrollen wurden eingestellt, die Menschen strömten zu Tausenden auf Westberliner Boden. Am Brandenburger Tor kletterten viele Bewohner Westberlins auf die Mauer, näherten sich zunächst zaghaft, dann mutiger und entschlossener seinem Durchlass. Immerhin gab es noch den gefürchteten Schießbefehl, von dem keiner genau wusste, ob er noch in Kraft war! Alles blieb ruhig. Kein Schuss fiel. Immer mehr Menschen strömten auf Ostberliner Gebiet. Grenzsoldaten und Volkspolizei hatten aber eine breite Zone direkt vor dem Brandenburger Tor abgeriegelt. Die ostdeutsche Bevölkerung wagte es nicht, diese zu durchbrechen. Die der anderen Seite rief den Mitbewohnern „ihrer" Stadt aufmunternde Parolen zu. Ganz Westberlin sei auf den Straßen, um sie mit Freude zu empfangen. Irgendwann im Laufe dieser Nacht wurden letztendlich jegliche Versuche der Machthaber allgegenwärtiger Ohnmacht eingestellt, die Menschen aus Ost und West voneinander zu trennen. Eine Stadt, ein ganzes Volk waren wieder vereint!

Über den ganzen Abend verteilt, wurden im Fernsehen ununterbrochen Vor-Ort-Bilder gezeigt, wo sich unvorstellbare Freudenszenen abspielten.

Auch an den Folgetagen glichen sämtliche Grenzübergänge nach Westdeutschland einer Trabanten-Invasion.

‚Wo kommen nur plötzlich so viele Autos her, dass sich Staus bilden können? Oder verlässt tatsächlich ein Volk geschlossen seine Heimat?', dachte sich Lea, als sie die nicht enden wollenden TV-Übertragungen verfolgte.

Der süße Duft der Freiheit führte unweigerlich durch die weißblau stinkenden Nebelwolken altgewohnter Zweitakt-Vertrautheit.

Nach Leas Meinung fand erst jetzt der Zweite Weltkrieg sein wirkliches Ende. Die deutsche Nation hatte für die furchtbaren Verbrechen an der Menschheit durch das Naziregime, welche durch nichts gutzumachen sind, lange und schwer büßen müssen. Doch wer genau? Ganz Deutschland? Nein! Nach Ansicht der jungen Frau waren es hauptsächlich die Bewohner der einstmals „Sowjetischen Besatzungszone – SBZ", die viele Jahre ihrer Freiheit und Selbstbestimmung dafür zahlten! Bevor sie nun endlich aus dieser starren Isolation aufbrechen und das Gefängnis DDR verlassen durften! Das unwirkliche Experiment, aus einem Teil Deutschlands eine kommunistische Retorte zu züchten, war soeben zur Gänze gescheitert!

Doch wie ging es nun weiter?

Ohne Wendehälse keine Wende

Alle Montage waren zu Ende demonstriert, alle Freude in die Welt geschrien, jegliches Lachen der tiefen Ernüchterung gewichen. Das Heimatland der Siegreichen war rein wirtschaftlich gesehen bankrott regiert worden! Kein einziger der durchwegs verstaatlichten Betriebe konnte, auch angesichts der massiven Rohstoffnot, kostendeckend produzieren. Abgesehen davon, dass es Worte wie Marktwirtschaft und Unternehmensführung im ostdeutschen Sprachgebrauch bis dato nicht gab!

Im ganz normalen Alltag hatte rein gar nichts mehr die gewohnte Gültigkeit! Ob Schul- oder Gesundheitssystem, Zuständigkeiten von Behörden und amtlichen Stellen. Im allumfassenden Vakuum von Recht und Gesetz brach dennoch kein Chaos aus. Die an ihren Wirkungsstätten Verbliebenen, nicht Hals über Kopf nach nirgendwo Geflüchteten, waren geprägt von strukturiertem Denken, dem genauen Beobachten und besonnenen Vorgehen. Neben gesundem Menschenverstand und besonderer Aufmerksamkeit für die tägliche Veränderung ersetzten in den Anfängen einer sich neu zu bildenden Gesellschaft aber auch ganz andere Faktoren das allseitige Fehlen rechtsstaatlicher Führungskompetenz. Ein Wort, das der Charakteristik eines speziellen Verhaltens in dieser bewegten Zeit ihren bezeichnenden Namen gab, kommt eigentlich aus dem Tierreich. Genauer gesagt von einer

Vogelart, die in der Natur nicht recht imstande ist, selbstständig zu klettern und sich abzustützen, jedoch in Gefahrensituationen ruckartiges Kopfdrehen vollzieht. Doch dazu gleich mehr.

Auch Lea wusste nicht genau, was sie erwarten würde, wenn sie nach den wenigen, dafür aber ereignisreichen Urlaubstagen wieder zur Arbeit kam.

Mit Nicos Großeltern pflegte sie seit dem Zeitpunkt ihres außergewöhnlichen Kennenlernens gute Verbindung und freute sich sehr über die – für sie selbst – sehr wertvolle Begegnung mit ihnen. Die beiden Jungen besuchten wieder den Kindergarten, alles schien einen geordneten Lauf zu haben.

Ihren Mann hatte die junge Frau seit dem abrupten Ende seiner politisch-verheißungsvollen Laufbahn nicht mehr gesehen. Er war zu seinen Eltern gezogen, um der Konfrontation mit seiner Frau aus dem Weg zu gehen. Vielleicht war es auch das schlechte Gewissen, falls er so etwas überhaupt kannte! Das eines Familienvaters, der nur auf dem Papier einer war!

Bis er sich am letzten Tag im Monat November, ohne vorherige Ankündigung, dort einfand, wo seine junge Familie wohnte. Scheinbar nur, um Lea diverse Beleidigungen an den Kopf zu werfen!

„Sven, es wäre wirklich hilfreich, wenn du mir dein Kommen ankündigst. So könnte ich mich besser darauf vorbereiten", ermahnte sie ihn sichtlich genervt.

„Inwiefern vorbereiten? Schnell alles Verräterische wegräumen oder was? Warum sollte ich mich anmelden? Wenn ich bemerken darf, offiziell gesehen, wohne ich noch hier, ja?! Und soweit ich mich erinnere, sind wir verheiratet!

Wenn ich unverhofft auftauche, sehe ich wenigstens gleich, mit wem du es hier treibst!"

„Man soll nicht von sich auf andere schließen, Herr Möchtegernstudent! Und wenn *ICH* bemerken darf: Ganz real gesehen, gehe ich jeden Tag arbeiten, versorge unser Heim und unser beider Kind, nach bestem Wissen und Gewissen, und finanziere nebenbei noch das erwerbslose Leben meines parasitären Ehemannes! Dabei bleibt leider nicht mehr die Zeit, es mit jemandem zu treiben, der besser wäre als du! Denn jeder ist besser! Einfach jeder!", gab sie scharf zurück. „Aber bevor ich mich weiter von dir provozieren lasse – was willst du?"

Mit diesem Frontalangriff hatte er offensichtlich nicht gerechnet. Im Grunde war er ein armseliger Feigling, schon immer geprägt von zu wenig Rückgrat und gänzlich fehlendem Durchsetzungsvermögen. Nur durch die fragwürdige Parteiförderung hatte er plötzlich stärkende Morgenluft gewittert, die sich aber zum Sturm erhob, der ihm nun erbarmungslos entgegenblies. In sein ausdrucks-los-schwaches Antlitz. Auch jetzt stammelte er zunächst unbeholfen, dann wieder wie gewohnt beleidigend:

„Ich hole mir nur ein paar Dokumente, die ich demnächst brauchen werde. Falls es dich interessiert, ich kann mein Studium fortsetzen." Jetzt grinste er ihr unver-schämt überheblich ins Gesicht. Unablässig hielt er seinen Blick auf sie gerichtet, doch sie tat völlig unbeeindruckt und dennoch interessiert.

„Was? Du kannst das Parteistudium fortsetzen? Aber wie geht das denn, wenn es den Staat und die Zielpartei nicht mehr gibt? Und hat nicht die Schule zugesperrt? Wo wird die Anleitung zum Menschenbetrug fortgesetzt?"

„Ich habe dir doch gesagt, ich habe mehr Macht, als du denkst! Das hättest du mir lieber glauben sollen", schlug er wieder seinen einschüchternden Ton von früher an, der nun aber furchtbar lächerlich wirkte.

„Es nennt sich jetzt ein „bürgerlich-rechtliches Studium" und wird in Westdeutschland fortgeführt. Ich muss mich nur mehr dort vorstellen, wozu ich die Dokumente brauche."

Sichtlich angewidert spottete Lea. „Weißt du, was ein Wendehals ist? Falls nicht, schau in den Spiegel, der in der Toilette hängt. *Das* ist ein Wendehals! Jemand, der genau das tut, was er noch gestern aufs Schärfste verurteilte! Danke! Mir ist schon schlecht! Geh mir bloß aus den Augen! Such deine Papiere, und dann verschwinde!"

„Du wirst mich noch kennenlernen, du billiges Flittchen!", giftete er zurück und verließ unverrichteter Dinge die Wohnung.

„Mich können nur Menschen beleidigen, keine unscheinbaren Rotkehl-Wendehälse! Wenn du Dummkopf überhaupt weißt, was das ist!", brummte sie vor sich hin, während sie versuchte, aus dem beißenden Rauch im Ofen ein Feuer zu entfachen.

„Im Schornstein muss irgendwas verstopft sein. Oder warum qualmt das so?", maulte sie weiter. Nachdem sie einer Rauchgasvergiftung nur knapp entkommen war, zeigten sich dann doch müde Flämmchen, die sich nur langsam zur gewohnten Lebendigkeit entwickelten.

„Vielleicht liegt es ja auch an diesem verfluchten Nebel hier draußen", mutmaßte sie mürrisch, als sie sich aufgemacht hatte, um zu ihrem Sohn zu kommen. Jan war von Nicos Großeltern abgeholt worden. Sie und Lea hatten gegenseitige Vollmachten im Kindergarten hinterlegt, die sie berechtigten, an darauf vermerkten Wochentagen jeweils beide Kinder mitzunehmen. Montags und dienstags war Lea an der Reihe und brachte Nico zu ihnen. Mittwoch bis Freitag holte sie Jan direkt bei dem liebenswerten Ehepaar oder blieb gleich über Nacht dort. Eine geheimnisvolle Dynamik ließ – wohl auch durch die besonderen Umstände der Geschehnisse – rasch tiefes Vertrauen entstehen. Für die gestresste Mutter und Berufstätige waren sie zu einer Art Ersatzfamilie geworden.

Betty verzog bei der Begrüßung die Miene. „Welcher Räucherstube bist du denn entstiegen? Du riechst aber stark nach Rauch."

„Ja, ich weiß", verdrehte Lea die Augen. „Das blöde Feuer wollte einfach nicht in Gang kommen. Ich habe eine halbe Stunde lüften müssen, bis man wieder einigermaßen frei atmen konnte. Das wird schön stinken, wenn ich heimkomme!"

„Ach was. Dann bleib doch hier, und wir machen uns einen netten Abend. Weißt du, Lea … Willi und ich sind einer Meinung. Alles Schlechte hat auch etwas Gutes. Wir waren zunächst todunglücklich über das Verhalten unserer Tochter. Du aber bist wie ein Engel in unser Leben gekommen und sagst uns, dass wir ihr nur Zeit geben müssen, damit sie ihren Irrtum erkennt und zu uns zurückkommt. Du verurteilst sie nicht. Uns aber machst du jeden Tag glücklich mit dem, was du tust und sagst. Wir haben dich unglaublich gern, mein Mädchen. Eine Tochter geht, eine neue kommt. Was ist das doch für eine verrückte Zeit, findest du nicht?" Ihre Umarmung tat heute besonders gut.

Nachdem die Kinder in den Betten lagen und die Er-wachsenen es sich gemütlich gemacht hatten, kam Lea auf eine Idee.

„Was haltet ihr davon, wenn wir mit den Jungs „rüber"fahren, unser Begrüßungsgeld entgegennehmen und an Ort und Stelle auf dem Weihnachtsmarkt aus-geben?"

Das sogenannte „Begrüßungsgeld" in Höhe von hundert D-Mark erhielt jeder DDR-Bürger, ob Mann, Frau oder Kind, einmal jährlich, wenn er Westdeutschland besuchte.

„Das ist eine großartige Idee!", freute sich Opa Willi. „Ich möchte zu gern noch einmal in meinem Leben auf den berühmten Nürnberger Christkindlesmarkt. Ihr müsst euch vorstellen …", erzählte er weiter. „Dieser Weihnachts-markt hat schon ewige Tradition. Die ersten Jahre nach dem Krieg gab es ihn gar nicht mehr. Erst 1948 erstrahlte er wieder zaghaft inmitten einer furchtbar zerbombten Stadt. Ein Bild, das ich nie vergessen werde. Im Hinter-grund die schlimmen Ruinen des Krieges und mitten-drin ein herzerwärmender Fleck von Frieden, Mensch-lichkeit und Kinderlachen. Ich war damals dort, als ich heimwärts wollte, meldete mich aber für die Aufräum-arbeiten und ließ mich spontan einteilen. Die helfende Hand gerade männlicher Kraft war überall heiß begehrt, nachdem so viele nicht mehr zurückgekommen waren."

Bevor die Stimmung in traurige Melancholie zu kippen drohte, mischte sich Lea mit ihrer angenehmen Frische wieder ein. „In Ordnung. Dann sollten wir aber nicht an einem Wochenende fahren, da dann sicher die halbe Welt unterwegs sein wird. Heute ist Donnerstag. Ich werde morgen meinen Chef fragen, ob ich am Nikolaustag freibekomme. Das dürfte ein Mittwoch sein. Wäre doch ein guter Tag, oder nicht?"

Gesagt, getan, fuhren die Finks und die Ludwigs am 6. Dezember 1989 mit einem eigens für Weihnachtsausflüge eingesetzten Bus nach Nürnberg. Was waren sie schon gespannt auf ihren ersten Besuch in der anderen Welt.

Der gleiche Bus würde sie am Abend, Punkt 19:00 Uhr auch wieder zurück nach Hause bringen.

Beim Empfang des Begrüßungsgeldes fühlte sich Lea wie eine armselige Bettlerin! Es widerstrebte ihr aus tiefstem Herzen, dieses „geschenkte" Geld anzunehmen. Jedoch sah sie auch die strahlenden Augen der beiden Kinder, die sich schon total auf den Weihnachtsmarkt freuten, wo es sicher echte Zuckerwatte gab und viele andere unbekannte Leckereien.

„Ich möchte sehr gern noch einen kleinen Bummel durch die Innenstadt machen", sagte Betty und fügte kleinlaut hinzu: „Einmal durch so ein riesiges Kaufhaus gehen, das man sonst nur vom Fernsehen kennt."

„Das wird kein Problem sein, mein liebes Frauchen. Wenn er noch immer da ist, wo er schon zu meiner Jugendzeit war, dann finden wir ihn direkt auf dem Nürnberger Hauptmarkt.

Die bunte Vielfalt des liebevoll weihnachtlich dekorierten Platzes verschlug allen die Sprache. Sie wussten gar nicht, wohin sie zuerst schauen sollten, und waren sichtlich überfordert von all den ungewohnten Sinnesreizen und Düften, die in der Luft lagen.

Doch der friedvolle Überfluss hatte auch ein ungewaschenes Gesicht. Das der Armut, die über den kalten Boden der Tatsachen kroch! Auf Zeitungspapier und Pappe saß dort eine leicht hin und her schaukelnde Frau. Unverständliches Zeug wimmernd, hielt sie ihre leere, schmutzige Hand ausgestreckt. Neben ihr lag ein schreiendes Bündel zappelnden Lebens. Winzige nackte Füßchen strampelten durch die feuchtkalte Winterluft.

Die überschwänglich-freudvolle Stimmung war schlagartig vorbei! Jan und Nico standen schockiert, wie angewurzelt, den Bissen Lebkuchen herunterwürgend, den sie gerade kauten. Ein solcher Anblick entsprach nicht entfernt ihrer gewohnten Realität. Sie kannten so etwas Schreckliches höchstens aus dem Fernsehen und hielten es für nicht echt oder so fern, dass es sie nicht betraf. Plötzlich lag wirkliches Elend direkt vor ihren Füßen!

Mit dicken Tränen in den Augen blickte Lea fragend zu Betty und Willi. Fast gleichzeitig zogen sie ihren gerade erhaltenen Hunderter Begrüßungsgeld heraus und legten ihn stumm in die kalt gefrorene Hand der Bettlerin. Diese machte einen völlig ungläubigen Gesichtsausdruck angesichts des vielen Geldes und fing an, hemmungslos zu weinen.

Jetzt schimpfte Lea aufgebracht! „Heul nicht, verdammt! Steh auf und komm mit! Wir kaufen deinem Kind dafür einen Kinderwagen!"

Sie riss der Frau das Geld aus der Hand und winkte sie nach oben. Diese verstand aber nicht, was das zu bedeuten hatte. Zur Bekräftigung zeigte Lea auf einen solchen, den gerade ein Passant an ihnen vorbeischob.

„Ah …", nickte die armselig Stinkende mit verstehendem Lächeln und richtete sich endlich auf.

Gemeinsam gingen sie nun in das prunkvoll glitzernde Kaufhaus, schleppten die Verwahrloste in die Babyabteilung, um ihr die verschiedenen Kinderwagen-Modelle zu zeigen. Die Frau war nicht imstande, eines auszuwählen, denn sie schien überhaupt nicht zu begreifen, was da gerade geschah. Lea indes hatte schon eine warme Kinderwagengarnitur, weiche Babydecke und Kleidung für das Kind zusammengestellt, als sie schlussendlich auch den Babyferrari aussuchte. Die Gegenstände waren so preisgünstig, dass sogar noch Geld übrig blieb, um die schmutzigen Füße der Mutter in Socken und warme Winterschuhe zu stecken. Bis dahin hatten furchtbar aussehende, zerrissene Stoffsandalen genügen müssen.

Jetzt war Lea zufrieden. Sie drückte der bedürftigen Fremden alles Restgeld in die Hand und wünschte ihr „Frohe Weihnachten".

„Wisst ihr, mir ist egal, ob sie das Zeug gleich wieder irgendwo verkauft. Ich habe keine Ahnung, was mit ihnen weiter passiert. Aber Jetzt und Hier haben wir das Beste für ihr Wohl getan. Mehr können wir nicht tun! Habe ich recht?", versuchte sie sich vor ihren Lieben zu rechtfertigen.

„Nico hopste gerade auf einem ausgestellten Gummitier herum und rief lachend:

„Du bist die coolste Mama, die ich kenne!"

Natürlich war sie glücklich über diese kindlich natürliche Art der Dankbarkeit und Wertschätzung. Warum aber konnte sich Lea nicht recht über diese liebenswerte Äußerung des Jungen freuen? Weil sie deutlich seine enttäuschte Kinderseele herauszuhören glaubte, die da sprach: „… weil es meine nicht ist!"

Als die Betroffenheit etwas in den Hintergrund gewichen und sich alle von den jüngsten Ereignissen erholt hatten, fanden sie langsam die Sprache wieder. Willi grinste schamlos frech und zog den zurückbehaltenen Geldschein aus seiner Tasche, der seinem Enkel gehörte.

„Entschuldigt", sagte er in gespielter Scham. „Ich dachte mir, zumindest die Kinder sollten heute ihren Spaß haben."

„Damit gebe ich dir absolut recht, lieber Willi!" Lea zwinkerte ihm geistesgegenwärtig zu, während Jans Begrüßungsgeld aus dem Verborgenen an die Oberfläche wanderte.

Diese zweihundert Mark waren immer noch ausreichend genug, um gemeinsam einen wirklich schönen Nikolaustag zu erleben.

Keiner sprach mehr über den Zwischenfall.

Abends umarmte Jan seine Mama beim Zubettgehen und flüsterte: „Wir waren heute echte Christkinder, nicht wahr? Ich hätte es wie du gemacht. Ich fühle mich jetzt richtig gut. Gute Nacht, meine Mami. Ich hab dich so lieb."

Bei der innigen Umarmung spürte Lea ihr Herz heftig schlagen. Tränen tiefen Glücks stiegen in ihr auf, und automatisch gingen die Gedanken in ihre Kindheit zurück.

‚Welches Geschenk unterm Himmel kann größer sein, als die ehrliche Liebe seines Kindes zu empfangen? Mutter, du armes Geschöpf, warum hast du dich um das Wertvollste gebracht, das unser aller einziger Auftrag ist? Die Liebe. Ganz egal, was du getan hast, Mutter, ich bin dir dankbar, dass ich lebe!'

So war auch der 6. Dezember 1989 für das Ehepaar Fink, ihren Enkel Nico sowie für Jan und seine Mama zu einem prägenden Erlebnis in einer neuen Zeit in einer anderen Welt geworden.

Einfach alles stand im Zeichen von tief greifender Veränderung! Das Heimatland hatte ein nicht funktionierendes Wirtschaftssystem abgelegt wie ein altes Kleid und stand ratlos vor den nackten Tatsachen eines neuen, unbekannten. Wie konnte in der Kürze der Zeit ein gesunder Mittelstand entstehen, der Beschäftigung und Einkommen sicherte? Wie sah er aus, der erste Schritt dorthin?

Die Situation am Arbeitsmarkt wurde mit jedem Tag dramatischer! Kleine, mittlere oder größere Privatunternehmen existierten nicht. Bisher handelte es sich durchwegs um ehemals staatlich geführte Betriebe und Kombinate in einer zentral verwalteten, sozialistischen Planwirtschaft.

Unter einem Kombinat verstand man den konzernähnlichen Verbund von mehreren Betrieben, die ein verwandtes oder gleiches Produktionsprofil aufwiesen. Und woraus bestand wohl das gesamte Führungspersonal? Natürlich! Aus bislang staatshörig-treuen SED-Genossen des jung verstorbenen Arbeiter- und Bauern-Staates. Diese versuchten selbstverständlich, mit allem, was ihnen recht und billig war, sich an diese Führungspositionen zu klammern. Geeignete Nachbesetzungen waren durch den flächendeckenden Bedarf an markterfahrenem Personal einer bürgerlichen Rechtsordnung unmöglich. Die früher anerkannten SED-Handschüttler hatten diesen Fauxpas schnell erkannt und nutzten ihn zu ihrem Vorteil. Denn eine Führungsposition bedeutete Macht! Zum Zwecke der Glaubwürdigkeit vertuschte man alle früheren Bekenntnisse und vor allem regimetreuen Handlungen beziehungsweise legte sie ab. Im „abgedienten" Regierungsapparat wie auch in darunter gelegenen Strukturen von

Politik und Wirtschaft passierte das. Gestern noch tätig als Kombinatsdirektor oder Abgeordneter im Ministerium für Staatssicherheit – kurz Stasi genannt. Und heute wichtiger Beauftragter und Mittelsmann beim Umbau eines „Volkseigenen Betriebes" in ein Privatunternehmen. Oder gar politisch aktiv, beim Errichten einer neuen Staatsordnung!

Wenn das keine Wendehälse waren, na, was denn dann? Der Westen brauchte sie, um an die Quellen allen Übels sowie an wichtige Informationen und Hintergrundstrukturen zu kommen, von denen der Durchschnittsbürger keine Ahnung haben „durfte"! Selbstständiges Tun und Denken waren ja bisher streng untersagt. Der Mantel des Schweigens, welcher bisher über allen Informationen für ein selbstbestimmtes Leben lag, war erst jetzt, von dem Sturm des Aufbruchs, hinweggeweht worden!

Das Kombinat, in dem Lea beschäftigt war, wurde in territoriale Gebietszonen zerlegt. Dann erfolgte eine Angliederung ihres Bereiches an ein großes westdeutsches Energieunternehmen. Nicht nur hier, sondern überall in der DDR sperrten ganze Betriebe oder Teile davon von heute auf morgen zu, wenn sie dem unbekannten, rauen Wind der Marktwirtschaft nicht standhielten und rote Zahlen schrieben. So etwas wie ein vorhandenes Eigenkapital gab es schlicht und ergreifend nicht, da zuvor ja sämtliches Betriebswirtschaftliche staatlich gesteuert war und Privatwirtschaft als unbekanntes Fremdwort galt!

Leas Chef, der in der Wendezeit „einer von ihnen" geworden war, begann damit, nach Aufträgen aller Art für sein junges Team zu suchen. Sogar auf Messen präsentierte er mutig die eine oder andere Neuentwicklung, denn man hatte schon früher für eine Forschungsabteilung kleinere

Aufgaben übernommen, an denen sich auch die lernfreudige Lea gern beteiligt hatte.

Er brachte aber meist Aufträge mit nach Hause, die sich im Bereich der „Billiglohnarbeit" abspielten. Es wurden Geräte zusammengeschraubt oder in riesigen Mengen in Handarbeit Kabel konfektioniert. Was auch immer es war, seine kleine Mannschaft war stets bemüht, zuverlässig und so schnell sie konnte, diese Aufträge zu erledigen, um ja in den schwarzen Zahlen zu bleiben und nicht aufgelöst zu werden.

Gerade hatte das Jahr 1990 seinen Anfang genommen und das junge Team die drohende Schließung seines Betriebsteiles glücklich abwenden können. Lea fluchte, in die Arbeit vertieft, über ein klappriges Oszilloskop, das wohl im Begriff war, seinen Dienst zu quittieren, als ein unbekannter, freundlicher, gut gekleideter Herr vor ihr stand. Sein amüsiertes Gesicht musste sie schon eine Zeit beobachtet haben, bis sie ihn endlich wahrnahm. Ein adretter, schlanker Geschäftsmann, im geschätzten Alter von Ende vierzig, Anfang fünfzig Jahren, der beste Manieren zu haben schien, stellte sich ihr galant vor.

„Grüß Gott, gnädige Frau! Gestatten? Karl Schuster mein Name!"

„Da laust mich doch der Affe!" Ratlos verwirrt stammelte die eben noch Schimpfende. „Dass ich es wahrhaftig einmal erlebe, mit ‚Grüß Gott' begrüßt zu werden, glaubt mir meine Oma nicht!"

Der Mann lachte laut und begann, erstaunlich clevere Fragen zu stellen. Er musste aus der gleichen Branche sein, woher wüsste er sonst, worauf Leas Ärger mit dem Messinstrument beruhte?

„Kommen Sie aus Österreich?", fragte sie nun auf ihre neugierig-interessierte und fröhlich-direkte Weise.

„Ja! Vom Osten drauß', do kumm i her!", gab er schelmisch zurück. „Genauer gesagt, aus Wien!"

Sympathie und Herzlichkeit kennzeichneten das Gespräch. Dieses Kennenlernen machte Spaß!

Er schien sich sehr für das junge Team zu interessieren. Ihm gefiel dessen tatkräftiges Tun, das fröhliche Miteinander und die „aktive Frische", wie er es nannte. „Man sieht sofort, hier bewegt sich was. Das ist sehr gut", verkündete er. „Ich habe den Eindruck, meine Kunden bekommen beste Qualität, wenn sie von Ihnen beliefert werden." Wieder lachte er, sichtlich zufrieden über die ratlosen Mienen seiner Zuhörer. Denn keiner wusste, welche Bedeutung diesem Gerede beizumessen war.

Dies sollte sich bald herausstellen. Der tollkühne Fremde aus dem südlichen Osten war in den deutschen Osten gekommen, um eine Geschäftsstelle zu gründen, von denen er bereits mehrere in Westdeutschland hatte. Zuvor jedoch testete er – unmerklich für die Beteiligten – verschiedene Betriebe gegeneinander. Er vergab Auftragspakete, mit fester Zielsetzung, in welche sogar die westdeutschen Kunden involviert waren. Diese wurden klar informiert, dass ihre Ware in Ostdeutschland produziert wurde. Man solle genau Bericht erstatten über Verzögerungen, erkennbare Mängel, die Kommunikationskultur etc. Als Zeithorizont wurde ein halbes Jahr vereinbart, in welchem alle Arbeiten, Dokumentationen und Inbetriebnahmen vor Ort erledigt sein mussten. Unterstützung und das nötige Know-how erhielten die Mitarbeiter in spe von einer westdeutschen Tochterfirma.

Lea war begeistert! Die Arbeit machte unglaublich Spaß! Es gab viel Neues zu lernen, gute Kontakte zu den westdeutschen Kollegen entstanden, ein goldenes Tor in diese andere Welt hatte sich plötzlich geöffnet. Die Konkurrenz wurde geschlagen, ohne dass jemandem klar wurde, dass es sie gab! Durch verlässliches Engagement, clevere Arbeitsabläufe, Spaß und Freude bei der Umsetzung.

Der erteilte Auftrag war bereits zwei Monate vor dem Zieltermin in bester Qualität fertiggestellt. Der Kunde war hochzufrieden und zeigte großes Interesse daran, sofort ein paar Kollegen aus dem ostdeutschen Team bei sich einzustellen. Der smarte Geschäftsführer aus Österreich erkannte, dass er schnell entscheiden musste. So gab er bekannt, dass er plane, hier an Ort und Stelle eine neue Niederlassung zu gründen. Wer den Mut habe, sich von dem gewohnten beruflichen Umfeld zu lösen, um in sein Unternehmen zu wechseln, der möge es ihm bis zum Ende der Woche bekannt geben. Mehr als sieben Mitarbeiter könne er jedoch nicht unterbringen, wohl wissend, dass dies genau der personellen Teamstärke entsprach. Als süßes Bonbon streute er einen Gedanken darüber, der verführerisch klang.

„Was halten Sie davon, wenn wir jetzt im Mai einen gemeinsamen Betriebsausflug unternehmen? Ich möchte Ihnen gern das Stammhaus in Wien zeigen. Sie sind alle herzlich eingeladen. Ich sage Ihnen noch rechtzeitig, wann und wo die Fahrt beginnt. Ich muss mich nur abstimmen mit den Kollegen in Wien."

Leas Augen strahlten. Sprachlos vor Glück nahm sie diese Nachricht erst einmal mit nach Hause und erzählte sie Betty und Willi Fink.

„Könnt ihr euch das vorstellen? Im ganzen Land verlieren die Menschen ihre Jobs, und ich bekomme einen großartigen solchen auf einem Silbertablett serviert. Ich fasse es nicht! Womit habe ich so viel Gutes verdient?" Aufgeregt vor Freude saß sie da, als sich im gleichen Augenblick ihr Gewissen meldete. „Aber was mache ich dann mit meinem Kleinen? Ich kann unmöglich wegfahren ohne ihn! Er wird glauben, ich mache es wie Nicos Mama."

„Aber Mädchen! Was redest du da? Du wirst mit ihm sprechen und nach kurzer Zeit wieder zurück sein. Hast du uns denn bei alldem vergessen, oder traust du uns nichts zu?", tat Betty beleidigt. „Glaubst du nicht, dass wir gut für Jan sorgen, wenn du auf diesem Betriebsausflug bist? Denn etwas anderes ist es doch nicht. Dein Sohn wird es verstehen, wenn du es ihm erklärst. Wir werden für ihn da sein, wie wir es auch für Nico sind. Genauso, wie du es für unseren Jungen warst und bist! Bitte kränke uns nicht, indem du zu Hause bleibst!"

Nun meldete sich Willi zu Wort, der wohl die Meinung vertrat, das Ganze aus der Sicht des Mannes bekräftigen zu müssen. „Du fragst dich, womit du so viel Gutes verdient hast? Ist nicht dein Ernst, oder? Wer, wenn nicht *DU*, verdient alles Gute dieser Welt? Du sendest doch genau das in sie aus! Es ist nur logisch, dass es nun zu dir zurückkommt. Ich weiß, dass es oft genug nicht passiert. Doch du lässt dich davon nicht entmutigen und gehst deinen Weg unbeirrt weiter. Sprich mit deinem Sohn, dann fahre bitte, schreibe uns eine hübsche Karte, und komme voller schöner Erlebnisse zurück. In Ordnung?"

„Wisst ihr …", Lea wirkte mit den Gedanken weit, weit weg.

„Mein Jan ist fünf Jahre alt. Als ich so alt war, verlor ich mein Zuhause. Seither bin ich auf der Suche nach einem neuen und vermag es nicht zu finden. Vermutlich habe ich deshalb so große Probleme, mich von ihm wegzubewegen. Er darf niemals in eine solche Situation geraten wie ich damals. Dass es meinen Kindern immer gut geht, habe ich mir schon als kleines Mädchen geschworen."

Willi schwieg, Betty nickte bedrückt, bevor sie leise sprach:

„Sei unbesorgt Lea. Bisher hast du uns vertraut, wie wir dir. Warum soll das jetzt anders sein? Lerne wieder zu genießen. Du hast es mehr als verdient!"

Bis zum Ende der Woche hatten alle sieben Kollegen ihre Zustimmung zum Wechsel in das neue Unternehmen gegeben. Keiner wollte zurückbleiben. Ein jeder war in neugieriger Vorfreude auf die veränderten Strukturen als Mitarbeiter in einer GmbH. Sie wussten zwar nicht entfernt, welche arbeitsrechtlichen Konsequenzen eine Gesellschaft mit beschränkter Haftung hatte, aber wen interessierte das jetzt?

Geschäftsführer Karl Schuster hielt Wort und hatte bereits alle notwendigen Vorbereitungen für die Reise nach Wien getroffen. In einer Woche sollte es so weit sein. Nachdem die neuen Dienstverträge unterzeichnet waren, rief er alle zusammen, um darüber zu informieren.

„Kommen Sie bitte nächsten Donnerstag, ungeachtet dessen, dass Feiertag ist, wie gewohnt zur Arbeit. Bringen Sie bitte bequemes Schuhwerk, Reisegepäck für ein verlängertes Wochenende sowie ein gültiges Ausweisdokument mit. Ich lasse von meiner Assistentin eine Aufstellung mit allen notwendigen Informationen für Sie machen, die Sie im Laufe der kommenden Woche erhalten. Sie brauchen kein Geld zu wechseln, und auch für Ihre Unterbringung ist gesorgt. Sehen Sie es als Dankeschön für die gute Arbeit und ein „Herzlich willkommen" von Ihrem neuen Dienstgeber. Sie müssen sich um nichts kümmern. Ich bitte aber um pünktliches Erscheinen. Der Bus fährt um 07:00 Uhr direkt hier vor dem Betriebsgelände ab. Gibt es Ihrerseits noch Fragen?"

Natürlich gab es diese. Doch keiner war imstande, welche zu formulieren. Das alles hörte sich so unwirklich an. Lea fing sich als Erste mit dem Einwand: „Wie wird uns denn die Zusammenstellung Ihrer Assistentin erreichen? Per Brieftaube? Wie Sie sehen, gibt es hier weder Faxgerät noch sonstige technische Hilfsmittel. Und ich wage zu behaupten, dass die Postzustellung im Moment nicht gerade zuverlässig ist, denn auch dort ist der halbe Personalstand abhandengekommen."

„Auweh! Danke! Das habe ich nicht bedacht!", sagte Herr Karl mit schmerzverzerrtem Lächeln. „Hätte ich mir ja denken können, dass gerade Sie Stolpersteine rechtzeitig erkennen. Steht hier irgendwo ein Computer, den jemand von Ihnen bedienen kann?"

„Haha, der war gut", konterte Lea. „Wo denken Sie hin? Wir wissen nicht einmal, wie so etwas geschrieben wird!"

Nun mischte sich der funktionslos gewordene, frühere Brigadeleiter ein. „Sie fahren doch zu Ihrem Standort nach München zurück, habe ich recht? Ich werde Sie dorthin begleiten, die Papiere an mich nehmen und den Kollegen aushändigen. Was halten Sie davon?"

„Großartig! So machen wir's. Ich werde veranlassen, dass Sie für die Rückreise ein Dienstfahrzeug erhalten. Das verbleibt dann zunächst bei Ihnen."

„Kann mich mal wer zwicken?", stand Lea fast bewegungslos zwischen den Stühlen von Traum und Wirklichkeit.

Karl Schuster zwinkerte ihr zu. Kennen S' den Ambros? Der singt sogar ein Lied dazu. ‚Zwickt's mi, i man, i tram! ...' Aber dort hat er den österreichischen Alltag mehr auf der Schaufel, als das, was Sie jetzt meinen. Ich freue mich auf eine gute Zusammenarbeit und wünsche Ihnen eine schöne Zeit in Wien!", beendete er die Besprechung in seiner neu geschaffenen Niederlassung.

Wien ist anders

Am Montag der darauf folgenden „kurzen" Arbeitswoche gab der zurückgekehrte Chef, der nie einer sein wollte, jedem ein Schreiben mit Firmenlogo, Text und Signum der Geschäftsleitung. Richtig wichtig sah es aus. Dabei handelte es sich lediglich um eine Art Leitfaden für den Wien-Besuch.

Start: 24. Mai 1990, 07:00 Uhr, vor der Geschäftsstelle

Ende: 27. Mai 1990, 09:00 Uhr, vor dem Hotel (Abfahrtszeit)

Der Reisebus würde sie zunächst direkt zum Firmengelände des Mutterstandortes bringen. Dort erhielte man neben einer Erfrischung ein zweckmäßiges Begrüßungsgeschenk und einen Rundgang durch das Gebäude. Der Bus würde alle Gäste später in ihre Unterkunft bringen, von wo aus sie sich dann Zeit und Programm frei einteilen konnten. Besondere Empfehlungen seien auf dem Beiblatt vermerkt.

Mit großer Freude fieberten alle dem Donnerstag entgegen und staunten nicht schlecht, als sie einen großen, sehr komfortablen Reisebus der Marke Scania an der vereinbarten Abfahrtsstelle parken sahen. Sein Fahrer, ein untersetzter Endfünfziger, mit gepflegt wirkendem grauen Haarschopf, weißem Hemd und hellgrauer Hose, die zu einer Uniform gehören musste, hantierte an der seitlichen Gepäcklade, die er gerade öffnen wollte.

„Verzeihung", wurde er von Werner angesprochen, der zum gleichen Zeitpunkt wie Lea eingetroffen war. Seine blonde Stoppelhaarfrisur sah nass aus, als sei er gerade der Dusche entsprungen. Er hatte auch vergessen, den Hosenstall an der blauen, hässlichen Latzhose zu schließen, die er trug. Unwillkürlich gab er das Bild eines Arbeiters ab, der weit entfernt war von einem genüsslichen Auslandsausflug am Feiertag.

„Ist das der Bus, der uns heute nach Wien bringen soll?", wollte Werner wissen.

Der Chauffeur nickte kurz, ohne aufzublicken.

„Ja, ich fahre nach Wien. Ob Sie zu der Reisegruppe gehören, wissen Sie vermutlich besser als ich."

„Wir sind sieben Personen und haben alle nur Handgepäck. Sie können die Lade geschlossen lassen."

„Was für eine Verschwendung!", murmelte Lea, während sie und Werner nach den anderen Ausschau hielten. Ihr fiel das schäbige Transportmittel von damals ein, als sie nach Polen reiste. Das war zwar ungemütlich, aber vollkommen ausreichend. Seltsam schlechtes Gewissen keimte in ihr auf, das sie überhaupt nicht verstand. Damit die Zeit bis zur Abfahrt schneller verging, begann sie, ein wenig mit dem Busfahrer zu plaudern und erzählte von diesem merkwürdigen Gefühl. Er unterbrach sein geschäftiges Tun. Zwei aufgeweckt-fröhlich aussehende graugrüne Augen unter mächtigen, buschigen Augenbrauen sahen sie eindringlich an. Der Mann hörte aufmerksam zu und schien noch einen Moment darüber nachzudenken.

„Sie haben recht, junge Frau. Es ist wahrhaft verschwenderisch, wie wir mit alldem umgehen, was uns die Erde bietet", gab er verständnisvoll zurück. „Dennoch möchte ich Sie beruhigen. Dieses Fahrzeug ist neuwertig und seine technische Ausstattung gemäß aktuellen Erkenntnissen eines umweltverträglichen Betriebes entwickelt. Ich fuhr gestern von Frankfurt-Main nach Frankfurt-Oder, der Bus war bis auf den letzten Platz besetzt. Heute bringe ich Sie nach Wien und stehe Ihnen bis zur Rückfahrt zur Verfügung, da Ihr verehrter Herr Chef den Bus bis Sonntag gechartert hat. Ich hatte schon seit ewigen Zeiten keinen Urlaub mehr, und mit dieser Tour macht mein Unternehmen sogar guten Umsatz. Wenn wir zurück sind, steht wieder eine ausgebuchte Städtereise auf dem Programm. Das ist unser normales Geschäft, verstehen Sie?"

„Ja, natürlich verstehe ich. Aber ein riesiger Bus für eine Handvoll Menschen, das will mir nicht schmecken", legte sie die Stirn in Falten.

„Nun, dann bleiben Sie doch zu Hause, wenn Ihnen das lieber ist. Glauben Sie, damit verändert sich etwas? Ob Sie nun fahren oder nicht, alles bleibt so, wie Sie es gerade vorfinden. Bitte verzeihen Sie, ich mein's nicht böse. Aber freuen Sie sich doch einfach auf das, was da vor Ihnen liegt. Mir wird es eine Freude sein, Sie in die Königin aller Städte chauffieren zu dürfen! Mein Name ist übrigens Ulrich. Weil Sie es sind, dürfen Sie Ulli zu mir sagen", grinste er freundlich und streckte seine schwarz verschmierte Hand aus. „Waren Sie schon einmal in Wien?"

„Ich kenne die Stadt in- und auswendig! Bin dort geboren!", ironisierte Lea wie gewohnt schlagfertig und zeigte mit dem Finger in Richtung Pförtnerhäuschen. „Schauen Sie, dort können Sie sich die Hände waschen."

„Na, wenn das so ist", plätscherte Ulli händereibend lachend zurück, „dann machen wir zwei eine Stadtbesichtigung, und Sie stellen mich vor die Sandkiste, in der Ihre Kindheit vergraben liegt. In Ordnung?"

„Haha, also Spaß verstehen Sie auf jeden Fall! Das gefällt mir. Was glauben Sie? Ob man die Sandkiste meiner Kindheit vielleicht in einem Reisführer findet? Denn ich bin schon der Meinung, dass sie eine echte Sehenswürdigkeit darstellt!" Verschmitzt lächelnd beobachtete sie, wie sich ihr Gesprächspartner die Hände auf den Po legte, um sie zu trocknen. Dabei hinterließ er zwei dunkle Handabdrücke, was total lustig aussah.

„Wie stellen Sie sich die Stadt vor? Was fällt Ihnen spontan ein, ohne dass Sie lange darüber nachdenken?", wollte der Busfahrer nun wissen. Lea begann zu träumen.

„Wien, das sind für mich Mozart, Sisi und Kaiser Franz Joseph. Ein herrliches Schloss, schöne Kleider, prunkvolle Gebäude, Wiener Walzer. Romantische Liebe, lebendige Kunst und Caféhauscharme." Ihr Blick war gen Himmel gerichtet, lächelnd schwelgte sie dahin.

„Sie wissen aber schon, dass Kaiserin Sisi Wien immer verabscheut hat? Sie selbst kommt ja aus Bayern. Und dass Mozart eigentlich Salzburger ist? Aber natürlich, einige Jahre seines kurzen Lebens verbrachte er in Wien, wo er letztendlich auch starb", korrigierte der Herr Ulrich. „Wissen Sie, warum ich das frage?", setzte er seine verbale Zeitreise fort. „*Ich …* bin nämlich wirklich in Wien geboren. Das mit der Stadtbesichtigung war zwar im Spaß gesagt, aber wenn es Ihnen Freude macht, bummeln wir ein wenig zu versteckten Stellen hin, die der ‚Normaltourist' nicht so kennt. Ich machte es mir einst zum Hobby, viel über ihre Geschichte zu lesen. Wenn es meine Zeit erlaubt, biete ich manchmal kleine, rein private Führungen an. Einfach so, aus Liebe zu meiner Stadt. Also wenn Sie mögen, geben Sie mir Bescheid, gut?", winkte er noch kurz zu ihr hin, während er der restlichen Gruppe beim Einsteigen behilflich war.

„Darf ich noch eine kleine Weile vorn neben Ihnen stehen, bis wir dann auf der Autobahn sind?", erkundigte sich der einzig weibliche Fahrgast, wartete eine Antwort aber nicht ab. Die rechte Faust symbolisch als „Mikrofon" vor den Schnabel haltend, drehte sie sich zu den Kollegen um.

„Ich bin Ihre persönliche Reisebegleiterin. An Bord befindet sich vorn und in der Mitte ein WC. Für den kleinen Imbiss steht uns eine fest installierte, kleine Bordküche zur Verfügung. Für ausreichend Pausen wird gesorgt. Wir reisen – dank Klimaanlage – durchwegs mit Wohlfühltemperatur." Ulli kicherte: „Meine Verehrung, gnädige Frau! Woher wissen Sie so gut über meinen Bus Bescheid?"

„Weil ich Augen habe, die sehen können, und einen Mund, der gerne spricht. Lieber Ulli, ich bin die Lea. Wenn du nichts dagegen hast, duzen wir uns, in Ordnung? Ich kann dich nämlich echt gut leiden."

„Du bist ja odraht, na, Grüß Gott!", lachte er sie kopfschüttelnd an.

„O- …o- … was?", kam ein nichts verstehendes Stottern, bevor sie lauthals loslachte.

„O- wie obergscheid, ehrwürdige Reiseleiterin. Dies ist umgangssprachliches Österreichisch und heißt so viel wie ‚ausgfuxt'! Man kann auch ‚wief' sagen. Sofern ich mich recht erinnere, verwendet ihr Deitschen dafür den Begriff ‚schlau'." Wieder lachten sie. Plötzlich wurde seine selbst ernannte Beifahrerin ganz still. Der Blick durch die riesige Windschutzscheibe, und die angeregt-fröhliche Plauderei mit Ulli versetzten sie mit einem Mal in die Zeit zurück, als Johannes noch am Steuer saß.

‚Ob er mich jetzt sehen kann? Ganz sicher lacht er mit uns und wünscht sich, da zu sein. Ich vermisse dich, mein Freund. Schön, dass du uns begleitest.' Sie sandte einen Handkuss zum Himmel.

„Für wen ist er denn bestimmt, Lea? Magst du es mir verraten?" Ulli wirkte etwas verunsichert. Vermutlich aus Angst, ihr zu nahe zu treten.

„Ich habe einen sehr lieben Freund mit Namen Johannes. Er war Busfahrer wie du. Wir fuhren oft seine Stadtrunde gemeinsam, lachten, redeten, freuten uns des schönen Augenblickes. Ganz genauso wie es jetzt mit dir hier ist. Er ist leider verstorben. Viel zu früh, doch er war schwer krank. In meinem Herzen lebt er weiter und wird immer mein guter Freund bleiben. Wir haben uns gerade unterhalten. Ich soll den Kollegen schön von ihm grüßen. Glaubst du, meint er dich?", zwinkerte sie hinüber. Ulli nickte und grüßte mit einer stummen Handbewegung zurück.

Was für eine lange Fahrt! Dennoch überwogen fröhliches Lachen, angeregte Gespräche, kribbelnde Vorfreude. Dem ostdeutschen Alltag wurde der Zustieg verweigert. Er blieb schmollend zurück und schlich sich zu den vereinzelt sichtbaren Wandergruppen, die dem in Deutschland üblichen „Herrentags"-Brauchtum zu Christi Himmelfahrt frönten.

Ein hässlicher, bedrohlich wirkender Wachturm und eine demolierte Zaunanlage erinnerten an die deutsch-deutsche Grenze. Der Bus fuhr langsam auf der holprigen, provisorisch befestigten Straße. Die verlassene Grenzanlage fühlte sich an wie eine aufgesprengte Kette, die unbekannte Wege öffnete. Mitten hinein, in die Freiheit einer ganzen Welt.

„Wir sind jetzt im Bundesland Bayern!", ließ der Fahrer vernehmen. „So gegen Mittag sollten wir Passau und die Grenze zu Österreich erreicht haben."

Dort angelangt, herrschte reger Betrieb. Durch die aufmerksamen Kontrollen der Reisedokumente staute sich der Verkehr vor dem Grenzübergang ein wenig.

Weiter ging es durch Oberösterreich, was Lea einem Schild kurz nach der Grenze entnehmen konnte. Eine Pause tat not, denn sie waren nun schon lange unterwegs. Die nächste größere Raststation wurde angefahren, um sich ein wenig die Beine zu vertreten. Seltsame Unsicherheit griff nach den jungen Leuten. Man wagte es kaum, sich vom Bus zu entfernen und selbstständig auf das WC zu gehen. In ihnen steckte noch immer die unsichtbare Lähmung, verbotenes Land betreten zu haben. Möglicherweise nicht mehr nach Hause zu kommen. Verloren zu gehen in der großen, weiten Welt.

„Wie lange werden wir denn noch unterwegs sein?", wollte Werner wissen, als er Ulli beim Müllentsorgen behilflich war.

„Wenn alles reibungslos verläuft, sind wir ungefähr in vier Stunden da", gab dieser zurück. „Wir müssen noch ein gutes Stück durch Niederösterreich. Von dort geht es fast schnurgerade von West nach Ost durch das Land, bis wir Wien erreichen."

Für den zweiten Teil der Reise döste der überwiegende Teil der Fahrgäste müde vor sich hin. Endlich ertönte Ullis erlösend-freudige Ankündigung durch sein Mikrofon – ein echtes!

„Ladies and Gentlemen! We proudly present you – Vienna! Zu Ihren Füßen liegt die wunderschöne Perle unter den Hauptstädten des Planeten Erde."

Der Reisebus quälte sich nun noch eine Zeit lang über eine Stadtautobahn. Ulli erklärte, dass sie jetzt auch Wien noch diagonal zu durchqueren hatten, denn man befände sich derzeit im Südwesten, das Reiseziel läge aber im Nordosten der Stadt.

Verwirrt verfolgte Lea das Verkehrsgeschehen.

„Du liebe Güte! Hier möchte ich nicht allein mit dem Auto unterwegs sein! Wie viele Jahre braucht man, dass man sich hier auskennt und weiß, wie man von A nach B kommt?"

„Alles halb so schlimm", beschwichtigte Ulli. „Im Zweifelsfalle einfach Ruhe bewahren. Du kommst immer an! Der Fluss, den wir gerade überqueren, ist die Donau. Vor ihrer Regulierung kam es oft zu großflächigen Überflutungen. Um Wien besser vor Hochwassern zu schützen, errichtete man schlussendlich in den Überschwemmungsgebieten ein Entlastungsgerinne. Das dabei anfallende Aushubmaterial wurde aufgeschüttet, begrünt, und fertig war die Donauinsel. Ein noch junges, aber sehr beliebtes Erholungsgebiet für die Stadtbewohner. Siehst du, hier. Wie eine lang gezogene Grünanlage zieht sie sich über einundzwanzig Kilometer durch das Gewässer. Schön nicht?" Lea nickte begeistert und hörte aufmerksam zu.

„Das ist hochinteressant, Ulli. Was du alles weißt! Ich bin beeindruckt!" Das Thema abschließend, berichtete er weiter: „Der historische Teil Wiens liegt rechts, der neue und modernere Teil der Stadt befindet sich auf der linken Uferseite. Sie werden durch zehn bedeutende Donaubrücken miteinander verbunden, wobei es noch weitere Überquerungen gibt."

Als der Bus in das Betriebsgelände des Stammhauses einfuhr, wurden sie bereits erwartet. Wiener Kollegen hatten sich am Feiertag mit ihren Familien eingefunden und den Firmenparkplatz in einen vergnüglichen Ort des Willkommens verwandelt. Kennenlernen mit Bratwurst vom Grill, geselliger Frohsinn bei Sport und Spiel. Ein solch herzlicher Empfang ließ Berührungsängste gar nicht erst aufkommen.

Im Willkommensgeschenk fanden die ostdeutschen Gäste wirklich praktische Dinge, wie zum Beispiel Fahrkarten für die Benutzung öffentlicher Verkehrsmittel in Wien, einen Stadtplan mit guten Ausflugstipps, sogar einen kompakt zusammengefalteten Regenumhang, mit dem Hinweis, dieser könne beim Besuch des Donauinselfestes von Nutzen sein. Das Fest fand nämlich genau an diesem Wochenende statt, jedoch das Wetter war sehr wechselhaft. In einem gesonderten Briefumschlag steckten ein Begrüßungsschreiben sowie zweitausend Schilling in bar zur freien Verfügung. Im Text wurde von der Geschäftsleitung nochmals der Dank für den perfekt ausgeführten Auftrag ausgesprochen.

Lea lief als Erstes schnurstracks zu Karl Schuster, bedankte sich in aller Form, erklärte aber, sie sei einigermaßen beschämt über so viel Freizügigkeit.

„Junge Lady! Machen Sie es sich doch bitte nicht so schwer!", lamentierte dieser in freundlichem Ton. „Ich sage Ihnen jetzt etwas, das bitte unter uns bleibt, in Ordnung? Überlegen Sie doch einmal. Sie waren fast ein halbes Jahr lang mit einem Auftrag für unser Unternehmen beschäftigt, aber noch nicht von diesem angestellt. Sie erhielten Ihren Lohn noch von anderer Stelle. Ihr neuer Dienstgeber hatte also wenig Investitionen, denn der Betrag, den man als Gegenleistung für die Auftragserfüllung verlangte, war lächerlich niedrig. Fast geschenkt! Dem gegenüber jedoch verzeichnen wir einen hochzufriedenen Kunden, der gut zahlte. Dies haben wir der ausgezeichneten Arbeit von Ihnen und Ihren Kollegen zu verdanken. Sehen Sie bitte die besondere Großzügigkeit als eine kleine Art der Entlohnung für die erbrachte Leistung, in Ordnung? Kommt Ihr Gewissen nun besser damit zurecht?" Er legte kopfschüttelnd schmunzelnd seinen Arm um ihre Schulter und zog sie zur lecker duftenden Grillstation. „So! Und jetzt wird gegessen, gefeiert, geredet und gelacht!"

„Wird gemacht!", gab sie glücklich erleichtert zurück.

Doch ans Essen wollte sie noch nicht denken. Ihr Herz war voller Freude. Sie musste ihr zuerst freien Lauf lassen, damit es nicht platzte. So schlich sie zum Busfahrer, der an sein Fahrzeug gelehnt stand und das bunte Treiben aus gebührlichem Abstand beobachtete.

„Du Ulli, darf ich dein Mikro mal benutzen? Und übrigens, wenn dein Angebot noch steht, dann zeig mir doch bitte mehr von dieser wundervollen Stadt."

„Aber willst du nicht das Donauinselfest besuchen? Wenn du schon mal da bist?"

„Ja, vielleicht. Aber mit dir die Stadt entdecken, ist sicher viel spannender."

Lea holte ihren Zettel aus der Hosentasche, während Ulli das Mikro an ein längeres Kabel anschloss, das bis nach draußen reichte. Sie war zwar etwas aufgeregt, doch das würde sich sicher gleich legen.

„Entschuldigt. Hört ihr mich gut? Ich brauche nur für ein paar Minuten euer Ohr. Ich habe euch auch etwas mitgebracht. Das möchte ich mit euch teilen. Einfach, weil es mir wichtig ist. Hört gut zu:

Was ist Glück?
Was das Glück ist, weiß ich nicht.
Doch es steht gut zu Gesicht.
Macht dich schön, ist voll gesund.
Braucht fürs Dasein keinen Grund.
Lässt sich nehmen ohne Wehr.
Wer es hat, gibt's nicht gern her.
Hat etwas von Zauberei …
Unerklärliches dabei.
Kommt nicht einfach von den Sternen.
Kann man Glück zu haben lernen?
Sich am Zufall auszuruh'n,
mag das Glück nicht. Es will TUN!
Ohne Zögern Gutes bringen,
fein versteckt manchmal in Dingen,
die man nicht sofort erkennt,
deshalb oft vorbei dran rennt!
Glück, das ist nicht aufgesetzt!
Sonst wär's unecht. Das verletzt!
Ist's des Lebens wahrer Sinn?
Weiß ich, wenn ich glücklich bin,
auch warum? Das wäre fein …
Doch Gewohnheit kann's nicht sein!
Was ist Glück? Wenn ich's nur wüsst.
Gerade hat es mich geküsst …

Danke für diesen wundervollen Empfang! Danke, dass wir bei euch sein können!"

Fast heulte die Künstlerin des Genres „Unbekannt, aber gut", doch der Applaus rettete sie davor. Hier und da kamen sogar Pfiffe der Begeisterung. Das war schön.

„Na da schau her! Wie viele Talente hast du eigentlich noch, von denen ich nichts weiß?", sagte Ulli staunend.

„Das war gut. Ich glaube, denen hat's auch gefallen. Warum machst du das eigentlich nicht hauptberuflich?"

„Ach, weiß nicht. Es bereitet mir große Freude, so wie es ist. Ich finde darin immer gut zu mir. Aber ich habe viel zu wenig Zeit, mich damit ernsthafter zu beschäftigen. Muss doch auch irgendwie Geld verdienen. Ich habe einen kleinen Sohn, der auf mich wartet. Dem soll es immer gut gehen. Und von den schönen Künsten kann man nicht wirklich leben. Zwischen gratis genießen und bewusst kaufen liegen Welten, wie man weiß. Aber egal, mein Job macht mir auch großen Spaß. Schauen wir uns die Stadt morgen an?"

Der schöne Begrüßungsabend nahm seinen Lauf. Ein Großteil der feiernden Gesellschaft hatte sich Richtung Donauinselfest in Bewegung gesetzt. Ulli gab über sein Mikrofon bekannt, dass er bald zum Hotel aufzubrechen gedachte. Zwecks Einchecken wäre es gut, wenn alle deutschen Gäste mitfahren würden. Danach könne man auf eigene Faust den Abend planen. Wer nicht mitfährt, müsse dann selbstständig die Unterkunft im 13. Bezirk aufsuchen. Das Parkhotel Schönbrunn sei unweit der U4-Station Wien-Hietzing.

Lea blieb der einzige Fahrgast. Sie war müde und freute sich auf den neuen Tag. Der Zauber des Hotels jedoch versetzte sie in Hochstimmung. Sie vergaß völlig die Gegenwart und tauchte ein in den prunkvollen Stil der Kaiserzeit. Stundenlang saßen sie und Ulli bei einem Spritzer-Wein in der „Gloriette"-Bar des Hotels und unterhielten sich.

„Hast du schon einen Plan, was du dir unbedingt ansehen möchtest? Ich stelle uns bis morgen eine passende Route zusammen", schlug er vor. „Wir werden öffentlich fahren. Damit ist in Wien alles bequem erreichbar."

„Ach Ulli, ich fühle mich wie die Kaiserin höchstpersönlich. Ich kann noch nicht fassen, dass uns all diese schönen Dinge zuteilwerden, und bin überwältigt", schwärmte die Glückliche mit strahlenden Augen.

„Gut. Dann sollten wir mit dem Schloss und seinem Park beginnen. Du wirst nicht nur die Gloriette bewundern, sondern auch die wunderschön gestalteten Bepflanzungen im Garten der Maria Theresia. Das Palmenhaus ist sehr sehenswert, genauso wie der Schönbrunner Tiergarten.

Du wirst dich entscheiden müssen, was genau du dir ansehen möchtest, denn alles zusammen ist zu viel. Es gibt nämlich auch eine bezaubernde Innenstadt, die dir den Atem rauben wird, so schön ist sie."

Lea erfuhr viel Interessantes über den kaiserlichen Sommersitz in der Farbe des typischen „Schönbrunner Gelb" oder auch „Kaisergelb" genannt. Dieses erdig-rötliche Gelb wurde zur traditionellen Farbe österreichischer Repräsentationsarchitektur der ausgehenden Barockzeit. Der Pinsel des Klassizismus strich diesen markanten Gelbton auf sämtliche Amtsgebäude und Prunkbauten der k. u. k.-Monarchie sowie Stadthäuser und Villen.

Ulli hatte zu allem, was sie sahen, etwas zu erzählen. Er musste wirklich sehr belesen sein. Aber wie konnte man sich nur so viele Einzelheiten merken? Lea war fasziniert von seinem Wissen.

„Wusstest du, dass das Gelände des späteren Schloss Schönbrunn einst als ‚Katterburg‘ bezeichnet wurde und nicht mehr war als ein Wirtschaftshof mit Weinbau und einem Müllerbetrieb? Erst der leidenschaftliche Jäger und Sammler Kaiser Maximilian II. machte daraus einen höfischen Lust- und Tiergarten. Die Bezeichnung ‚Schönbrunn‘ ist nicht auf den Namen eines Adelsgeschlechts zurückzuführen. Eine Legende sagt, im Jahre 1612 soll Kaiser Matthias, der das Anwesen nur für Jagdausflüge nutzte, dort jene Quelle entdeckt haben, die auch als ‚Schöner Brunnen‘ bezeichnet wurde. Jahre später wurde auf dem Gelände ein repräsentatives Lustschloss errichtet, welches fortan den Namen ‚Schönbrunn‘ trug. In einer späteren Zeitepoche kam Schönbrunn dann in den Besitz von Maria Theresia, die das inzwischen als Jagdsitz benutzte Areal mit all seinen Gärten zu edlem Glanz erblühen ließ. Das Gebäude wurde zu einem prächtigen Residenzschloss im Stil des Rokoko umgebaut und mit den verschiedensten Kostbarkeiten ausgestattet. Noch unter Maria Theresia entstand am Schönbrunner Berg der Neptunbrunnen sowie auf dessen Gipfel die Gloriette.“

An den herrlichen Wasserspielen des imposanten Bauwerkes machten sie Rast und sinnierten darüber, was sie als Nächstes ansteuern konnten.

„Ulli, du bist der beste Stadtführer, den man sich wünschen kann!“, rief Lea begeistert. „Die anderen wissen ja nicht, was ihnen entgeht!“

„Ich hoffe, deine Kollegen sind gestern nicht so spät gekommen, dass sie Probleme beim Einchecken hatten.

Ich konnte noch keinen von ihnen irgendwo antreffen", entgegnete er ein wenig besorgt.

„Ach was! Die sind doch alle erwachsen. Und du nicht deren Aufpasser. Die werden sich schon zu helfen wissen, keine Sorge!"

„Was hältst du davon, wenn wir nachher dem Prater einen Besuch abstatten? Ich finde, mit dem alten Riesenrad muss man wenigstens einmal gefahren sein, wenn man da war. Wenn du Lust auf mehr hast, wirst du es sicher finden. Im ‚Grünen Prater‘, der zu den schönsten Stadtparks der Welt zählt, kannst du entspannt die Seele baumeln lassen. Und zum krönenden Abschluss unserer heutigen Tour gehen wir in das beliebte ‚Schweizerhaus‘ essen. Original Wiener Wirtshauskultur, mit Tradition, die bis weit vor das Jahr 1766 reicht, in welchem es erstmals urkundliche Erwähnung fand. Es hieß zu der Zeit noch ‚Schweizer Hütte‘. Seinen Namen erhielt es durch Schweizer Jagdtreiber, die dort kaiserliche Herrschaften bewirtet haben sollen, denn damals war dieses Etablissement für das gemeine Volk noch nicht zugänglich."

Leas Begleiter sah sie mit erwartungsfrohen Augen an.

„Sicher doch!", rief diese begeistert. „Ich bin für alles zu haben. Ich will dir aber nicht so viel deiner privaten Zeit rauben, Ulli! Du hast bestimmt auch anderes vor, als mit mir überall Pflaster breit zu treten!"

„Aber was redest du denn? Nein!", protestierte er ganz entschieden.

„Ich bin hier zu Hause und habe riesige Freude daran, dass du so interessiert bist an meiner Stadt! Es ist mir das größte Vergnügen! Ganz ehrlich!"

So setzten sie ihren Weg fort und machten erzählend den Tag zur Nacht. Mit tausend eindrucksvollen Bildern im Kopf fiel Lea am späten Abend ins Bett und schlief sofort ein.

Am Samstagmorgen schrieb sie zunächst die versprochenen Ansichtskarten und überlegte bereits, welche Geschenke sie ihrem Jan, Nico, Betty und Willi mitbringen könnte. Es sollte kein unsinniger Kitsch sein, sondern etwas Witziges, das über Wien erzählte, brauchbar oder unterhaltsam war. Vielleicht hatte Ulli ja auch dafür die passende Lösung. Sie nahm sich vor, ihn gleich zu fragen, wenn er kam.

„Da wir uns heute sowieso in der inneren Stadt aufhalten, werden wir unter Garantie etwas Nettes finden. Was mag dein Sohn lieber – Spiele, Basteln, Malen?" Ich kenne ein gutes Spielzeuggeschäft. Dort werden wir uns umsehen", schlug er vor. Das gefiel der jungen Frau, denn sie liebte Spielzeugläden.

Der Familienbetrieb lag in der Innenstadt und war – wie sie von den Inhabern erfuhr – schon seit den Siebzigerjahren dort präsent. Sie entschied sich für ein hübsch aussehendes Memoryspiel mit Wiener Motiven, ein UNO-Kartenspiel und zwei Malbücher für die Kinder. Dazu aus einem Süßwarenladen ein paar typisch Wiener Leckereien, wie zum Beispiel die berühmten Mannerschnitten. Willi und Betty sollten einen Regenschirm erhalten, mit schönen Darstellungen der Klimt-Kunst, einen Sammelband über die schönsten Wiener Sehenswürdigkeiten sowie eine Zusammenstellung verschiedener frischer Backwaren aus dem Hause Demel. Diese reservierte sie zur späteren Abholung, damit sie keinen Schaden nahmen beim Tagesausflug.

„Komm, Lea, lass uns Richtung Stephansdom gehen. Ich will dir ein paar kuriose Sachen zeigen", drängte sie ihr Begleiter, der schier zu jedem einzelnen Pflasterstein der Stadt eine Geschichte parat hatte. Sie verschwanden immer wieder in den verstecktesten Winkeln, die von außen keineswegs den Eindruck machten, dass man dort hineingehen konnte.

„Was du hier siehst, ist das Deutschordenshaus, in dem einst der Deutsche Ritterorden angesiedelt war.

Und weißt du, wer noch hier wohnte? Allerdings nur für kurze Zeit, denn der fürstenbischöfliche Oberstküchenmeister Karl Graf Arco beförderte ihn mit einem derben Fußtritt bald wieder nach draußen. Der junge, rebellenhafte Wolfgang Amadeus Mozart war es, während er in Wien lebte und arbeitete. Auch Johannes Brahms wohnte für wenige Jahre im obersten Stockwerk des Hauses.

Aber gehen wir nun einmal zum Herzen von Wien, dem ehrwürdigen Stephansdom. Sein Bestehen reicht bis ins 12. Jahrhundert zurück und prägte das Volk von Wien. Innen wie an den Außenwänden dieses prunkvollen steinernen Zeitzeugen erzählen Statuen und verschiedenste Symbole Geschichten zwischen Mystik und Geheimnis. So, wie es eben der Vorstellung der Menschen in ihrer Zeit entsprach.

Direkt unter dem Stephansdom liegen die Wiener Katakomben, die bis zu zwanzig Meter in die Tiefe reichen und zahlreiche Grüfte und Totenräume beinhalten. Schaurig traurig, nicht wahr?", stupste Ulli die ganz still gewordene Lea an.

„Mir wird irgendwie komisch, bei all dem, was du zum Besten gibst. Ganz schön morbide, findest du nicht? Ich nehme lieber die Metro- als die Nekropole."

„Mag schon sein, das verstehe ich", gab er zur Antwort. „Aber willst du wirklich nur die halbe Wahrheit erfahren? Oben pulsiert das Leben, unten ruht der Tod. In einem Labyrinth von Kellern, Gewölben, Verbindungsgängen, die sich unterirdisch durch die ganze Stadt ziehen. Der Kreislauf des Lebens, der sich hier authentisch schließt."

„Hast du mir nicht doch wieder etwas Lustiges anzubieten?", maulte Lea jetzt und bemühte sich um ein Lächeln. „Bekommst ein Eis dafür!"

„Hm, lass mich nachdenken. Um deine Aufmerksamkeit etwas zu schärfen, stelle ich dir die kniffligste aller Fragen zu all dem, was ich dir so erzähle. Was ist Geschichte und was sind G'schichterln? Klare Begrenzungen zwischen ihnen sind nämlich oft nicht auszumachen, und sie fließen ungebremst ineinander. Die Fantasie der Menschen mischt sich in tatsächlich Geschehenes und lässt neue Mythen entstehen. Schau zum Beispiel hier." Er zeigte auf eine Figur, die in eine Seitenwand des Stephansdoms eingearbeitet war.

„Siehst du sein leidendes Gesicht? Das ist der ‚Zahnweh-Herrgott'. Seinen Namen hat er wohl eher einem G'schichterl zu verdanken, aus dem sich aber eine Gewohnheit der Stadtbewohner entwickelte. Zwei Betrunkene sollen den Zahnweh-Herrgott auf ihrem Heimweg verspottet haben, dichteten seinem Leidensgesicht Zahnschmerzen an und umwickelten es mit einem Tuch. Kurze Zeit später bekamen sie beide wirklich Zahnweh, gingen zurück, nahmen das Tuch ab und leisteten Abbitte. Das Zahnweh verschwand wieder. Seither fanden sich an dieser Stelle die Menschen immer dann ein, wenn sie Zahnweh hatten, huldigten dem Zahnweh-Herrgott und beteten ihn an.

Oder eine andere Story. Die umfassend gebildete, aus Berlin stammende Fanny von Arnstein kam durch die Heirat mit einem Enkel des kaiserlichen Hoffaktors Isaak Arnstein nach Wien. Sie brachte eine ‚Berliner Sitte' mit – den Christbaum! Es wird zwar immer wieder behauptet, dass der erste Christbaum Wiens in der Albertina erstrahlte, aber das stimmt nicht, denn dies geschah dort erst zwei Jahre später, 1816. Fanny von Arnstein stellte das festlich geschmückte Nadelbäumchen bereits 1814 in ihrem Salon des Erzherzog-Carl-Palais auf. Siehst du? Das ist zum Beispiel kein G'schichterl, sondern wird belegt durch einen Bericht des damaligen Metternich-Geheimdienstes.

Apropos Albertina. Schau, wir stehen direkt davor", zeigte er auf ein imposantes Gebäude, vor welchem malerisch zwei Fiakergespanne standen und auf Kundschaft warteten. Was für ein wunderschönes Bild!

„Siehst du da nebenan? Das ist die Augustinerkirche, die früher die kaiserliche Hofpfarrkirche war. In ihr fanden viele bedeutsame Trauungen statt. Auch Kaiser Franz Joseph I. und Prinzessin Elisabeth von Bayern – du weißt schon, die Sisi – haben hier geheiratet."

Vor ihrem geistigen Auge sah sich Lea mit „ihrem" Kaiser aus der Kirche treten, in einem Traum von einem Kleid, frisch vermählt und überglücklich. Wo steckte er bloß? Hier in Wien vielleicht?

„Die Albertina", war Ulli weiter in sein geliebtes Wien vertieft, „deren Bezeichnung sich aus dem Namen von Herzog Albert von Sachsen-Teschen ableitet, ist ein Kunstmuseum und beherbergt dessen einzigartige Grafiksammlung. Diese zählt heute zu den bedeutendsten Kunstsammlungen weltweit."

Plötzlich unterbrach er seinen überaus interessanten Bericht und schlug vor: „Weißt du, was? Jetzt gehen wir wie das Nachtvolk Wiens zu einem traditionsreichen, echten Wiener Würschtelstand. Ein solcher steht unweit der Oper und besticht durch sein erstklassiges Angebot an jedem Würstel-Klassiker, den das Herz begehrt. Hast du schon mal eine Käsekrainer gegessen? Oder eine Waldviertler? Willst du erfahren, was das ist?" Jetzt lachte er wieder schadenfroh über Leas verdutztes Gesicht, die eifrig nickte, denn sie hatte Hunger.

„Weißt du, liebe Lea, es gibt so viel Außergewöhnliches über diese Stadt und ihre Geschichte zu berichten. Kannst du dir vorstellen, dass Österreich eine Seemacht war?", plauderte er munter weiter, während er an seinem Würstel kaute. „Unvorstellbar, nicht wahr? Wenn man bedenkt, dass doch das Wichtigste dafür fehlt – das Meer! Den Zugang dorthin bildete einst die Stadt Triest. In einer Schlacht mit den Türken und dem damit verbundenen Tod des ungarischen Königs Ludwig fielen Ungarn, Böhmen und damit auch die Küstengebiete durch Erbverträge an Österreich. Die Monarchie der Habsburger hatte plötzlich ein Meer und wurde durch den erfolgreichen Kampf gegen die Türken in den folgenden dreihundert Jahren zu einer kontinentalen Großmacht. Später kam es zu einer strategisch wichtigen Seeschlacht bei Lissa, in der Wilhelm von Tegetthoff – Vizeadmiral der österreichisch-ungarischen Kriegsmarine, siegreich blieb. Er verhinderte damit, dass Österreich das Küstenland verlor. Damit er unvergessen bleibt, wurde in Wien eine Straße nach ihm benannt."

„Sag mal, Ulli, mit deinem umfassenden Wissen über Wien und österreichische Geschichte könntest du doch viel mehr anstellen, als kleine private Stadtführungen zu machen, wenn du gerade Lust dazu hast", sah Lea die tollsten Visionen vor sich. „Du könntest Vorträge halten, ein großartiges Buch schreiben, was auch immer. Würde dir das nicht gefallen?"

„Ach, weiß nicht. Es bereitet mir große Freude, so wie es ist. Das hat mir vor Kurzem eine junge, talentierte Frau gesagt, und ich habe sie sehr gut verstanden", schmunzelte er verwegen, und Lea errötete.

Längst hatten sie sich wieder in Bewegung gesetzt und trotteten entlang der Ringstraße. Herrliche Gebäude reihten sich aneinander. Wenn man mehr davon verstand als ihre lebensfrohe Beobachterin, dann erkannte man die verschiedenen Architekturformen des Ringstraßenstiles, die ihn so charakteristisch machen.

„Sei dir bewusst, liebe Lea, dass wir gerade an der einstigen Verteidigungslinie – den Festungsmauern – Wiens entlangspazieren. Kaiser Franz Joseph gab Mitte des 19. Jahrhunderts den Befehl, diese niederzureißen. Es wurde ein Architektenwettbewerb ausgeschrieben über die Gestaltung einer Prachtstraße. Sie sollte zum einen die gerade eingemeindeten Vorstädte näher an das Stadtzentrum bringen, zum anderen sämtliche wichtigen Gebäude des Reiches enthalten, doch vor allem Prunk und Pomp repräsentieren. So entstanden die Staatsoper, die Universität Wien, Kunsthistorisches und Naturhistorisches Museum im Stile der Neorenaissance, Parlament und Rathaus als Repräsentanten der flämischen Gotik, das Burgtheater als neobarockes Bauwerk, die wunderschöne Votivkirche als Vertreter der Neugotik. Auch die Wiener Börse und das Museum für angewandte Kunst sowie diverse repräsentative Palais ergänzten das herrschaftliche Bild. Gegen Ende des 19. Jahrhunderts schlug der pompöse Baustil dann um in den schlichteren Wiener Jugendstil, der zum Beispiel die Secession, die Postsparkasse und viele Villen im 19. Wiener Stadtbezirk kennzeichnet. Aber ich will dich nicht mit allzu viel architektonischem Klimbim langweilen!"

„Ulli! Du langweilst mich nicht! Das ist wundervoll, über die Geschichte einer Weltstadt zu erfahren, in der Kunst, Literatur, Musik mit Architektur, Tradition, Wiener Schmäh im Caféhaus sitzen und über Gott und die Welt plaudern. Ich wünschte mir das immer, jetzt hole ich es mir. Wenn die Kunst nicht zu mir kommt, dann gehe ich eben zu ihr. Und nun bin ich hier!"

„Das verstehe ich nicht", versuchte er, seiner euphorischen Begleiterin zu folgen. „Wie meinst du das – ‚wenn die Kunst nicht zu mir kommt' …?"

„Ach, ich wollte das mal studieren, aber man hat mich nicht gelassen. Ich schreibe, wie du weißt, sehr gerne, singe, lese, liebe das Lernen. Bei mir zu Hause lebt das weniger, aber hier pulsiert es! Ich fühle es und nehme es gierig in mich auf. Ich verstehe, dass du deine Stadt so liebst. Das ist richtig ansteckend! Danke für diese beiden besonderen Tage, mein Freund!"

„Das Besondere an diesen beiden Tagen bist du, junge Frau! Aber bevor wir uns weiter beweihräuchern, hätte ich dir zum krönenden Abschluss derer etwas Nettes vorzu-schlagen. Morgen Früh ist Abreise. Was hältst du davon, wenn wir jetzt noch zum Cobenzl fahren? Das ist oben am Kahlenberg. Dort hast du einen tollen Blick auf die Stadt, wir sind in herrlicher Natur und können im Café-

Restaurant auch essen. Deine Freunde sind sicher noch auf der Donauinsel. Hoffentlich speib'n die mir morgen nicht in den Bus!" „Was machen die?" Schon wieder so ein merkwürdiger Ausdruck, den Lea nicht verstand.

„Sich übergeben, verstehst? Ihr habt einen super Zeitpunkt gewählt für den Wien-Besuch."

Das ist das Werk unseres neuen Chefs! Er hat alles so eingefädelt. Bestimmt in voller Absicht. Er ist wirklich sehr clever."

„Ja und schwer in Ordnung!", ergänzte Ulli.

„Du bist auch sehr okay, du Wiener Original! Ich hätte mir nie träumen lassen, in den Genuss einer Sightseeingtour der Extraklasse zu kommen! Ganz allein für mich! Danke!"

Beim atemberaubenden Blick auf die Stadt formten sich in Lea Worte, die aus tiefstem Herzen stammen mussten, denn einmal mehr nahm sie bewusst gar nicht wahr, was sie sagte.

„Wunderschönes Wien. Von nun an werde ich immer zu dir zurückkehren."

Doch zunächst hieß es erst einmal Abschied nehmen und die Heimreise antreten. So schön es auch war, freute sich Lea ebenso auf die Umarmung mit ihrem Jan und die lebendige Berichterstattung der schönen Eindrücke.

Mit Ulli verband sie seither eine herzerfrischende Freundschaft. Man tauschte die Kontaktdaten aus und freute sich dieser schönen Begegnung.

Als sie bei den Finks anläutete, verschlug es ihr die Sprache! Die Tür wurde von Christine geöffnet! Etwas unterkühlt und steif begrüßten sich die beiden Frauen, als die älteren Herrschaften hinzukamen.

„Herzlich willkommen, liebe Lea! Willst du draußen Wurzeln schlagen, oder kommst du endlich herein, trinkst mit uns Kaffee und erzählst? Wir sind doch schon so gespannt darauf!"

„Wo sind denn die Jungen? Ich habe ihnen lustige Sachen mitgebracht, die ich zuerst einmal loswerden will."

Wie herbeigerufen, sprangen sie aus dem Garten ins Haus und umarmten Lea von beiden Seiten gleichzeitig. Christine stand mit Tränen in den Augen etwas abseits und beobachtete diese spontane Herzlichkeit. Ihr Sohn schien sie gar nicht zu bemerken. War es möglich, dass er die Anwesenheit seiner Mutter ignorierte? Vermutlich war es nichts anderes als purer Selbstschutz! Es mussten unsagbare Schmerzen und tiefe Unsicherheit sein, die in ihm bohrten! Lea konnte nur zu gut nachfühlen, welche Verletzungen es in dem Kind verursacht hatte, nachdem er von der Mutter zurückgelassen worden war. Eine Heilung brauchte viel Geduld. Vielleicht aber gab es auch nie eine solche!

Dennoch zeugte es von sehr viel Mut dieser jungen Frau, sich ihrem Fehler zu stellen und dafür in voller Verantwortung geradezustehen. Dies war Leas ehrliche Meinung dazu, die sie sogleich auch kundtat.

„Meinen aufrichtigen Respekt, Christine! Ich finde es großartig, dass du zurückgekommen bist. Erzählst du mir später, wie es dir ergangen ist? Es interessiert mich wirklich sehr. Schön, dass du wieder da bist!"

Sie ging hinüber und nahm die frühere Nachbarin zaghaft in die Arme. Erst jetzt löste sich alle Anspannung in der eine Zeit lang verschollen Geglaubten. Schluchzend warf sie die Arme um Leas Schultern und heulte hemmungslos.

Auch ihre Eltern weinten, bis es der Wien-Touristin zu viel wurde. „Nun lasst uns endlich Kaffee trinken. Was glaubt ihr, wie lange ich mich schon darauf freue! Schaut her, das sind ganz frische, original Wiener Torten und Süßspeisen, die ich euch serviere." Vorsichtig zog sie eine große Schachtel aus dem Plastikbeutel, die sie erst kurz vor der Abfahrt aus dem Hause Demel abgeholt hatte.

Willi versank augenblicklich in dem schönen Bildband über Wiens wichtigste Sehenswürdigkeiten, und Lea erzählte dazu alles, was sie sich von dem herrlichen Stadtspaziergang mit Ulli gemerkt hatte. Die Jungen lagen auf dem Wohnzimmerteppich, malten Wien mit ihren Farben bunt, Christine bewunderte einen der „Klimt"-Regenschirme. Helle Begeisterung und Freude lagen im Raum. Was für ein schönes Wiedersehen.

„Wann gehst du denn heute nach Hause?", wollte Lea von Christine wissen. Sofort mischte sich deren Mutter – die Hausherrin – ein und bestand darauf, dass alle über Nacht an Ort und Stelle blieben, denn Platz sei genug und endlich das Haus einmal richtig voller Leben.

„Das ist sehr gut", freute sich die gerade Heimgekehrte. „Ich muss auch erst für zu Hause einkaufen. Habe nichts mehr da. Gehen wir dann noch eine Runde um den Häuserblock?", erkundigte sie sich, die Augen auf Christine gerichtet, welche zustimmend nickte.

Die laue Frische und sonntägliche Abendruhe taten gut. Eine Weile gingen sie schweigend nebeneinander her. Offensichtlich wollte keine von beiden das Gespräch beginnen, denn sein völlig unbestimmbarer Ausgang schwebte über ihnen. Bei einem Zerwürfnis würden die Folgen weitreichender sein, denn auch die Freundschaft der Kinder zueinander und die schöne Verbindung zu Christines Eltern könnten dann nicht mehr auf die wohltuend-unbefangene Weise gepflegt werden wie bisher. Möglicherweise war aber auch das Miteinander zwischen Eltern und Tochter dann tief gestört, denn sie mochten Lea sehr und saßen sonst ohne Zutun zwischen zwei Fronten.

„Danke für dein loyales Verhalten mir gegenüber vorhin bei meinen Eltern", warf Christine den bleischweren Mantel der Bedrückung beiseite. Jetzt schmeckten sie den Duft des frühsommerlichen Luftzuges, denn mit einem Male fiel das Atmen leichter. Lea legte den Arm auf Christines Schulter, um zu bekunden, ‚ich bin nicht deine Feindin. Lass uns in Ruhe über die Dinge reden'.

„Ach, weißt du, Nachbarin. Es ist nicht mein Recht, dich zu verurteilen für das, was passierte. Schau, in welch verrückter Zeit wir leben! Keiner von uns konnte ahnen, was da in Bewegung kommt. In dieser wilden Euphorie fällt klares Denken eben schwer! Und ich mache auch selbst genug Fehler! Irgendwelche dummen Vorwürfe oder Bewertungen möchte ich unterlassen, denn sie bringen dich kein Stück weiter, verstehst du? Aber ob dir dein Sohn jemals verzeihen kann, was du ihm angetan hast, das weiß nur der Himmel. Er hat entsetzlich gelitten, als du nicht zurückkehrtest. Manche Nacht weinte er sich stundenlang in den Schlaf. Er wusste nicht, was er gemacht haben könnte, dass seine Mama ihn nicht mehr lieb hatte. Deine Eltern sind wundervolle Menschen. Auch sie werden lange mit sich selbst hadern, da sie glauben, sie seien schuld an irgendwas. Was du jetzt brauchst, ist eine große Portion Geduld, Einsicht, Ruhe, Besonnenheit. Verzeihe lieber einmal mehr, als zu verurteilen. Selbst wenn du dich im

Recht wähnst. Dann wird alles gut werden, denn die Zeit heilt die Wunden."

Christine weinte still vor sich hin. „Ich weiß nicht, was in mich gefahren ist. Ich vertraute tatsächlich blind darauf, dass du Nico schon versorgen würdest, wenn du ihn allein vorfindest. Zum Glück habe ich recht behalten."

Diese Äußerung machte Lea nun aber doch zornig.

„Zum Glück hast du recht behalten, sagst du? Dein Sohn ist keine Puppe, liebste Christine! Er ist ein Mensch von deinem Fleisch und Blut! Du hast mit dem Leben deines Kindes gespielt! Findest du diesen Spieleinsatz nicht etwas zu hoch? Du hast nichts gesagt, nicht angeläutet, keinen Zettel geschrieben! Ihn einfach still und heimlich in seiner Scheiße zurückgelassen, in der er stand, als ich ihn fand! Ich sage dir, was das ist! Kriminell ist das! Würde ich melden, was sich wirklich zugetragen hat, sie würden dich sofort einsperren und dir das Kind wegnehmen! Entschuldige, aber was du gerade mit aller ruhigen Gelassenheit gesagt hast, macht mich einfach nur wütend! Tut mir leid!" Sie zitterte vor Erregung am ganzen Körper.

„Ist schon gut, Lea. Du hast ja recht. Eine Mutter, die ihr Kind zurücklässt, ohne zu wissen, ob sich jemand darum kümmert, die verdient die Höchststrafe! Diese Schuld wird mir kein Mensch mehr von den Schultern nehmen können."

„Du kannst aber ab sofort deinem Sohn eine gute Mutter sein", entgegnete ihre eben noch aufgebrachte Begleiterin. „Vermutlich bin ich so ärgerlich geworden, da in mir so viele Bilder aus der eigenen Kindheit erwachten. Ich war damals im gleichen Alter, wie es dein Sohn jetzt ist, als ich mein Zuhause verlor. Du kannst mir glauben, dass es kein gutes Zuhause war, aber es war wenigstens eines. Meine Mutter liebte ich, wie sie war. Doch sie war böse und gemein. Ich liebte und hasste sie gleichermaßen! Doch ich erkannte, dass der einzige Ausweg aus diesem Teufelskreis das Verzeihen ist."

Christine hörte aufmerksam zu, vermochte aber nur zum Teil zu verstehen. „Du hast ihr verziehen? Obwohl es dir schlecht mit ihr ging? Wie ist das möglich? Woher wusstest du, dass es richtig so ist?"

„Weil es mir die stummen Schreie meiner Seele zuriefen! Sie kennt keinen Hass! Sie zerbricht daran! In der Liebe und dem Verzeihen sah ich den einzigen Weg für Heilung."

„Hast du noch Kontakt zu ihr?" Christine schien sehr beeindruckt von der Erzählung.

„Nein. Sie hatte mich rausgeworfen, als ich ungefähr achtzehn Jahre alt war. Mir wurde schmerzlich bewusst, dass es mein Verderben wäre, erneut Verbindung zu ihr zu suchen. Ihr wirklich nachhaltig zu helfen, fühlte ich mich nicht imstande. Sie würde mir das Herz vollends brechen. Ich wäre daran zugrunde gegangen! Meine Mutter ist eine kranke Frau. Ich wünsche mir von Herzen, dass sie geheilt wird von ihren schlimmen Süchten und in ihrem Leben doch auch etwas Glück findet. Doch das liegt vollkommen außerhalb meiner Macht! Sie muss es selbst erkennen und wollen, denn dumm ist sie nicht! Ich bin aber verantwortlich für mein eigenes Wohl und das meines Kindes, bis es auf starken Füßen selbstständig durchs Leben geht. Das innere Verzeihen leitet die für Zorn und Selbstmitleid verschwendete Energie nun um zu ganz magischen Plätzen in mir. Etwas Essenzielles liegt in diesen Erfahrungen. Sie machten mich noch achtsamer, noch dankbarer, noch empfänglicher für alles Schöne dieser Welt und das Geschenk der Liebe. Verstehst du?"

Immer mehr strahlte sie während ihrer Erzählung. Lea wollte von Herzen gern, dass Christine sie verstand und erkennen mochte, welch großen Reichtum sie besaß mit Eltern, die sie lieben, und einem Sohn, der sie braucht!

„Und jetzt hast du deinen Kleinen und machst alles anders als sie. Du denkst auch in eine völlig neue Richtung. Ich bewundere dich sehr, meine liebe Freundin. Das sind wir doch noch?", ließ Christine leise und voller Betroffenheit vernehmen.

„Aber natürlich sind wir das!" Lea stupste sie leicht an, sie blieben stehen und lagen sich heulend in den Armen.

„Es war für mich ohne meinen Nico kaum mehr auszuhalten", gab die junge Schuldgeplagte zu. „Ich musste unter allen Umständen zurück zu ihm!"

„Ja, liebe Christine. Dafür verdienst du allen Respekt, denn es bedeutet unglaublich viel Mut und auch Kraft, mit all dem fertigzuwerden, was dein schlimmer Fehler nach sich zieht. Ablehnung, Anfeindung, Vorurteil, schlechte Nachrede von Leuten. Eine tief sitzende Unsicherheit und zerstörtes Vertrauen eines Kindes in seine Mama! Es braucht sehr viel Zeit und Fingerspitzengefühl, dies wiederherzustellen! Aber ich weiß, du wirst es schaffen, denn du liebst deinen Sohn. Du hörtest die stummen Schreie deines Kindes, bist zurückgekommen, wirst ihn eines Tages um Verzeihung bitten. Lieben und dankbar sein. Des Lebens Sinn erkennen. Was gibt es Schöneres als das? Wann immer du ein Problem oder etwas auf dem Herzen hast, bitte sprich es an. Schleich nie wieder wortlos davon! Abgemacht?"

„In Ordnung. Ich werde es mir hinter die Ohren schreiben. Danke. Du bist wirklich einmalig, Lea."

„Jeder von uns ist das! Ein Unikat! Einzigartig auf der Welt!", gab diese zurück.

„Soll ich dir etwas verraten?", flüsterte sie nun geheimnisvoll mit zartem Lächeln auf den Lippen.

„Ich habe mich verliebt. Bis über beide Augen und Ohren habe ich mich verliebt."

„Was? Das ist ja die beste Nachricht des Abends! Wer ist denn der Glückliche? Kenne ich ihn?" Alle eben noch spürbaren Schuldgefühle in Christine waren der euphorischen Neugier einer jungen Frau gewichen.

„Es ist kein *ER*. Es ist eine *SIE*." Nun musste Lea köstlich lachen über ihr mehrdeutiges Ratespiel und das leicht angewiderte Gesicht ihrer Freundin.

„Nun schau nicht so prüde! Etwas mehr Toleranzdenken bitte! Die Liebe fällt eben, wohin sie fallen will!", kicherte sie ihrer verständnislosen Gesprächspartnerin frech ins Gesicht.

„Ich träume davon, eines schönen Tages meine Zelte bei ihr aufschlagen zu können. Natürlich muss man sich erst ein wenig besser kennenlernen. Wir werden uns genug Zeit dafür nehmen, aber alle Weichen sind schon in ihre Richtung gestellt. Mein Traum erzählt, mit ihr könne ich zu etwas Neuem, Einzigartigen verschmelzen. Sie ist Kunst, Musik, Literatur, Liebe. Und irgendwann ‚meine Stadt'. Wien heißt mein Traum. Und Träume sind bekanntlich dazu da, ihre Erfüllung zu finden."

Dank an das Unerklärliche

Eines Tages war ich da. Viel zu früh. Viel zu klein. Vom Menschen nicht erwünscht! Vom Leben mit Freude empfangen. Natur ist meine Mutter. Das Firmament ist mein Vater. Auf Erden finde ich meine Brüder und Schwestern.

Man wollte mich beugen. Mit Gewalt! Mit Schmerz! An Leib und Seele. Doch eine unbestimmte Kraft schützte mich. Dort fand ich Lachen, das ich liebe, Wärme, die ich brauche. Ich habe keine Erklärung dafür. Mein Geist kannte seinen Weg, ohne geführt werden zu müssen. Er baute Barrieren dorthin, wo ihn Kälte empfing. Mit wunderschönen Farben malte er Bilder der Harmonie in mein Herz. Unendliche Sehnsucht ließ er entstehen. Nach aufrichtiger Liebe. Nach Geborgenheit. Nach Tränen, die nur aus Freude, Glück und Dank entstanden.

Was für ein Geschenk, auch mit verbundenen Augen zu sehen. Mit dem Herzen. In den kleinsten Details der Alltäglichkeit das Wunder zu erkennen. Staunen, atmen, leben zu dürfen. Für einen Augenblick in der kosmischen Dimension der Zeit. Mein Dank schenkt Sicherheit. Besiegt die Angst. Wandelt Einsamkeit in erhabene Ruhe. Schafft Klarheit für die Freiheit des Geistes. Rätselhafter Zauber legt sich in meine Augen und erzählt dir Geschichten.

Vom Lieben, Lachen, Lernen, Leben.

Mein Dank ist ursprünglich und rein. Ich bin so glücklich, da zu sein.

Sabine Saint-Clair

HERZ FÜR AUTOREN A HEART FOR AUTHORS À L'ÉCOUTE DES AUTEURS MIA ΚΑΡΔΙΑ ΓΙΑ ΣΥΓΓΡ
FÖR FÖRFATTARE UN CORAZÓN POR LOS AUTORES YAZARLARIMIZA GÖNÜL VERELIM SZÍ
PER AUTORI ET HJERTE FOR FORFATTERE EEN HART VOOR SCHRIJVERS TEMOS OS AUTO
ZOINKÉRT SERCE DLA AUTORÓW EIN HERZ FÜR AUTOREN A HEART FOR AUTHORS À L'ÉCOU
ΑÇÃO ВСЕЙ ДУШОЙ К АВТОРАМ ETT HJÄRTA FÖR FÖRFATTARE A LA ESCUCHA DE LOS AUTOR
MIA ΚΑΡΔΙΑ ΓΙΑ ΣΥΓΓΡΑΦΕΙΣ UN CUORE PER AUTORI ET HJERTE FOR FORFATTERE EEN H
OINKÉRT SERCE DLA AUTORÓW EIN HERZ FÜR
ΑÇÃO ВСЕЙ ДУШОЙ К АВТОРАМ ETT HJÄRTA FÖR

Die Autorin

Sabine Saint-Clair wurde 1966 in der ehemaligen
DDR geboren.
Während der Schulzeit erkannte man ihr Talent
für das Schreiben. Sie experimentierte literarisch
und träumte davon, einmal als Schriftstellerin zu
arbeiten. Die ostdeutsche Planwirtschaft sah für sie
aber einen Beruf als Technikerin vor.
Beim versuchten Zwang einer Mitgliedschaft in der
Sozialistischen Einheitspartei Deutschlands (SED)
widersetzte sie sich! 1989/90 erlebte sie hautnah
das Ende der DDR und sollte bald nach dem Fall der
Mauer berufsbedingt erste Kontakte nach Österreich knüpfen. 1998 wurde das Land zu ihrer Wahl-
heimat. Heute lebt die Autorin in Wien und arbeitet
als Mentalcoach und Lebensberaterin. Sie liest und
schreibt Bücher, beschäftigt sich mit Meditation, ist
viel in der Natur und geht gern ins Theater.
„Stumme Schreie – Hilferufe eines Kindes" ist ihr
erstes Buch.

Der Verlag

> *Wer aufhört besser zu werden, hat aufgehört gut zu sein!*

Basierend auf diesem Motto ist es dem novum Verlag ein Anliegen neue Manuskripte aufzuspüren, zu veröffentlichen und deren Autoren langfristig zu fördern. Mittlerweile gilt der 1997 gegründete und mehrfach prämierte Verlag als Spezialist für Neuautoren in Deutschland, Österreich und der Schweiz.

Für jedes neue Manuskript wird innerhalb weniger Wochen eine kostenfreie, unverbindliche Lektorats-Prüfung erstellt.

Weitere Informationen zum Verlag und seinen Büchern finden Sie im Internet unter:

www.novumverlag.com